Introspection of the Korean Confucianism in Moral Education

한국유학의
도덕교육적 성찰

한국유학의 도덕교육적 성찰

ⓒ 김민재, 2022

1판 1쇄 인쇄__2022년 01월 20일
1판 1쇄 발행__2022년 01월 31일

지은이__김민재
펴낸이__홍정표
펴낸곳__글로벌콘텐츠
　　　　등록__제25100-2008-000024호

공급처__(주)글로벌콘텐츠출판그룹
　　　　대표__홍정표　이사__김미미
　　　　편집__최한나 하선연 권군오 문방희　기획·마케팅__김수경 이종훈 홍민지
　　　　주소__서울특별시 강동구 풍성로 87-6
　　　　전화__02) 488-3280　팩스__02) 488-3281
　　　　홈페이지__http://www.gcbook.co.kr　메일__edit@gcbook.co.kr

값 22,000원
ISBN 979-11-5852-361-9　93370

Introspection of the Korean Confucianism in Moral Education

한국유학의
도덕교육적 성찰

김민재 지음

글로벌콘텐츠

책머리에

이 책은 2014년에 발간된 『한국유학의 도덕교육적 변용』과 연결된다. 그때나 지금이나 필자의 관심은 동양·한국윤리사상을 학교 도덕교육과 긴밀하게 연결시켜 재해석하는 데 있다. 윤리사상을 교육적으로 풀이하는 연구들은, 그 특성상 연구자의 의도와는 달리 이론-실제의 연속성이 부족하거나 비약하는 경우들이 더러 있다. 그럼에도 윤리사상을 현대적으로, 그리고 교육적으로 재해석하는 작업들은 꾸준히 이루어져야만 하고, 그 선상에서 이론과 실제의 간극을 어떻게 좁힐 수 있을지 끊임없이 고민해야 한다. 이 책은 필자의 이러한 고민의 결과물이라고 할 수 있다. 각 장의 연구 주제에 몰입해 있던 당시에는 상당히 학술적 의의를 갖춘 글들로 보였는데, 막상 모아서 검토하니 곳곳에서 미흡한 부분이 발견된다. 게으르고 부족한 필자의 역량을 탓하며, 독자들의 꾸짖음을 달게 받아 지속적으로 수정, 보완해 나갈 예정임을 미리 밝힌다.

이 책은 필자가 2015년에서부터 2021년까지 작성한 개별 논문들에 기초한 것으로, 크게 세 개의 대주제와 추가적인 보론으로 구성되어 있다. 먼저 제1부에서는 한국성리학과 실학에 대해 거시적으로는 교육의 전체 측면에서, 미시적으로는 학교 도덕교육의 맥락에서 성찰하고자 하였다. 전자와 관련해서는 특히 학교의 본질과 가치, 공부의 목적과 자세, 스승과 제자의 관계 등을 중심으로, 후자와 관련해서는 교과서 기술 방식의 변화, 청렴, 평화교육 등을 중심으로 논의를 전개하였다. 다음으로 제2부에서는 『성학십도(聖學十圖)』와 『고경중마방(古鏡重磨方)』 같은 퇴계 이황의 주요 저술들 및 그의 공부론의 핵심인 경(敬) 개념 등을, 학교 도덕교육과 인성교육의 관점에서 탐색하고자 하였다. 가령 『성학십도』에 수록된 도(圖)와 설(說)들을 재배치함으로써 도덕교육적 활용 방안을 모색하기도 하였고, 현행 「2015 도덕과 교육과정」에서 새롭게 등장한 '도덕함'이라는 용어를 퇴계의 경으로 해석하기도 하였다.

이어서 제3부에서는 도덕심과 양지(良知)를 주축으로 하는 한국유학사의 또 하나의 흐름을 교육철학과 교육방법론, 학교 도덕교육 등의 시각으로 고찰하고자 하였다. 여기에서는 인물 중심으로 살펴보았는데, 한국양명학의 태두(泰斗)로 꼽히는 하곡 정제두의 사상을 시작으로 하여, 우리 역사에서 근대의 혼란기를 몸소 경험하면서 그 해결 방안으로 양명학을 염두에 두었던 백암 박은식 및 강화학파의 맥락을 계승한 위당 정인보의 사상을 도덕교육의 창으로 바라보았다. 마지막의 보론에서는 한국유학의 반작용으로 등장해 현재까지도 철학적이고 종교적인 시사점을 제시하고 있는 동학 및 급변하는 사회에서도 결코 간과되어서는 안 되는 유교적 가치를 어떻게 선정해 교수·학습할 수 있을 것인가에 대해 고민하고자 하였다. 동학과 관련해서는 도덕교육의 목표와 내용 구성 원리라는 시각에서, 유교적 가치와 관련해서는 고등학교 「고전과 윤리」 과목에 수록되어 있는 입지(立志)와 청렴의 교육 활성화라는 시각에서 논의하였다.

앞서 언급하였듯이 이 책은 『한국유학의 도덕교육적 변용』에서 이어지는 것으로, 기간으로만 보자면 대략 7여 년의 시간이 걸려 겨우 한 권의 후속작을 내놓은 것이다. 그 기간 동안 필자에게도 여러 가지 일들이 있었기에, 일일이 찾아뵙고 감사를 드려야 할 분들이 너무나 많다. 제한된 지면에서 다 밝힐 수는 없지만, 필자에게 윤리교육과의 예비 교원들을 가르치는 즐거움을 만끽할 수 있도록 해주신 국립안동대학교의 이대희, 안

영석, 이창희 교수님과, 동양·한국윤리사상 공부에 한층 매진하고 더불어 사범대학의 행정 체계도 경험할 수 있도록 해주신 충북대학교의 조일수, 김남준 교수님께 깊이 감사드린다. 그리고 학부와 대학원에서부터 학문함의 자세를 가르쳐주신 한국교원대학교의 김진근, 임병덕, 박정원, 차우규 교수님과 많은 조언으로 후임 교수를 이끌어주시는 류지한, 김국현, 김주휘 교수님께도 진심으로 감사드린다. 특히 필자가 도덕교육과 한국양명학이라는 학문적 기반을 닦는 데 느슨해지지 않도록 지속적으로 가르침을 주시는 한국교원대학교의 박병기 교수님과 성신여자대학교의 김용재 교수님께 고개 숙여 감사드린다.

이 책의 원고는 일찌감치 준비되어 있었지만 출판을 결심하게 된 직접적인 계기는 2021학년도 1학기 한국교원대학교 교육대학원에 개설된 「한국철학과 교육실천」 강좌 때문이었다. 동양·한국윤리사상과 도덕교육의 접목이라는 주제에 대해 토론할 때마다 강좌를 수강하는 선생님들이 보여주셨던 열정이 결국은 이 책의 출판 의도와 맞닿아 있는 셈이다. 따라서 이분들에 대한 감사도 빼놓을 수 없다. 또한 COVID-19로 인해 회복할 기미가 보이지 않는 출판계 상황 속에서도 상업성이 전혀 없는 이 책의 출간을 마다하지 않은 글로벌콘텐츠 가족 및 원고를 읽으면서 오탈자를 교정하느라 고생한 한국교원대학교 윤리교육과의 위성홍 선생에게도 고마운 마음을 전한다. 끝으로 늘 밤늦게 퇴근하는 필자 때문에 함께해야 하는 아이 교육을 홀로 하고 있는 아내 미정과 어느새 훌쩍 자라 초등학교 입학을 앞두고 있는 딸 아현에게 무한한 감사와 깊은 사랑의 마음을 전한다.

2021년 12월 연구실에서
김민재 드림

목차

보 론

표 목차

1부

한국성리학·실학과 도덕교육

제1장

서원 교육의 이념과 실제가 지니는 현대적 시사점
- '원규(院規)'와 '강회(講會)'를 중심으로 -

이 장에서는 조선시대에 서원(書院)을 운영하는 근간이 되었던 '원규(院規)'에서 엿보이는 현대 교육적 시사점을 도출하고, 나아가 이 공간에서 행해졌던 교육방법의 현대적 활용 방안을 고찰할 것이다. 그리고 이를 통해 궁극적으로는 서원과 향교(鄕校), 서당(書堂) 같은 전통 교육기관들에 대한 교육 현장의 관심을 고취시키고자 한다.

잘 알려진 것처럼, 서원은 국가의 공식적 교육기관[官學]인 성균관(成均館)이나 사학(四學), 향교와는 성격이 다른 사립 교육기관[私學]이었다. 당시 사립 교육기관에는 서당도 포함되지만, 서원의 특이한 점은 선현(先賢)에 대한 사묘(祠廟)를 설치해 제향을 지냈다는 점이다.[1] 그렇지만 서원의 주된 기능은 역시 강학(講學)을 통해 그 시대가 필요로 하는 참된 군자(君子)를 양성하는 것이었다. 이러한 까닭에 퇴계(退溪) 이황(李滉, 1501~1570)은 풍기 군수로 재직할 때 경상도 관찰사 심통원(沈通源)에게 올리는 글에서, 과거 공부에 몰두하는 국학(國學)이나 향교 대신 서원에서야말로 선왕(先王)의 도(道)를 노래하고 천하의 의리(義理)를 살필 수 있으며, 덕(德)을 쌓고 인(仁)

을 익힐 수 있다고 강조했던 것이다.[2]

이후 서원은 전국적으로 건립되어 나름의 순기능을 보여주기도 하였지만, 건립과 유지 과정에서 발생한 정치적 폐해 및 백성들의 고충으로 인해 영조 17년(1741)과 고종 8년(1871)에 대대적으로 훼철(毁撤)되는 수모를 겪었다.[3] 이 같은 서원의 몰락 과정에 대해서는 19세기 조선을 살았던 해옹(海翁) 홍한주(洪翰周, 1798~1868)의 날카로운 비판이 남아 있다.

> 서원은 송(宋)나라 때부터 시작되었는데, 서원의 설립 역시 선유들을 받들어 제사지내고 유풍(儒風)을 돈독하게 장려하기 위함이다. 처음에는 나라에서 유학을 숭상하고 도를 중시하는 좋은 일이었다. ⓐ 중국은 지금 어떠한지를 알지 못하겠지만, 우리나라는 그 폐단이 서원보다 심한 것이 없다. 어찌 서원의 잘못이겠는가? 진실로 선비들이 추구하는 것이 바르지 않기 때문이다. … 대개 처음은 잘하지 않음이 없었다. ⓑ 이후 서원과 사당이 뒤를 연이어 일어나 지금은 거의 고을마다 서원 없는 곳이 없으며, 한 고을에 간혹 많게는 수십 개에 이르기도 한다. ⓒ 또한 현인(賢人) 한 분을 수십 개의 서원에 나누어 배향하기도 하는데, 가령 우옹[尤翁, 송시열(宋時烈)]을 배향하는 곳은 81개의 서원에 이른다. ⓓ 또한 지명이나 고을의 이름이 우연히 중국과 부합되면 또한 제사를 지내니, 남양에는 제갈무후[諸葛武侯, 제갈량(諸葛亮)]를 모시는 사당이 있고, 단성의 신안리에는 주자(朱子)를 모시는 사당이 있다. 이것이 무슨 의리인가? … 이렇다면 설사 마을마다 학교를 세우고 고을마다 서원을 세우더라도 끝내 어찌 나라에 도움이 되겠으며, 어디서 인사(人士)를 취하겠는가? 장차 이러한 폐단을 징계하려면 학교를 없애고 서원을 허물어야 할 것인저. 만약 구습을 따르기만 하고 바꾸지 않는다면 뒤에 해로움이 되어, 끝내 백성들은 삶을 즐거워하지 않고 선비들은 염치를 알지 못하는 것을 면하지 못할 것이다. 하늘을 찌를 듯한 폐단은 이루 다 말할 수 없다.[4](원문자 처리는 필자가 함.)

홍한주는 서원의 폐해가 결코 '서원 그 자체'로부터 비롯된 것이 아님을 분명하게 지적하고 있다(ⓐ). 결국 그 책임은 서원을 사리·사욕에 채우는 데 이용한 '가짜 선비들'에게 있다는 것이다. 그는 또한 서원의 무분별한 확장이 불러온 폐해들에 대해서도 실증적으로 밝히고 있다(ⓑ~ⓓ). 사실 서원에 대한 홍한주의 비판적 인식은 이 기관에 대한 현대의 부정적 인식 내지는 무관심과도 상당 부분 유사하다고 할 수 있다. 서원에 대한 연구 경향을 살펴보면 이를 보다 뚜렷하게 알 수 있는데, 서원이 일정한 시대를 풍미했던 교육기관임에도 불구하고 여기에서 사용되었던 교육 이념이나 방법에 대한 '현대적 활용' 관련 연구는 거의 없기 때문이다.5)

하지만 홍한주도 지적하였듯이, 서원의 폐해는 서원을 이용한 사람에게서 비롯된 것이지 이 교육기관이 본래적으로 추구했던 바가 아니다. 따라서 이 장에서는 서원의 교육이념이 녹아 있는 '원규'로부터 추출 가능한 현대 교육적 시사점들을 살펴보고, 서원에서 사용되었던 대표적 교육 방법인 '강회(講會)'를 오늘날의 학교 수업 현장에 녹여낼 수 있는 방안에 대해 시론적인 수준에서 제시하고자 한다.

이상과 같은 연구 목적의 달성을 위해 본 장은 다음과 같은 순서로 진행된다. 우선 제1절에서는 퇴계의 '이산서원 원규(伊山書院 院規)', 율곡(栗谷) 이이(李珥, 1536~1584)의 '은병정사 학규(隱屛精舍 學規)', 한강(寒岡) 정구(鄭逑, 1543~1620)의 '도동서원 원규(道東書院 院規)' 등에서 엿볼 수 있는 현대 교육적 시사점들에 대해 논의한다. 이어서 제2절에서는 서원에서 행해진 교육 방법들 가운데 특히 강회가 고등학교 도덕과(道德科)에 포함되는 「고전과 윤리」 및 「윤리와 사상」 과목에서 어떻게 활용될 수 있을지에 대해 고찰한다.

1. '원규(院規)'의 현대 교육적 시사점

서원의 운영과 교육과정에 대한 자체적 규약의 성격을 지니는 원규는 그 명칭이 학규(學規), 학령(學令), 재규(齋規), 재헌(齋憲), 약속(約束), 강규(講規), 입약(立約) 등으로 다양하다.[6] 원규에서는 교수자의 강의로 이루어지는 타율적인 학습보다는, 서원에서 공부하는 학습자들이 독서하고 토론하며 이를 통해 깨달은 것으로 마음을 닦고 실천하는 자율적인 학습, 즉 '장수(藏修)'를 강조하고 있다.[7] 본 절에서는 이런 원규로부터 추출할 수 있는 현대 교육적 시사점들을 살펴볼 것이다.

시사점의 첫 번째는, 서원의 원규가 학교의 본질 및 가치가 무엇인지 재고할 수 있는 기회를 준다는 점이다. 대한민국 학교 교육의 역사를 개괄해 보면, 1990년대 중반까지는 양적 팽창을 중심으로 교육과 제반 정책을 시행하다가, 1990년대 중반 이후부터는 질적인 도약을 꾀하였다. 이를 위해 정책적으로 ⓐ 수요자 중심 교육을 표방한 개별화·수준별 교육 및 학교 다양화가 추구되었고, ⓑ 학교 운영의 자율화를 전제로 한 학교 경쟁과 책무성이 강조되었으며, ⓒ 교육 평등을 위한 교육 기회의 확대와 무상화가 순차적으로 추진되었다. 이러한 정책들이 긍정적인 결과들을 산출한 것도 사실이지만, 점수와 서열 경쟁 속에서 학생들이 학습된 무기력감을 경험하거나 교사-학생 간의 소통이 어려워지고 공교육의 위기가 심화되는 등의 어려움은 아직도 진행 중이다.[8] 그래서 'GDP 대비 공교육비'나 '청년층의 고등교육 이수 비율' 같은 외적 지표들은 상승하였지만,[9] 다음과 같은 비판도 여전히 높은 설득력을 가진다.

> 무엇보다 지금의 학교는 절대 다수의 학생들에게 그 어떤 의미도, 전망도, 준비도 제공하지 못하고 있다. … 졸업하자마자 그 학생 앞에 캄캄절벽이 펼쳐지는 것은 학교가 챙길 일이 아니라는 것이다. 학교도 이들에게 무의미하고, 이

들도 학교에게 무의미하다. 그래서 학교는 '가주는 곳'이고 학생은 '와주는 존재'가 되었다. … 지식 습득의 장으로서도, 계몽의 공간으로서도, 신분 상승의 도구로서도, 다양한 재능을 발견하고 계발하는 곳으로서의 의미도 상실한 학교는, 나아가 다양한 사람을 만나 폭넓은 경험을 하는 '성장의 공간', '삶의 공간'으로서의 역할도 상실하고 있다.10)

급변하는 시대를 이끌어갈 주체로 성장해야 하는 학생들이 실력을 배양하여 개인의 생존을 도모하고, 보다 근본적으로는 올바른 가치·덕목을 전수받아 도덕을 함양할 수 있도록 하는 것이 학교의 핵심 역할이다. 이렇게 보자면, 학교와 학생이 서로에게 무의미한 존재로 전락해 버린 현상은 매우 경계해야 할 부분이다. 바로 이 지점에서 '도동서원 원규'에 수록된 다음의 항목을 주목할 필요가 있다.

고을 학교는 사실 자신을 수양하는 근본이 되는 곳인데 요즘에는 의식이 해이해진 정도가 지나쳐 비록 식견이 있는 선비라 해도 스스로 세속에 휩쓸려 남의 집안일처럼 보고 있으니, 이것이 어찌 나라에서 장려하는 성현을 존경하고 도(道)를 보위하는 뜻이겠는가. 앞으로 원임(原任)은 항상 정일(丁日)이 되면 경내의 유생들을 인솔하고 미리 한자리에 모여 석전(釋奠)을 행한 뒤에 본원의 향사(享祀)는 중정(中丁)에 행함으로써, 유생 상호 간에 일체감을 갖게 하고 선현에 대한 향사가 선후의 순서가 있도록 해야 한다.11)

위 인용문의 전반부에 나타난 것처럼, 학교는 학생들이 자신의 정체성을 형성하고 부족한 부분들을 채우는[修] 공간으로서, 이것은 학교가 지니는 본질적 가치이다. 청소년들이 하루의 상당한 시간을 보내는 장소가 학교라는 점을 고려할 때, 학교의 본질적 가치가 살아나지 못한 채 학교-학생이 서로에게 무의미함으로 전락하는 현상은 교육과 관련된 이들을 포함하여 사회 전체가 '남의 집안일'이 아니라 '나의 집안일'인 것처럼 경계하고 바로잡기 위해 노력해야 하는 일이다.

그런데 위 인용문의 후반부에는 서원의 특색 중 하나인 '향사(享祀)'가 등장한다. 향사는 학교의 본질과 가치 재고라는 측면에서 어떻게 해석할 수 있을까? 서원에서 선현을 향사했던 이유는 단순히 제사 기능에 한정된 것이 아니었다. 이것은 제사가 이루어진 후, 공동체 내부의 유대감을 결속하고 향풍(鄕風)을 바로잡기 위한 시도이기도 했기 때문이다.12) 만약에 향사를 학생들이 학교에 의미를 부여하고 공동체적 결속을 다지기 위한 일종의 '의식(ceremony)'이라고 해독한다면, 향사의 현대적 형태가 꼭 제사일 필요는 없다. 학생들이 학교에 의미 부여하는 의식을 스스로 꾸며보고 자체적으로 그 의식을 진행하는 시간을 가지는 것이야말로, 그들의 마음에 학교의 긍정적인 상(像, image)이 형성되게끔 하는 데 필요한 요건이라고 할 수 있을 것이다. 이런 의식이 성공적으로 수행된다면, 학교의 본질적 가치가 되살아나 학교는 학생이 '가주는 곳'이 아니라 '가고 싶은 곳'이 될 것이고, 학생은 학교에게 '와주는 존재'가 아니라 '와야만 하는 존재'가 될 것이다. 그리고 이것이 서원의 원규가 학교의 본질 및 가치에 있어서 현대 교육에 던지는 메시지라고 할 수 있다.

다음으로 원규로부터 추출할 수 있는 현대 교육적 시사점의 두 번째는, 공부의 근본적인 목적과 요구되는 자세가 무엇인지 숙고할 수 있는 기회를 제공한다는 점이다. 현재 대한민국 교육과정에서 공부의 목적으로 추구하는 바는 '역량(competency)'이다. 관련하여 현행 『2015 초·중등학교 교육과정 총론』에서는 금번 교육과정이 "학습자의 자율성과 창의성을 신장하기 위한 학생 중심의 교육과정"13)이며, 자주적이고 창의적이며 교양 있고 더불어 사는 사람을 양성하기 위해 ⓐ 자기관리 역량, ⓑ 지식정보처리 역량, ⓒ 창의적 사고 역량, ⓓ 심미적 감성 역량, ⓔ 의사소통 역량, ⓕ 공동체 역량 등으로 구성된 6가지 핵심 역량을 함양하도록 하는 것이 교육과정의 방향임을 제시하고 있다.14) 이렇게 현행 교육과정을 관통하고 있는 역량이란 무엇일까? 교육과정 해설서에 따르면, 역량이란 "교과와 창의적 체험활동을 포함한 학교에서 이루어지는 모든 교육 활동을 통해 중점적으로 기르고자 하는 능력"15)을 뜻한다. 과학 기술이 하루가 다르게 발전하는 이때, 미래 사회에 보다 적극적으로 대응하기 위해서는 이 역량 개념을 중심으로 학교 교육과정을 재편하는 것이 좋은 방향일 수 있다. 그럼에도 불구하고, 도덕성이 전제되지 않은 창의성이 어떤 폐해를 가지고 왔는지 되돌아봐야 한다.16) 여기에서 '이산서원 원규'에 수록된 다음의 항목에 집중할 필요가 있다.

제생(諸生)들은 독서하는 데 사서(四書)·오경(五經)을 본원으로 삼고 『소학(小學)』과 『가례(家禮)』를 문호(門戶)로 삼으며, 국가의 인재를 진작시키고 양성하는 방법을 따르고 성현의 친절한 교훈을 지켜서 온갖 선(善)이 본래 내게 갖추어진 것을 알고 옛 도(道)가 오늘날에도 실천할 수 있는 것을 믿어서, 모두 몸으로 행하고 마음으로 체득하며 체(體)를 밝히고 용(用)을 적합하게 하는 학문에 힘쓰도록 한다. 여러 사서(史書)와 자서(子書)와 문집, 문장(文章)과 과거 공부 또한 널리 힘쓰고 두루 통달하지 않으면 안 된다. 그러나 마땅히 내외(內外)·본말(本末)의 경중(輕重)과 완급(緩急)의 차례를 알아서 항상 스스로 격려하여 타락하지 않게 하고, 그 나머지 사특하고 요망하고 음탕한 글은 모두 원내(院內)에 들이어 눈에 가까이 해서 도를 어지럽히고 뜻을 미혹하지 못하게 한다.17)

필자의 관점으로는, 더불어 살아가는 데 필요한 '도덕성' 및 생존과 번영을 위한 '역량·창의성'이 삶에서 모두 요구된다면, 전자가 후자에 전제되는 것이 바람직하다고 본다. 그런데 우리가 도덕성을 함양하기 위해 필요한 것이 무엇일까? 그것은 다름 아닌 내가 도덕적인 존재임을 알고[知] 믿는[信] 것이다. 그래서 퇴계는 '온갖 선이 본래 내게 갖추어진 것을 알고 옛 도를 오늘날에도 실천할 수 있다는 것을 믿으라.'고 원규의 시작에서 천명했던 것이다.18) 스스로가 도덕적인 존재임을 자각하고 신뢰한다면, 문제 사태에 직면하여 옳은 판단을 내리고 이에 따라 바르게 행동하는 것은 대단히 자연스럽다. 이 과정에서 역량·창의성을 무시하거나 배제할 필요는 전혀 없다. 다만 도덕성과 역량·창의성 사이에는 본말(本末), 경중(輕重)의 구분이 있다는 것을 고려해야 하며, 도덕성의 추구야말로 공부의 근본 목적이라는 점을 서원의 원규는 시사하고 있는 것이다.19) 그렇다면 이러한 공부의 목적을 추구하는 자세는 어떠해야 할까? 이 물음에 대해 '이산서원 원규'는 다음과 같이 답하고 있다.

제생들 가운데 뜻을 굳게 세우고 나아가는 길을 정직하게 하며, 사업은 원대한 것으로 스스로 기약하고 행실은 도의를 귀추(歸趨)로 삼는 자는 잘 배우는 것이고, 마음가짐이 비천하고 취사(取捨)가 현혹되며, 지식은 저속하고 비루함을 벗어나지 못하고 뜻과 희망이 오로지 이욕에만 있는 자는 잘못 배우는 것이다. 만일 성품과 행실이 괴이하여 예법을 비웃고 성현을 업신여기며 정도(正道)를 위반하고 추한 말로 친한 이를 욕하며, 여러 사람을 괴롭히고 법도를 따르지 않는 자는 원중(院中)에서 함께 의논하여 쫓아내도록 한다.20)

우리는 살아가면서 종종 도덕과 이욕 중 후자를 선택하고 일시적 만족감을 느낀 뒤 곧 깊이 후회하는 경험을 한다. 또한 반대로 전자를 선택하고 일시적 후회를 느낀 뒤 곧 큰 만족감을 얻는 경험을 하는 경우도 있다. 어떤 선택의 기로에서 도덕[道心]과 이욕[人心] 중 무엇을 지각하고 결정하느냐는 내 삶에서 '소외'되지 않기 위한 중대한 결단이라고 할 수 있다. 이런 중대한 결단을 잘 내리려면, 평상시의 공부 자세가 항상 도덕을 지향해야 한다는 점에는 재론의 여지가 없다. 그래서 대부분의 원규에서는 공부하는 사람의 마음가짐과 자세를 매우 강조하고 있으며, 어기는 일이 자주 발생할 경우 쫓아내기도 했던 것이다. 율곡이 '은병정사 학규'에서 궤안(几案)과 서책(書冊), 붓과 벼루 등의 도구를 가지런히 정리하는 일에서 부터 식사, 거처, 언행 등까지 대한 일거수일투족을 세세히 규정했던 것 도 이러한 맥락이라고 할 수 있다. 그는 하학(下學)으로부터 상달(上達)이 이 루어지고, 상달이 다시 일상생활을 통해 구현되도록 노력하는 것이야말 로 참된 공부의 자세라고 보았던 것이다.

① 새벽에 기상하여 밤에 잠들 때까지 하루 사이에는 필히 일한 것이 있어야 한 다. 마음이 잠시라도 게을러서는 안 되며, 혹 독서할 때, 혹 정좌하여 마음을 보존 할 때, 혹 강론하여 의리를 밝힐 때, 혹 수업이나 가르침을 청할 때에도, 학문의 일 이 아님이 없으니, 이것을 어기는 경우가 있으면 공부하는 사람이 아니다.21)

② 집으로 돌아가서도 서원에서의 습관을 잊어버리지 않는 것이 매우 마땅하 다. 부모를 모시거나 사람을 대할 때에도, 몸을 유지하고 일에 대처하며 마음을 유지할 때에도, 천리에 따르기를 힘쓰고 인욕을 덜어내기를 힘써야 할 것이다. 만일 서원에서는 마음을 닦고 삼가다가 나가서는 방탕해진다면, 이것은 두 마 음을 품는 것으로 결코 받아들일 수 없는 것이다.22)

유교의 수신(修身)이 이익이나 욕구[利欲]를 전면적으로 거부한다고 간 주한다면, 이는 오해이다. 성인(聖人)도 이욕이 없을 수는 없기 때문이다. 핵심은 이욕의 방향을 분별하는 것이다. 의리(義理)로 대변되는 도덕과 감 각적 이욕 사이에서 오직 이욕만 추구할 것인지, 아니면 의리의 방향에 부합되도록 이욕을 다스릴 것인지는 결국 공부를 대하는 자세와 직결되 는 것이며, 공부의 자세가 바를 때에야 비로소 잃어버린 마음도 찾을 수 있고[求放心], 나아가 마음을 다스릴 수도 있는 것이다[治心].23) 그리고 이것 이 서원의 원규가 공부의 근본적인 목적 및 공부의 자세라는 측면에서 현 대 교육에 던지는 또 하나의 메시지라고 할 수 있다.

본 절의 마지막 내용이자 원규로부터 추출할 수 있는 현대 교육적 시사점의 세 번째는, 스승과 제자 사이의 관계, 즉 사도(師道)와 존사(尊師)에 대해 생각할 수 있는 기회를 부여한다는 점이다. 스승다움과 제자다움의 구체적인 내용은 시간이나 공간에 따라 달라질 수 있으므로, 획일적으로 단정할 수 없다. 하지만 스승과 제자 사이에서 발생하는 여러 문제들을 해결하기 위해 각종 법령이나 조례 등이 제정·개정되는 현상으로만 놓고 보자면, 현재 엿보이는 사제지간의 형태가 아름답다고 할 수는 없다. 몇년 전에는 학생의 인권을 강조한 목소리가 높았다면, 최근에는 이 문제와 함께 교사의 권리를 내세우는 목소리도 높아 보인다.24) 다음과 같은 지적이 설득력이 있는 것도 이런 맥락이다.

오늘날은 '교사 때리기'가 하나의 대중 스포츠가 된 시대이다. 현대생활의 지나친 요구사항에 겁먹은 나머지 우리는 해결할 수 없는 문제, 참아낼 수 없는 죄악에 대한 희생양을 필요로 하는 것이다. 교사는 그중 만만한 타깃이다. 왜냐하면 교사는 아주 평범한 인종이고 또 반격할 만한 힘도 별로 없는 존재이기 때문이다. 우리는 아무도 어떻게 다루어야 할지 모르는 사회적 질병에 대하여, 교사들이 그 치유방법을 모른다며 비난한다. 우리는 만병통치약 제조기가 최근에 만들어 낸 그 무슨 '해결안'을 즉각 채택하라고 교사를 윽박지른다. 그 과정에서 우리는 우리에게 길을 가르쳐 주려고 애쓰는 교사들의 사기를 떨어뜨리고 심지어 정신적인 마비를 안겨 주기도 한다.25)

공교육의 위기나 교권의 추락을 바로잡는 가장 실효성 있는 방안이 '사도'의 정립이라는 점은 부인할 수 없다. 그러나 사도는 스승만 혼자 열심히 한다고 완성될 수 있는 것이 아니다. 스승이 스승다움이 무엇인지 고민하고 실천하기 위해 노력한다면, 사회는 그 스승을 믿어주어야 하고, 이런 스승과 직접적으로 대면하는 제자는 '존사'의 자세로 스승을 따라야 하기 때문이다.26) 이 점을 고려할 때, '도동서원 원규'에 나타난 다음의 항목은 상당한 교육적 시사점을 확보한다.

원장(院長)은 한 서원의 어른이 되어 서원 유생의 상호 간 유대를 주관하고 앞길을 인도함으로써 많은 벗들의 사기를 진작시키기 위해 있는 것이다. 서원에 들어온 선비는 마땅히 그를 존경하고 모범으로 삼아 소홀히 하지 말아야 하며, 원장이 된 자도 스스로 몸가짐을 단정히 하고 가다듬어 욕을 자초하는 일이 없어야 한다.27)

위의 내용은 위기지학을 표방한 서원에서 설정한 스승과 제자 관계의 이상적인(ideal) 형태가 '상호 존중'이었음을 보여주고 있다. 스승이 존재하는 이유는 대우를 받거나 서원의 이름을 드높이기 위함이 아니라, 서원의 유생들을 바른 길로 인도하기 위해서다. 따라서 스승은 스스로의 몸가짐을 단정히 할 의무를 가진다. 이처럼 자신의 책임을 다하고 모범을 보인 스승에 대해 제자들은 존경으로 대우하는 것이 마땅하다. 이런 상호성의 사례는 스승이 과오를 범했을 때도 동일하게 적용된다.

원장이 혹시 과오가 있을 때는 같은 또래의 동료들이 남몰래 서로 충고함으로써 빨리 그 과오를 시정할 수 있게 할 것이며, 얼굴을 대놓고 책망하거나 손도(損徒)하는 벌은 감히 원장에게 가하지 않는다. 혹시 잘못을 범한 정도가 커서 더 이상 원장의 직임에 앉아 있을 수 없을 경우에, 원장은 반드시 자신의 잘못을 인정하고 교체해 줄 것을 요청해야 한다. 원장록(院長錄)을 비치해 두고 역대 원장들의 성명을 기록하되 임명되고 교체되어 나간 연월을 아울러 기록함으로써 후임 원장이 그것을 열람하고 정신을 가다듬고 경계로 삼을 수 있도록 한다. 유사(有司)의 성명도 기록한다.28)

과오가 있을 경우 그 과오가 작다면 만회할 기회를 부여하나, 과오가 크다면 스승 본인이 반드시 스스로 잘못을 인정하고 자리에서 물러나야 한다. 스승이 자신의 잘못을 인정함으로써, 그 직접적인 피해자인 제자들에게도 반성의 자세를 보이는 것이다. 또한 서원에 재직했던 스승들의 성명과 임기를 함께 기록해 두어, 후임으로 올 스승들이 도덕적으로 해이해지지 않도록 경계하는 장치를 설정해야 한다는 대목도 주목할 부분이다. 다른 원규들에서도 스승과 유사 선택의 기준으로 올바른 성품 및 청렴 등의 가치·덕목 등을 언급하고 있으며, 이를 갖춘 스승과 유사에 대해서는 공경과 믿음으로 대우해야 한다는 점을 강조하고 있다.[29)

스승에게 있어 '권위'란 교학(敎學) 과정에서 반드시 요청되는 것이자, 제자들에게 행사하는 정당한 영향력이다. 그런데 권위의 성질은 본질적으로 상호성을 띠고 있기 때문에, 스승이 지식과 인격, 올바른 행동을 보여주었을 때, 이에 대해 제자들이 존중의 예를 갖추어야만 비로소 권위가 완성된다.[30) 이런 점에서 현재 우리 학교에서 발생하는 많은 사건·사고들은 사도와 존사의 관계가 상호적이고 올바르게 정립될 때 해결될 수 있는 여지가 크다. 스승이 제자를 진심으로 인도하고 제자가 이런 스승을 존경함으로써 형성되는 긍정적인 학교 분위기는 일차적으로 교권을 향상시킬 것이고, → 학생들에 대한 교사의 권위가 상승함에 따라 심각한 학교 폭력 문제도 일정 부분 완화될 수 있을 것이며, → 이런 선순환 관계가 만들어지면 공교육의 정상화도 앞당겨질 수 있다. 그리고 이것이 서원의 원규가 스승과 제자 간의 올바른 관계 형성이라는 차원에서 현대 교육에 던지는 유의미한 메시지라고 할 수 있다.

지금까지 본 절에서는 서원의 원규가 지니는 교육적 시사점과 관련해, ⓐ 학교의 본질과 가치에 대한 재고, ⓑ 공부의 근본적인 목적과 자세에 대한 숙고, ⓒ 스승과 제자 사이의 올바른 관계에 대한 고려 기회 제공이라는 측면에서 논의를 진행하였다. 이제 이어지는 절에서는 서원에서 행해진 교육방법의 현대적 활용 방안에 대해 고찰할 것이다.

2. 서원에서 행해진 교육방법의 현대적 활용 방안

앞서 언급했던 것처럼, 서원의 특색은 선현을 제향하는 '향사' 및 유생들이 모여 강학하는 '강회'이다. 향사와 강회는 모두 유교에서 지향하는 인간상 달성과 긴밀하게 연관된다는 점에서 교육방법의 일환이자, 대대적(待對的)이고 동시적(同時的)인 관계를 취하고 있다. 또한 존덕성(尊德性)과 도문학(道問學)의 관점으로 본다면, 향사는 '도(道)'를 표상하는 존덕성과, 강회는 '학(學)'을 표상하는 도문학과 보다 긴밀하게 연결된다고 해석할 수 있는 여지도 있다.[31] 그럼에도 사묘(祠廟)도 없이 강학을 목적으로 설립되었던 서원의 초기 형태 내지는 조선 후기로 갈수록 향사가 강조되던 외적 현상 이면에 존재하였던 지식인들의 향사에 대한 비판 의식 고조 등을 고려할 때,[32] 필자는 서원 설립의 궁극적인 목적이 향사보다는 강회를 통한 수기(修己)에 있다고 판단하였다. 이에 본 절에서는 강회를 중심으로 한 서원 교육방법의 현대적 활용 방안에 대해 시론적인 수준에서 제시해 보고자 한다.[33]

강회는 모여 살면서 함께 공부할[群居講學] 목적으로 서원에서 채택한 교육방법이다. 강회 참여에는 거재(居齋)하는 유생과 재가(在家)하는 유생이 모두 가능하였는데, 이를 통해 유생들은 그간 갈고 닦았던 학습 성과를 드러내고 공유하였으며, 공부하다가 생긴 의문점들에 대해 서로 의견을 개진하는 시간도 가졌다.[34] 강회의 진행이 엄하고 정숙한 분위기에서 이루어지도록 하기 위해 사전에 관련 규칙들을 정해 놓았는데, 대표적인 예로 한강의 '강법(講法)'이나 미호(渼湖) 김원행(金元行, 1702~1772)의 '석실서원 강규(石室書院 講規)' 같은 것들이 있다.

먼저 '강법'에 따르면, 입회에는 천거와 허락이 필요하며, 강회에 앞서 선현의 유상(遺像)을 알현해야 한다. 그리고 좌우로 나누어 강독하는 과정에서 웃거나 떠드는 유생이 있다면 해당 줄을 관리하는 유사가 문책을 받고, 다섯 차례의 강회에서 연속 불통(不通)을 받거나 강회에 세 번 불참하면 아예 쫓겨난다. 또한 불통의 경우에는 초(楚)나 갑(甲) 등의 도구로 체벌이 가능하고, 강회에서 축출된 유생은 그 이름을 벽에 붙여둘 뿐만 아니라, 사우들의 모임에도 참석하는 것을 불허했다.35)

이어서 '석실서원 강규'에서는 '강법'의 체벌 같은 내용은 나타나지 않으나 구체성은 한층 강화되어, 서원의 책임자인 원장과 강회를 이끄는 강장(講長)의 자격 및 역할 범위, 강독할 서적들의 순서, 강회 날짜, 강할 장수(章數)의 지정 및 유생들이 강할 장의 추첨 방식, 임강(臨講)·배강(背講) 같은 강하는 방법, 엽등(躐等)의 우려, 강회에 참석하지 못한 유생의 처리 수순 등이 상세하게 기술되어 있다. 그럼에도 강회에 핑계만 대고 참석하지 않으면 먼저 경고하고, 재차 불참하면 자리에서 내치며, 계속해서 강회에 나오지 않을 경우 명단 자체에서 빼버리게끔 규칙을 설정해 놓았다는 점에서,36) 강회의 엄숙함과 중요성은 '강법'과 공유하고 있다. 이는 강회의 진행 순서에서도 엿보이는데, 본 절에서는 '석실서원 강규'에 수록된 내용만 하나의 표로 요약·정리하여 살펴보자.

〈표 1-1〉 '석실서원 강규'에 나타난 강회의 진행 순서[37]

단계	세부 내용
① 선현 알현	ⓐ 강당에 자리를 펴고, 북쪽 벽 아래에 서안(書案) 설치 ⓑ 서안에 강독할 책을 두고, 서안 왼편에 찌통[柱筒] 설치 ⓒ 원장과 강장, 유생들이 모두 모이면 사당으로 가 배알
② 강회 도입	ⓓ 원장과 강장이 서로에게 읍(揖) ⓔ 유생들이 원장에게 재배하면 원장이 답례로 읍 ⓕ 강할 유생들이 강장에게 재배하면 강장은 답례로 일배 ⓖ 유생들이 동서로 나뉘어 상호 읍한 후, 원장·강장은 제자리에, 유생들은 맡은 역할에 따라 동쪽(서원의 임원), 서쪽(청강 유생), 남쪽(강할 유생)으로 나누어 앉음
③ 강회 전개	ⓗ 참석한 유생들의 출석부 작성 후, 직월(直月)이 서안 앞에 가서 읍한 후 찌통에서 찌를 뽑아 강독할 유생 지정 ⓘ 강독자는 서안 앞에 가서 읍하고 강독 후, 읍하고 복귀 ※ ⓗ(직월의 찌 뽑기)-ⓘ의 순서 반복 ⓙ 강독이 끝난 후 의문나는 점을 물어보고, 소견 발표 ⓚ 직월이 '백록동규(白鹿洞規)', '학교모범(學校模範)' 낭독
④ 강회 정리	ⓛ 원장-강장, 원장-유생, 강장-강한 유생들이 읍배(揖拜) ⓜ 모두 물러난 후 자리와 서안 철거

그렇다면 이상에서 살펴본 강회를 현대적으로 어떻게 활용할 수 있을까? 이하에서는 이 부분에 초점을 맞추어 논의할 것인데, 특히 고등학교 도덕과로 분류되는 「고전과 윤리」 및 「윤리와 사상」 과목의 수업과 연관 지어 고찰할 것이다.

현대적 활용 방안의 첫 번째는, 「2015 도덕과 교육과정」에서 신설된 「고전과 윤리」 과목의 실제 수업 운영에서 강회의 규칙이나 진행 순서 등을 적극 활용할 수 있다는 것이다. 이 과목은 「윤리와 사상」이나 「생활과 윤리」 같은 '일반선택' 과목이 아닌 '진로선택' 과목인 까닭에, 대학수학능력시험과는 결부되지 않는다. 또한 과목의 성격 자체가 "고전에 대한 탐구와 성찰을 통하여 인문학적 소양과 바람직한 인성을 기르기 위한 과목"[38]으로 설정되어 있는 까닭에, 「고전과 윤리」 교육과정에서는 학생들이 고전의 원문을 직접 마주하고 그 의미를 다각적인 측면에서 탐구·성찰하는 과정을 중시하고 있다. 그럼에도 불구하고, 교육과정의 '교수·

학습 및 평가의 방향'에서는 묵독(默讀), 통독(通讀), 윤독(輪讀)의 적절한 활용 및 텍스트 자체를 읽는 일독(一讀), 저자의 생각과 마음을 읽는 이독(二讀), 거기에 비추어 독자 자신의 경험과 삶을 읽는 삼독(三讀) 등 읽기 방법만을 언급하고 있을 뿐, 이 방법들이 수업 상황에서 어떻게 구현될 수 있을지에 대해서는 언급이 소략하다.39) 그리고 동일한 문제는 「고전과 윤리」 교육과정에 기반한 『고전과 윤리』 교과서에서도 발견된다. 바로 이 지점에서 강회의 규칙이나 진행 순서를 수업에서 활용할 수 있는 여지가 발견된다. 왜냐하면 강회 운영의 중심에 '읽고 들으며, 묻고 답하는' 과정으로서의 강독이 자리하기 때문이다.

강회를 변형·응용한 「고전과 윤리」 수업의 과정을 시뮬레이션하자면 다음과 같다.40) 우선 1차시에서는, 수업을 진행하는 교사가 전체 3~5차시에 걸쳐 학생들과 함께 강독할 고전을 선정한다. 이어서 강회를 이끄는 강장 역할을 할 학생, 선정한 텍스트를 강독할 학생, 강독하는 내용을 청강할 학생, 수업 운영을 도와줄 학생들을 선발한다. 텍스트가 달라지면 학생들의 역할도 바뀌므로, 여러 역할에 골고루 참여할 수 있음을 사전에 안내한다. 교사는 선정한 텍스트에서 「고전과 윤리」 과목의 성격과 목표를 고려해 강독할 부분을 발췌하되, 강독하는 학생의 숫자에 맞춰 분량을 정한다. 이 과정에서 교사는 고전을 강독하는 방식이 서원의 강회를 응용한 것임을 안내하여, 학생들로 하여금 전통의 수업 방식이 현대에도 유의미할 수 있다는 사실을 경험하도록 유도한다.

2차시부터는 본격적인 수업에 앞서 교사와 수업 운영을 도와줄 학생들, 이른바 직월이 함께 강회식 수업을 준비한다. 이때 학교에 설치된 '도덕실'을 활용할 수도 있다. 교사와 학생들은 'ㅁ'의 형태로 앉되, 원장 역할을 할 교사는 북쪽(남향)에, 강장 역할을 할 학생은 서쪽(동향)에, 강회를 준비한 학생들은 동쪽(서향)에, 강독할 학생들은 남쪽(북향)에, 청강할 학생들은 강장의 뒤에 앉게끔 하고, 강독할 텍스트를 놓는 서안과 강독자를 추첨하는 찌통은 강장 앞에 설치한다. 다음으로 교사와 강장이, 강장과 강독할 학생들이, 동·서·남쪽에 앉은 학생들끼리 상호 공경하는 마음을 담아 읍하면서 강회를 시작한다. 강장을 맡은 학생이 찌통에서 찌를 뽑아 강독할 학생을 호명하면, 학생은 서안 앞으로 나와 내용을 강독한다. 해당 차시에서 나아가려고 했던 진도가 끝나고, 수업이 종료되기 10분 전에는 강장이 중심이 되어 강독한 내용 중 궁금했던 부분을 질문하고 답변하는 시간을 가진다. 이 과정에서 교사는 강회가 잘 진행될 수 있도록, 시간 안배 등의 수업 환경 조성에 노력한다.

이러한 과정이 2차시부터 시작되어 3~5차시까지 반복된다. 강회식 수업의 마지막 차시에는 20분을 남기고 원장 역할의 교사가 강회가 끝났음을 선언한 다음, 시작과 마찬가지로 교사와 강장이, 강장과 강독한 학생들이, 동·서·남쪽에 앉은 학생들이 서로 존중하는 마음을 담아 읍을 한다. 공식적으로 강회가 끝났으므로, 교사와 학생들은 강회의 진행 과정 중에 느꼈던 좋았던 점과 개선해야 할 점 등을 공유하면서 강평하는 시간을 가진다. 수업의 진행에 숙달되면, 교사는 강회식 수업을 다른 수업에도 응용할 수 있으며, 역할(강독자, 청강자 등)에 따른 강회 참여의 충실도, 강독하는 내용의 이해도, 결과물 제출 여부나 수준 등을 고려해 학생들을 총체적·과정 중심적으로 평가할 수 있을 것으로 기대된다.

이어서 강회의 현대 교육적 활용 방안의 두 번째는, 강회에서 엿볼 수 있는 유생들의 토론 태도 및 기법을 「윤리와 사상」 과목의 수업에서 활용할 수 있다는 것이다. 이 부분에 대해 논의하려면 강회에서의 토론이 어떻게 운영되었는가를 살펴보아야 하는데, 강회의 실제 모습은 원규나 강규에 수록되어 있던 원론적인 규칙 혹은 진행 순서와는 일정 이상의 차이가 있었다. 일례로 원규나 강규에서는 매월 1회 초하루('은병정사 학규')나 보름('강법'), 16일('석실서원 강규') 등에 강회를 개최해야 한다고 규정해 놓았지만, 이것이 그대로 지켜지는 경우는 거의 없었던 것으로 보인다. 이처럼 강회를 개최하는 것조차도 힘든 경우가 많았다는 사실을 고려할 때, 강회에서 이루어진 토론에 관한 실제적 운영 기록을 발견하는 것은 쉽지 않다. 그러나 다행히 호계서원(虎溪書院)이나 고산서원(高山書院) 등에서 행해졌던 강회에서의 토론 기록이 남아 있다.[41] 본 절에서는 특히 호계서원 강회에 집중하여 「윤리와 사상」 수업에서의 강회 활용 방안에 대해 고찰하고자 한다.

호계서원 강회는 1856년 11월 17일부터 5일간 특별개설의 형태로 열린 강회로서, 필자가 주목한 것은 이 강회가 철저하게 토론 중심으로 진행되었다는 점이다.[42] 대략 34명으로 진행되었던 호계서원 강회는 『심경부주(心經附註)』의 강독이 중심이었는데, 담론의 형태도 매우 다양하여 문답형, 발문대답형, 토론형, 강설형 등이 두루 나타난다.[43] 이 중 토론형의 경우만 하나 인용하자면 다음과 같다.

ⓐ [동주(洞主, 김건수(金健壽))가] "심(心)은 일신(一身)의 주재인데 그 주재는 리(理)인가 아니면 기(氣)인가?"라고 하니, ⓐ´ 류치엄이 "이른바 주재는 심 밖에 특별히 일물이 있는 것이 아니니 여기에서 다시 리와 기를 물을 필요는 없겠습니다."라고 하였다. 그러자 ⓑ 동주가 "심은 비록 리와 기를 합하였으나 그 주재하는 것은 리이다. 만약 혼돈하여 분별이 없으면 기를 주재하는 것의 잃음이 있는 듯하다고 보는 것이 어떻겠는가?"라고 하니, ⓑ´ 류치엄이 "일신을 주로 하여 수많은 변화에 응하는 것이 심이고, 주재는 주장하고 운용하는 실체입니다. 비록 여러 가지 말로 끌어들여 하는 말에는 차이가 있지만, 그 일신의 주재는 원래 리니 기니 하는 차이가 없습니다."라고 하였다.[44](원문자 처리 및 일부 내용 수정은 필자가 함.)

마음이 우리 몸을 주재한다고 할 때 그 주재의 중심은 리인가 기인가하는 물음 이면에 있던 동주의 답은 '마음을 주재하는 것은 리이다.'였던 것으로 보인다. 그러나 이 물음에 대해 강회의 주요 참석자 중 한 명이었던 류치엄(柳致儼)이 다른 견해를 제시하면서 토론은 시작되며, 뒤이어 다른 사람들이 합류하면서 본격화된다.

이에 장석(丈席, 류치명)이 "심은 리와 기를 합한다는 것으로 이름을 얻었기 때문에 현명하거나 지혜로운 사람에 있어서는 주재가 그 도를 얻고, 어리석거나 못난 사람에 있어서는 주재가 그 기능을 잃은 것이다. 그러나 역시 그 현명함과 어리석음에 따라 나름대로 일신의 주재가 되니, 눈과 귀가 보고 듣는다든가 손과 발이 쥐고 뛰게 되는 것 역시 주재가 없다고 말할 수는 없다."라고 하였다. 그러자 훈장(訓長, 류치호)이 "심은 리와 기를 통솔하고 성(性)과 정(情)을 통괄하여 일신의 주재가 되고, 기는 용사되면 달아나서 그 주재를 잃게 되니 리가 주재가 되는 것이 당연하다."라고 하니, ⓒ 동주가 "당연함을 위주로 삼아서 말한다면 본연에서 주재처는 아마도 명백하지 않은 듯하다."라고 하였다.45)(원문자 처리 및 일부 내용 수정은 필자가 함.)

강회의 실질적 개최자이자 가장 연장자였던 류치명(柳致明)은 정확한 의견은 표명하지 않고 마음이 일신의 주재가 된다는 점을 환기시키는 데 그쳤던 반면, 강회에서 훈장 역할을 맡았던 류치호(柳致墕)는 동주의 관점을 지지하고 있다. 이런 가운데 동주는 처음에 제시했던 리가 마음의 주재라는 관점을 일부 굽힘으로써 토론을 마무리한다.

짧지만 시종 진지하게 진행된 이 학술적 토론은 상호 정중하게 이루어졌다. 뿐만 아니라, 강회 내에서 상석의 자리에 있던 장석, 훈장, 동주 등이 후학인 류치엄의 의견에 적극적으로 답변하고 있는 모습에서 토론에 임하는 올바른 태도가 무엇인지 생각해 볼 수 있는 여지도 제공한다. 또한 류치명이나 류치호 등의 개입도 있었으나 전체적으로는 동주와 류치엄 간의 의견 교환이라고 봐도 무방한 이 토론은 상대방의 '프레임

(frame)'에 편견적 요소가 있음을 드러내는 방식으로 토론이 이루어졌다는 점에서 매우 주목할 만하다.46) 이것을 단계화시켜 보자면, 마음이 한 몸을 주재한다는 말은 마음이 이미 그 주재 역할을 담당하고 있는 실체라는 의미이기에 여기서 다시 무엇이 마음을 주재하는가에 대한 논의는 불필요하다는 점이, 동주의 물음ⓐ에 대한 류치엄의 최초 답변ⓐ′이었다. 답변을 받은 동주는 류치엄을 자신의 프레임으로 설득하려고ⓑ 시도하지만, 오히려 그 프레임이 간과한 부분에 대한 류치엄의 구체적인 지적ⓑ′을 한 번 더 들은 뒤, 결론적으로는 주장을 일부 후퇴시킨다ⓒ. 비록 하나의 합의로 귀결되지는 못했다고 할지라도 두 사람이 보여준 토론의 양상은 교육적으로 큰 가치가 있으며, 이것은 현대의 「윤리와 사상」 수업에서도 여전히 유의미한 부분이 있다.

토론에 대한 태도나 기법 등은 앞서 살펴본 「고전과 윤리」 수업에서도 활용 가능하지만, 더 직접적인 연관성은 「윤리와 사상」 수업에 있다. 왜냐하면 이 과목은 "학생들에게 한국 및 동·서양의 주요 윤리사상과 사회사상에 내재된 지혜와 통찰을 비판적으로 음미해 볼 수 있는 학습 경험을 제공"47)하는 것을 중시하고 있기 때문이다. 그리고 이러한 까닭에 대부분의 성취기준들이 '~을 토론(혹은 설명)할 수 있다.'라는 말로 종결되고 있다. 한두 가지 예를 들어보자면 다음과 같다.

① [12윤사02-02] 선진유교의 전개 과정을 탐구하여 도덕의 성립 근거에 대한 상대되는 입장의 특징과 한계를 토론할 수 있고, 성리학과 양명학을 비교하여 도덕법칙의 탐구방법에 상대되는 입장의 특징과 한계를 토론할 수 있다.48)

② [12윤사02-03] 이황과 이이의 심성론·수양론을 비교하여 조선성리학의 특징을 설명할 수 있고, 정약용의 심성론·수양론을 탐구하여 조선성리학의 한계와 실학사상의 의의를 설명할 수 있다.49)

맹자/순자, 유교/도가, 성리학/양명학, 퇴계/율곡, 조선성리학/실학 등은 어느 한쪽이 다른 한쪽을 제압해 이길 수 있는 관계가 아니다. 따라서「윤리와 사상」수업 시간에는, 학생들로 하여금 어느 한쪽 입장을 선택하여 심층적으로 학습할 수 있도록 유도한 뒤, 다른 쪽의 입장을 선택한 학생(혹은 모둠)이 견지하고 있는 프레임의 한계를 지적하여 설득하는 방식으로 토론이 전개되어야 한다. 그리고 토론에 참여하는 학생들이 타인의 주장을 경청하고 자신의 견해를 정중한 태도로 주장할 수 있도록 분위기를 조성해야 한다. 바로 이 지점에서 서원의 강회에서 나타나는 토론의 태도 및 기법 등을 활용할 수 있다.

물론 살펴본 호계서원의 토론을 그대로 사용할 수는 없을 것이다. 그럼에도 학생들에게 서원의 강회식 방법으로 토론 수업을 진행한다는 점을 안내하고, 강회 내에서의 토론이 어떻게 이루어졌는지를 (동주와 류치엄이 등장하는) 인용문과 더불어 소개한다면, 그 수업은 전통과 현대가 접합되어 전개되는 양상을 보여주게 될 것이다. 또한 궁극적으로는「윤리와 사상」교육과정이 지향하는 '한국 및 동·서양의 주요 윤리사상과 사회사상에 내재된 지혜와 통찰을 학생들이 비판적으로 음미하는 학습 경험을 제공'하는 데에도 상당히 기여할 수 있을 것으로 기대된다.

지금까지 본 절에서는 서원에서 이루어졌던 강회의 규칙·진행 순서 및 운영의 실제가 현대의「고전과 윤리」또는「윤리와 사상」수업에서 어떻게 활용·응용될 수 있는지에 대해 시론적인 수준에서 제시하였다. 이제 이어지는 마지막 절에서는 이 장에서 미처 다루지 못했던 후속 과제들에 대해 한두 가지 제언하면서, 글을 마칠 것이다.

3. 남은 과제들

지금까지 이 장에서는 조선시대에 서원을 운영하는 근간이 되었던 원규에서 엿보이는 현대 교육적 시사점을 도출하고, 나아가 이 공간에서 행해졌던 교육방법의 현대적 활용 방안을 고찰한다는 목적 아래 논의를 진행하였다.

서원에 대한 연구는 과거에도 정치·역사·교육적인 측면에서 풍성하게 진행되어 왔으며, 2019년 7월에 9개(소수, 옥산, 도산, 병산, 도동, 남계, 무성, 필암, 돈암) 서원이 유네스코(UNESCO) 세계유산에 등재된 이후에는 학술대회 차원에서도 서원을 재조명하려는 움직임이 활발하다. 하지만 이런 상황에서도 서원에 대한 연구에는 결락(缺落)된 측면이 발견되는데, 그것이 곧 서원의 현대적 활용에 대한 부분이다. 물론 언급했던 것처럼, 여기에 대한 연구가 없는 것은 아니다. 하지만 대부분 서원 체험 같은 교육 공간적 측면에만 초점을 맞추고 있다는 사실은 서원의 교육적 활용에 보완되어야 할 지점이 있음을 뜻하는 것이다. 이에 필자는 '원규'를 고찰하여 서원의 교육적 지향점이 현대에도 유의미하다는 점을 밝히고자 했으며, 한 걸음 더 나아가 도덕과(道德科)라는 특정 교과교육의 관점에서 '강회'를 활용한다면 어떻게 할 수 있는가에 대해서도 논의하고자 했던 것이다.

하지만 이 장의 내용이 학술적이면서도 수업 활용적인 측면에서 더 큰 가치를 지니기 위해서는 다음과 같은 후속 연구가 필요한데, 그 첫 번째는 강회를 활용한 교육방법을 일반화된 교수·학습 및 평가 방법의 수준으로 승화시켜 현장에 보급하고, 현장에서 나오는 수정 보완 사항을 피드백(feedback) 받아 지속적으로 개선해 나가는 것이다. 이러한 작업이 이루어질 때에서야 비로소 서원이라는 공간이 가지고 있는 고착화된 이미지를 탈피하고, 자라나는 청소년들에게도 서원이 유의미하게 다가올 것이라고 예상된다. 다음으로 두 번째는 발굴되지 않았거나 발굴되었다고 해도 제대로 번역되지 않은 '서원지(書院誌)' 등을 꾸준히 발굴, 번역, 소개함으로써, 당대 서원에서 발견되는 생동적인 강회의 모습을 포착하는 것이다. 그간 서원 교육방법의 현대적 활용이 어려웠던 이유에는 이 같은 성격의 자료 소개가 거의 없었다는 점도 분명히 포함된다.

미주

1) 조무남 외,『교육사 교육철학 강의』, 동문사, 2001, 65쪽.

2) 『退溪先生文集』卷9 '上沈方伯': 隱居求志之士, 講道肄業之倫, 率多厭世之囂競, 抱負墳策, 思逃於寬聞之野, 寂寞之濱, 以歌詠先王之道, 靜而閱天下之義理, 以蓄其德, 以熟其仁, 以是爲樂, 故樂就於書院.

3) 관련해 이만규(『다시 읽는 조선 교육사』, 살림터, 2010, 254쪽)는 서원의 폐해로 ⓐ 향교 쇠퇴, ⓑ 유생들의 놀고먹음, ⓒ 균역(均役)의 도피처, ⓓ 백성을 괴롭히는 자들의 양성, ⓔ 조세 혜택 악용, ⓕ 사색 파쟁 등을 꼽았다.

4) 洪翰周, 김윤조·진재교 역,『19세기 견문지식의 축적과 지식의 탄생 지수염필(하)』, 소명출판, 2013, 191~193쪽.

5) ⓐ 물론 당시 서원에서 이루어졌던 교육 현장을 생생하게 재구축하려는 시도들이 없는 것은 아니다. 관련해 김대식,「조선 서원 강학 활동의 성격」,『교육사학연구』제11집, 교육사학회, 2001; 최광만,「19세기 서원 강학활동 사례 연구」,『교육사학연구』제22집 제1호, 교육사학회, 2012; 김자운,「18세기 조선을 새롭게 디자인한 석실의 학풍과 교육」, 조준호 외,『석실서원』, 한국학중앙연구원 출판부, 2018 등을 꼽을 수 있다. ⓑ 또한 서원을 관광 및 문화 체험과 연관시켜 교육 공간으로 활용할 것을 제안하는 연구들도 있다. 관련해 이상호,「복설될 연경서원의 현대적 활용 방안」,『퇴계학논집』제16집, 영남퇴계학연구원, 2015; 진성수,「전북지역 서원의 현대적 활용 방안」,『원불교사상과 종교문화』제70호, 원광대학교 원불교사상연구원, 2016 등을 꼽을 수 있다. 하지만 서원이 이 기관을 연구하는 학자들 사이에서만 생동성을 인정받거나 일회적인 교육 공간으로만 거론되는 것은 필자의 관점에서는 여전히 '박제된' 서원으로 보인다. 이에 필자는 보다 근본적이면서도 적극적인 차원에서 서원의 이념과 방법들을 현대 교육적으로 재해석·활용하려는 것이다. 특히 '교과(敎科)'의 차원에서 서원 교육을 조명할 필요가 있다는 것이 핵심이다. 이 점이 본 연구가 선행 연구들을 계승함과 동시에 구분되는 측면이라고 할 수 있다.

6) 박종배,「조선시대의 학령 및 학규」,『한국교육사학』제28권 제2호, 한국교육사학회, 2006, 224쪽.

7) 정만조,「한국 서원의 연구현황과 전망」, 경기대학교 소성학술연구원 편,『한국의 서원과 학맥 연구』, 국학자료원, 2002, 15쪽.

8) 류방란 외,『제4차 산업혁명 시대의 교육』, 한국교육개발원, 2018, 61~65쪽, 71~79쪽.

9) 교육부 보도자료,「OECD 교육지표 2019 결과 발표」, 2019a, 1~14쪽.

10) 엄기호,『교사도 학교가 두렵다』, 따비, 2014, 17~18쪽, 25쪽.

11) 『寒岡集續集』卷4 '院規 爲道東作': 鄕校, 實爲本原之地, 而近來頹敝太甚, 雖有識之士, 亦不免自混於流俗, 而如視他人家事, 此豈國家之尊聖衛道之意哉. 自今院任, 每値上丁, 率境內儒生, 先期齊會釋尊後, 本院祀事, 行於中丁, 庶幾彼此一體, 先後有倫也. ; '도동서원 원규'와 '이산서원 원규'의 번역은 한국고전종합 DB(http://db.itkc.or.kr/)에 수록된 국역을 활용하였음을 밝혀둔다.

12) 정순우, 『서원의 사회사』, 태학사, 2013, 105~107쪽. ; 서원의 향사가 정초되고 전개되는 과정에 대해서는, 한재훈, 「조선시대 서원향사례 비교연구」, 『퇴계학논집』 제20호, 영남퇴계학연구원, 2017을 참조할 수 있다. 한편 향사가 야기한 폐단이 많았다는 사실도 간과해서는 안 된다. 시간이 지날수록 서원의 향사는 양반계층이 신분적 위계를 고착시키고 도덕적 권위를 독점하는 폐해를 낳았다. 또한 서원의 남설(濫設)로 인한 정치적·사회적 부작용들도 발생하였다(정순우, 앞의 책, 2013, 287쪽). 향사를 '학생들이 학교에 의미를 부여하고 공동체적 결속을 다지기 위한 의식'으로 해독할 때에도, 의식이 고착화되거나 특정 학년 중심으로 운영되는 것은 매우 경계해야 할 부분이다.

13) 교육부, 『교육부 고시 제2015-74호[별책 1] 초·중등학교 교육과정 총론』, 교육부, 2015a, '교육과정의 성격' 부분(면 표시 없음).

14) 위의 책, 2쪽.

15) 교육부, 『2015 개정 교육과정 총론 해설(중학교)』, 교육부, 2017a, 34쪽. ; 총론 해설의 초등학교 및 고등학교 편 역시 역량을 동일하게 정의(定義)하고 있으므로, 출처는 생략함을 밝혀둔다.

16) 물론 교육과정 총론에 도덕성과 관련된 내용이 전혀 없는 것은 아니다. 인성, 전인(全人) 등의 용어가 자주 거론될 뿐만 아니라, "미래 사회가 요구하는 핵심 역량을 함양하여 바른 인성을 갖춘 창의융합형 인재를 양성하는 데"(교육부, 앞의 책, 2015a, 3쪽) 중점을 두고 있음을 명확히 하고 있기 때문이다. 그럼에도 현행 교육과정 전반을 관통하고 있는 큰 줄기는 분명히 역량이다. 그래서 교육과정 해설서에서도 창의성이야말로 창의융합 인재의 중심 가치가 된다고 전제한 다음, 창의적인 사람의 활동이 인간과 사회에 이로운 것이어야 하므로 도덕성을 갖추어야 한다고 언급한 것이다(교육부, 앞의 책, 2017a, 38쪽).

17) 『退溪先生文集』卷41 '伊山院規 ': 諸生讀書, 以四書五經爲本原, 小學, 家禮爲門戶, 遵國家作養之方, 守聖賢親切之訓, 知萬善本具於我, 信古道可踐於今, 皆務爲躬行心得明體適用之學. 其諸史子集, 文章科擧之業, 亦不可不爲之旁務博通. 然當知內外本末輕重緩急之序, 常自激昂, 莫令墜墮, 自餘邪誕妖異淫僻之書, 竝不得入院近眼, 以亂道惑志. ; 흥미로운 사실은 원규에 따라 위기지학(爲己之學) 공부와 과거 공부의 병행을 허락하기도 하고 배제하기도 했다는 점이다. 퇴계는 본말론 입장에서 서원에서의 두 공부 병행을 일정 부분 허락한 반면, 율곡은 배제론 입장에서 서원에서는 위기지학 공부만 해야 한다고 규정했다. 이 내용들은 '이산서원 원규'나 '은병정사 학규'에도 나타난다. 이후 여러 서원들은 본말론[도동서

원(道東書院), 화양서원(華陽書院) 등]이나 배제론[석실서원(石室書院), 문회서원 (文會書院) 등]의 입장에서 과거 공부를 허용하기도 하고 거부하기도 하였다(박종배, 「학규에 나타난 조선시대 서원교육의 이념과 실제」, 『한국학논총』 제33호, 국민대학교 한국학연구소, 2010, 45~52쪽).

18) 학생들로 하여금 자신이 도덕적 존재임[性善]을 알고 믿게끔 하는 데에서 교육을 시작하는 것이 곧 '전통도덕교육론'의 출발점이라고 할 수 있다. 그간 도덕교육에 대한 담론들은 주로 서구 도덕교육론을 중심으로 하여 이루어져 왔는데, 대한민국의 교육 및 도덕과 교육의 짧지 않은 역사를 고려할 때 이제는 전통도덕교육론의 정립이 필요한 시기라고 판단된다. 이와 관련된 논의는, 김민재, 「전통도덕교육론 연구의 분석 및 방향 탐색」, 『학습자중심교과교육연구』 제16권 제11호, 학습자 중심교과교육학회, 2016d를 참조할 수 있다.

19) 첨언하자면, 박민정(「역량기반 교육과정의 특징과 비판적 쟁점 분석」, 『교육과정 연구』 제27권 제4호, 한국교육과정학회, 2009, 75쪽)은 역량이란 "과제 수행 상황에 얽혀 있는 복잡한 맥락적 요소들을 읽어내고, 적합하다고 판단되는 지식, 기능, 전략, 가치 등을 선택, 활용해 가는 인지적, 반성적 성찰 능력을 의미"한다고 규정하면서, 여기에 근거한 교육과정은 종래의 교육과정에 대한 대안이 될 수도 있지만, 무차별적으로 적용할 경우 교육을 경제적 논리에 함몰시키는 예상치 못한 결과를 야기할 수도 있다고 경계하였다(같은 글, 73쪽).

20) 『退溪先生文集』 卷41 '伊山院規': 諸生立志堅苦, 趨向正直, 業以遠大自期, 行以 道義爲歸者爲善學, 其處心卑下, 取舍眩惑, 知識未脫於俗陋, 意望專在於利欲者 爲非學. 如有性行乖常, 非笑禮法, 侮慢聖賢, 詭經反道, 醜言辱親, 敗羣不率者, 院中共議擯之.

21) 『栗谷全書』 卷15 '隱屛精舍學規': 自晨起至夜寢, 一日之間, 必有所事. 心不暫 怠, 或讀書, 或靜坐存心, 或講論義理, 或請業請益, 無非學問之事, 有違於此, 卽 非學者.

22) 『栗谷全書』 卷15 '隱屛精舍學規': 有時歸家, 切宜勿忘齋中之習. 事親接人, 持身處 事存心, 務循天理, 務去人欲. 如或入齋修飭, 出齋放倒, 則是懷二心也, 不可容接.

23) 方朝暉, 박찬철 역, 『나를 지켜낸다는 것』, 위즈덤하우스, 2014, 143~155쪽.

24) ⓐ 학생의 인권을 강조한 목소리는 「학생인권조례」의 공포로 연결되었다. '차별받 지 않을 권리'를 포함해 여러 가지 학생인권을 명시한 이 조례는 경기도를 시작으로 현재 서울특별시, 광주광역시, 전라북도 등에서 공포한 상태이다. ⓑ 또한 교사의 권리를 강조한 목소리는 「교원의 지위 향상 및 교육활동 보호를 위한 특별법」의 개정으로 연결되었다. 이 법이 최초 제정·시행된 1991년에는 13개였던 조문이 현재는 21개로 증가하였다. 이 법령에서 주목해야 할 내용은 교육활동 침해 행위로 발생한 교원의 정신적 피해를 치유·지원하기 위해 교원치유센터를 지정하고 (제17조), 교육활동을 침해한 해당 학생에 대해 고등학교 이하 각급 학교의 장(長)이 조치를 취할 수 있으며(제18조), 교원의 교육활동 보호 및 관련 사항을 심의하

기 위해 시·도교육청에 교권보호위원회를 설치할 수 있다(제19조)는 등이다(국가
법령정보센터, http://www.law.go.kr/).

25) Palmer. P. J., 이종인·이은정 역,『가르칠 수 있는 용기』, 한문화, 2013, 37쪽.

26) 김민재,「사도·존사의 유가적 전통이 지니는 초등도덕교육적 함의」,『초등도덕교
육』제45집, 한국초등도덕교육학회, 2014c, 2~3쪽.

27)『寒岡集續集』卷4 '院規 爲道東作': 院長者, 所以爲一院之長, 而主盟倡道, 以興
起朋徒者也. 入院之士, 所當尊畏矜式, 不敢輕忽, 而爲院長者, 亦自端重飭屬, 無
自辱焉.

28)『寒岡集續集』卷4 '院規 爲道東作': 院長或有過誤, 行輩間密相箴規, 庶幾令不遠
而復, 面責損徒之罰, 不敢加於院長. 或所失者大, 不復可安於院長之任, 則院長必
自引咎而請改矣. 置院長錄, 錄前後院長, 竝書任遞年月, 令後之任此者, 庶幾有所
披閱而欽戒也. 有司亦書之.

29) 유사는 서원의 사무를 맡아보는 직책이다. 그러나 유사의 선정에는 덕망과 능력,
나이 등 다양한 요인이 들어가는 까닭에, 어리거나 서원에 갓 들어온 유생에게는
스승과 다름없이 인식되었을 것으로 추정된다. 그래서 퇴계는 '이산서원 원규'에
서, 서원 근처에 사는 청렴하고 능력 있는 사람을 두 사람 선정해 유사로 삼고, 선
비들 중에 추앙받을 만한 사람을 한 사람 선정해 특별히 상유사(上有司)로 삼으라
고 언급했던 것이다. 그는 또한 유생과 유사는 예절에 맞는 몸가짐으로써 서로 대
하고, 공경과 믿음으로써 상호 대우해야 한다고 강조하였다(『退溪先生文集』卷41
'伊山院規': 一, 院有司, 以近居廉幹品官二人差定. 又擇儒士之識事理有行義衆所
推服者一人, 爲上有司, 皆二年相遞. 一, 諸生與有司, 務以禮貌相接, 敬信相待.)

30) Banner Jr. J. M. & Cannon. H. C., 이창신 역,『훌륭한 교사는 이렇게 가르친
다』, 풀빛, 2013, 43쪽.

31) 정순우,「한국 초기 서원의 교육사적 의의」,『한국학논총』제29호, 국민대학교
한국학연구소, 2007, 128~129쪽.

32) 국사편찬위원회,『한국사 28 조선 중기 사림세력의 등장과 활동』, 국사편찬위
원회, 1996, 280~281쪽, 286쪽; 정순우, 앞의 글, 2007, 127~128쪽.

33) 이와 같은 시도는 본 장의 연구 대상인 서원에 국한되지 않고 유교 전반으로 확장되
어야 한다는 것이 필자의 생각이다. 과거와 비교할 때, 유교 사상 및 관련 교육방법
들의 현대적 활용을 모색해야 한다는 관점은 학계 전반으로 확산되어 있다. 뿐만 아
니라 관련 연구들도 지속적으로 산출되고 있다. 하나의 사례로 윤사순은『한국유학
사 하』(지식산업사, 2012, 453~520쪽)의 마지막장과 부록 전체를 유교의 현대적
가용성 내지는 변환에 초점을 맞추어 서술하기도 하였다. 하지만 윤사순의 시도를
포함해 대다수의 연구물들이 유교라는 창 안에서 현대를 바라보는 까닭에, 현대적
변용이 시사점 제시 수준에 그치고 있었다는 점을 지적하지 않을 수 없다. 본 장의
내용도 시론적인 수준에 머무르고 있으므로 동일한 한계를 지니고 있지만, 관점을

전환해 현대 교육의 창으로 서원의 교육방법인 강회를 바라보려 했다는 점은 특징이라고 할 수 있을 것이다. 또한 본 연구는 일반교육학(교육사·교육철학)의 성과를 수용하는 한편 '도덕과'라는 특정 교과교육학의 관점을 견지하고 있는데, 이 부분 역시 기존에는 전무하였다는 점에서 또 하나의 특징이라고 말할 수 있을 것이다.

34) 박종배, 앞의 글, 2010, 59쪽. ; 서원에서 이루어진 강학 활동의 성격에 따라, 성리학 이론의 심층적 이해와 개인 덕성의 함양에 초점을 맞춘 '회강(會講)' 및 향촌 교화와 성리학적 규범에 동의·수용하는 '강회'로 구분하는 경우도 있으나, 필자의 관점에서는 이러한 구분은 다소 작위적으로 보인다. 회강과 강회를 구분하는 입장에서는, 조선 후기로 갈수록 서원의 폐단이 심각해지는 현상의 한 단면이 위기지학 중심의 회강 약화 및 공식적인 성격의 강회 강조라고 설명할 수 있다(김대식, 앞의 글, 2001, 49~51쪽). 그러나 서원에서 이루어진 강학 활동의 성격은 강학을 실시하는 서원에 따라서도 매우 다른 양상을 보이는 까닭에, 회강 역시 강회의 범주에 포함된다고 보는 것이 바람직하다.

35) 『寒岡集續集』 卷4 '講法': 一. 願入者, 具單刺, 以待僉議許入, 有學主. 一. 會之日, 當於早朝食時謁聖, 未及參者責之. 一. 分左右正坐, 各定有司規檢, 如有起居無節, 言笑失宜者, 當責有司. … 一. 五講不通者, 黜讀, 三講不參者, 黜讀. 一. 不通, 楚三十, 兩書竝不, 則用甲, 未准分輕重行楚, 多不過甲三十, 少不下楚十. 旣罰後, 令於後會追講, 先本朔講之. … 一. 黜讀之人, 書名付壁, 不許士友之會.

36) 『渼湖集』 卷14 '石室書院 講規': 非衆所共知不得已者, 而委托不參, 則會中面戒之, 再不參則黜座. [請改然後衆責而還之.] 若無意講學, 全不赴會者, 刊去案中.

37) 요약·정리한 것이므로 '석실서원 강규'의 원문은 생략하였음을 밝혀둔다.

38) 교육부, 『교육부 고시 제2015-74호[별책 6] 도덕과 교육과정』, 교육부, 2015b, 65쪽;「고전과 윤리」과목은 네 개 영역에 따라 구분된 총 15권의 고전에서 내용을 발췌해 교과서를 구성하고 수업을 운영하도록 하고 있다. '자신과의 관계' 영역(제Ⅰ영역)에 속하는 고전은 『격몽요결』, 『수심결』, 『윤리형이상학 정초』이고, '타인과의 관계' 영역(제Ⅱ영역)에 속하는 고전은 『니코마코스 윤리학』, 『논어』, 『금강경』이며, '사회·공동체와의 관계' 영역(제Ⅲ영역)에 속하는 고전은 『국가』, 『목민심서』, 『정의론』이고, '자연·초월과의 관계' 영역(제Ⅳ영역)에 속하는 고전은 『공리주의』·『동물해방』, 『노자』·『장자』, 『신약』·『꾸란』이다.

39) 위의 책, 76~79쪽.

40) 「고전과 윤리」과목은 15권의 고전을 모두 수업할 것을 강요하지 않는다는 점에 주의해야 한다. 따라서 교사는 학생들과 협의해 특정 고전을 깊이 있게 읽을 수도 있다. 다만 이하의 시뮬레이션은 고등학교 수업이 50분이라는 점과 서원의 강회를 수업에 그대로 활용하기는 어려워 현대의 학교 수업 상황에 맞추어 부분적인 수정을 시도했다는 점 등을 밝혀둔다.

41) 강회의 모습이나 내용이 학파별로도 차이가 있을 수 있다는 점을 고려한다면, 강

회에서 행해진 문답이나 토론에 대한 사상사적 비교 연구도 요청된다. 우리나라 최초의 서원이자 훼철 시기에도 존속하였던 '소수서원'에서조차 관련 기록이 미비하다는 사실은 서원의 강학과 강회에서의 문답, 토론에 대한 기록 수집이 절실함을 보여주는 것이다(김자운, 「퇴계의 서원관과 조선후기 소수서원 강학의 변화」, 『퇴계학논집』제18호, 영남퇴계학연구원, 2016, 151쪽).

42) 최광만, 『조선후기 교육사탐구』, 충남대학교 출판문화원, 2017, 468~473쪽. ; 호계서원에서 이루어진 강회의 성격 및 특징에 대해서는 『조선후기 교육사탐구』의 제10장과 제12장을 참조할 수 있다. 이외에도 권오영, 「19세기 영남유림의 강회와 학술활동」, 김현영 외, 『조선시대 사회의 모습』, 집문당, 2003, 215~223쪽을 참조할 수 있으며, 1차 자료로는 한국국학진흥원 연구부, 『국역 조선시대 서원일기』, 한국국학진흥원, 2007, 587~631쪽을 참조할 수 있다.

43) 최광만, 앞의 책, 2017, 388~410쪽.

44) 한국국학진흥원 연구부, 앞의 책, 2007, 599쪽.

45) 위의 책, 599쪽.

46) 이유미, 「프레임(Frame)을 활용한 교차토론 방법 연구」, 『화법연구』제19호, 한국화법학회, 2011, 177쪽.

47) 교육부, 앞의 책, 2015b, 49쪽.

48) 위의 책, 56쪽.

49) 위의 책, 56쪽.

제2장

율곡 이이 사상의 교과서 내 기술 방식의 변화
- 근대계몽기 '수신과'에서 현대 고등학교 '도덕과'에 이르기까지 -

이 장에서는 '대한제국(大韓帝國)'으로 상징되는 근대계몽기 '수신과(修身科)'로부터 현대 '도덕과(道德科)'에 이르기까지, 관련된 교과서들에 기술된 율곡 사상의 변천에 대해 살펴볼 것이다. 사전적인 의미로 "학교에서 교과 과정에 따라 주된 교재로 사용하기 위하여 편찬한 책"1)이라는 의미의 교과서는, 간략한 정의(定義)와는 다르게 미치는 영향력이 막대하다. 특히 '인물'에 대한 부분은 더욱 그러해서, 학습자들의 특정 인물에 대한 평가를 좌지우지하는 것은 곧 교과서라고 해도 무방할 정도이다.2) 이러한 까닭에, 교과서를 간행할 때 집필자 및 유관 기관들에서는 인물에 대한 평이 어느 한 방향으로 쏠리지 않도록 거듭 유의하고 있다. 그렇다면 본 장의 논의 대상인 율곡(栗谷) 이이(李珥, 1536~1584)에 대한 교과서상의 기술은 어떤 변천을 겪어 왔을까? 이 질문에 대한 답을 시도하는 것은 다음과 같은 두 가지 이유에서 유의미하다.

첫째, 현재는 누락되어 있으나 향후 교과서에 수록될 수도 있는 율곡 사상의 분야에 대해 선제적으로 예측·대응할 수 있다. 후술하겠지만, 율곡 사상이 관련 교과서에서 항상 중요하게 다루어졌던 것은 아니다. 가령 근대계몽기에 간행된 '수신과' 교과서에서는 집필 주체에 따라 차이가 있으나 예상 외로 율곡을 위시한 유교 사상의 비중이 낮은 반면, 시간이 흐를수록 교과서 내 율곡 사상의 비중은 높아진다. 그러나 지금은 심성론·수양론 기술에 집중되어 있어, 그의 경세론 기술은 대단히 축소되어 있는 형편이다.3) 제한된 분량의 교과서에 한 시대를 풍미했던 학자의 모든 영역을 담기는 어렵겠지만, 특정 영역만 비대하게 기술되어 있다는 점역시 비판의 대상이다.

다음으로 둘째, 교과서상에서 발견되는 율곡 사상의 '비균질성' 문제를 어느 정도 완화시키는 기회를 마련할 수 있다. 내용 기술의 '비균질성'이란 교과서 간행 방식이 '국정'에서 '검정'으로 바뀐 이후에 등장한 현상으로, 동일 과목임에도 불구하고 해당 교과서들 간 내용 기술 수준에 상당한 차이가 있다는 것이다. 이는 학생들이 어떤 출판사에서 간행된 교과서를 배우느냐에 따라 율곡 사상에 대한 학습의 양과 질이 달라질 수 있다는 점에서 유의해야 할 부분이다.4)

이상과 같은 문제의식하에, 본 장에서는 시기별로 3단계로 구분하여 교과서에 기술된 율곡 사상의 변천에 대해 살펴볼 것이다. 먼저 제1절에서는 '근대계몽기'를, 이어서 제2절에서는 「제3차 국민 윤리과 교육과정」에서 「제7차 도덕과 교육과정」에 해당하는 '전면개정기'를, 그리고 제3절에서는 「2007 도덕과 교육과정」에서 「2015 도덕과 교육과정」에 해당하는 '수시개정기'를 중심으로 '수신과' 및 고등학교 '도덕과' 교과서에 기술된 율곡 사상에 대해 고찰한다.5)

1. 근대계몽기 '수신과' 교과서에 기술된 율곡 사상

1897년 고종(高宗)이 황제로 즉위하고 대한제국을 공식적으로 선포한 전후 시기는 국·내외적으로 매우 혼란스러웠다. 조선이 대한제국으로 국명을 바꾸는 과정에서 임오군란(壬午軍亂, 1882), 갑신정변(甲申政變, 1884), 동학농민운동(東學農民運動, 1894), 갑오개혁(甲午改革, 1894), 아관파천(俄館播遷, 1896) 등 주요한 역사적 사건들이 연이어 발생했고, 제국주의 열강들은 이권을 얻어낼 목적으로 우리 정부에 지속적으로 겁박과 회유를 시도했다.

이런 상황에서 교육계도 다양한 변화를 겪었는데, 1894년 군국기무처(軍國機務處)에서 과거제를 폐지하고 '학무아문(學務衙門)'을 설치한 이후로, 국·한문 혼용이기는 하지만 국문이 강화되고, 소학교(小學校)와 사범학교(師範學校) 설립이 가시화되는 등 근대식 교육 제도가 형태를 갖추기 시작했다. 이듬해 고종은 '교육에 관한 조칙' 통칭 '교육입국조서(教育立國詔書)'를 발표해 실용(實用) 교육을 강조하였으며, 학무아문에서 '학부(學部)'로 개칭된 이 기관에서 '소학교령(小學校令)'과 '소학교 교칙대강(小學校 教則大綱)' 등을 비롯한 각 급 학교의 규칙(規則)들을 공포하였다.6)

그러나 소학교에서 중학교(中學校)로 구축되었던 초·중등 교육체제는 1905년 을사늑약(乙巳勒約) 체결 및 그 결과로 설치된 통감부(統監府)의 영향으로 보통학교(普通學校)에서 고등학교(高等學校)의 체제로 변화하였고, 이후 일제의 개입은 더욱 확장되었다.7) 그리고 그 반작용으로 1906년 이후 대한자강회(大韓自強會) 등 다수의 '애국계몽단체'가 등장하였으며, 이승훈(李昇薰)의 오산학교와 안창호(安昌鎬)의 대성학교 및 기독교계가 주도해 설립한 사학(私學)들이 대거 나타났다.8)

정리하면, 대한제국으로 상징되는 근대계몽기는 ⓐ 전통교육을 대표하는 '서당', ⓑ 학부에서 관장하는 '관·공립학교', ⓒ 각종 단체에서 설립한 '사립학교'들이 각자의 방식으로 함께 운영되고 있었다. 이처럼 "옛것과 새것의 아슬아슬한 공존"9)이 이루어지고 있는 상황에서 논의의 범위를 좁혀 교실 내 수업을 들여다보자면, 어떤 방식으로 교사와 학생 사이에 교수·학습 및 평가가 이루어졌는지는 기록의 산재(散在)로 인해 불명확하다. 또한 『사서(四書)』나 『소학(小學)』류 같은 전통교육 교재가 아니라 새롭게 등장한 근대식 교과서들의 경우, 간행된 교과서가 정확히 어떤 교과목의 교재로 사용되었는지도 뚜렷하지 않다. 다만 교과서의 내용에 근거해 '수신과'로 분류할 수 있는 교과서는 대략 13종이 있는 것으로 판단되는 바, 간행 주체와 용도 등을 중심으로 소개하면 다음과 같다.

〈표 2-1〉 근대계몽기 '수신과 교과서'의 종류

간행 주체	용도	교과서명	간행 주체	간행 연도
학부	·	『숙혜기략』	학부	1895
		『소학독본』		1895
		『서례수지』/『셔례슈지』		1896/1902
	초등용	『보통학교 학도용 수신서』		1907, 1908
사학 · 개인	초등용	『초등소학』	국민교육회	1906
		『초등윤리학교과서』	안종화	1907
		『초등소학수신서』	오상, 유근(역술)	1908
	중등용	『중등수신교과서』	휘문의숙편집부	1906
		『고등소학수신서』		1907
		『윤리학교과서』	신해영(편술)	1906, 1908
	여학생용	『녀ㅈ독본』	장지연	1908
		『초등여학독본』	이원긍	1908
		『녀ㅈ소학슈신셔』	노병희	1909

그렇다면 본 장의 연구 목적으로 돌아와, 위의 표에 소개된 수신과 교과서들에서 율곡 사상은 어떻게 기술되어 있을까? 13종의 수신과 교과서들을 모두 검토한 결과, 율곡이라는 인물 내지는 그의 사상이 직접적으로 거론된 교과서는 『숙혜기략(夙惠記略)』과 『소학독본(小學讀本)』 및 『고등

소학수신서(高等小學修身書)』의 3종에 불과하였다. 그마저도『숙혜기략』에서는 "本朝 栗谷 先生 李珥는 七歲에 文을 作ᄒ니라."[10]라는 한 줄만 있어, 실질적으로는『소학독본』과『고등소학수신서』 2종만이 율곡 사상을 다루고 있는 셈이다.[11] 간행된 연도에 의거해 '을사늑약' 이전에 발간된『소학독본』을 먼저 살펴보자.

『소학독본』은 1895년 4월부터 1910년의 경술국치(庚戌國恥)에 이르기까지 존속했던 학부가 편찬한 63종의 교과서들 중 하나로, 동일 연도에 간행되었던『숙혜기략』과 더불어 수신과 교과서로 분류된다.[12] '입지(立志)', '근성(勤誠)', '무실(務實)', '수덕(修德)', '응세(應世)'라는 유교적 경향의 주제 아래 관련 내용들이 나열되는 형태로 구성되어 있고, 국·한문 혼용체로 기술되었다. 이런 점에서 '소학'이라는 명칭이 붙어있지만, 주희(朱熹)와 유자징(劉子澄)이 엮은 원본『소학』또는 이와 유사한 형식을 취한『속(續)소학』류와는 차이가 있다. 주제별로 하위 내용들이 고려·조선의 유학자들의 말로 채워져 있다는 점에서 전통적인 성격의 교과서로 보이기도 하지만, 다음과 같은 내용들은 이 책이 근대적·자기 비판적 성격도 아울러 지니고 있음을 보여준다.

① 사람의 지금 맡고 있는 직무는 다 이용(利用)을 위하는 것이다. 공부하는 데 힘쓰는 것은 다 지나간 자취를 알기 위함이요, 농사에 힘쓰는 것은 굶주림을 면하기 위함이요, … 천만 건의 일함이 다 쓰기를 위하는 것이다."[13](106)

② 다른 나라 사람들은 모두 자기 집안의 여러 가지 일들을 자기 집안의 요량(料量)으로 행하여 이룬다. 그런데 우리나라 사람들은 중심이 되는 마음이 없어서, 다른 나라의 사물과 색을 보든지 다른 나라의 말을 들으면 자신의 마음을 스스로 지키지 못한다.[14](109)

그럼에도『소학독본』은 근대화를 추진하려는 당시 정부의 의도와는 다르게 유독 전통적인 성격을 고수하고 있는 것처럼 보여, 그간 학자들 사이에 적지 않은 해석들이 있었다.15) 사실 본 장의 주제에 비추어 보았을 때에도, 다른 유학자들은 1~2회 정도만 언급되는 데 비해 율곡은 '근성'에서 1회, '수덕'에서 1회, '응세'에서 2회 등 총 4회에 걸쳐 인용되는 까닭에 『소학독본』은 상당히 주목해야 할 교과서이다.16) 그러나 실제 '근성'에서의 1회를 제외하면,17) '수덕'과 '응세'에서 율곡의 말이라고 인용된 내용들은 대부분 명(明)나라 홍자성(洪自誠)이 지은 『채근담(菜根譚)』에서 발췌·변형된 것들이다. 앞의 장들과 달리 '수덕', '응세' 내용의 상당량이 『채근담』과 관련된 것인데도,18) 율곡을 위시한 유학자들이 직접 말한 것처럼 기술한 학부 내 교과서 편찬자의 의도가 무엇인지에 대해서는 추가적인 연구가 필요하다.19)

다음으로 '을사늑약' 이후에 간행된 『고등소학수신서』에 대해 살펴보자. 『고등소학수신서』는 『중등수신교과서(中等修身敎科書)』와 동일하게 '휘문의숙편집부(徽文義塾編輯部)'에서 편찬한 서적으로, 휘문의숙의 고학년 학생들을 독자층으로 설정한 수신과 교과서이다. 전체 120개의 짧은 과(課)들로 구성되었고, 국·한문 혼용체로 기술되어 있는데, 학생들의 민족의식을 고취시키는 데 간행 목적을 두고 있다. 특히 교과서 후반에서는 국가와 황실에 대한 의무·애국심을 강조하면서, 국권 상실로 인한 국민의 수치에 대해서도 상세하게 언급하고 있다. 일례로 제111과 '愛國의 實'의 내용은 다음과 같다.

그렇다면 무엇을 참된 애국이라고 말하는가? 생각건대 삼천리의 넓은 국토가 있으니 마땅히 나의 충성과 용기를 떨쳐 태극기를 전 세계에 드날리게 하고, 이천만 인민 대중이 있으니 마땅히 자립의 길을 찾아 만국과 싸워 이길 유리한 병기(兵器)를 만들며, 십삼 도의 비옥한 토지와 풍부한 물산이 있으니 마땅히 나의 마음과 재능을 다하여 놀리는 땅이 없도록 하며 버려지는 자재가 없도록 하고, 사천여 년 동안 전하는 역사가 있으니 우리는 마땅히 나아가 성취하고자 하는 마음을 단단히 먹고 최상의 문명국을 이루며, 아버지와 아들, 임금과 신하, 형과 아우, 어른과 어린이가 지켜야 할 윤리와 우리 조상들이 전하여 익숙히 사용하는 문자로는 마땅히 고유한 미풍양속과 문헌을 보존하여 지키고, 이외에 일반적인 국민의 직분 내의 일을 모두 의연하게 스스로 책임져야 곧 나라를 진정으로 사랑하는 좋은 인민이 되는 것이다.[20](297)

이 같은 성격의『고등소학수신서』에 율곡의 사상에 대한 언급은 모두 4차례(제14·17·24·67과) 이루어지고 있는 바, 횟수로만 보자면 결코 적지 않다.[21] 다만 율곡의 심성론과 경세론 같은 사상을 중등교육 수준으로 심도 있게 다루기보다는,『격몽요결(擊蒙要訣)』과『성학집요(聖學輯要)』에서 '효행', '화순(和順)', '비복(婢僕)에 대한 주인으로서의 태도', '입지(立志)' 관련 내용을 발췌해 소개하고 있는 정도이다. 하나의 예로 제14과 '孝行'의 내용은 다음과 같다.

사람은 모두 부모의 보살핌을 받아 자랐으니 그 힘써 고생하신 은혜를 갚고자 한들 평생 동안 정성과 효도를 다하여 부모를 섬겨도 만에 하나를 갚기 어렵다. 그러니 자식 된 자는 항상 정성을 다하고 행동을 삼가서 부모의 명에 순종하고 부모의 뜻을 잘 기르며 부모의 이름을 드러나게 해야 한다. 만약 조금이라도 교만하고 탐욕스러운 마음과 다투고 어지러운 일이 있으면, 반드시 자신을 욕되게 하고 부모를 위태롭게 하는 데에 이를 것이니, 효도는 모든 행동의 근본인 것이다. 하나의 행실이라도 어그러지는 것이 있으면 순전한 효도를 실천하기 어려운데 하물며 몸을 욕되게 하고 부모를 위태롭게 했을 때에는 어떠하겠는가? 문성공(文成公) 이이가 이르길, "자식된 자가 생명을 얻음에 성명과 혈육은 모두 부모에게 받은 것으로 기운과 맥박이 서로 통하니 이 몸은 나의 사사로운 것이 아닌데 어찌 감히 그 몸을 제 것으로 여기며 부모에게 효도를 다하지

아니 하리오."라고 하였다.[22](220~221)

요컨대 인용 분량에는 다소의 차이가 있지만, 율곡 사상은 주로 ⓐ 부모나 부부 관계에 있어 상대에 대한 도리, ⓑ 주인이 하인을 대하는 자세, ⓒ 학문함에 뜻을 세우는 일의 중요성 등 '전통적인 가치 및 일상적인 태도'의 중요성을 부각시킬 때 활용되고 있는 것이다.

지금까지 본 절에서는, 근대계몽기 수신과 교과서에 기술된 율곡 사상의 실태에 대해『소학독본』(1895)과『고등소학수신서』(1907)를 중심으로 살펴보았다. 전자는 을사늑약 이전 관·공립학교용으로 '학부'에서 간행한 교과서이고, 후자는 을사늑약 이후 사학용으로 '휘문의숙편집부'에서 간행한 교과서이다. 두 교과서는 간행 주체와 시기, 내용의 성격 등에 있어서 상당한 차이가 있지만, 기술된 율곡 사상과 관련해서는 다음과 같은 공통점들이 있다.

첫째, 율곡의 심성론이나 경세론 등에 대해서는 언급이 거의 없다.『소학독본』에서는 '성(誠)'을,『고등소학수신서』에서는 '뜻 세움[立志]'을 강조하는 것과 같이 수양론에 관해서는 일부 제시하고 있지만 이 역시 유교에서 일반적으로 내세우는 내용을 기술한 것일 뿐, 율곡 사상의 고유한 측면을 드러낸 것이라고 보기는 어렵다.

둘째, 이어지는 맥락에서 율곡 사상은 전통적인 가치나 일상적인 태도 등을 거론할 경우로 한정하여 인용되고 있지만, 그가 조선을 대표하는 학자로 인식되고 있었음은 분명해 보인다. 이것은『소학독본』과『고등소학수신서』에서 율곡을 언급하는 횟수에서 잘 나타나는데, 각각 4차례씩으로 각 교과서의 전체 분량이나 여타 위인들의 인용 횟수 등을 고려할 때 두드러진다. 특히『소학독본』은『채근담』에서 상당량의 내용을 가져오면서도 많은 경우 율곡을 차명(借名)하고 있다는 점에서, 그가 당시에도 조선조 성리학을 대표하는 학자 중 한 사람으로 인식되고 있었음은 분명해 보인다.

셋째, 그럼에도 전반적으로 율곡에 대한 언급이 저조하거나 그의 성리학적 견해와 관련된 내용들이 미비한 이유는, 당시 학문의 지형도가 변화되고 있었기 때문이다. 물론 19세기 말에서 20세기 초에도 학문적 토론을 활발히 전개하던 유림들의 활동이 있었다.[23] 그러나 이와는 달리 유교가 근대화의 흐름을 역행한다는 사회적 인식도 점점 더 강해지고 있었다.[24] 이처럼 전통적 가치와 근대적 가치가 공존하던 시기에, 당대 지식인들은 서구로부터 밀려 들어오는 가치들을 수용하는 과정에서, 전통으로부터 제기되는 비판을 감내함과 함께 수용하려는 새로운 가치의 정당성도 입증해야 하는 풀기 힘든 숙제를 안고 있었던 것이다.[25] 그래서 근대식 학제에서 사용하기 위해 간행된 수신과 교과서의 저자들, 즉 당대 지식인들은 율곡으로 상징되는 '전통적 가치'와 자유·평등, 권리·책임 등의 '근대적 가치'들을 교과서에 같이 배치하는 한편, 중점은 후자에 두었던 것으로 보인다.

이제 이하에서는 경술국치 이후에서 광복까지의 시기를 지나, 근대계몽기의 '수신과'를 계승한 '도덕과'가 하나의 과목으로 공인된 「제3차 국민 윤리과 교육과정」(1974~1981)으로부터 현행 「2015 도덕과 교육과정」에 이르기까지에 간행된 '고등학교' 교과서들을 대상으로, 그 안에서 율곡 사상이 어떻게 기술되었는지를 고찰할 것이다. 다만 현대 도덕과 교육과정의 체제는 '전면개정'에서 '수시개정' 체제로 바뀌었고, 교과서 간행 방식도 '국정'에서 '검·인정' 방식으로 변화되었으므로, 제2절에서는 '전면개정기'를 중심으로, 이어서 제3절에서는 '수시개정기'를 중심으로 논의할 것이다.

2. 전면개정기 '도덕과' 교과서에 기술된 율곡 사상

이 장의 논의에서는 일제강점기하의 '수신과' 및 광복 이후에서 「제3차 국민 윤리과 교육과정」 이전까지의 시기는 제외하였다. 햇수로만 보면 1910년 경술국치 이후, 보다 정확히는 '조선교육령(朝鮮教育令)'이 공포된 1911년 8월 이후부터 「제3차 교육과정」(고등학교)이 공포된 1974년 12월에 이르기까지로 대략 60여년의 시간이다. 이 시기에도 고등학교 단계에서 도덕·윤리교육이 이루어졌던 것은 분명하다. 그러나 일제가 주도한 수신과 교육의 핵심은 일본 천황에 대한 이데올로기식 교육이었다.[26] 또한 광복을 맞아 단행한 '교육에 대한 긴급조치' 직후의 '교수요목기'(1946~1954) 및 교과중심 교육과정 성격의 '제1차 교육과정기'(1954~1963)와 경험(생활)중심 교육과정 성격의 '제2차 교육과정기'(1963~1974)에서 행해진 도덕·윤리교육은 공민교육, 도의교육 등의 명칭으로 불리면서 '사회과'에 속해 있었고, 요지도 '반공(反共)'에 있었다.[27] 즉, 자율적이기보다는 일제·국가 주도의 타율적인 성격으로 운영되었으며,[28] 공식적인 교과목으로 인정받지도 못한 때였기에, 본 연구에서 제외한 것이다.

그러다가 '제3차 교육과정기'(1974~1981)에 들어와서야 비로소 사회과로부터 독립해 「국민 윤리」가 6단위의 필수 교과로 자리매김했다. 바로 이 시기에 속한 「제3차 국민 윤리과 교육과정」에서부터 '제7차 교육과정'(1997~2007)에 속한 「제7차 도덕과 교육과정」에 이르기까지가 본 절에서 초점을 맞추는 시기로, 교과서 간행 방식은 국가 주도의 '국정'이었고, 검토 대상으로는 다음의 5종 교과서가 있다.

〈표 2-2〉 전면개정기 '고등학교 도덕과 교과서'의 종류

해당 교육과정	교과서명	편찬자[저작권자]	간행 연도(초판)
제3차 국민 윤리과 교육과정	『국민 윤리』	문교부[문교부]	1975(1975)
제4차 국민 윤리과 교육과정	『국민 윤리』	한국교육개발원[문교부]	1986(1982)
제5차 국민 윤리과 교육과정	『국민 윤리』	서울대학교 국민 윤리 1종도서 연구개발 위원회[교육부]	1993(1990)
제6차 윤리과 교육과정	『윤리』	서울대학교 사범 대학 1종도서 『도덕·윤리』 연구개발 위원회[교육부]	1996(1996)
제7차 도덕과 교육과정29)	『윤리와 사상』	서울대학교 사범 대학 국정도서 편찬 위원회[교육과학기술부]	2011(2003)

먼저 「제3차 국민 윤리과 교육과정」에 근거하여 간행된 고등학교 『국민 윤리』 교과서에 기술된 율곡 사상에 대해 살펴보면, 두 차례 기술되고 있는 바, 하나는 '청소년의 자세'에 대한 것이고, 또 다른 하나는 '민족 윤리'에 대한 것이다. 구체적인 내용은 다음과 같다.

① 이이(율곡)는 선조에게 올리는 글에서 말하기를, "호연지기라는 것은 의(義)를 모아서 되는 것이요, 한 가지 일이 우연히 의에 맞았다고 당장 생겨나는 것이 아니옵니다. 모름지기, 오늘 하나의 옳은 일을 행하고, 내일 하나의 옳은 일을 행하여 의(義)가 몸에 쌓여, 위로 하늘에 부끄럽지 않고 아래로 땅에 부끄럽지 않아야 호연지기가 충만하고 행해지게 되옵니다."라고 하였다. 따라서, 호연지기는 진취적 기상의 바탕이 된다고 하겠다.30)

② 우리 겨레의 윤리 생활의 바탕은 성실과 경애이다. 성(誠)은 하늘의 이법이며 마음의 모습이다. 우리 겨레는 이 하늘의 이법을 밝히며 마음의 본모습을 찾기 위하여 힘써 왔다. 경(敬)은 실천 윤리이다. 경을 실천함으로써 성에 도달할 수 있다. 이이는 "성(誠)이라는 것은 천의 실리[天之實理]이며 마음의 본체[心之

本體]인데, 사람이 능히 그 본심(本心)으로 돌아가지 못하는 것은 사사(私邪)가 있어서 본심을 가리기 때문이다. 그러므로, 경(敬)으로써 위주(爲主)하여 사사를 제거하면 본체(本體)가 완전할 수 있다.”고 하였다.31)

인용문에 나타난 것처럼, 당시 『국민 윤리』 교과서에서는 율곡의 사상을 청소년들이 갖추어야 할 진취적 기상 내지는 겨레의 윤리와 연관 지어 기술하고 있다. 주목해야 할 점은 크게 두 가지로, 첫째는 원전을 인용하는 과정에서 ‘집의(集義)’, ‘천지실리’, ‘심지본체’, ‘사사’ 등의 용어가 부가적인 설명 없이 그대로 표현되고 있다는 것이다. 특히 천지실리나 심지본체 등은 성리학적 지식이 있어야 이해가 용이할 것인데, 현재 교과서들과는 달리 「제3차 국민 윤리과 교육과정」에 근거해 간행된 『국민 윤리』 교과서에는 성리학과 관련된 기초적인 안내조차 발견하기 어렵다. 이것은 학생들의 교과서 내용에 대한 이해가 상당 부분 교사의 역량에 달려 있다는 점에서, 당시의 『국민 윤리』 교과서가 교과서로서의 기능을 제대로 수행할 수 없도록 구성되어 있었음을 뜻한다.

이어서 둘째는 겉보기에는 청소년의 진취적 기상, 겨레의 윤리 등을 율곡 사상에 기대어 강조한 것처럼 보이지만, 저변에는 정치·사회적으로 요구되는 가치·덕목을 심으려는 목적이 깔려있다는 것이다. 인용문 ①, ② 전후에는 “진취적 기상이란, 어떤 고난이든지 이겨 내고 무엇인가를 이루어 내려는 의연한 정신을 말한다. 그러므로, 진취적 기상이 있는 사람은 … 좀 더 높은 가치를 실현하기 위해 스스로 험한 길을 택한다.”, “성실 사상은 예로부터 우리 조상이 숭상하여 온 정신으로서, 우리 민족의 기본 정신이자 동시에 궁극적인 염원이었다.”와 같은 기술들이 발견되는데,32) 이는 성실한 마음과 튼튼한 몸을 길러 민족중흥의 사명을 완수해야 한다는 『국민교육헌장』의 내용을 떠오르게 한다. 이것은 당시의 『국민 윤리』 교과서에서 전통 가치를 변질·왜곡시켜 수용했음을 의미한다.33)

「제3차 국민 윤리과 교육과정」에 근거해 간행된『국민 윤리』교과서에 기술된 율곡 사상의 모습은 직후의「제4차 국민 윤리과 교육과정」에 근거해 간행된『국민 윤리』교과서에서도 거의 유사한 형태와 수준으로 발견된다.34) 그런데「제5차 국민 윤리과 교육과정」이후에 간행된『국민 윤리』(제5차),『윤리』(제6차) 교과서들에서는 양상이 달라진다.

　① 이황은 '이'가 작용하여 '기'가 이에 따르기도 하고[理發而氣隨之], '기'가 작용하여 '이'가 그 위에 타기도 한다[氣發而理乘之]고 주장하였다. 이에 반해 이이(李珥, 1536~1584)는, '이'가 스스로 활동, 작용하는 것이 아니라, 다만 '기'가 활동, 작용하는 원인이 될 뿐이기 때문에, 스스로 활동, 작용하는 것은 '기'라고 주장하였다. 그래서 이이는 '기'가 활동, 작용하여 '이'가 그 위에 타는 것만이 옳다고 주장하였다.35)

　② 이이(李珥, 栗谷, 1536~1584)는, '이'란 보편적인 것이고 '기'는 특수한 것으로 파악하여, '이'는 통하고 '기'는 국한된다[理通氣局]는 독특한 견해를 창출하였다. 이이는 인간을 포함한 모든 사물의 특성이 제각기 다른 것은 '기'의 국한성, 곧 기국(氣局) 때문이라고 보았다. 그러나 서로 다른 특성 속에 본체로서의 '이'가 내재하고 있다는 의미에서 보면, 인간이나 사물은 모두 동일하다[理通]고 주장하였다. 이통기국의 이기론은 '이'와 '기'의 양자가 서로 의존하여 보완 관계를 유지하면서 조화됨을 강조하는 것이라 하겠다.36)

이외에도 '성(誠)' 사상에 근거한 무실적 경세론과 사회 경장론 및 그의 사상이 실학의 형성에도 영향을 미쳤다는 내용 등이 소략하게 기술되어 있다.37) 이상의「제5차 국민 윤리과 교육과정」과「제6차 윤리과 교육과정」에 근거해 간행된『국민 윤리』및『윤리』교과서에서도 유의해야 할 점은 크게 두 가지인데, 첫째는 율곡 사상의 내용 기술이 일정 이상의 객관성과 중립성을 확보하게 되었다는 것이다. 이것은 교과서 내용 기술의 근거가 되는 교육과정의 내용이 바뀌었기 때문으로 판단되는 바, 「제5차 국민 윤리과 교육과정」에 대한 해설에서는 "전통 윤리는 일제 식민 기간과 서구 지향적인 근대화 과정을 거치면서 낡은 것, 비능률적인 것, 봉건적인 것, 전 근대적인 것 등 다양한 이름으로 무시와 비난을 당해왔다."[38]고 지적하면서, 전통 윤리가 현대 사회가 직면한 문제점을 해결 또는 보완하는 데 도움이 될 수 있다고 주장한다. 이에 따라서 율곡의 사상도 정치·사회적 목적의 달성을 위해 인용되기보다는, 사상 자체가 객관적이고 중립적인 성격으로 기술되기 시작한 것이다.

이어서 둘째는, 직전의 인용문 ①, ②에 잘 나타나고 있는 것처럼, 율곡 사상의 이기론적 특색이 '부분적으로만' 기술되었다는 점이다. 보다 구체적으로 말해, 「제5차 국민 윤리과 교육과정」에 근거해 간행된 『국민윤리』 교과서에는 '기발이승일도(氣發理乘一途)'만이, 「제6차 윤리과 교육과정」에 근거해 간행된 『윤리』 교과서에는 '이통기국(理通氣局)'만이 기술되어 있음을 확인할 수 있다. 하지만 '이기지묘(理氣之妙)', '기발이승일도', '이통기국'이 모두 설명되어야만 율곡 사상의 이기론적 특색이 확연히 드러난다는 사실은 재론할 필요가 없다.[39]

그런데 이런 부분적 기술들이 「제7차 도덕과 교육과정」에 근거해 간행된 『윤리와 사상』 교과서에는 기존과 유사하지만 좀 더 보완되어 기술되었고, 한 걸음 더 나아가 그의 이기론적 특색이 사단(四端)과 칠정(七情)의 문제와 어떻게 연결되는지에 대해서도 직접적으로 명시되어 있다. 이것은 교육과정의 '전면개정기'가 종료된 이후 시작된 '수시개정기'에서 검정 방식으로 간행된 『윤리와 사상』 교과서들로부터 추출할 수 있는 율곡 사상 기술의 심성론 및 수양론적 특색 강화를 예고하고 있다는 점에서 매우 주목해야 할 부분인데, 내용은 다음과 같다.

이이는 사단과 칠정이 모두 "기가 발하고 이가 탄 것"이므로, 이황의 "사단은 이가 발하고 기가 이를 따른 것"이라는 주장은 옳지 않다고 비판하였다. 이이는 '이'란 보편적인 것이고, '기'는 특수한 것으로 파악하여, '이'는 통하고 '기'는 국한된다[理通氣局]는 독특한 견해를 창출하였다. 즉, 이이는 인간을 포함한 모든 사물의 특성이 제각기 다른 것은 '기'의 국한성 때문이라고 보았다. 그러나 서로 다른 특성 속에 본체로서의 '이'가 내재하고 있다는 의미에서 보면, 인간이나 사물은 모두 동일하다고 주장하였다. 따라서, 이통기국론은 '이'와 '기'의 양자가 서로 의존하여 보완 관계를 유지하면서 조화됨을 강조하는 것이라 하겠다. 이이는 불교나 도교 등에 대해서도 조예가 깊었고, 정치·경제·교육·국방 등에 대한 전반적인 개혁을 도모하였으며, 실학 사상의 형성에도 큰 영향을 주었다.[40](밑줄 처리는 필자가 함.)

　　지금까지 본 절에서는, 「제3차 국민 윤리과 교육과정」에서 「제7차 도덕과 교육과정」에 이르는 '전면개정기'의 도덕과 교과서에 기술된 율곡 사상의 실태에 대해 『국민 윤리』(3종, 제3·4·5차)와 『윤리』(1종, 제6차) 및 『윤리와 사상』(1종, 제7차) 교과서들을 중심으로 살펴보았다. 정리하면, ⓐ 시간이 흐를수록 원전상의 용어는 보다 구체적이면서도 학생들이 이해하기 쉽도록 풀이되었고, ⓑ 율곡 사상의 기술은 점차 객관적이고 중립적인 성격을 띠게 되었으며, ⓒ 그의 사상 내에서도 이기론적 특색이 부각되어 왔다. 이제 이어지는 절에서는 「2007 도덕과 교육과정」으로부터 「2015 도덕과 교육과정」에 이르기까지 '수시개정기'에 간행된 『윤리와 사상』(총 12종) 교과서에 기술된 율곡 사상의 실태에 대해 논의할 것이다.

3. 수시개정기 '도덕과' 교과서에 기술된 율곡 사상

교육과정을 전면적으로 개정하던 시기를 지나 2007년에는 '부분·수시개정'을 표방하는 교육과정기가 도래하는데, 이 방식은 기존의 주기적이고 일회적인 개정 방식이 초래한 문제점을 보완하기 위해 도입된 것이다. 즉, "사회의 다원화 및 급격한 변화에 대응하여 교육 내용을 지속적으로 개선하며, 국민 각계각층의 교육과정 개정 요구를 탄력적이고 체계적으로 반영하기 위한 목적"41)에서 교육과정을 때에 따라 개정하는 방법이 도입되었다는 것이다.

이 같은 총론의 개정 방향에 맞추어 각론에 해당하는 도덕과 교육과정 역시 변화를 겪게 되는데, 한두 가지 예를 들면 도덕과의 내용 구성 원리가 '생활영역 확대법'에서 '가치관계 확장법'으로 변화했고, 고등학교 선택과목들의 성격 및 명칭도 바뀌었다. 흥미로운 사실은 본 절에서 초점을 맞추고 있는 「2007 도덕과 교육과정」, 「2009(2012) 도덕과 교육과정」(이하 편의상 '2009'로만 표기), 「2015 도덕과 교육과정」의 세 차례의 수시개정에서, 고등학교 선택과목들 중 탄생 이후로 현재까지 과목의 기본적인 성격이나 명칭을 유지하고 있는 것은 「윤리와 사상」이 유일하다는 점이다.42)

다만 교과서 간행 방식이 국가 주도의 '국정'에서 민간(출판사) 주도의 '검정'으로 바뀌었기 때문에 과목과 동일한 명칭의 교과서들이 상당한 숫자로 간행되었거나 간행되고 있으며, 다음의 12종 교과서가 검토 대상이다.

〈표 2-3〉 수시개정기 '고등학교 『윤리와 사상』 교과서'의 종류

해당 교육과정	교과서명	출판사(ㄱㄴㄷ순)	간행 연도
「2007 도덕과 교육과정」		교학사	2012
		천재교육	
「2009 도덕과 교육과정」		교학사	2014
		금성출판사	
	『윤리와 사상』	미래엔	
		지학사	
		천재교육	
「2015 도덕과 교육과정」		교학사	2019
		미래엔	
		비상교육	
		씨마스	
		천재교과서	

이하에서 보다 명확히 드러나겠지만, 앞서 살펴본 시기들과 비교할 때 수시개정기에 간행된 『윤리와 사상』 교과서 내 율곡 사상의 기술 수준은 대단히 향상되었다. 이것은 당장 「2007 도덕과 교육과정」에 근거해 간 행된 2종 중 1종에서도 뚜렷이 발견되는 바, 다소 길지만 기술 수준의 비교를 위해 전문을 인용하면 다음과 같다.

　한편, 이황과 함께 조선 시대 대표적인 성리학자로서 이이를 들 수 있다. 그는 이황이 해석한 사단 칠정에 대해 비판적인 견해를 제시하였다. 사단과 칠정은 부분과 전체의 관계임을 지적하고, 사단은 칠정 가운데 선한 일변을 가리킨다고 보아 사단은 칠정에 포함된다고 주장하였다. 그리고 사단과 칠정 모두 '기가 발하고 이가 탄 것[氣發理乘]'으로 보았다. 그가 '기의 발'만을 인정한 것은 순수한 도덕적 원리인 '이'는 절대적이고 순선한 형이상의 존재이므로 스스로 움직일 수 없다고 보았기 때문이다.

이이는 '이통기국(理通氣局)'이라는 명제를 제시하여 자신의 주장을 더 구체화하였다. '이'는 형체가 없어서 보편적이고 실재한다는 '이통'을 통해 선의 본체는 어디에나 존재하여 변함이 없음을 밝히고, 기는 형체가 있어서 제한적이라는 '기국'을 제시하여 기의 불완전함과 가변성으로 말미암아 인간의 도덕적 불완전이 생겼다고 지적하였다. 그래서 그는 현실 세계에서 변화할 수 있는 기질(氣質)을 바로잡음으로써 '이'의 본연, 즉 선을 실현할 수 있다고 주장하였다. 이이는 기질을 바로잡는다는 수양론을 통해 구체적인 현실 속에서 기질을 변화시키려는 노력을 강조하였다.

이이는 기질을 바로잡는 것을 사사로운 욕망을 극복하는 것이라고 보았다. 그는 사욕을 제거하는 방법으로 '경(敬)'의 실천을 제시하였다. 그는 '경'을 학문의 시작으로서의 경인 수렴(收斂, 몸과 마음을 거두어들임)과 학문의 마지막으로서의 경인 정심(正心), 즉 함양성찰(涵養省察)로 나누어 상세하게 논증하였다. 이이는 이와 같은 경의 실천을 통해 '성(誠)'에 이를 것을 강조하였다. 그는 "성이란 하늘의 진실한 '이'이자 마음의 본체로서, 경으로 주재하여 사특함을 제거하면 그 본체가 온전할 수 있다."라고 하며, 정성스럽게 하는 것[誠之]이 사람의 길이라고 주장하였다.[43]

인용문에서는 칠포사(七包四), 기발이승일도 → 이통기국, 교기질(矯氣質) → 경, 성의 관계 등이 순서대로 기술되어 있는데, 율곡 사상을 이해하는 데 필수적인 요소들이 망라되어 있다고 보아도 큰 무리는 없다. 여기에서 유의해야 할 사항은 크게 두 가지로, 첫째는 교과서의 간행 방식이 민간 주도의 '검정'으로 바뀜으로 인해 자연스럽게 등장하는 현상이긴 하지만, 당장 2종의 교과서 사이에서도 '비균질성'의 문제가 발견된다는 것이다. 위에서 인용하지 않은 다른 1종에 기술된 율곡 사상의 내용은 「제7차 도덕과 교육과정」에 근거해 간행된 『윤리와 사상』 교과서의 그것과 별다른 차이가 없다. 이것은 학생들이 어떤 교과서를 통해 율곡 사상을 배우느냐에 따라 이해에 큰 차이가 발생할 우려가 있다는 점에서 주의해야 할 부분이다.

이어서 둘째는, 전술했던 바와 같이 율곡의 심성론과 수양론에 대한 기술이 대폭 강화되었다는 것이다. 이는 실제 도덕과 교육과정의 해당 내용 변화와 직접적인 연관이 있다. 「2007 도덕과 교육과정」 중 고등학교 「윤리와 사상」 과목에 대한 해설에서는 "유교 윤리 사상을 논할 때는 사변적인 여타 이론보다 수양론 등의 윤리적 논의를 중심으로 다루어야 한다."라고 명시하고 있으며, "중국의 유교 사상을 받아들여 한국적인 전개를 했을 때 중국의 것을 창조적으로 발전시킨 부분을 중점적으로 설명할 필요가 있다."라고도 언급하고 있다.[44] 이 같은 상황에서 「2007 도덕과 교육과정」에 근거해 간행된 『윤리와 사상』 교과서 내 율곡 사상 기술의 방향이 조선성리학의 주요한 특징으로 간주되는 심성론과 수양론 중심으로 귀결된 것은 어찌 보면 당연하다. 하지만 이것은 또 다른 결과를 야기하는데, 율곡 사상을 받치고 있는 기둥들 중 하나인 '경세론'에 대해서는 학생들이 제대로 학습할 수 있는 기회를 박탈시킨다는 점에서 비판의 여지가 있다.

「2007 도덕과 교육과정」의 후속인 「2009 도덕과 교육과정」에 근거해 간행된 『윤리와 사상』 교과서는 종수가 5개로 확대되는데, 율곡 사상 기술의 심화 경향은 한층 강화되었다. 예를 들어 5종 중 1종에서는 보조단을 활용해 율곡이 규정한 본연지성(本然之性)과 기질지성(氣質之性)의 관계를 안내함으로써 율곡 사상이 퇴계의 그것과는 어떻게 다른지 더 명확히 보여주려고 시도하였고,[45] 또 다른 2종에서는 율곡이 우계(牛溪) 성혼(成渾, 1535~1598)과 논쟁을 벌였던 주제인 인심도심설(人心道心說)까지 추가해 놓았다.[46]

이런 상황에서 발견되는 유의 사항도 두 가지인데, 첫째는 교수자와 학습자의 입장에서는 율곡 사상을 가르치고 배우기가 더 어려워졌다는 것이다. 대표적인 것이 앞서 지적했던 인심도심설의 경우로, 1종에서는 다음과 같이 기술하고 있다.

인심도심논쟁은 이이와 성혼 사이에 일어난 논쟁을 말한다. 인심(人心)과 도심(道心)은 모두 유교의 경전 "서경"에 나오는 말로, 인심은 '인간이 하고 싶은 대로 하려는 욕망'을 지칭하고, 도심은 '그런 욕망을 조절하고 통제하려는 마음'을 말한다. 성혼은 이이에게 편지를 보내 하나의 마음을 인심과 도심으로 나누어 말할 수 있다면, 이황과 기대승 사이에 일어났던 사단칠정논쟁에서 이황이 사단과 칠정을 나누어 "사단은 이(理)에서 발하고 칠정은 기(氣)에서 발한다."라고 한 것도 가능하다고 주장하였다. 이에 대해 이이는 인심과 도심은 욕망과 도덕심을 구분하여 말한 것일 뿐 둘 다 기(氣)가 발한 것이기 때문에 이발(理發)과 기발(氣發)로 나누는 것은 옳지 않다고 주장하였다. 아울러 현실에서는 이(理) 없는 기(氣) 없고 기 없는 이가 없기 때문에, 이발(理發)을 주장하는 이황의 견해가 옳지 않다고 비판하였다.47)

주지하는 것처럼, ⓐ 율곡에게서 도심과 인심이란 두 마음이 아닌 한 마음이다.48) ⓑ 그런데 도심과 인심은 사단·칠정이나 본연지성·기질지성과는 달리 종시(終始)로 관계한다. ⓒ 이 과정에서 도심·인심을 사단·칠정과 연결시키기 어려운 까닭은 도심과 인심에는 정(情)이 발한 후 계산하고 비교하며 헤아리는[計較] 작용으로서의 의(意)가 결부되어 있기 때문이다.49) ⓓ 그럼에도 굳이 도심·인심을 사단·칠정과 연결시키자면, 사단은 도심 및 인심의 선(善)과 연결되고, 칠정은 도심과 인심 전부와 연결된다.50) ⓔ 또한 도심·인심을 기발이승과 함께 설명하자면, 도심은 리(理)가 본연지기(本然之氣)에 탔을 경우에, 인심은 리가 소변지기(所變之氣)에 탔을 경우에 해당한다.51) 이같이 다각적인 측면에서 조명해야만 어느 정도 그 윤곽을 설명할 수 있는 율곡의 인심도심설에 대해 인용문에서는 'ⓐ' 정도만 소개하고 있는 셈이다. 하지만 정작 어떠한 이유와 과정에서 도심과 인심이 한 마음이 될 수 있는지에 대한 설명은 생략함으로써, 가르치는 교사나 배우는 학생 모두에게 율곡의 인심도심설에 대한 혼란을 초래할 수 있다.52)

이어서 둘째는 5종에 달하는『윤리와 사상』교과서 간에 내용 기술의 명확성 내지는 친절함이라는 측면에서 '비균질성' 문제가 보다 뚜렷하게 나타난다는 것이다. 즉, 율곡 사상의 기술에 있어「2009 도덕과 교육과정」에 근거해 간행된『윤리와 사상』교과서들은 이전의 교과서들에 비해 분명히 발전된 모습을 보여주었지만, 어떤 교과서는 율곡 사상을 전체 4~5문단에 걸쳐 개념이나 주제별로 상세하게 기술하고 있는 반면, 어떤 교과서는 문단의 수나 분량도 짧거니와 특정한 용어에 대한 설명도 소략해 정확한 의미가 와닿지 않는다는 것이다.53)

이제 본 장의 마지막 연구 과정으로,「2015 도덕과 교육과정」에 근거해 간행된 5종의『윤리와 사상』교과서에 기술된 율곡 사상에 대해 살펴보자. 동일한 5종이지만 간행을 주도한 출판사에는 어느 정도의 변동이 있음이 〈표 2-3〉에 나타난다. 그런데 현행『윤리와 사상』교과서들에 기술된 율곡 사상은, 직전「2009 도덕과 교육과정」에 근거해 간행된『윤리와 사상』교과서들의 그것과 비교할 때 내용이 한층 정비된 것으로 보인다. 필자는 이것이 도덕과 교육과정의 변화가 작용한 것으로 판단한다.「2015 도덕과 교육과정」에서는 퇴율로 대표되는 조선성리학에 대해 "인간의 선한 마음의 규명과 그 실천 방법에 대해 깊이 탐구"하였다고 평가했고, 내용 기술의 방향을 "순수한 도덕본성의 발현과 일반감정의 도덕적 조절"로 설정하였다.54) 바로 이 점이 교과서 기술에 반영된 것으로 보인다는 것이다.

「2015 도덕과 교육과정」에 근거해 간행된 현행『윤리와 사상』교과서들을 살펴보면, 율곡 사상을 효과적으로 전달하기 위해 본문이나 보조단에서 원전을 적절히 인용하였고, '가상 인터뷰'나 '인성론 뉴스' 제작 등의 활동도 삽입하였다. 이것은 학습자들의 율곡 사상 이해를 돕기 위한 시도들이라는 점에서 높이 평가할 만하다. 그럼에도 현행 5종의『윤리와 사상』교과서들에서도 유의해야 할 사항을 두 가지 정도 제시할 수 있는데, 첫째는 교과서의 수준이 전체적으로 상향되었다는 점을 고려한다 해도, 5종 교과서 간에는 율곡 사상의 기술에 있어 '비균질성'이 발견된다는 것이다. 예를 들어 1종에서는 다음과 같이 기술하고 있다.

ⓐ 기질을 교정하는 방법은 역행(力行)이며, 역행의 구체적인 행위는 극기(克己)이다. 극기는 예(禮)를 갖추고 규범을 준수하면서 사욕을 제거하는 것을 말한다. 이이는 극기복례(克己復禮)를 강조하면서 도덕적 본성보다는 사회적으로 공인된 규범에 따라 일반 감정을 도덕적으로 조절하는 것을 중시하였다. 또한, 성(誠)과 경(敬)을 다 같이 중시하는 수양론을 제시하였다.
ⓑ 이이에 따르면, 성이란 하늘의 참된 이치이고 마음의 본체이다. 하지만 사람이 본심을 회복하지 못하는 것은 사심이 가리고 있기 때문이다. 그러므로 경으로 사심을 제거하면 본체가 온전해진다고 하였다. 즉, 경은 공부하는 요령이고, 성은 공부한 뒤의 경지이므로, 경을 통해 성에 이른다는 것이다.
ⓒ 나아가 이이는 "성이 아니면 천리의 본래 모습을 보존할 수 없고, 경이 아니면 한 몸을 주재하는 마음을 단속할 수 없다."라고 하여 성과 경을 수양론의 두 가지 핵심 과제로 제기하였다. 따라서 성이 없으면 뜻을 세울 수 없고, 이치를 바로잡을 수 없으며, 기질을 변화시킬 수도 없다고 하였다.[55](밑줄과 원문자 처리는 필자가 함.)

인용문에서 ⓐ에 해당하는 내용, 즉 율곡 수양론에서 '극기'에 대한 부분은 현행『윤리와 사상』교과서들 중 인용한 교과서를 포함해 2종에만 등장한다.[56] 그리고 ⓑ에서는 천도(天道)로서의 성(誠)을 위해 구체적인 수양법으로 '경'을 강조하고 있으며, ⓒ에서는 인도(人道)로서의 성을 언급하면서 '성(誠)'이 입지(立志)와의 연관 속에서 수양법의 일환으로도 기능할 수 있음을 간접적으로 언급하고 있다.

사실 인용문의 내용은 5종의 『윤리와 사상』 교과서들 중 율곡의 수양론에 대해 가장 상세히 다룬 것으로, 어떤 경우에는 '교기질'과 '경'을 간략히 언급한 뒤 "천도(天道)와 인도(人道)를 아우르는 성(誠) 공부도 수양론에 적극적으로 반영하고자 하였다."[57)]에서 그치고 있다. 물론 '천도와 인도를 아우르는 성 공부'라는 기술이 짧다는 이유로 잘못되었다거나 틀렸다는 것은 아니다. 그럼에도 천도와 인도가 무엇이며, 이것을 아우르는 성이 어떤 것인지에 관해서는 설명이 거의 없어, 만일 이 부분에 대한 교사의 올바른 선(先)이해 및 그 이해에 근거한 가르침이 없다면, 학생들의 입장에서는 율곡이 강조했다는 '성(誠)'의 정체가 무엇인지 알 길이 없다. 바로 이 같은 측면들이 동일한 과목의 교과서임에도 불구하고, 해당 과목의 교과서들 간에 발견되는 '비균질성'이 초래할 수 있는 문제점인 것이다.[58)]

이어서 둘째는, 앞서 지적한 문제점이기도 하거니와, 도덕과 교육과정 자체에서 심성론·수양론 등을 주로 강조하다 보니 율곡 사상의 경세론적 특징은 거의 나타나지 않는다는 것이다. 1종의 교과서에는 경세론과 관련된 기술 자체가 없고,[59)] 있는 경우라도 구체적인 내용이 누락되어 율곡이 주장한 경세론의 윤곽을 제대로 알 수 없다. 다음과 같은 경우가 하나의 예이다.

이이는 개인의 수양과 함께 사회 제도의 개혁도 중시한다. 이와 기는 서로 떨어지지 않는다는 이론에 기초하여 기질을 변화시키면 선을 회복할 수 있듯이, 현실의 변화에 맞춰 사회 구조적 환경도 개혁해야 정의를 실현할 수 있다고 보았기 때문이다.[60)]

지금까지 본 절에서는, 「2007 도덕과 교육과정」에서 「2015 도덕과 교육과정」에 이르는 '수시개정기'의 도덕과 교과서에 기술된 율곡 사상의 실태에 대해 『윤리와 사상』(12종) 교과서들을 중심으로 살펴보았다. 정리하면, ⓐ 간행 방식이 검정으로 바뀌어 발간 종수가 늘어남에 따라 경쟁 구도가 형성되었기에 교과서의 수준은 전체적으로 상향되었고, ⓑ 같은 이유에서 교과서들 간 율곡 사상의 기술 수준(명확성·친절함)과 분량 등에서 '비균질성' 문제가 발생하게 되었으며, ⓒ 심성론·수양론의 비중은 더욱 강화되었지만 이와 대비할 때 경세론의 위상은 한층 낮아졌다. 이제 이어지는 절에서는 본 장의 내용을 요약하고, 몇 가지 제언을 시도하면서 글을 마칠 것이다.

4. 남은 과제들

지금까지 이 장에서는 교과서에 기술된 율곡 사상의 변천을 고찰한다는 목적 아래 논의를 진행하였다. 먼저 근대계몽기에 간행된 13종의 '수신과' 교과서들을 살펴보면서, 당시 교과서에는 율곡의 심성론과 경세론 등이 거의 수록되지 않았고, 조선을 대표하는 학자로서 율곡의 위상을 인정하고는 있었지만 전통적 가치나 일상적 태도 등을 거론한 경우로 한정시켜 언급하고 있음을 확인하였다.

이어서 교육과정의 전면개정기(「제3차 국민 윤리과 교육과정」~「제7차 도덕과 교육과정」)에 간행된 5종의 '도덕과' 교과서들(『국민 윤리』, 『윤리』, 『윤리와 사상』)을 살펴보면서, 「제3차 국민 윤리과 교육과정」에 근거해 간행된 『국민 윤리』 교과서에서 엿보이는 왜곡된 정치·사회적 의도하에 기술된 율곡 사상은 시간이 흐를수록 객관성과 중립성을 확보하게 되었으며, 그의 사상들 중에서도 이기론적 특색이 부각되었음을 논의하였다.

끝으로 교육과정의 수시개정기(「2007 도덕과 교육과정」~「2015 도덕과 교육과정」)에 간행된 12종의 '도덕과' 교과서들(『윤리와 사상』)을 살펴보면서, 교과서 간행 방식이 검정으로 바뀐 영향으로 인해 동일한 과목의 교과서들임에도 율곡 사상 기술의 '비균질성'이 적지 않게 발견되었고, 심성론·수양론적인 특색이 강화되었음을 고찰하였다.

이 같은 상황에서 향후 학생들이 율곡 사상의 특색을 더 확실하게 경험하고 배울 필요성까지 느끼도록 하려면, 다음과 같은 시도가 필요하다고 판단된다. 첫째는, 지속적으로 언급했던 바와 같이 율곡 사상의 경세론적 특색에 대한 기술이 보완되어야 한다는 것이다. 이 말이 그의 이기론이나 심성론, 수양론 등이 불필요하다는 것은 결코 아니다. 그럼에도 매일 같이 경험하고 있는 사회갈등 문제를 비판적이면서도 도덕적으로 해결하려고 노력하는 '시민'을 양성하기 위해서는, 부조리한 현실을 개혁하고자 했던 율곡의 노력이 담긴 경세론이 구체화·구조화되어 교과서에 수록될 필요성이 있다.[61]

다음으로 둘째는, 기왕에 율곡의 성(誠)에 대해 강조할 것이라면, 현재와 같이 학생들이 이해하기 어려운 방식으로 성을 기술하기보다는, 의(意)를 성실히 하는 것으로 변경하여 기술하는 것을 적극적으로 고려해야 한다는 것이다. 마음에서 일어나는 생각과 감정의 미세한 경과에 주목하면서, 그 생각과 감정을 비교하고 헤아리는 작용으로서의 의를 성실하게 하는 자세로 성을 기술한다면,[62] 성의 수양론적 특징과 더불어 율곡 사상에서 도출 가능한 도덕 심리학적 특색들도 드러낼 수 있다고 판단된다.

마지막으로 셋째는, 교과서들 사이에서 발견되는 율곡 사상 기술의 '비균질성'을 완화시켜야 한다는 것이다. 물론 율곡 사상이 모든 『윤리와 사상』 교과서에서 똑같이 기술될 필요는 전혀 없다. 뿐만 아니라 교과서 간행 방식이 국정에서 검정으로 바뀜에 따라 율곡 사상의 기술을 포함한 교과서의 전반적인 수준이 향상되었다는 측면도 간과해서는 안 된다. 하지만 어떤 교과서를 배우느냐에 따라 교수·학습의 양이나 질이 달라질 수 있다는 사실은 비판의 대상이 될 수 있다는 점에서, 향후 보완할 필요가 있다.

대한민국 교육의 흐름에서 교과서의 수준은 크게 향상되었다. 때로 정치·사회적인 요구에 따라 내용이 추구하는 가치가 변질·왜곡되기도 했었지만, 교과서 수준의 향상이 우리 사회의 발전에 미친 영향을 놓쳐서는 안 된다. 이 같은 이유에서 미래의 교과서에 기술될 율곡 사상에 대한 고민 역시 지속되기를 희망한다.

미주

1) 국립국어원 표준국어대사전, https://stdict.korean.go.kr/main/main.do

2) 교육 매체의 발전과 다변화로 인해 교과서의 영향력이 점점 낮아지고 있는 것은 분명한 사실이다. 그럼에도 교과서의 주요 역할 중 하나가 학습자들이 배울 내용의 방향을 결정하는 것이라는 점에서, 시간이 지나도 교과서의 위상과 영향력은 일정 수준 이상 유지될 것으로 예상된다(이동엽 외, 「미래 교과서 위상 및 역할 연구」, 『교육학연구』 제53권 제3호, 한국교육학회, 2015, 185쪽).

3) 정연수, 「율곡의 사상과 인성교육에 관한 반성적 고찰」, 『유학연구』 제41집, 충남대학교 유학연구소, 2017, 36쪽.

4) 김민재, 「교과서에 기술된 양명학의 실태 분석 및 개선을 위한 제언」, 『양명학』 제56호, 한국양명학회, 2020, 218쪽. ; 교과서 기술 내용의 '비균질성'이란 아이디어는 김민재의 연구에서 차용하였지만, 이와 관련된 율곡 사상에 대한 연구로는 '김유곤, 「2015 개정 교육과정의 『윤리와 사상』 교과서 내용 분석」, 『동양철학연구』 제103집, 동양철학연구회, 2020'이 선행하였다. 다만 김유곤은 「2015 도덕과 교육과정」에 따라 간행된 『윤리와 사상』 교과서를 대상으로 하여 율곡 사상의 '성(誠)의 성격'에 대한 부분에 있어서만 비균질적인 문제를 지적하고 있어, 본 장의 문제의식이나 연구 대상, 연구 방법과는 차이가 있다.

5) 글의 분량과 논의의 편의 등을 고려하여, 제2~3절의 내용은 고등학교 '도덕과'에 해당하는 『국민 윤리』(제3·4·5차), 『윤리』(제6차), 『윤리와 사상』(제7차, 2007·2009·2015) 교과서를 분석 대상으로 설정하였음을 밝혀둔다.

6) 김경미, 『한국 근대교육의 형성』, 혜안, 2009, 107~157쪽.

7) 김민재, 『학교 도덕교육의 탄생』, 케포이북스, 2014, 14~28쪽.

8) 강준만, 『한국 근대사 산책』, 인물과 사상사, 2007, 9~23쪽.

9) 이승원, 『학교의 탄생』, 휴머니스트, 2009, 99쪽.

10) 學部編輯局, 『夙惠記略』, 學部, 1895b, 20쪽. ; 『숙혜기략』은 발간기가 제대로 남아 있지 않아, 학부에서 발간한 것으로 추정된다는 점을 밝혀둔다.

11) 물론 각종 수신과 교과서들에서 모두 율곡을 소개할 필요는 없다. 가령 『서례수지(西禮須知)』는 영국 선교사 존 프라이어(John Fryer)가 서양의 예법을 소개할 목적으로 저술한 책인데, 중국에서 먼저 간행되었고 학부에서 그것을 한문본(『西禮須知』)·한글화본(『서례슈지』) 두 종으로 나누어 간행한 것이다. 따라서 서양의 예법을 소개할 목적으로 학부에서 선정, 간행한 책에 율곡의 사상이 삽입되어 있을 필요는 없다. 또한 당시 여학생에게 국모(國母)로서의 의식을 심어주기 위해 간행되었던 여학생용 수신과 교과서들에서도 굳이 율곡의 사상을 강조할 필요는 없어

보인다[『녀ᄌ독본』에 '신사임당'은 수록되어 있음]. 그럼에도 퇴계(退溪) 이황(李滉)과 함께 조선성리학을 대표하는 율곡의 사상이 전통적 가치와 근대적 가치의 접점이었던 수신과 교과서에서 이렇게까지 낮은 비중으로 기술되었다는 점은 주목해야 할 부분이다.

12) 이철찬, 「대한제국시대 학부의 도서편찬 및 간행에 관한 연구」, 『한국비블리아학회지』 제27권 제3호, 한국비블리아학회, 2016, 325~326쪽.

13) 學部編輯局, 『小學讀本』, 學部, 1895a, 7쪽(是故로 人의 當務ㅣ 다 利用을 爲ᄒ미라 書를 務ᄒ기ᄂ 往迹알기를 爲홈이오 農을 務ᄒ기ᄂ 飢餓 免키를 爲홈이오 … 千萬件事爲가 다 쓰기를 爲ᄒ미니). ; 『소학독본』의 국역은, 박병기·김민재 역, 『근대 학부 편찬 수신서』, 소명출판, 2012, 96~133쪽에 수록되어 있는 국역본을 활용하였고, 국역본 쪽수는 인용문 말미에 ( )로 표기하였다.

14) 學部編輯局, 앞의 책, 1895a, 10쪽(他國人은 다 自家의 事務를 自家의 料量으로 行ᄒ야 成業이 되거ᄂᆯ 我國人은 主心이 업셔 他國 物色을 보던지 他國 言辭를 드르면 我心을 自守치 못ᄒ야).

15) 이해명(「개화기 교육목표와 교과서 내용과의 차이점 연구」, 『단국대학교 논문집』 제22집, 단국대학교, 1988, 328쪽)은 동양 명현들의 행적과 언행이 중심이 된 『소학독본』의 내용이 구체적이고 체계적이며 수준 높다고 평가하였고, 김민재(앞의 책, 2014, 99~104쪽)는 체계성과 교육적 활용 가능성은 인정하는 한편 내용의 유교적 편향성에 대한 우려를 지적하였다. 강진호(「전통 교육과 '국어' 교과서의 형성」, 『상허학보』 제41집, 상허학회, 2014, 97~99쪽)는 『소학독본』이 양반 계층을 근대 교육의 장으로 끌어들이려는 목적에 의해 제작되었다고 보았으며, 정출헌(「『소학』을 통해 읽는 유교문명의 완성과 해체」, 『율곡학연구』 제33집, 율곡학회, 2016, 316~318쪽)은 『소학독본』이 기존 『소학』 체제를 해체시키면서 근대적 수신서를 지향하고 있다고 언급하였다. 주장은 다양하지만, 이 책을 분석할 만한 가치가 있는 근대 텍스트로 간주한다는 점은 공통적이다.

16) 『소학독본』에 등장하는 총 32명의 인물 중 율곡만이 4차례 언급되었다. 그 외에 서경덕(徐敬德)과 조목(趙穆)이 2차례씩 거론되지만, 이 중에서도 1차례씩은 특이사항이 없다.

17) '근성'에 대한 내용은 다음과 같다. 學部編輯局, 앞의 책, 1895a, 5~6쪽(栗谷 李先生이 曰 人이 心을 盡ᄒᄂ 處에 自然이 前識ᄒᄂ 明見이 잇다 ᄒ니 무릇 誠이란 者ᄂ 心鏡을 修ᄒᄂ 비라 心鏡이 一修ᄒ면 百事에 難홈이 업슬씨니 만일 事를 做코져 홀진ᄃ 반다시 誠으로써 홀 씨니라).

18) 임상석, 「소학독본(1895), 한문전통과 계몽의 과도기」, 『우리어문연구』 제56집, 우리어문학회, 2016, 140~141쪽.

19) 『소학독본』은 박정양(朴定陽)이 총리대신, 이상재(李商在)가 학부 참서관(參書官)으로 근무할 때 발간되었지만, 이상재가 『소학독본』의 간행에 얼마만큼 깊숙

이 관여하였는지는 불분명하다(강진호, 앞의 글, 2014, 97쪽; 이상근, 「월남 이상재의 사회사상」, 『경희사학』제14집, 경희사학회, 1987, 765쪽).

20) 徽文義塾編輯部, 『高等小學修身書』, 徽文舘, 1907, 82~83쪽(然ᄒ즉 何를 愛國의 實이라 謂ᄒᄂ고 念컨딕 三千里 疆域의 廣ᄒ이 有ᄒ즉 當 我의 忠勇의 氣를 奮ᄒ야 太極의 旗를 全球에 揚케 홀지며 二千萬 人民의 衆ᄒ이 有ᄒ즉 當 自立의 道를 求ᄒ야 戰勝萬國홀 利器를 成홀지며 十三道 土地의 腴와 物産의 富가 有ᄒ즉 當 我의 心思와 才力을 竭ᄒ야 地에 遺利가 無ᄒ고 物에 棄材가 無케 홀지며 四千餘年 歷史의 傳ᄒ이 有ᄒ즉 我ᄂ 當 進取의 心을 銳케 ᄒ야 上上文明의 國을 成홀지며 父子 君臣 兄弟 長幼의 倫理와 我祖我宗의 相傳習用ᄒᄂ 文字ᄂ 當 固有ᄒ 美俗과 固有ᄒ 文獻을 保守홀지며 此外에 凡 國民의 職分內의 事를 皆 毅然히 自擔ᄒ이 是 愛國의 實이 眞有ᄒ 良民이니라). ; 『고등소학수신서』의 국역은, 김남이 외 역, 『근대수신교과서 2』, 소명출판, 2011, 204~305쪽에 수록되어 있는 국역본을 활용하였다.

21) 『고등소학수신서』 전체에서 율곡을 제외하고 2차례 이상 인용된 국내 인물에는 무관으로는 이순신(李舜臣), 곽재우(郭再祐) 등이 있고, 문관으로는 김안국(金安國), 조광조(趙光祖), 이황, 조식(曺植), 김성일(金誠一), 장현광(張顯光) 등이 있다. 이 중에서 3차례 인용된 인물은 이순신, 김안국, 이황, 조식으로, 횟수로만 보자면 4차례 인용된 율곡이 가장 빈번하게 언급된 것이다.

22) 徽文義塾編輯部, 앞의 책, 1907, 10~11쪽(人은 皆 父母의 養育을 受ᄒ야 成長ᄒ 者ㅣ니 其 勤勞의 恩을 欲報홀진딕 平生의 誠孝을 盡ᄒ야써 父母를 事ᄒ야도 萬一을 報키 難ᄒᄂ니라 然則 人子된 者ᄂ 恒常 誠을 盡ᄒ며 行을 愼ᄒ야 父母의 命을 順從ᄒ며 父母의 志를 善養ᄒ며 父母의 名을 顯揚케 ᄒ되 如 一毫驕吝의 心과 爭亂의 事가 有ᄒ면 必 身을 辱되게 ᄒ며 親을 危케 홈에 至홀지니 孝ᄂ 百行의 源이라 一行이라도 有虧ᄒ면 純孝를 得爲키 難ᄒ거든 況 辱身危親홈이리오 李文成公珥曰 人子가 受生홈ᄆ 性命血肉이 皆 父母의 所遺로 氣脉이 相通ᄒ니 此 身이 我의 私物이 아니라 豈 敢히 其 身을 自有ᄒ야써 父母에게 盡孝치 아니리오).

23) 대표적으로 이항로(李恒老)의 화서(華西)학파, 기정진(奇正鎭)의 노사(蘆沙)학파, 전우(田愚)의 간재(艮齋)학파 등의 활동을 꼽을 수 있다. 18세기 말~20세기 초에 나타나는 기호학파의 전개 양상에 대해서는, 유지웅, 「한말 기호학파의 전개와 특징」, 『공자학』제30호, 한국공자학회, 2016을 참조할 수 있다.

24) 숭앙하던 중국의 몰락과 멸시하던 일본의 근대화 과정을 지켜보면서, 상당수의 지식인들은 '자기부정'의 과정을 거쳐 정도의 차이는 있지만 유교적 전통을 비판하게 되었고, 민중들 역시 의식의 자각 및 '동학농민운동' 등을 통해 유교적 지배 질서를 동요시킨다(김원열, 「동북아시아 삼국의 근대성에 대한 비판적 고찰」, 『시대와 철학』제16권 제3호, 한국철학사상연구회, 2005, 117~126쪽). 이렇게 시작된 유교 비판은 1920년대에 들어오면 대단히 거세져 도덕과 윤리라는 측면에서

도 우위를 점하지 못하게 되었으며, 〈동아일보〉나 〈개벽〉 같은 신문·잡지에서도 유교를 비판하고, '유림총부 박멸론'과 '도산서원 철폐운동'까지 등장한다(서동일, 「1920년대 신지식인층의 유교 비판과 유교계의 지도기관 설립」, 『동방학지』 제189집, 국학연구원, 2019, 235~24쪽).

25) 양일모·홍영두, 「근대계몽기의 윤리관과 전통적 지식인」, 『철학연구』 제106집, 대한철학회, 2008, 4쪽.

26) 정태준, 「일제강점기하 수신교과의 정책연구」, 『일본어교육』 제27집, 한국일본어교육학회, 2004, 236쪽.

27) 문교부, 『고등학교 국민 윤리과 교육과정 해설』, 문교부, 1989, 13~32쪽, 102~107쪽.

28) 그렇다고 해서 「제3차 국민 윤리과 교육과정」부터 곧바로 자율적인 성격으로 운영된 것은 결코 아니다. 그 이유는 '제3차 교육과정기'를 이끌었던 교육이념 중 하나가 '국민교육헌장'이기 때문이다. 헌장은 「제2차 교육과정」을 부분 개정할 때 이미 반영되었는데 '국가', '희생', '의무' 등을 강조하고 있고, 이런 이념들은 이어진 「제3차 국민 윤리과 교육과정」에도 자연스럽게 녹아 있다(신주백, 「국민교육헌장 이념의 구현과 국사 및 도덕과 교육과정의 개편(1968~1994)」, 『역사문제연구』 제15호, 역사문제연구소, 2005, 207~214쪽, 217~226쪽). 『국민교육헌장독본』, 문교부, 1968, 7쪽)에 수록된 헌장 제정의 시대적 요청("모든 정성과 힘을 다하여 이 민족 중흥의 성업에 참여한다는 것은 그 얼마나 보람찬 삶이냐! … 체념이나 불평을랑 그만 하자. 우리는 차라리 후손 만대에 물려줄 유산을 스스로 이룩한다는 보다 값 있는 일에 전력을 기울이자.")에서도 헌장의 국가주의적 성격을 파악할 수 있다.

29) 「제7차 도덕과 교육과정」에서의 가장 큰 변화 중 한 가지는 '선택 교육과정 체제'가 도입되었다는 점이다. 이런 이유로 당시 고등학교 급의 도덕과 과목들은 세 개였는데, 「윤리와 사상」 과목 이외에도 「시민 윤리」와 「전통 윤리」 등의 과목들이 존재했다. 그리고 과목과 동일한 명칭의 교과서들(『윤리와 사상』, 『시민 윤리』, 『전통 윤리』)도 있지만, 율곡 사상과 관련하여 가장 연관성이 높은 것은 『윤리와 사상』 교과서이다. 『전통 윤리』 교과서에도 율곡의 사상이 언급되고 있으나, 「고산구곡가(高山九曲歌)」 내지는 조상 섬김에 있어 『격몽요결』의 구절들을 일부 인용하고 있는 정도이다(서울대학교 사범 대학 국정도서 편찬 위원회, 『전통 윤리』, 교육과학기술부, 2009, 30쪽, 97쪽, 102쪽).

30) 문교부, 『국민 윤리』, 문교부, 1975, 32쪽.

31) 위의 책, 44쪽.

32) 위의 책, 31쪽, 45쪽.

33) 김민재, 「고등학교 도덕과 교육과정에 나타난 전통 가치의 수용 양상」, 『학습자중심교과교육연구』 제18권 제5호, 학습자중심교과교육학회, 2018, 291~293쪽.

34) 한국교육개발원,『국민 윤리』, 문교부, 1986, 29쪽, 70쪽, 72쪽.

35) 서울대학교 국민 윤리 1종도서 연구개발 위원회,『국민 윤리』, 교육부, 1993, 87~88쪽.

36) 서울대학교 사범 대학 1종도서『도덕·윤리』연구개발 위원회,『윤리』, 교육부, 1996, 244쪽.

37) 이전 시기에 강조되던 '성(誠)' 사상은 상당 부분 생략되었으나, 애초부터 마음의 계교(計較)하는 작용인 의(意)를 성실하게 한다는 의미의 수양론적 색채는 거의 반영되어 있지 않았었다는 점에서, 유의해야 할 부분은 아니다.

38) 문교부, 앞의 책, 1989, 162쪽.

39) 이기지묘가 율곡 사상의 핵심적인 화두라면, 기발이승과 이통기국은 이기지묘의 구체적인 표현이다(황의동,『이율곡 읽기』, 세창미디어, 2013, 144~158쪽).

40) 서울대학교 사범 대학 국정도서 편찬 위원회,『윤리와 사상』, 교육과학기술부, 2011, 94~95쪽.

41) 교육과학기술부,『고등학교 교육과정 해설 1 총론, 재량 활동, 특별 활동』, 교육과학기술부, 2008, 116쪽.

42) 김민재, 앞의 글, 2018, 285~288쪽. ; '가치관계 확장법'을 구성하는 영역들의 구분이나, 선택과목의 성격·명칭 등은 수시 개정 때마다 바뀌고 있어 오히려 현장에서는 혼란을 초래할 가능성이 적지 않다. 참고로 현행 '가치관계 확장법'은, '자신과의 관계', '타인과의 관계', '사회·공동체와의 관계', '자연·초월과의 관계'의 4개 영역으로 구성되어 있다.

43) 박찬구 외,『윤리와 사상』, 천재교육, 2012, 68~69쪽. ; 인용한 부분에 그치지 않고 경세론에 대해서도 소략하게 기술하고 있으며, 본문 아래의 보조단에서는『율곡전서(栗谷全書)』를 인용해 '기발이승일도설'을 보충 설명하고 있다.

44) 교육과학기술부,『고등학교 교육과정 해설 3 도덕』, 교육과학기술부, 2009, 109쪽, 110쪽. ; 현행 도덕과 교육과정에서도 이 기조는 유지되고 있는 바, "이황과 이이의 심성론·수양론을 비교하여 조선성리학의 특징을 설명할 수 있고"(교육부,『교육부 고시 제2015-74호[별책 6] 도덕과 교육과정』, 교육부, 2015b, 56쪽)라고 명시하였다.

45) 정창우 외,『윤리와 사상』, 미래엔, 2014, 61쪽.

46) 김선욱 외,『윤리와 사상』, 금성출판사, 2014, 59쪽; 박병기 외,『윤리와 사상』, 지학사, 2014, 61쪽.

47) 김선욱 외, 앞의 책, 2014, 59쪽.

48)『栗谷全書』卷10 '答成浩原 壬申': 人心道心雖二名, 而其原則只是一心, 其發也或爲理義, 或爲食色, 故隨其發而異其名.

49) 『栗谷全書』卷9 '答成浩原 壬申': 人心道心, 相爲終始者, 何謂也. 今人之心, 直出於性命之正, 而或不能順而遂之, 間之以私意, 則是始以道心, 而終以人心也. 或出於形氣, 而不咈乎正理, 則固不違於道心矣, 或咈乎正理, 而知非制伏, 不從其欲, 則是始以人心, 而終以道心也. 蓋人心道心, 兼情意而言也, 不但指情也. ; 율곡이 인심의 도심화 혹은 도심의 인심화 과정에서 '의(意)'를 강조하는 것은, 그의 인심도심상위종시설(人心道心相爲終始說)의 이론적 근거가 됨과 동시에 인간 주체의 의지를 강조한다는 맥락에서(황의동, 「율곡 인성론의 리기지묘적 구조」, 예문동양사상연구원·황의동 편, 『율곡 이이』, 예문서원, 2006c, 255쪽, 263쪽), '도덕적 주체(moral subject)'를 교육의 출발이자 목표로 삼는 도덕과 교육에서 매우 눈여겨봐야 할 지점이라고 필자는 판단한다.

50) 『栗谷全書』卷14 「人心道心圖說」: 朱子旣曰, 雖上智, 不能無人心, 則聖人亦有人心矣, 豈可盡謂之人欲乎. 以此觀之, 則七情卽人心道心善惡之摠名也. 孟子就七情中, 剔出善一邊, 目之以四端, 四端卽道心及人心之善者也.

51) 『栗谷全書』卷10 '答成浩原': 道心原於性命, 而發者氣也, 則謂之理發不可也. 人心道心, 俱是氣發, 而氣有順乎本然之理者, 則氣亦是本然之氣也, 故理乘其本然之氣而爲道心焉. 氣有變乎本然之理者, 則亦變乎本然之氣也, 故理亦乘其所變之氣而爲人心, 而或過或不及焉.

52) 인심도심설을 수록한 또 다른 1종에서는, 본문 아래 보조단의 '탐구해 보기'에서 사단칠정에 대한 퇴계[갑]의 견해와 인심도심에 대한 율곡[을]의 견해에 대해 그들이 직접 비유를 들었던 '말과 기수'를 언급하면서 원전들을 인용하고 있다. 그러면서 갑과 을이 누구인지, 갑과 을의 두 진술의 차이점이 무엇인지 분석, 설명해 보자고 질문을 던진다(박병기 외, 앞의 책, 2014, 61쪽). 그러나 이 질문들에 대해 바르게 답하려면, 퇴계의 이기호발설이 주리(主理)·주기(主氣)라는 맥락과 어떻게 연결되는지 이해해야 하고, 율곡의 인심도심설이 기발이승의 한 길에서 어떻게 설명되는지 알고 있어야 한다. 하지만 관련된 내용들이 본문에는 전혀 수록되어 있지 않기 때문에, 교사와 학생 모두에게 난해한 질문으로 느껴졌을 것으로 예상된다.

53) 일례로 1종에서는 "'이'는 통하고 '기'는 국한된다[이통기국(理通氣局)]고 하여 '이'와 '기'가 서로 보완하며 의존하는 관계를 유지하면서 조화하는 것이라고 주장하였다."(박효종 외, 『윤리와 사상』, 교학사, 2014, 54쪽)라고만 기술한 반면, 다른 1종에서는 "'이통기국'이란 이는 본체로서 시간과 공간의 제약을 받지 않는 보편적인 것이고, 기는 특수한 것으로 시간과 공간의 제약을 받는 국한된 것이라는 의미이다. 모든 사물에는 보편적인 원리인 이가 들어 있지만, 모양이나 내용이 서로 다르고 불완전한 것은 바로 기의 국한성 때문이라는 것이다."(정창우 외, 앞의 책, 2014, 61쪽)라고 기술하였다. 후자의 기술은 '이통'과 '기국'에 대한 해설을 통해 '이'와 '기'가 왜 서로 보완하며 의존하는 관계인지를 안내하는 반면, 전자의 기술은 '이통기국'을 문자적으로만 풀이하고 있어 어떠한 연유에서 '이'와 '기'가 서로 보완하며 의존하는 관계인지가 모호하다.

54) 교육부, 앞의 책, 2015b, 51~52쪽. ; 해당 부분의 주제 자체가 "도덕적 심성: 한국유교는 인간의 도덕적 심성을 어떻게 이해하였는가?"(같은 책, 51쪽)이다.

55) 박찬구 외,『윤리와 사상』, 씨마스, 2019, 55쪽.

56) 나머지 1종은 정창우 외,『윤리와 사상』, 미래엔, 2019, 53쪽이다.

57) 류지한 외,『윤리와 사상』, 비상교육, 2019, 47쪽.

58) 분석 대상의 교과서들이 모두 검정 심의를 통과한 후 간행되었다는 점에서, '현행 교과서 중 어느 것이 더 우수한가?'와 같은 질문은 무의미할 뿐만 아니라, 본 연구의 초점도 아니다. 그리고 특정 교과서 내에서도 동서양 간·학자 간·사상 간 기술의 비균질성이 발견된다. 다시 말해, 율곡 사상의 기술은 A종이 더 잘 되어 있을 수도 있으나, 이황 사상의 기술은 B종이, 정약용 사상의 기술은 C종이 더 잘 되어 있을 수도 있다는 것이다.

59) 류지한 외, 앞의 책, 2019, 46~47쪽.

60) 변순용 외,『윤리와 사상』, 천재교과서, 2019, 47쪽.

61) '시의(時宜)'와 '실공(實功)'을 핵심으로 하는 율곡의 경세론은 자체로도 중요하지만, 조선사상사의 흐름, 특히 실학(實學)과의 관련성 속에서 다루어야 도덕교육적 의미를 배가시킬 수 있다(안재순, 「율곡의 경세 사상에 나타난 실학의 의미」, 『동양철학연구』 제19집, 동양철학연구회, 1999, 205쪽, 209~212쪽). 그의 경세론을 이런 측면에서 조명하는 작업은 다른 지면으로 미룬다.

62) 이영경,『한국 사상과 마음의 윤리학』, 경북대학교 출판부, 2020, 240쪽.

제3장

명재 윤증의 '내중외경(內重外輕)'과 '항상됨[恒常]'의 교육론

이 장에서는 명재(明齋) 윤증(尹拯, 1629~1714)의 교육사상을 체계화하고 이로부터 교육적 시사점을 도출할 것이다. 보다 구체적으로 말해, 명재가 생각했던 교육의 필요성과 방법 및 스승상 등을 구체화함으로써, 이 내용들이 현대의 교육에 어떤 시사점을 제공하는지 고찰하는 것이 본 연구의 진정한 목적이다. 이 장의 집필은 필자의 두 가지 문제의식에서 비롯되었다.

첫 번째는, 명재의 교육사상이 가지는 특이성에 대한 연구가 부족하다는 점이다.1) 명재가 활동했던 17~18세기 초는 왜란과 호란의 영향이 남아 있어서 정치·사회적으로 혼란스러운 시기였다. 민생이 피폐해진 상황에서, 당시 지식인들은 한편으로는 조선을 이끌어갈 새로운 지도 이념을 모색하였지만, 다른 한편으로는 주자학의 권위에 더욱 의존함으로써 사상적으로 경색되어 갔다.2) 명재는 바로 이 시대를 살아간 인물로서, 그의 삶은 인조(仁祖)에서 경종(景宗)에 이르는 5대 86년에 걸쳐 있다. 그는 노론과 소론의 당쟁이 매우 심했던 숙종(肅宗) 연간에는 우의정까지 제수되었으며, 소론의 영수로 추대되어 말년까지 그 위치가 흔들리지 않았다.3) 이런 명재를 따르던 동학과 문인들이 적지 않았고, 이는『명재유고(明齋遺稿)』에 수록된 서신들이 증명하고 있다.4) 그렇다면 명재가 그들에게 특별히 강조했던 교육사상이 있을 것으로 예상되는데, 이 부분은 아직까지 제대로 해명되지 않았다.

이어서 문제의식의 두 번째는, 명재와 우암(尤庵) 송시열(宋時烈, 1607~1689)의 관계에 대한 교육적 관점의 해석이 필요하다는 것이다. 두 사람의 관계는 배사(背師)로 일축되는 경우가 많은데, 그 중심에는 '신유의서(辛酉擬書)'가 있다. 이것은 1681년 명재가 당시까지는 스승으로 모시던 송시열에게 보내려고 작성했다가, 남계(南溪) 박세채(朴世采, 1631~1695)의 만류로 부치지 않은 서신인 '의여회천서(擬與懷川書)'를 가리킨다. 이 편지는 다른 경로를 통해 송시열에게 전달되었는데, 이로 인해 두 사람의 갈등은 더 깊어졌고 종국에는 서인이 노론과 소론으로 나뉘는 결정적인 요인이 되었다. 이 사건을 전후 맥락까지 포함해 '회니시비(懷尼是非)'라고 일컫는 바, 논쟁은 두 사람이 사망한 이후에도 19세기까지 계속되었으며, 결국 회니시비는 조선 후기 정치사를 대표하는 논쟁의 하나로 자리매김하였다.5) 이 일로 명재는 스승을 배신한 인물로 묘사되는 경우가 잦아졌고, 하나의 사례가 그가 사망했을 당시 실록(實錄)에 기록된 평이다.6)

윤증은 이미 송시열을 배반하여 사림(士林)에서 죄를 얻었고, 또 유계(兪棨)가 편수(編修)한 예서(禮書)를 몰래 그 아버지가 저작한 것으로 돌려놓았다가 수년 전에 그 사실이 비로소 드러나니, 유계의 손자 유상기(兪相基)가 이를 노여워하여 편지를 보내 절교하였다. 윤증은 젊어서 일찍이 유계를 스승으로 섬겼는데, 이에 이르러 사람들이 말하기를, '윤증이 전후로 두 어진 스승을 배반했으니, 그 죄는 더욱 용서하기 어렵다.'고 하였다.7)

하지만 명재가 '신유의서'를 다소 과격한 어투로 작성하게 된 배경에는 그의 부친인 미촌(美村) 윤선거(尹宣擧, 1610~1669)에 대한 송시열의 입장 문제도 연관되어 있는 까닭에, 무조건 명재가 잘못했다고만 할 수는 없다. 또한 다른 관점에서 보자면 '신유의서'는 제자가 스승에게 바라는 모습[像, image]을 담고 있는 글이라고도 할 수 있다. 따라서 이 서신의 작성 과정과 내용을 교육적으로 해석한다면, 당시 유자들은 스승이 어떤 모습으로 자신들을 이끌어주길 바랐는지 생각해 볼 수 있는 여지를 마련하게 된다. 하지만 이 부분에 대해서도 관련 연구는 거의 없는 상태이다.

이상에서 밝힌 문제의식을 해소하기 위해, 본 장은 다음과 같은 순서로 전개된다. 우선 제1절에서는 명재가 동학과 문인들에게 강조했던 교육과 공부의 필요성에 대해 살펴본다. 그는 외물에 이끌려 주체로서의 자신을 잃어버리는 것을 매우 경계하였으며, 이때 발생할 수 있는 심병(心病)이나 엽등(躐等)을 치료하고 예방하는 것이야말로 교육과 공부의 필요성이라고 간주하였다. 이어서 제2절에서는 명재가 강조했던 교육과 공부의 방법에 대해 논의한다. 그의 교육철학은 '항상됨[恒常]'이라는 한 단어로 압축할 수 있는데, 특히 이것이 구현된 철저하고 꾸준한 독서가 곧 입지(立志)와 무실(無實)을 뒷받침한다고 주장하였다. 다음으로 제3절에서는 '신유의서'를 중심으로, 명재가 바랐던 스승상에 대해 도출한다. 끝으로 제4절에서는 본 장의 내용이 함의하는 현대의 우리 교육에 대한 시사점을 고찰한다.

1. '내중외경'의 자세

남아 있는 자료로 미루어 볼 때, 명재는 교육과 공부라는 주제에 있어 단독 저술을 남기지는 않았던 것으로 보인다. 따라서 제1절과 2절에서는

『명재유고』에 수록된 서신들의 내용들을 분석하여, 명재가 생각했던 교육과 공부의 필요성 및 방법들을 추론해 내는 방법을 취한다. 그는 성리설(性理說)이나 공부론과 관련해 정주(程朱)의 입장을 충분히 인정하고 계승하였던 것으로 판단된다. 그래서 명재는 성리설에 대해서는, 정이(程頤)와 주희(朱熹)에 이르러 이론이 크게 체계화되어 더 이상 추가할 것이 없으며, 만일 그들의 학설 밖에서 이치를 찾으려고 한다면 그것은 요란한 견해[鑿見]이거나 그릇되고 간특한 설명[邪說]이라고 하였다.8) 또한 공부론에 대해서도 격물궁리(格物窮理)와 존양성찰(存養省察) 등의 기본적인 개념을 강조하면서 다음과 같이 말한다.

　　단지 바라는 바는, 실제 공부에 더욱 매진하여 독서궁리와 조존성찰(操存省察)의 방식으로 온 힘을 다해 밤낮으로 착실하게 공부하며 일을 펼치고 수립하여 실제보다 지나친 명성이 되지 않게 한다면, 조상의 뜻과 사업을 잘 계승하여 그동안의 훌륭한 명성에 부끄럽지 않게 될 것입니다.9)

　　그렇다고 할지라도 사상적으로 한 시대의 영예를 입었던 인물이 어떠한 측면에서 교육과 공부의 필요성을 강조하였는지에 대해서는 분명 주목해야 할 부분이 있다. 이런 점에서 명재가 특히 경계했던 바는 바깥의 사물[外物]에 휩쓸려 자신의 주체성이 훼손되는 것이었다. 여기서 바깥의 사물이란 뜬소문이나 명예와 같은 것들로, 그는 다음과 같이 말한다.

　　횡거(橫渠)가 말하기를, "지금 사람들이 학문에 종사하기는 하되 장족의 진보를 보지 못하는 것은 바로 동정(動靜)에 대해 모르기 때문이다. 다른 사람이 분잡한 것을 보면 자기와는 상관없는 일인데도 자기가 닦은 것마저도 버려서 종신토록 흐리멍덩하고 데면데면하게 산다." 하였으니, 이것이 바로 근래 후생들의 병통입니다. 그러나 학문에 종사할 줄 아는 자 또한 적습니다. 만약 학문에 종사할

줄을 안다면 자연히 외적인 것에만 치닫는 데에는 이르지 않을 것입니다.10)

　자신을 잘 붙들고 있다면 외물에 휩쓸려 주체성이 훼손되는 일이 없을 것인데, 공부를 한다고 자처하는 사람들의 상당수가 그렇지 못하다는 것이 명재의 지적이다. 물론 자신에 대한 뜬소문이나 명예 같은 것들에 초연하기란 쉬운 일이 아니다. 그러나 그 실상이 남과 관련된 것이라면 더이상 신경 쓸 필요가 없고, 자신과 관련된 것이어도 돌이켜 보아 잘못이 있으면 최선을 다해 고치되 그렇지 않다면 내버려 둘 뿐이다. 그럼에도 이것을 실천으로 옮길 수 있는 사람은 적고, 그런 뜻을 품고 있었다고 해도 나이가 들어서는 잊어버리기가 일쑤라고 명재는 말한다. 그 이유는 교육이나 공부를 게을리하기 때문이다.

　사람들이 대부분 젊어서는 뜻이 있다가도 늙어서는 그 뜻을 버리게 되니, 시종일관 학문에 게을리하지 않는 자는 실로 적습니다. 더구나 지금은 분열된 것이 너무 심하여, 자기편으로 들어오면 주인으로 인정하고 다른 편으로 들어가면 종 취급을 하는 의론이 세상을 휩쓸고 있습니다. 오직 뜻을 독실히 하고 지조를 지키고, 은은하되 날로 드러나는 군자의 도를 닦아서 외물에 침해를 당하지 않는 자만이 이것을 면할 수 있습니다.11)

　명재가 교육과 공부가 요청되는 근본적인 까닭으로 외물을 경계했던 것은, 어지러웠던 당시의 정치·사회적 상황 이외에도 송시열과의 대립 및 이로 인해 자신에게 비난이 집중되었던 사태를 스스로 극복하기 위해서였던 것으로 보인다. 위 인용문의 두 번째 문장이 그러한 추측을 뒷받침한다. 하지만 명재는 노년에 들어 문인들과 주고받은 서신에서도 '내중외경(內重外輕)'의 입장을 고수하고 있음을 확인할 수 있다. 예를 들어 그는 젊은 학자들에게 외물이 점점 가벼워짐을 느낄 때가 곧 공부의 성취가 있는 지점이라고 언급하기도 하였으며, 내면이 무거운 자야말로 외부의 가벼운 것을 이길 수 있다고 조언하기도 하였다.12)

그렇다면 교육이나 공부를 통해 내중외경의 자세를 견지하지 못했을 때 발생할 수 있는 폐해에는 구체적으로 무엇이 있을까? 이 질문에 대해 명재는 두 가지로 답변하는 바, 하나는 '마음의 병[心病]'이고, 다른 하나는 '고원한 데 천착해 일상의 비근한 공부를 건너뛰려는 태도[躐等]'이다. 먼저 '심병'에 대해 명재는 다음과 같이 말한다.

① 네가 (육신이 지치고 병든 이유는) 마음을 다스리는 공부가 없어서 마음을 수렴하여 안정하지 못하고 오랫동안 마음을 외물에 끌려가게 했기 때문이다. 앞으로는 더욱 공부에 뜻을 두어 마음이 안정되기를 기다렸다가 일이 오면 응대하고 일이 지나가면 또 안정하도록 해라. 또 정신을 보양해서 폭로하거나 허비하지 않는 것으로써 마음을 보존하고 병을 다스리는 방법으로 삼는 것이 참으로 옳을 것이다.13)

② 너의 병은 단지 마음을 잡아서 보존하는 데에 달려 있다. 마음을 보존하지 않으면 이른바 불을 때지 않아도 뜨겁고 얼음이 얼지 않아도 차갑다는 말처럼 하늘 위로도 날아가고 깊숙한 연못으로도 빠지는 등 안정되지 않는다. 세상에는 간혹 근심을 지나치게 해서 실성한 자도 있으니, 깊이 경계하여 공부하지 않아서는 안 된다. 공부한다는 것은 경(敬)을 견지하는 것이다. 비난하는 소리가 들릴 때에 대들어 따져서도 안 되고, 조급하게 움직여서도 안 된다. 단지 그런 사실이 있으면 고치고, 없으면 더욱 노력할 뿐이다.14)

명재는 외물에 휩쓸려 내면을 무겁게 하지 못하면 심병이 발생하는데, 이 심병은 결국 육신에도 병을 초래하게 된다고 경고한다. 외물에 너무 신경을 써서 감정이 한 극단으로 치우치거나 혹은 지나치게 근심하면, 아플 수도 있고 심지어 실성할 수도 있다는 것이다. 그래서 그는 내면을 잘 보존하여 사태(물)에 대응할 것을 지적하면서, 그 일환으로 '지경(持敬)'을 강조한다.

　명재에게 있어 지경이란 곧 마음을 보존하는 방법[存心之法]으로, 정좌(靜坐)와 독서를 통해 구체화된다. 정좌는 지경의 가장 기본적인 방법인데, 일이 없을 때는 조용히 앉아 내면에 동요가 없게 하고, 일이 발생하면 거기에 자연스럽게 응수한 뒤 다시 조용히 앉아 내면에 동요가 없게 하기를 반복하는 것이다. 또한 독서할 때에는 천천히 숙독(熟讀)함으로써 독서한 내용이 몸과 마음에 체인(體認)될 수 있게끔 해야 한다. 이렇게 지경을 통해 심병을 예방함으로써 얻을 수 있는 효과는 내적으로는 덕스러운 도량[德器]을 얻고 부수적으로는 천수를 누리는 것이다.15) 이것을 뒤집어 생각하면, 내중외경하지 못해 얻은 심병을 방치해 두면 덕스러운 도량은 말할 것도 없고 목숨조차 부지하기 어렵다는 것이다.

　이어서 교육이나 공부를 통해 내중외경을 견지하지 못했을 때 발생할 수 있는 또 하나의 폐해인 '엽등'에 대해서도 명재는 다음과 같이 대단히 경계한다.

　대숙(大叔)의 고원(高遠)한 뜻과 탁월한 행실은 참으로 우리 당 사람들이 따르기 어려운 수준이지만, 오랫동안 함께 지내며 엽등(躐等)하고 허황함을 좇는 병통이 있음을 어렴풋이 알았습니다. 이 때문에 말이나 생각에 나타나는 것들이 대부분 일관성이 없고 외부의 사물에 흔들리며, 수렴하고 안정되며 몰입하고 착실한 맛이 없습니다. 이번 일도 그 한 단서로서, 학문을 진전하는 기본이 아닐 듯합니다. 지금부터는 자신을 수양하려 하지 않고 남에게 내보이려고 하는 분수 밖의 생각을 제거하고, 한결같은 뜻으로 하학(下學)에 종사하기를 깊이 바랍니다. 그리하여 처신하는 것은 평이하면서 상도(常度)가 있고 실제적인 공부를 하시고, 남들과 다른 견해를 내세워 명예를 가까이하지 마십시오. 독서는 순서에 따라 정미하게 하고 날마다 과정을 둠으로써 범범하게 보아서 거칠게 되지 않도록 하십시오. 이렇게 규정을 정립해서 진실되게 3년을 공부하고도 학문이 진전되지 않을 자는 없습니다.16)

명재는 엽등할 기미가 보이는 동학이나 문인들에 대해서는 책선(責善)의 수위를 매우 높여서 경계하고 있는데, 내중외경하지 못하여 고원한 곳을 지향하거나 실상에 맞지 않는 허명(虛名)을 추구할 경우, 공부를 원점으로 돌려 비근(卑近)한 것에서부터 다시 할 것[下學]을 거듭 요청한다.

흥미로운 점은 명재가 엽등의 폐해를 세 단계로 구분했다는 점이다. 그는 상우당(尙友堂) 나석좌(羅碩佐, 1652~1698)에게 보내는 답서에서, 나석좌가 오묘하고 고원한 데 마음을 주어 정작 본인의 심신이나 언행은 되돌아보지도 않은 채 공명(功名)과 사업(事業) 같은 외물을 바라고 있다고 통렬하게 꾸짖는다. 그러면서 이렇게 엽등을 꾀하면 "높은 경우는 공허한 데에 빠지고, 낮은 경우는 이해득실을 계교하는 데에 흘러들며, 그 중간의 경우는 주장하여 지키는 것이 없게 됩니다. 이렇게 되어 (그대가) 나아가도 근거가 없고 물러나도 얻는 것이 없어서, 뜻은 해이해지고 기운은 쪼그라들어 이 지경에 이른 줄을 깨닫지 못한 것입니다."17)라고 지적한다. 정리하자면, 명재는 엽등의 가장 낮은 수준은 이해득실이나 따지는 미천한 길로 흘러들게 되고, 중간 수준은 이도저도 아니게 되며, 가장 높은 수준이라고 할지라도 결국 고원한 곳으로 빠져 현실로부터 멀어지게 된다고 본 것이다. 엽등하지 않으려면, 내중외경을 중시하는 교육과 공부로 되돌아가는 방법 외에는 없다. 즉, 내면을 다잡는 데 있어 고요할 때는 마음을 보존하고 움직일 때는 마음을 성찰하며, 가정에 있을 때는 부모를 섬기고 형을 따르며, 순서에 따라 독서를 하는 등 교육과 공부의 기본으로 복귀해야만 한다는 것이다.18)

지금까지 본 절에서는 명재가 제시한 교육과 공부의 필요성에 대해 살펴보았다. 명재는 뜬소문이나 명예와 같은 외물에 휩쓸려 주체성을 상실하는 것을 가장 경계하였으며, 외물에 빠질 경우 심병 혹은 엽등의 폐단이 발생할 수 있다고 간주하였다. 그러면서 이것을 사전에 예방하거나 사후에 치료하기 위해서는 '내중외경'하는 교육과 공부가 반드시 요청된다고 보았다. 그렇다면 이러한 교육과 공부의 방법은 무엇일까? 본 절에서도 개략적으로 언급하였으나, 이어지는 절에서는 명재가 『명재유고』에서 가장 강조했던 '항상됨[恒常]'의 교육철학과 독서 방법에 대해 논의할 것이다.

2. '항상됨'의 교육철학과 독서법

명재는 교육과 공부의 방법에 관한 두 개의 도(圖)를 남겼는데, 「초학획일지도(初學畫一之圖)」와 「위학지방도(爲學之方圖)」가 그것이다. 먼저 「초학획일지도」에서는 제일 앞에 '총도(總圖)'를 두어 하루를 새벽, 일상, 한밤으로 나눈 뒤, 특히 일상에서 주의해야 할 네 가지 조목들을 내세운다. 이 네 가지 조목들이란 몸가짐[持身], 독서, 일처리[應事], 만남[接物] 등으로, '총도'의 아래에서 각각의 강조점들에 대해 주희, 율곡(栗谷) 이이(李珥), 우계(牛溪) 성혼(成渾) 등의 문집을 인용하면서 설명한다.19) 이어서 「위학지방도」에서는 "학문이란 이것을 배우는 것일 뿐이다. 이 세 가지 중에 한 가지라도 폐한다면 학문이 아니다."20)라고 언급하면서, 그 세 가지 조목들로 지경(持敬), 강학(講學), 성찰(省察) 등을 꼽은 뒤, 각각에 대한 짧은 설명을 덧붙인다. 그리고 세 가지 조목의 양 끝에 입지(立志), 무실(務實)을 추가한 뒤, 그 이유에 대해 다음과 같이 말한다.

이른바 '뜻을 세운다[立志].'는 조목과 '실제에 힘쓴다[務實].'는 조목은 내가 외람되이 두 선생(이이와 성혼)의 뜻을 취하여 추가한 것이다. 대체로 뜻을 세우지 않으면 시작할 수 없고 실제에 힘쓰지 않으면 끝날 수 없다. 이는 『격몽요결(擊蒙要訣)』이나 『성학집요(聖學輯要)』에서 모두 뜻을 세운다는 항목을 첫 장으로 삼았고, 우계의 '학문하는 방도[爲學之方]'라는 책에서 모은 주자의 여러 편지 역시 모두 실제로 공부해 나가는 뜻을 담고 있기 때문이다.21)

이러한 까닭으로 인해, 선행 연구들에서는 '입지'와 '무실'을 명재의 교육철학과 방법론의 핵심으로 언급하고 있다.22) 그러나 이것만으로 명재의 교육철학과 방법론을 모두 아우르기에는 한계가 있으며, 어떤 특이점도 발견하기 어렵다. 본 절에서는 바로 여기에 대해 논의할 것인데, 필자가 보기에 명재의 교육철학은 '항상됨[恒常]'이라는 한 단어로 요약된다. 그는 지포(芝浦) 박심(朴鐔, 1652~1707)에게 보내는 답서에서 다음과 같이 말한다.

부강(扶江)에서 만났을 때 했던 '소효유항(所效有恒)'이라는 말을 대숙은 기억하고 있는지 모르겠습니다. 독서하는 데에 일정한 책이 있고, 자고 먹는 것은 일정한 때가 있으며, 일상생활에 일정한 절도가 있으면 정연하게 차서가 있어서 점차 높고 먼 경지에 나아갈 수 있습니다. 만약 높고 먼 것만 탐하고 계속해서 뒷받침이 없으면 끝에 가서 흐트러져 효과를 거둘 수 없습니다.23)

박심은 제1절의 엽등 부분에서 등장했던 대숙(大叔)의 이름이다. 위의 답서를 보낼 때 명재는 50대에 들어섰으며, 박심은 20대 후반이었다. 한창 교육과 공부에 정진해야 할 나이에 박심은 엽등의 기미를 드러냈고, 이에 대해 명재는 학문함에 있어 효험을 얻으려면 그 바탕은 '항시 상도(常道)를 따름'에 있다고 지적한 것이다. 이 항상됨은 삶의 전반에 적용되는 것으로, 달리 표현하면 '상도를 따름에 있어서 그치거나 끊어짐[間斷]이 있어서는 안 된다.'는 것이다. 그는 『명재유고』의 곳곳에서 이 점을 강조하고 있는데, 예외는 없다. 초학자는 물론이고(①), 우환을 당하거나(②), 병을 겪고 있는(③) 경우에도 항상됨은 유지되어야 한다.

① 용모를 바르게 하고 절도를 삼가며, 말을 신중히 하고 행동을 민첩하게 하며, 독서하는 데에 일과(日課)가 있어서 간단이 없게 하는 것이 모두 초학자의 급선무입니다. 어느 때건 어느 곳이건 마음에서 항상 학문을 잊지 않는다면 학문이 저절로 진전될 것입니다.[24]

② 뜻과 사업이 날로 추락한다고 하셨는데, 이것은 실로 우리들의 공통된 근심이니 참으로 경계해야 합니다. 그러나 우환(憂患)을 만나더라도 우환 속에서 자신의 도를 행해야 합니다. 진실로 이 마음이 간단(間斷)이 없게 한다면 공부 또한 중단되지 않는 효과가 있을 것입니다."[25]

③ 조용히 조섭(調攝)하는 와중에 무슨 공부를 하겠는가마는 모쪼록 병이 있다고 해서 공부를 놓아 버리지 말고 서책을 가까이하는 것이 어떻겠는가. 학문에는 달리 어려운 일이 없고, 단지 분수에 따라 독서하고 일에 따라 강구해서 일에 대응하고 사람을 대할 때에 공사와 시비를 변별하여 처리하는 것일 뿐이며, 그 요체는 마음을 놓아 버리지 않는 것일 뿐이네. 이 일은 병이 있다고 하더라도 어찌 할 수 없는 일이겠는가.[26]

항상됨은 교육을 받고 공부를 하는 사람이라면 당연히 지켜야 할 내용이지만, 이것을 실천으로 옮기고 유지하는 것이 얼마나 어려운 일인지는 일상의 경험을 통해 쉽게 이해할 수 있다. 이런 까닭에, 명재는 자신에게 교육과 공부의 자세 내지는 방법을 문의하는 이들에게 절절한 마음으로 항시 상도를 따라야 한다고 강조했던 것이다. 그가 보기에 심신을 수렴하는 데 필요한 지경(持敬)이나 일상에서 사람과 사물을 응접할 때 이치에 합당하게끔 하는 궁리(窮理)에 있어서도, 기본적으로 요청되는 것은 항상됨이다.[27] 그런데 『명재유고』를 살펴보면, 항상됨이 가장 빈번하게 언급되는 곳 중의 하나가 독서를 말하는 부분이다. 따라서 본 절의 이하에서는 명재가 제시했던 교육방법으로서의 독서에 대해 논의할 것이다.

유자(儒者)들 가운데 독서를 강조하지 않은 사람은 없지만, 명재의 책 사랑은 유난했던 것으로 보인다. 일례로 그가 지은 「책상에 관한 명(銘)」 두 수를 보면 다음과 같다.

① 찬연하게 빛나는 경전들이여. 이것이 진실로 나의 짝이네.
　하얗게 어느새 백발이 세니, 그밖에 달리 더 무얼 구하랴.
　해는 저무는데 갈 길이 멀어, 오로지 그것만이 걱정이라네.
　더욱더 노력하여 늙음 잊으며, 죽고 난 뒤에나 그만두리라.28)
② 결이 고와 빛나는 비자나무여. 어제까진 그것이 기국이다가,
　지금은 책을 보는 서안이 됐네. 나무여, 진실로 저 나무여.
　사람의 운명이 나뉘는구나. 찬연하게 빛나는 서적들이여.
　바둑판은 명리를 쫓는 것이나, 책은 바로 진실과 선을 위한 것.
　책이여, 진실로 귀한 책이여. 마음의 보존 여부 갈음되누나.29)

위의 인용문들을 통해 명재가 책을 어떠한 시각에서 바라보았는지 짐작할 수 있다. 그는 항상됨이 독서에 반드시 필요하다고 보았으며, 이는 죽을 때까지 지속되어야 한다고 말했다. 또한 독서의 여부와 정도에 따라 사람의 운명은 나뉠 수 있는데, 그 이유는 책에 진실함과 선(善)이 담겨 있기 때문이다.

사실 기존에 명재의 교육사상의 특이점으로 주목받았던 입지와 무실 및 앞서 언급했던 지경과 궁리가 제대로 이루어지기 위해서라도 독서는 뒷받침되어야 한다. 그래서 그는 교학(敎學)의 방법에는 특별한 것이 없고, 입지와 무실이 배우는 자들이 가장 먼저 일삼을 일이되 나머지는 다 책에 있을 따름이라고 하였다.30) 또한 경을 지키고 이치를 궁구함에 있

어서도, 응사접물(應事接物)하는 이치는 독서를 통해 알게 되는 것이라고 하였다.[31] 명재에게 있어 공부란 마음을 두려워 떨게 하고, 성격을 참고 견디게 하며, 의(義)를 정밀하게 분별하고, 인(仁)을 익숙하게 하는 것인데, 이 모든 내용이 실려 있는 장소가 바로 책이다.[32] 그러므로 '독서를 시키지 않는 교육'이나 '독서를 하지 않는 공부'는 명재의 관점에서 보자면 교육이니 공부니 할 수 없는 것들이다.

그렇다면 명재의 독서법이 가지는 특징에는 무엇이 있을까? 첫째, 책은 스승과 친우[師友]를 맞이하는 자세로 대하되, 융통성 있게 독서해야 하며, 독서한 내용은 반드시 실천을 염두에 두어야 한다. 그는 책이야말로 따라야 할 도리를 담고 있는 장소이므로, 번화한 곳에 살든지 궁벽한 곳에 살든지 상관없이 책이 있다면 그 안에 있는 성현(聖賢)이 사우가 되어줄 것이라고 보았다.[33] 그럼에도 명재는 책의 내용을 무조건적으로 따라서는 안 되며, 융통성 있는 시각으로 독서해야 한다고 강조한다.

> 무릇 책을 볼 때 융통성 있게 보면 그 의미가 통할 수 있고 고지식하게 보면 막히게 됩니다. 하지만 이치의 분석이 분명하지 않으면 이른바 통한다고 하는 것들도 진정으로 통하는 것이 아니니, 조심해야 할 일입니다. 이 때문에 붕우(朋友)와 강마(講磨)하는 것을 중요하게 여긴 것입니다.[34]

순서상으로 볼 때 독서한 내용에 대한 정밀한 분석이 융통성 있는 해석에 앞선다. 만일 분석이 선행되지 않는다면, 융통성이란 책에 기술되어 있는 내용을 줏대 없이 받아들이는 것의 허울 좋은 표현일 뿐이다. 따라서 친우들과 견해를 나누면서 서로의 의견을 주고받는 분석 작업이 요청되는 것이다. 그리고 이런 과정을 통해 받아들인 내용에 대해서는 실천으로 옮길 수 있도록 힘써야 한다.

둘째, 독서를 하다가 막힌 곳이 생기면 필히 기록해 두었다가 그 막힌 곳을 풀기 위해 노력해야 하고, 순서에 따라 독서해야 한다. 통달한 사람이 아닌 이상, 독서를 하다보면 막히는 지점이 발생하게 된다. 그런데 독서를 잘하는 사람과 못하는 사람은 이 경계에서 갈라진다는 것이 명재의 견해이다. 독서를 잘하는 사람은 의심난 곳을 기록해 두어 잊지 않다가, 사우에게 묻거나 다른 책을 읽는 중에 의심을 풀어내기 때문이다. 명재는 이것이야말로 옛 사람이 말한 '쌓이고 포개짐[積累]'의 공부라고 보았다.35) 그는 또한 독서하는 경전에는 순서가 있음을 분명히 하였다. 만일 사서(四書)를 충분하게 익히지 않고 역(易)으로 넘어간다면, 그것은 엽등이라는 것이다. 그래서 명재는 "논맹(論孟)을 먼저 익히고 역(易)은 나중에 익힌다는 것이 회옹(晦翁)께서 남기신 교훈입니다. 그런데 지금 선후를 뒤바꾸고서 소득이 있기를 바라고 있으니, 뒷걸음질하면서 앞으로 나아가려고 하는 것이 아니겠습니까."36)라고 언급하였다.

셋째, 집중과 범위의 독서를 하되, 나이에 따라 박문(博文)으로부터 약례(約禮)에 이르는 방식으로 독서해야 한다.37) 여기에서 명재 독서법의 특징이 가장 잘 나타나는데, 그는 특정 서적을 무한히 반복하여 읽을 것을 권장하지도 않았고, 지나치게 넓은 범위의 서적을 통독(通讀)하는 것을 좋게 보지도 않았다. 가령 그는 한 책을 1,000번이나 반복해서 읽는 것보다는, 100번 정도 집중하면서 읽는 것이 더 효과적이라고 보았다. 그 이유는 과도하게 반복해서 읽으면 반복 행위 자체에만 마음이 쏠릴 수 있기 때문이다.38) 또한 알아도 그만 몰라도 그만인 책은 없다고 보면서, 소위 번잡하다고 평가받는 서적일지라도 절목을 연구해서 득실(得失)을 가려볼 것을 강조하였다.39) 명재는 자신의 독서법을 박문약례로 설명하기도 하였는데, 흥미로운 점은 나이에 따라 박문과 약례의 비중을 다르게 설정하여 언급했다는 것이다.

① 널리 배우는 공부는 참으로 게을리해서는 안 되니, 성현의 책들을 다 읽지

않아서는 안 되고, 읽는 것도 대충 읽어서는 안 되며, 반드시 익숙하게 읽고 깊이 생각해야 얻는 것이 있게 됩니다. 이 일은 초학에게 지극히 절실하고 시급하니 시간을 아끼지 않아서는 안 됩니다.[40)

② 세월은 쉽게 지나가고 노쇠함은 순식간에 이르니, 총명이 감쇠(減衰)하면 독서하려고 해도 할 수 없습니다. 그대 또한 이미 노쇠한 지경에 들어갔으므로 널리 섭렵할 수는 없습니다. 모쪼록 요약된 책을 공부하는 것으로 노년의 공부 계획으로 삼더라도 늦지 않습니다.[41)

그는 초학자들에게는 집중해서 읽을 것을 언급하면서도 두루두루 폭넓게 볼 것을 권장하고 있다(①). 그런데 나이가 지긋한 학자들에게는 널리 섭렵하는 것보다는 요약된 책으로 읽을 것을 권유하고 있다(②). 물론 박문에서 약례로 공부하는 방식을 변환하는 시기에 있어 특정한 나이를 규정하는 것은 경계하였다. 그래서 성재(誠齋) 민이승(閔以升, 1649~1698)이 30세라는 나이를 '폭넓게 하는 공부'와 '요약해서 하는 공부'의 분기점을 정하려 하자, 거기에 반박했던 것이다.[42)

지금까지 본 절에서는 명재가 제시한 교육과 공부의 방법에 대해 살펴보았다. 기존에는 이와 관련해 입지와 무실을 중심으로 설명하였으나, 본 연구에서는 명재의 교육철학의 본질은 '항상됨'이라고 주장하였다. 그리고 이 항상됨의 교육철학이 가장 잘 반영된 것이 그가 제시한 독서법이라고 언급한 뒤, 명재의 독서법이 가진 특징들에 대해 논의하였다. 이제 이어지는 절에서는 명재가 송시열에게 보내려고 작성했던 '신유의서'에서 발견할 수 있는 교육적 의미, 즉 '책선'을 통한 스승상의 확립에 대해 다룰 것이다.

3. '책선(責善)'을 통한 스승상의 확립

명재는 '스승[師]'이라는 존재에 대해 어떤 생각을 가지고 있었을까?43)
이 물음에 대한 답이 『명재유고』에서 자주 발견되는 것은 아니지만, 그
는 크게 두 가지 정도의 생각을 가지고 있었던 것으로 보인다. 첫째, 스승
은 자신의 선(善)이 다른 사람에게 영향을 미침으로써 감화시킬 수 있는
존재여야 한다. 이렇게 되어야만 스승과 제자 사이가 서로에게 발전적일
수 있기 때문이다.44) 둘째, 권위란 스승이 직접적으로 요구할 수 있는 것
이 아니라, 간접적으로 형성되어야 하는 것이다. 이런 까닭에 명재는 학
문이 자기에게서 이루어진 이후에 사람들이 스스로 찾아와서 따르는 것
이지, '스승은 엄하고 도(道)는 높다.'라는 설을 가지고 억지로 스승으로
대우하게 할 수는 없다고 보았다.45) 그는 이런 견해를 자신에게도 엄격
히 적용했던 것으로 보이는데, 본인의 나이 50대 중반에 당시 20대 초반
이었던 백소(伯邵) 이세덕(李世德, 1662~1724)에게 보내는 답서에서 다음과
같이 말한다.

> 다만 편지를 받을 때마다 서로 강론하고 경계해 주는 이익은 없고 안부만 물
> 을 뿐이니 이것이 어찌 붕우에게 바라는 것이겠습니까. 과거 공부에 대해서는
> 물을 필요가 없고, 어떤 동지와 교유하는지, 어떤 경서를 읽는지, 무슨 공부를
> 하는지, 그리고 무엇이 진익(進益)되어서 처음에 세운 뜻을 확충할 수 있다고 느
> 끼는지 모르겠습니다.46)

청년 이세덕의 입장에서는 당대에 이미 학자로서 명성이 높았던 명재
에게 안부를 묻는 것조차 쉽지 않은 일이었을 수 있다. 하지만 명재는 자
신이 먼저 이세덕을 '붕우(朋友)'라고 칭하며, 여러 가지 일에 대해 서로 강
론하고 경계해 줄 필요성이 있다고 언급하였다. 뿐만 아니라 어떤 동지와

교유하고, 어떤 책을 읽고 있으며, 학문은 얼마나 발전하였는지 등에 대해서도 소상하게 묻고 있다. 이 같은 자세는 명재가 이세덕과 주고받는 서신들 전체에서 엿볼 수 있을 뿐만 아니라, 다른 문인들과 나누는 서신들에서도 쉽게 발견할 수 있다.[47] 이것은 그가 붕우끼리 나누는 '책선(責善)'의 도리를 단순히 비슷한 나이의 또래 친구들 사이에 하는 행위로 한정시키지 않고 폭넓게 확장시키고 있다는 증거가 되며, 실제로 명재는 책선의 대상에 스승, 친구, 제자, 친속 등을 모두 포함시키고 있다.[48]

본 절에서는 논의의 맥락이 복잡한 회니시비가 아니라, 명재가 송시열에게 책선을 목적으로 작성했던 '신유의서'만을 대상으로 삼아 그가 스승에게 바랐던 모습을 도출하는 데 목적을 둔다. '신유의서'는 명재의 나이 50대 초반, 송시열의 나이 70대 중반에 작성된 것으로, 두 사람이 사제지간으로 교류한 지도 상당한 시간이 흐른 때였다. 명재는 당시 송시열의 행태가 주희가 극도로 경계했던 '왕패병용(王霸竝用), 의리쌍행(義利雙行)'에 빠진 것 같다고 비판의 수위를 높인 상태에서 글을 시작한다. 그가 송시열에게 지적하고 있는 사항은 개략적으로 다음과 같이 정리할 수 있다.

〈표 3-1〉 '신유의서'에 수록된 명재의 송시열 비판[49]

구 분		내 용
외적 문제	행사	주장이 지나치고 자부가 높아 자신의 의견에 순종하는 사람들만 친하게 대하는 문제
	접물	견해가 다른 상대방을 대함에 있어 심각하게 배척하고 공격하며 이기려는 문제
	문인	스승의 영향이 문인들에게 미쳐 그 폐단이 자연스럽게 문들 사이에서도 나타나는 문제
	문장	주희의 설을 끌어다 설명하고 있지만 가탁(假託)일 뿐 주희의 본의와는 다르다는 문제
	사업	우뚝하고 실질적인 업적은 볼 수 없고 많은 녹봉과 높은 지위, 세상에 가득한 명성만 볼 수 있다는 문제
내적 문제	기질	강한 성품이 천리(天理)를 따르지 못하여 오히려 덕성에 병통이 되어 버린 문제
	학문	기질의 병통을 고치기 위해서는 성실하게 학문을 해야 하는데 그러지 못한 문제

이러한 일련의 비판 후에 명재는 다음과 같은 언급을 통해 송시열에게 바라는 바를 밝힌다.

진실로 선생님께서는 본디 강직한 기질(氣質)을 가지셨고, 또 오랫동안 학문을 쌓아 오셨으니 만약 분발하시어 마음의 훈습을 말끔히 씻어 버리고 굳은 때를 완전히 제거하신다면, 성실[誠] 한 가지가 세워짐에 백 가지의 모든 뜻이 바르게 될 것입니다. 따라서 선생님의 마음에서부터 일신에 이르기까지, 하찮은 일로부터 커다란 일에 이르기까지 모두 천리에서 나오지 않은 것이 없게 될 것입니다. 이렇게 된다면 이전의 통서(統緒)를 계승하여 후세에 전해 주게 될 것이니, 선생님께서 스스로에게 기약하였던 처음의 뜻을 이루는 것은 마치 지도리 달린 문을 열듯 쉬울 것입니다.50)

사실 송시열과 명재 사이는 시간이 지날수록 점점 더 격앙되었고, 이것이 정치적인 문제로까지 확대되어 나중에는 사제 및 인간으로서의 인연을 끊어버리게 되지만,51) 명재는 '신유의서'를 작성할 때까지만 해도 스승에게 변화가 있기를 기대하고 있었던 것으로 보인다. 요컨대 명재는 송시열에게 ⓐ 외적으로는 타인의 견해를 듣고 수용할 줄 아는 자세를 견지하면서, 나아가 편 가르기를 통한 허명을 추구하기보다는 진정으로 국가에 도움이 되는 방책을 제시해 주기를 바랐던 것이다. ⓑ 그리고 내적으로는 자신이 가진 강한 기질상의 문제를 솔직한 자세로 반성하고, 이것을 고칠 수 있는 학문을 성실하게 함으로써 안팎이 조응할 수 있는 기반을 마련하기를 바랐던 것이다. 바로 이것이 명재가 책선이라는 방식을 통하여 송시열에게 전달한 기대하는 스승상이었다.

지금까지 본 절에서는 '신유의서'를 중심으로 명재가 '책선'을 어떻게 규정하였는지, 또 책선을 통하여 송시열에게 전달한 기대하는 스승상은 무엇이었는지에 대해 살펴보았다. 이제 이어지는 절에서는 이상에서 살

퍼본 명재의 교육사상이 현대의 교육에 어떠한 시사점을 제시하는지 고찰한 뒤, 이 글에서 미처 다루지 못한 후속 과제들을 한두 가지 제언하면서 논의를 마칠 것이다.

4. 남은 과제들

지금까지 이 장에서는 명재 윤증의 교육사상을 체계적으로 도출한다는 목적 아래 논의를 진행하였다. 명재의 교육사상은 크게 세 가지로 구체화되는 바, 첫째는 교육과 공부의 필요성으로, 외물에 휩쓸려 주체성을 상실해서는 안 되며 이를 위해서는 '내중외경(內重外輕)'의 자세로 교육과 공부에 임해야 한다는 것이다. 이어서 둘째는 교육과 공부의 방법으로, 그 요지는 '항상됨[恒常]'이며 이것이 가장 잘 녹아 있는 것이 명재의 독서법이다. 그리고 셋째는 '책선(責善)'을 통한 스승상의 확립으로, 명재는 책선의 범위를 매우 확장시켜 실천하였는데 관련 대상에는 스승도 포함되어 있음을 확인하였다. 그렇다면 이런 내용들이 현대를 살아가는 우리들에게는 어떤 교육적 시사점을 제공할 수 있을까?

첫 번째는 교육의 무게중심을 외면에서 내면으로 전환해야 한다는 것이다. 일제강점기 이후 대한민국의 역사를 되돌아볼 때, 경제와 산업 발전에 집중된 교육은 괄목할 만한 성과를 거두었다. 결과적으로 대한민국은 단기간에 '양'적으로 큰 성장을 이룬 것이다. 하지만 이런 성장이 삶의 행복(happiness)이라는 '질'적 측면에도 반영되었는지는 의문이다. 가령 OECD에서 발표한 'BLI(Better Life Index)' 11개 영역 중 '삶에 대한 만족도' 부분에서 대한민국은 2014년 '25위/36개국'에서 2017년 '30위/38개국'으로 더 떨어졌다. 또한 UN에서 작성한 「2018 세계 행복 보고서」에서도 대한민국은 '57위/156개국'을 기록하였다.[52] 두 단체의 보고서에 나타난 공통점은, 대한민국은 양으로 대변되는 물질적 생활 수준에 비해 질로 대변되는 정신적 행복 수준이 낮다는 것이다. 그렇다면 해결법은 어디에서 찾아야 할까? 거시적으로는 돈이나 직업 등 외적인 것을 추구하는 사회적 분위기를 쇄신해야 하겠지만, 미시적이고 보다 직접적으로는 우리 학생들이 지향하는 가치를 바꾸어야 한다. 다시 말해 외적인 지표에 의해 내 삶이 평가받게끔 하는 것이 아니라, 내적인 만족감으로 자신의 삶을 스스로 평가할 수 있도록 해야 한다는 것이다. 그리고 이것이 명재의 '내중외경'의 자세가 가지는 교육적 시사점이다.

다음으로 두 번째는 도덕과(道德科) 교육이나 인성교육 등의 분야에서 염두에 두어야 할 사항으로, 지켜야 하는 보편적 가치의 존재와 그 실천의 중요성을 가르쳐야만 한다는 것이다. 달리 표현하자면, '권도(權道)'의 전제 조건인 '경도(經道)'를 중시해야만 한다는 것이다. 이 중 권도란 사태의 가벼움과 무거움을 재고 형세의 변화에 따른다는 의미를 가지고 있으며, 경도란 도덕원칙과 행위규범상에서 더 근본적인 것으로 절대성·보편성의 의미를 가지고 있다.53) 물론 권도와 경도는 완전히 분리될 수 없다. 왜냐하면 권도란 경도의 발현이자 경도가 함의하는 가치를 실현하는 길이기 때문이다.54) 그럼에도 경도보다 권도가 강조되는 순간, 전혀 의도하지 않았던 비(非)도덕적 결과가 발생할 수 있는 '미끄러운 경사길'이 열린다. 사회가 하루가 다르게 급변하는 이때, 도덕과 교육이나 인성교육에서 특정한 가치·덕목만을 강조할 수 없다는 것은 자명하다. 하지만 우리의 일상과 공동체를 유지하기 위해 지켜야 하는 도덕원칙과 행위규범이 존재한다는 사실을 익힌 다음에야 비로소 상대성·특수성도 보장될 수 있는 것이다. 그리고 이것이 명재의 '항상됨'의 교육철학이 가지는 교육적 시사점이다.

마지막으로 세 번째는 스승은 제자의 근거 있는 비판을 수용할 수 있어야 한다는 것이다. 이것은 결코 쉽지 않은 일이다. 특히 지금과 같이 교권

(敎權)이 추락한 시기에 스승에게 제자의 비판을 수용하라는 것은 무리한 요구라고도 할 수 있다. 그러나 현재 학교에는 제자가 스승을 비판적인 관점에서 평가하는 제도가 마련되어 있다. 초·중등학교에서는 '교원능력개발평가', 대학교에서는 '강의평가'라는 이름으로, 학생들이 교사와 교수를 평가하고 있기 때문이다. 이런 제도에 따른 평가 결과를 보는 스승들의 마음은 결코 편치 않다. 무엇보다 학생들이 써놓은 서술형 평가 결과를 볼 때면 더욱 그러하다. 이를 잘 소화시키면 수업 능력 향상에 도움이 되지만, 반대의 경우라면 자기 소모가 심해져 교사나 교수라는 직업 자체에 회의감을 느끼기도 한다.[55] 하지만 학생들의 비판에 비추어 자신의 수업이나 언행을 되돌아보면, 고쳐야 할 부분이 있는 것도 분명한 사실이다. 이 지점에서 어떤 선택을 내리느냐에 따라 스승과 제자 사이는 새로운 국면을 맞이할 수 있다. 만일 고치려고 하는 노력이 제자에게까지 닿는다면 거기에는 스승에 대한 믿음과 강요하지 않아도 만들어지는 권위가 형성될 것인 반면, 그러한 노력을 전혀 하지 않는다면 의미 있는 스승과 제자의 관계는 맺어지기 어렵다. 실제 동서고금의 큰 스승들의 경우를 보면, 그들은 제자를 가르치고 훈계하기보다는 제자가 스스로 배울 수 있도록 하는 데 많은 힘을 쏟았다. 이것은 스승이란 본디 제자보다 모든 측면에서 우월한 사람을 가리키는 것이 아니라, 그 자신도 스승, 동료, 제자들로부터 기꺼이 배우려는 자세를 가진 사람이라는 뜻을 드러낸다.[56] 이렇게 보자면, 제자가 행하는 근거 있는 비판에 대해서는 수용하는 용기와 자세를 보여주는 것 역시 스승 된 사람이 갖추어야 할 덕목이라고 할 수 있다. 그리고 이것이 명재의 스승에 대한 '책선'이 가지는 교육적 시사점이다.

이제 이 장에서 미처 다루지 못한 후속 과제를 한두 가지 제언하면서, 논의를 마치고자 한다. 첫째는 명재의 교육사상이 가지는 연원을 탐색하는 것이다. 이 부분은 명재의 학문적 연원과도 관련이 있을 텐데, 그의 학문은 주자학 중심의 성리학 내지는 실학이라는 관점과 겉으로는 주자학을 내세웠지만 내적으로는 양명학적 심학으로 흘러갔다는 관점들이 공존하고 있는 상황이다.57) 이런 명재의 학문적 연원이 그의 교육사상과는 어떠한 연관성을 가지는지 탐색한다면, 소론 계열의 학자들에게서 나타나는 교육사상을 체계화하는 데 도움이 될 것으로 예상된다. 이어서 둘째는 명재의 교육사상을 현장에 적용하면 어떤 효과를 얻을 수 있을지 탐색하는 것이다. 본 연구에서 필자는, 그동안 입지와 무실을 가지고 주로 논의되었던 명재의 교육사상을 '내중외경', '항상됨', '책선' 등의 키워드를 통해 새롭게 구축하였다.58) 하지만 이 같은 시도가 한층 더 교육적 의미를 가지기 위해서는 이론을 넘어 수업 현장에 적용될 필요가 있으며, 그 결과를 분석하여 다시 현장으로 환류(feedback)시키는 작업도 이루어져야 할 것이다.

미주

1) 명재의 교육사상에 대한 대표적인 연구물로 다음의 두 편을 꼽을 수 있다. 송수진, 「조선시대 자녀교육의 한 사례」, 『한국교육사학』 제36권 제3호, 한국교육사학회, 2014, 83~106쪽; 송수진, 「명재 윤증의 교육사상 검토」, 『인격교육』 제12권 제1호, 한국인격교육학회, 2018, 41~60쪽. 송수진의 연구들은 명재의 교육사상에 대한 선구적인 연구라고 평가할 수 있다. 하지만 하나는 자녀교육에, 다른 하나는 제자교육에 집중하고 있다는 점에서 보완해야 할 부분이 있다고 필자는 판단하였다.

2) 고려대학교 민족문화연구원 한국사상연구소 편, 『자료와 해설 한국의 철학사상』, 예문서원, 2010, 592쪽.

3) 이은순, 「명재 윤증의 생애」, 김길락 외, 『명재 윤증의 생애와 사상』, 충남대학교 유학연구소, 2001, 11쪽.

4) 명재의 무실적(無實的) 학문 경향을 계승하면서, 그의 신원 회복을 위해 노력한 문인들은 대략 100여명에 이르는 것으로 조사되었다(이형성, 「명재 윤증에 대한 후대 평가와 추숭」, 『유학연구』 제20집, 충남대학교 유학연구소, 2009, 147~149쪽).

5) 김용흠, 「'당론서'를 통해서 본 회니시비」, 『역사와 현실』 제85호, 한국역사연구회, 2012, 113쪽.

6) 외암(巍巖) 이간(李柬, 1677~1727)은 명재의 행위를 패륜에 가까운 것으로 규정하기도 하였다. 보다 상세한 내용은, 이우진·이권재, 「조선시대 사림의 스승담론 연구」, 『한국교육사학』 제36권 제1호, 한국교육사학회, 2014, 42~47쪽을 참조할 수 있다.

7) 『숙종실록』 제55권, 「숙종 40년 1월 30일 임신 2번째 기사」. 실록의 내용은 국사편찬위원회 조선왕조실록(http://sillok.history.go.kr/main/main.do)을 참조하였음을 밝혀둔다.

8) 『明齋遺稿』 卷17 '答奇子亮 乙卯': 蓋性理之說, 至程朱而大備, 無以復加矣. 若欲求之於程朱之外, 則卽是鑿見邪說耳.; 『명재유고』의 번역문은 한국고전번역원에서 발간한 『국역 명재유고』를 참조하였음을 밝혀둔다.

9) 『明齋遺稿』 卷16 '與成汝中 庚申八月晦日': 唯願益加實功, 讀書窮理, 操存省察, 晝夜惕惕, 不遺餘力, 有以展拓樹立, 不使爲過情之聲, 則方可以善繼善述而無怍於令譽矣.

10) 『明齋遺稿』 卷21 '答李君實 甲子三月七日': 橫渠有一段語云, 今人從學, 不見長進, 正以莫識動靜. 見他人擾擾, 非干己事, 而所修亦廢, 冥冥悠悠, 以至終身, 此正近來後生之病. 然知從學者, 亦鮮矣. 若知從學, 則自不至於一向外馳矣.

11) 『明齋遺稿』卷21 '答李彥緯武叔 丙寅二月七日': 人少有志而晩棄者滔滔, 終始不懈於學者實尠. 矧今潰裂已甚, 入主出奴之論, 方驚於世. 唯篤志自守, 闇然日章, 不爲外物所侵亂者可免.

12) 『明齋遺稿』卷25 '答沈埈 壬午八月三日': 見得外物漸輕時, 方是得力處.; 『明齋遺稿』卷26 '答禹錫玉 庚寅三月二十四日': 蓋內重者, 可以勝外之輕.

13) 『明齋遺稿』卷28 '與子行敎 十八日': 汝無心上工夫, 故不能收斂靜定, 長使吾心, 爲外物所役故也. 須從今加意用工夫, 使方寸安靜以待, 事至而應之, 事過則又安靜. 且保養精神, 勿暴露勿虛費, 以爲存心調病之方, 極可極可.

14) 『明齋遺稿』卷28 '與子行敎 二月十日': 汝病只在操存而已. 心不存則所謂不火而熱, 不氷而寒, 天飛淵淪, 無有底定者也. 世或有過用心慮, 仍致失性者有之, 不可不深戒而加工也. 加工者, 持敬之謂也. 毀謗之來, 不可分疏, 不可躁動. 只當有改無勉而已.

15) 『明齋遺稿』卷28 '與子行敎 五月': 存心之法, 所謂敬也. 無事則靜坐, 毋以煩雜思慮, 自撓於胸中, 有事則應之, 事畢則復靜坐. 靜坐時有看書工夫, 而看書涉獵欲速, 則反以撓心矣. 須立課程, 一日量力, 或一章或數三章, 熟讀精思, 體認於身心. 今日如此, 明日如此, 勿忘勿助, 則自然心定, 而書亦有味矣. 汝之不能靜定爲大病, 非但心神飄搖, 不能成德器, 亦非享壽命之道也.

16) 『明齋遺稿』卷20 '答朴大叔 八月二十二日': 大叔志尙高遠, 制行卓絶, 固吾黨之所難及, 然同處之久, 微覺有躐等驚虛之病. 以此見於辭意之間者, 類多浮漂, 勞攘於外面物事, 而殊未有收斂凝定近裏着實之味. 今此亦其一端, 竊恐非所以爲進學之基也. 深願自此除去, 一副當捨己爲人分外之念, 一意下學行己. 則平易有常, 脚踏實地, 毋立異以近名. 讀書則循序致精, 日有功程, 毋泛濫以鹵莽. 如此立定規模, 眞實做去三年, 而學不進者未之有也.

17) 『明齋遺稿』卷20 '與羅碩佐仲輔 庚申正月二十日': 高者欲陷於空虛, 卜者欲流於計較, 而其中則無所主守矣. 於是進無所據, 退無所得, 志弛氣餒, 不覺其至此耳.

18) 『明齋遺稿』卷20 '與羅碩佐仲輔 庚申正月二十日': 操心則靜存動察, 檢身則制外養中, 居家則事親從兄, 讀書則循序致精. 如是立定規模, 眞實做去, 則不出三年, 庶當自知得力處矣.

19) ⓐ 지신에서는 구용(九容), 지경(持敬), 사물(四勿) 등에 대해, ⓑ 독서에서는 독서의 의의와 순서, 방법 등에 대해, ⓒ 응사에서는 의(義)·시(是)·리(利)·비(非)의 구분에 대해, ⓓ 접물에서는 겸손, 화경(和敬), 기소불욕 물시어인(己所不欲 勿施於人), 반구저기(反求諸己) 등에 대해 언급하고 있다.

20) 『明齋遺稿』卷30 「題爲學之方圖」: 學者, 學此而已. 三者, 廢其一, 非學也.

21) 『明齋遺稿』卷30 「題爲學之方圖」: 所謂立志務實二目, 則拯之僭取兩先生之意而添之者也. 蓋非立志則無以始, 非務實則無以終. 此擊蒙要訣及聖學輯要, 皆以

立志爲首章, 而學方所摭諸書, 無非實下工夫之意故也.

22) 리기용, 「율곡학과 윤증의 유학」, 충남대학교 유학연구소 편, 『명재 윤증의 학문 연원과 가학』, 예문서원, 2006, 58~68쪽; 리홍군, 「명재 윤증의 유학사상과 그 현대적 의미」, 『유학연구』 제26집, 충남대학교 유학연구소, 2012, 94~98쪽; 황 수영, 「명재 윤증의 수양론을 통해 본 선비정신」, 『동서철학연구』 제84호, 한국 동서철학회, 2017, 175~178쪽.

23) 『明齋遺稿』 卷20 '答朴大叔 己未二月九日': 扶江之會, 所效有恒之語, 大叔能記 取否. 讀書有常業, 眠食有常時, 日用有常度, 庶乎循循有序, 而漸進於高遠. 若貪 高騖遠, 而無以繼之, 則下梢闌珊, 恐無收殺.

24) 『明齋遺稿』 卷23 '答李世德伯邵 己未四月六日': 正容謹節, 愼言敏行, 讀書有課, 勿令間斷, 皆初學急先之務也. 隨時隨處, 心不忘學, 則自能進益矣.

25) 『明齋遺稿』 卷23 '答金樂夫 癸酉元月二十三日': 所諭志業之日墮, 實爲吾黨之通 患, 誠可警惕. 然素憂患, 亦當行乎憂患. 苟使此心無間斷, 則工夫亦有不息之功效.

26) 『明齋遺稿』 卷27 '答三從子大敎 甲戌十月二十日': 靜中有何工夫, 須勿以病自 廢, 從事於書冊如何. 學問無他難事, 只是隨分讀書, 隨時講究, 應事接物之時, 只 辨公私是非而處之, 其要則不放心而已. 此事雖有病, 豈不可爲耶.

27) 『明齋遺稿』 卷23 '答金樂夫 甲戌元月旣望': 收斂身心者, 所謂持敬也, 日用應事 接物, 必求當理者, 所謂窮理也. 只此兩端, 無有間斷, 則雖疾病憂厄之中, 無時無 處而非學矣.

28) 『明齋遺稿』 卷32 '方案銘 幷序': 黃卷之粲然兮. 是眞我儔兮. 白髮之皤然兮, 他 復何求兮. 懷日暮而道遠兮, 唯此其憂兮. 尙俛焉而忘老兮, 死而後休兮.

29) 『明齋遺稿』 卷32 '方案銘 幷序': 文木之斐然兮. 昨棋而局, 今書而案. 木乎木乎. 是人治亂之辨乎. 黃卷之粲然兮. 彼名而利, 此實而善. 書乎書乎, 是心存亡之判乎.

30) 『明齋遺稿』 卷14 '答羅顯道 冬至後一日': 所叩敎學之術, 有何別方. 立志務實, 最爲學者之先務, 其餘在方冊耳.

31) 『明齋遺稿』 卷23 '答李伯邵 甲戌元月二日': 爲學無他, 只持敬窮理兩端. 而持敬 則只收斂身心而已, 窮理則逐日遇事接物, 每事求合於天理而已. 讀書求見此理而 已. 日日積累, 則自致成熟, 只在勉與不勉而已.

32) 『明齋遺稿』 卷25 '答吳遂元 癸巳二月二十四日': 所謂工夫者, 卽動心忍性, 精義 熟仁之事也. 具在方冊加勉焉, 幸甚.

33) 『明齋遺稿』 卷21 '答李漢游漢泳 丁卯臘月六日': 卷中聖賢, 對越朝夕, 何患乎窮 僻而無師友.

34) 『明齋遺稿』 卷16 '與李君輔 丁卯九月': 凡看書, 活看則可通, 粘着則有礙. 然析 理不明, 則所謂通者非眞通, 此爲可懼. 所以貴乎朋友之講磨也.

35) 『明齋遺稿』卷24 '答李公達 癸酉九月五日': 讀書有疑, 隨手箚記, 見朋友輒問, 則雖不如己者, 或能解得, 且因看他書, 自有了解處. 此古人所謂積累工夫也, 要在不放過耳.

36) 『明齋遺稿』卷21 '答裴興祚 己巳正月十日': 況先論孟而後易, 乃晦翁之遺訓也. 今倒置先後, 而冀有得焉, 無亦却步而圖前耶.

37) 박문약례는 본래 『논어(論語)』의 「옹야(雍也)」편과 「안연(顏淵)」편에 등장하는 표현으로 "학문으로써 널리 배우고, 예(禮)로써 요약하면 크게 어긋나지 않는다[博學於文, 約之以禮, 亦可以弗畔矣夫.]."라는 의미이다. 명재는 이 표현을 활용하여 '폭넓게 읽는 독서(공부)'와 '요약해서 읽는 독서(공부)'를 구분한 것이다.

38) 『明齋遺稿』卷21 '答尹周翊元亮 甲子三月二十六日': 徐丈所指一書千讀, 鄙意則恐不如精讀百遍, 遍四書而又更精讀, 當益有味. 見人或有千讀者, 而往往無效. 蓋役心於讀, 而不精於意味故也.

39) 『明齋遺稿』卷26 '答吳遂采 庚寅閏月十九日': 看書雖有緩急之序, 亦安有知不知無損益之文. 如宋之新法叢脞處, 亦當究其節目而辨其得失, 不可放過也.

40) 『明齋遺稿』卷24 '答朴喬伯 辛酉五月二十二日': 至於博文之功, 誠不容怠緩, 聖賢諸書, 不可不畢讀, 讀亦不可草草, 必須熟讀潛思, 可以有得. 此事在初學, 至切至急, 不可不惜分陰.

41) 『明齋遺稿』卷18 '答李景甫 壬午十月二十三日': 歲月易道, 衰老倏至, 聰明旣減, 則雖欲讀書, 亦不能矣. 左右亦已入衰境, 不可博取. 須於節約之書用功, 以爲晚暮家計, 不可緩也.

42) 『明齋遺稿』卷19 '與閔彦暉 臘日': 示喩爲學先博後約之意, 甚善. 但以三十爲限, 涉於安排. 惟一以爲己爲心, 眞實下工, 則或出尋師友, 或入處圭蓽, 隨動隨靜隨處, 無非進學之事.

43) 논의의 범위를 좀 더 확장하여, ⓐ 사제지간 사이에 성립되어야 하는 쌍방향적인 관계, ⓑ 유교적 전통에서 발견되는 전도지사(傳道之師)이자 인사(人師)로서의 사도(師道), ⓒ 이런 스승에 대해 지켜야 하는 존경의 예[尊師] 등에 대해서는, 김민재, 「사도·존사의 유가적 전통이 지니는 초등도덕교육적 함의」, 『초등도덕교육』제45집, 한국초등도덕교육학회, 2014c, 1~28쪽을 참조할 수 있다.

44) 『明齋遺稿』卷19 '與閔彦暉 閏四月二十四日': 以善及人, 而信從者衆, 斅學相長, 彼此俱益, 無非可樂也.

45) 『明齋遺稿』卷19 '與閔彦暉 丁卯五月之望': 師嚴追尊之說, 義固然矣. 而此豈可强而爲之學成於己, 然後人自信之, 安能立一切法, 使之師之.

46) 『明齋遺稿』卷23 '答李伯邵 七月二十七日': 第每得書, 一無講討規警之益, 而只寒暄, 豈所望於朋友者哉. 科工不須奉叩, 未知從何同志, 讀何經書, 做何工夫, 自覺有何進益, 可以充闡始初所立之志否耶.

47) 명재의 나이 70대 후반에 서신을 주고받기 시작한 훈수(塤叟) 정만양(鄭萬陽, 1664~1730)·지수(篪叟) 정규양(鄭葵陽, 1667~1732) 형제의 경우도 이러한 예에 포함된다. 당시 형제의 나이도 40대 전후로 적지 않았지만, 명재와의 나이차는 30년이 넘는다. 그럼에도 명재는 매우 정중한 자세로 정만양·정규양 형제를 대했으며, 형제와 서신을 주고받음으로 인해 자신의 정신도 일깨울 수 있다고 고마움을 표현하였다.

48) 한지희, 「명재 윤증의 책선지도와 붕당 인식」, 『국학연구』 제34호, 한국국학진흥원, 2017, 673쪽. ; '책선'이란 친구 사이에 선을 간곡하면서도 자상하게 권하는 것으로, 유학에서는 공맹(孔孟) 이래 정주(程朱)에 이르기까지 그 범위가 일반적인 의미의 붕우로 제한되어 있었다(한지희, 「노서 윤선거의 책선지도」, 『조선시대사학보』 제75호, 조선시대사학회, 2015, 342~343쪽). 그러나 명재의 경우 옳음을 권하고 그름을 경계하는 책선의 범위를 매우 확장시켜 이해했다는 점에서 주목할 만하며, 본 연구에서는 그 대상을 스승(송시열)으로 설정한 '신유의서'에 한정한 것이다.

49) 〈표 3-1〉의 내용은 『明齋遺稿 別集』 卷3 '擬與懷川書'의 내용을 논의에 편리한 방식으로 정리한 것이므로, 별도의 인용표기는 하지 않았음을 밝혀둔다.

50) 『明齋遺稿 別集』 卷3 '擬與懷川書' : 誠以門下氣質之本剛, 學問之積功, 一朝奮發, 洗滌辛葷, 剗除鱗甲, 一誠所立, 百志俱貞. 由裏達表, 自小至大, 無往而不出於天理. 于以紹前統而垂後緒, 以酬初志之所自期者, 眞如戶樞之轉耳.

51) 주지하는 것처럼, 송시열과 명재의 관계를 파국으로 몰고 간 회니시비는 명재의 아버지인 윤선거의 묘갈명(墓碣銘) 작성 문제를 둘러싸고 두 사람 사이에서 일어난 논쟁이 직접적인 원인이 되었다. 그런데 명재가 윤선거의 묘갈명에 대해 송시열에게 수정해 주기를 요구한 것이 윤선거를 칭찬해 달라고 한 뜻이 아니었다. 그의 요구는 윤선거에 대한 송시열의 의견을 명확하게 해달라는 것이었다. 또한 윤선거와 송시열의 오랜 기간의 우정에 비추어 볼 때, 친구의 평가를 후배인 박세채의 표현을 빌려하는 것도 송시열에게는 차후 비판으로 돌아갈 것이기 때문이었다(김용흠, 「숙종대 전반 회니시비와 탕평론」, 『한국사연구』 제148집, 2010, 77~79쪽; 김용흠, 「조선후기 사상사에서 명재 윤증의 위상」, 『민족문화』 제37집, 한국고전번역원, 2011, 24쪽). 이런 점들에 미루어 보자면, 윤선거와 명재에 대한 송시열의 태도에는 미심쩍은 측면이 있다. 거기에는 기질 같은 개인적 요인도 있겠지만, 정치적·사상적 요인들도 반영되어 있을 것이다. 관련하여 황의동(「송시열과 윤증의 갈등과 학문적 차이」, 『동서철학연구』 제40호, 한국동서철학회, 2006a, 173~180쪽)은 윤선거·명재와 송시열 사이에 있었던 사건들을 중심으로 이 부분에 대해 논의하고 있다. 다만 이것은 본 장의 주된 관심사는 아니므로 생략한다.

52) 심수진·이희길, 「우리는 얼마나 행복할까?」, 『KOSTAT 통계플러스』 가을호, 통계청 통계개발원, 2018, 10~12쪽.

53) 백종석, 「맹자 철학에서 권도의 철학적 해석」, 『철학논집』 제16집, 서강대학교

철학연구소, 2008, 99쪽.

54) 오종일, 「유학사상의 '경'과 '권'」, 『동양철학연구』 제24집, 동양철학연구회, 2001, 124쪽.

55) 박남기, 『최고의 교수법』, 쌤앤파커스, 2017, 289쪽.

56) 허숙 외, 『교사의 재발견』, 학지사, 2016, 73쪽.

57) 김세정, 「명재 윤증과 서계 박세당의 학문과 교유 관계」, 『동서철학연구』 제42호, 한국동서철학회, 2006, 121쪽.

58) 이 키워드들을 명재만 내세웠던 것은 아니다. 사실 대부분의 유학자들은 내중외경, 항상됨, 책선 등을 강조하고 있기 때문이다. 그러나 대부분의 유학자들이 이 키워드들을 강조했다는 말이, 이 키워드들은 명재 교육사상의 골자가 될 수 없다는 뜻으로 해석되어서는 안 된다. 이것은 유학자들은 인(仁)을 강조했으니, 인은 특정한 유학자의 공부론이나 교육사상의 핵심이 될 수 없다는 논리와 같은 까닭이다. 교육사상이란 학자(혹은 학파)가 지향하는 인간상으로 나아가기 위해 요구되는 교육철학과 방법론 전반을 가리킨다고 할 수 있다. 이 같은 관점에서 필자는 내중외경, 항상됨, 책선 등의 키워드들을 중심으로 명재의 교육사상을 체계화한 것이다.

제4장

순암 안정복의 청렴관과 도덕교육
- 『임관정요(臨官政要)』를 중심으로 -

　이 장에서는 순암(順菴) 안정복(安鼎福, 1712~1791)의 『임관정요(臨官政要)』
에 나타난 '청렴'에 대한 관점을 분석하고, 나아가 순암 청렴관의 교육적
활용을 위한 시론을 제시할 것이다. 이 장의 집필은 필자의 두 가지 문제의
식에서 비롯되었다.

　첫 번째는, 교육적인 관점에서 순암의 사상을 조명하면 활용할 만한 가
치가 있는 내용이 많은데, 그간 이런 측면을 밝히려는 연구가 미진했다는
것이다. 조선 실학의 역사에서 빼놓을 수 없는 성호(星湖) 이익(李瀷,
1681~1763)의 제자이자 스승 사후에는 우파 계열의 좌장이 되어, 서학(西
學)에 개방적이었던 정산(貞山) 이병휴(李秉休, 1710~1776)나 녹암(鹿庵) 권철
신(權哲身, 1736~1801) 등으로부터 학맥을 보호하려고 노력한 순암의 사상
에 관한 연구는 이미 다각도에서 진행되었다.1) 그리고 순암의 교육에 대
한 관점을 다룬 연구도 상당히 진척되었다. 하지만 순암의 초기 저작인
『하학지남(下學指南)』 분석에 초점을 맞춘 경우가 대부분이고,2) 그의 사상
을 '현대 교육'이라는 시·공간에서 어떻게 활용할 수 있을 것인가를 고민

한 연구는 찾기 어려운 상황이다. 이 같은 현상의 발생 이유는 여러 가지가 있겠지만, 필자가 보기에 가장 중요한 것은 순암의 교육철학 및 공부론을 대표하는 서적(『하학지남』)이 남아 있는 까닭에, 여기에 가려 오히려 연구의 외연을 넓히려는 시도가 부족했기 때문이다. 이에 이 장에서는 청렴에 대한 순암의 인식이 오늘날의 대한민국에도 시사하는 바가 크다고 판단하고, 그 교육적 활용을 위한 시론을 제시하고자 한다.

다음으로 문제의식의 두 번째는, 전통의 입장에서 '청렴'에 내재한 특징을 분석하려는 연구가 더 다양하게 이루어질 필요성이 있다는 것이다. 물론 유사한 성격의 연구가 없는 것은 아니다.[3] 하지만 선행연구에는 두 가지 보완해야 할 사항이 있는 것으로 판단되는데, 하나는 청렴을 공직윤리에서 요구되는 '근검(勤儉)'이나 '염결(廉潔)' 정도로 국한시켜 논의를 진행한다는 것이고, 다른 하나는 현대적 적용에 대한 실질적 고민이 부족하다는 것이다.[4] 사실 이 장의 연구 대상인 『임관정요』역시 공직자인 목민관이 주요한 독자층으로 설정되어 있고, 순암의 청렴관에서도 근검이나 염결이 강조되는 까닭에, 언급한 보완 사항들로부터 이 장의 내용이 완벽히 자유로울 수는 없다. 그러나 순암은 '실리(實理)의 추구'라는 측면에서 청렴의 실천 시 유의 사항들에 대해서 논의하였으며, 그의 청렴관에는 청렴과 상호적으로 관계하는 동등한 위계의 가치들도 다수 발견된다. 이것은 그가 청렴을 평면적 가치가 아닌 '다면적·복합적 성격의 가치'로 바라보았음을 의미한다. 본 연구는 바로 이러한 순암 청렴관의 현대적 적용 방안을 모색한다는 점에서, 선행연구들과 맥락을 같이하면서도 차별화된다.

이상에서 밝힌 문제의식의 해소를 위해 본 장은 다음과 같은 순서로 진행된다. 우선 제1절에서는 『임관정요』를 구성하는 편들(「政語」, 「政蹟」, 「時措」)의 내용을 개략적으로 살펴보고, 이 중 청렴과 관련된 장들을 선별한다. 이어서 제2절에서는 선별된 장들을 중심으로 순암의 청렴에 대한 인식, 즉 청렴관을 도출한다. 그리고 제3절에서는 도출된 순암 청렴관의 교육적 활용 방향과 관련해 특히 고등학교 교육에서 교과 및 범교과 영역과 연결 지어 고찰한다.

1. 『임관정요』의 성격과 구성

16~17세기 퇴율(退栗)로 대표되는 '인간과 세계에 대한 성리학적 이해의 심화' 시기가 지나간 18세기 조선에서는, 정주학(程朱學) 이외의 학문을 이단으로 간주하려는 지식인들의 사고 경화(硬化) 및 지배계급이 자신들의 기득권을 한층 공고히 하려는 움직임이 나타났다. 이와 동시에 정주학의 사변성과 양란(兩亂)에 대한 국가의 대응에 실망하여 개혁을 요구하는 목소리도 점차 높아졌는데, 여기에 화답해 등장한 것이 실학(實學)이다. 조선 후기 실학의 방향은 크게 두 갈래로 분류할 수 있는 바, 첫째는 정주학을 견지하면서 민생과 직결된 정치·경제·사회 제도의 개혁에 중점을 두는 길이고, 둘째는 탈주자학적 성향을 드러내면서 새로운 체제를 위한 학문 방법론을 모색하는 길이다.[5] 두 갈래 가운데 대체로 전자에 속하는 순암의 정치·사회사상을 잘 드러내는 저작이 『임관정요』이다.

「연보(年譜)」에 따르면 『임관정요』가 완성된 것은 그의 나이 46세경(1757)이지만, 이미 27세(1738)부터 『치현보(治縣譜)』라는 명칭의 초고를 작성하고 있었던 것으로 보인다.[6] 27세를 전후로 순암은 『성리대전(性理大全)』과 『심경(心經)』을 접했고, 역대 제왕과 성현의 계통을 표현한 「치통도(治統圖)」와 「도통도(道統圖)」를 그렸으며, 언급했던 『하학지남』도 저술하였다. 즉, 정주학에 빠져들던 무렵에 이미 『임관정요』의 구상과 집필이 시작되었던 것이다. 그럼에도 그의 나이 35세(1746)에 이르러서야 이익을 스승으로 모시기 시작했고, 『임관정요』를 탈고한 2년 뒤인 48세경(1759)에는 순암의 사상을 대표하는 또 하나의 서적인 『동사강목(東史綱目)』이 완성되었다는 점을 고려할 때, 『임관정요』는 그의 초기 저작이라기보다는 사상이 완숙되어가는 시기의 저작이라고 보는 것이 타당하다.

이 같은 성격의 『임관정요』 서문에서 순암은 천덕(天德)과 왕도(王道), 수기(修己)와 치인(治人)은 결코 둘로 나뉘는 것이 아님을 전제로, 배움의 필요성을 피력하고 있다. 천덕과 수기를 위한 배움은 올바른 정치를 위해서라면 당연히 필요한 것인데, 당대는 배움을 추구하는 관리[儒吏]와 그렇지 못한 관리[俗吏]가 구별되고 있으니, 슬픈 일이라는 것이다.[7] 그러면서 그는 『임관정요』의 저술 목적과 구성에 대해 다음과 같이 밝힌다.

> 내가 젊었을 적에 이 책을 지었는데, 비록 내 지위에서 벗어난 짓이라는 혐의가 있기는 하지만 또한 나름대로 하고자 하는 바가 있어 지은 것이다. 정리되지 않은 채로 두면서, 꺼내어 다른 사람에게 보여주지 않았다. 그러나 서로 아는 사람 중에 간혹 정치를 하게 되어 가르침을 청하는 자가 있으면 또한 반드시 이것을 내어 주었으니, 대개 옛사람이 헤어질 때 충고나 격려의 말을 남기는 뜻을 따른 것이다. … 책은 모두 세 편으로 구성되었는데, 「정어(政語)」는 성인의 가르침이요, 「정적(政績)」은 이미 행한 효과요, 「시조(時措)」는 무분별한 소견을 시의(時宜)를 참작해 기록한 것이다. 풍속은 저것과 이것의 분별이 있고, 인심은 옛날과 지금의 차이가 있으며, 세도는 성하고 쇠함의 다름이 있고, 법제는 다스림과 어지러움의 나뉨이 있으니, 변통의 마땅함은 그 사람에게 달려 있는 것이다.[8]

순암이 『임관정요』를 구상·집필하던 시절, 그는 아직 본격적으로 정치를 하는 입장이 아니었던 까닭에, 목민서(牧民書) 부류의 서적을 저술하는 일이 세간에 알려지는 것에 대해 부담이 있었던 것으로 보인다. 그럼에도 그는 저술 목적이 가진 순수함을 강조하면서, 책을 구성하는 3개의 편, 즉 「정어」, 「정적」, 「시조」에 대해 압축적으로 소개하고 있다.

각 편의 구성을 보다 구체적으로 살펴보자면, ⓐ「정어」는 순암의 표현대로 '성인의 가르침'을 모아 놓은 편으로, 『논어(論語)』를 포함해 수십 종에 달하는 경사자집(經史子集)으로부터 발췌한 236개 항목이 '논정장(論政章)'에서 '금간장(禁奸章)'에 이르는 총 16개 장에 펼쳐져 있다. ⓑ 다음으로 「정적」은 '역대 지방통치의 사례'를 모아 놓은 편으로, 『사기(史記)』를 비롯한 39종의 서적으로부터 발췌한 133명의 행적이 '유리장(儒吏章)'에서 '치도장(治盜章)'에 이르는 총 5개 장에 나누어져 있다. ⓒ 끝으로 「시조」는 '시의를 참작하여 순암 자신의 견해를 기록'한 편으로, '위정장(爲政章)'에서 '치도장(治盜章)'에 이르는 총 21개 장으로 되어 있는데, 총론격인 '위정장' → 목민관의 마음가짐 및 대민지배 과정에서 고려해야 할 향정의 지침이 기술된 '지신장(持身章)'에서 '어리장(御吏章)'까지의 7개 장 → 목민관이 대민통치 과정에서 수행해야 할 구체적인 향정책이 정리된 '용재장(用財章)'에서 '치도장'까지의 13개 장 등으로 삼분할 수 있다.9)

본 장에서는 이상 3개의 편 중 「정어」와 「시조」에 나타난 순암의 청렴관에 대해 살펴본다. 물론 「정적」에도 청렴에 대한 내용이 없는 것은 아니다. 예를 들어 한(漢)나라의 황패(黃霸)나 주읍(朱邑), 위(魏)나라의 맹강(孟康), 북제(北齊)의 소경(蘇瓊), 송(宋)나라의 진덕수(陳德秀) 등이 보여주었던 청렴한 성품과 태도, 정치 방법 등이 「정적」에 수록되어 있는데, 주읍과 맹강에 대해서만 일부 인용하자면 다음과 같다.

① 주읍은 사람됨이 청렴하고 공평하며 가혹하지 않았다. 백성들을 사랑하고 이로움을 줄 수 있도록 행동하였으며, 사람을 매질하여 욕보이지 않았다. 노인과 고아, 과부들을 찾아가 만나서 은혜를 베풀었다. 수령으로 있던 지역의 관리와 백성들이 사랑하고 공경하였다.10)

② 맹강이 홍농(弘農)의 수령으로 부임하였는데, 스스로를 청렴히 하여 공직에 종사하였다. 일을 잘하는 자는 칭찬하고 못하는 자는 격려하였으며, 옥송을

덜어내어 줄이고 백성들이 원하는 바에 말미암아 이롭게 하였다. 일을 처리함에 '승낙만 하고 실행하지 않는[宿諾]' 그런 것이 없었다.11)

이처럼 사례 중심의 「정적」에는 주인공의 행적에 청렴이 언급은 되어 있으나, 이 가치가 정확히 무엇이고 어떠한 속성을 지니고 있는지에 대해서는 두루뭉술하게 기술하고 있다. 반면에 「정어」와 「시조」에는 청렴이 보다 일관적으로 나타나고 있는데, 그 이유는 두 편에는 청렴에 대한 순암의 생각이 분명하게 드러나 있고, 편들의 관계 및 각 편에 속한 장들 간의 관계도 유기적이기 때문이다. 「정어」와 「시조」의 관계만 놓고 보자면, 순서대로는 「정어」가 '대강[綱]'이고 「시조」는 '세칙'이 되며,12) 역순으로는 「시조」가 '주장'이고 「정어」는 '근거'가 된다. 이처럼 두 편의 상호성은 긴밀하지만, 본 연구에서는 대강에 대한 세칙이자 순암이 직접 주장으로 표현했던 「시조」의 장 순서에 맞추어, 「정어」와 「시조」 두 편에 속한 장들 간의 연관성 및 청렴이 두드러진 장은 무엇인지를 다음의 〈표 4-1〉과 같이 정리하였다.

〈표 4-1〉「시조」와 「정어」에 속한 장들의 연관성

「시조」(세칙/주장)	「정어」(대강/근거)	청렴 강조
① '위정장(爲政章)'	① '논정장(論政章)'	○
② '지신장(持身章)'	② '정기장(正己章)'	○
③ '처사장(處事章)'	③ '처사장(處事章)'	○
④ '풍속장(風俗章)'	⑧ '풍속장(風俗章)'	
⑤ '임민장(臨民章)'	⑦ '임민장(臨民章)'	
⑥ '임인장(任人章)'	⑥ '지인장(知人章)'	○
⑦ '접물장(接物章)'	④ '접물장(接物章)'	○
⑧ '어리장(御吏章)'	⑤ '어하장(御下章)'	○
⑨ '용재장(用財章)'	⑬ '이재장(理財章)'	
⑩ '농상장(農桑章)'	⑩ '권농장(勸農章)'	
⑪ '호구장(戶口章)'	⑪ '호구장(戶口章)'	
⑫ '교화장(敎化章)'	⑨ '명교장(明敎章)'	
⑬ '군정장(軍政章)'		
⑭ '부역장(賦役章)'	⑫ '부역장(賦役章)'	
⑮ '전정장(田政章)'		
⑯ '조적장(糴糶章)'	⑭ '진제장(賑濟章)'	
⑰ '진휼장(賑恤章)'		
⑱ '형법장(刑法章)'	⑮ '형옥장(刑獄章)'	
⑲ '사송장(詞訟章)'		
⑳ '거간장(去奸章)'	⑯ '금간장(禁奸章)'	
㉑ '치도장(治盜章)'		

위의 표에 나타난 것처럼, 「정어」와 「시조」에 속한 장들을 성격의 유사성을 고려하여 재배치하면, 각 편의 장 순서에 차이가 있음을 알 수 있다.[13] 그럼에도 유사한 성격의 장들에서 공통적으로 청렴이 강조되고 있는 바, 대체로 「정어」와 「시조」의 앞부분에 위치한 장들, 다시 말해 목민관이 지향해야 하는 요체와 가져야 할 마음가짐 등을 언급한 장들에서 청렴을 두드러지게 내세우고 있다는 사실을 확인할 수 있다.

지금까지 본 절에서는 순암의 주요한 저작인『임관정요』의 성격과 저술 목적 및 구성에 대해 개략적으로 살펴보았다. 그리고 특히 「시조」의 내용을 순암의 '주장'으로, 「정어」의 내용을 그 주장을 뒷받침하는 '근거'로 보면서, 두 편의 내용들 중 청렴이 강조되고 있는 장은 무엇인지에 대해서도 논의, 선별하였다. 이제 이어지는 절에서는 『임관정요』의 「정어」와 「시조」에서 선별한 장들을 중심으로 하여, 순암의 '청렴관'이 보여주는 특징들을 분석할 것이다.

2. '청렴'에 대한 순암의 인식

순암은 자신이 편집 과정에 직·간접적으로 참여했던 다른 저서들에서도 청렴을 강조하고 있다. 가령 『하학지남』의 '거관장(居官章)'에서는 『여씨동몽훈(呂氏童蒙訓)』의 내용을 인용하면서 신뢰 및 근면함과 더불어 공직 생활에 있어 청렴이 중요하다는 점을 강조하였는데,[14] 동일한 내용은 『임관정요』에도 수록되었다. 그리고 이익을 도와서 함께 엮었던 『이자수어(李子粹語)』의 「정사(政事)」편에서도 퇴계(退溪) 이황(李滉, 1501~1570)이 몸소 보여준 청렴의 사례들을 일부 인용하고 있다.[15] 『하학지남』의 '거관장'과 『이자수어』의 「정사」편에 기술된 내용들이 모두 공직에 임하는 주체의 올바른 마음가짐이나 자세를 강조하는 성격의 것들이라는 점에서, 순암이 다른 유자(儒者)들과 마찬가지로 청렴을 매우 중요하게 생각했었다는 사실을 알 수 있다. 그러나 그는 유자들 사이에서 일상적 덕목으로 인식되어 자세한 설명을 생략할 수도 있었던 '청렴'에 대해 『임관정요』에서 상당히 구체적으로 풀이하고 있는데, 본 절에서는 순암의 이런 청렴관의 특징을 크게 세 가지로 구분하여 살펴볼 것이다.

첫 번째 특징은, 순암이 청렴을 '강령(綱領)의 법'의 으뜸이자 '다면적이고 복합적인 성격의 가치'로 규정하고 있다는 것이다. 여기서 강령의 법이란 공직자가 정사를 올바르게 처리함에 있어 필히 염두에 두어야 할 사항을 의미하는데, 관련하여 순암은 다음과 같이 말한다.

대저 정령(政令)과 연관된 것은, 반드시 먼저 강령(綱領)을 파악한 연후에야 정신이 자연스럽게 집중하고 여유가 확보되어 사태에 따라서 그것을 잘 처리할 수 있게 된다. 옛사람이 말하기를, 사람에게 규구(規矩)는 줄 수 있어도 솜씨[巧]는 줄 수 없다고 하였다. 지금 여기 별도의 법 가운데 허다하게 늘어놓은 말들은 규구의 방법에 불과한 것이니, 솜씨를 뜻하는 '교(巧)' 한 글자는 규구를 행하는 자가 임시변통을 어떻게 하였는지에 달려 있을 따름이다. 법이 비록 아무리 아름답더라도 사용이 아름답지 못하면, 단지 효과가 없을 뿐만 아니라 폐단 또한 따라서 이른다. 반드시 편한 것을 따르되 헤아리고 잘 생각하여, 혹 별도의 법을 치우쳐 믿다가 헛되이 폐단이 발생해서는 안 된다. 이른바 강령의 법이란 '염백(廉白)'이 가장 우선이고, '근신(謹愼)'이 다음이며, 속속들이 밝혀내는 것과 씀씀이를 아끼는 것은 그 다음이니, 문서 결재 따위는 이외의 일인 것이다.[16]

공직을 수행함에 있어 필요한 법도와 규칙[政令]을 올바르면서도 효과적으로 시행하기 위해서는 언제나 염두에 두어야 하는 '중추적 강령들'이 있는데, 가장 우선하는 것이 '염백(廉白)', 즉 청렴이다. 그러나 마주하는 여러 사태들에서 항상 청렴을 유지하려면 필요한 요소들이 더 있다. 이 요소들은 때로는 청렴의 하위 요소가 되기도 하고 때로는 동등한 위계를 형성하기도 함으로써, 청렴을 단일한 속성이 아닌 다면적이고 복합적인 성격의 가치로 만드는데, 대표적인 것들이 충성[忠]과 공정[公], 근면[勤]과 신중함[謹] 등이다.

충성·공정·청렴·부지런함·신중함의 다섯 가지는, 벼슬살이를 할 때 갖추고 있어야 할 요체들이다. 충성을 갖추고 있으면 국가를 저버리지 않고, 공정함을 갖추고 있으면 사사로운 욕구나 욕망을 따르지 않으며, 청렴함을 갖추고 있으면 마음이 안정되고, 부지런함을 갖추고 있으면 사태를 잘 분변하며, 신중하면 자기 몸가짐이나 처사에 모두 망령됨이 없을 것이다.17)

청렴을 갖춘 공직자는 마음이 안정되어 있기에, 맡은 일을 충성스럽고 공정하며 부지런하고 신중하게 처리한다. 마음이 안정된 이유는 이미 충성과 공정, 근면과 신중함을 갖추고 있기 때문이다. 즉, 다섯 가지 요소와 그 효과들은 선(善)순환의 관계를 형성하고 있는 것이다.

그리고 이상에서 살펴본 다면적이고 복합적인 성격의 청렴이 잘 이행될 때에야 비로소 실천 주체로서의 공직자는, ⓐ 자신의 세력을 믿고 안하무인(眼下無人)하는 '세리(勢吏)', ⓑ 가진 능력을 권세가를 돕는 데 쓰고 자기 명예를 드높이는 데만 관심이 있는 '능리(能吏)', ⓒ 모든 방법을 동원해 백성들을 침탈함으로써 오로지 이익만을 추구하는 '탐리(貪吏)' 등의 오명을 쓰지 않을 수 있다. 그래서 순암은 "삼가고 분수를 지키며 청렴한 태도, 이 세 가지야말로 선비된 자가 갖추어야 할 진정한 모습"18)이라고 지적했던 것이다.

다음으로 순암의 청렴관에서 엿볼 수 있는 두 번째 특징은, 맥락과 상황을 전혀 고려하지 않은 단순하면서 일방적인 청렴의 실천은 의도와는 달리 공직자 개인이나 사회에 그 어떤 효과도 가져오지 못할 수 있다는 것이다. 그래서 순암은 다음과 같이 말한다.

청렴한 수령의 정사가 사람의 정[人情]과는 가깝지 않을 때가 있다. 나의 청렴함을 지키기 위해서는 마땅히 맑고 엄격해야 할 것이다. 하지만 그것으로 인해 진실로 각박한 정사로 넘어가게 된다면, 이 역시 마땅히 경계해야 할 것이다.19)

그렇다면 왜 이런 의도하지 않은 부작용이 발생하는 것일까? 그것은 청렴이 앞서 언급했던 것처럼 '다면적·복합적 성격의 가치'이자, 실천적으로는 '관계성이 높은 가치'이기 때문이다. 보다 구체적으로 말해, 청렴을 고수하는 것은 일견 수령 한 사람의 일인 것처럼 보이지만, 그 이면에는 수령이 개인 자격으로 맺는 가족·친지와의 관계 및 위정자 자격으로 맺는 피위정자들과의 관계가 자리하고 있기 때문이라는 것이다.

청렴은 나의 분수 안의 일이지만, 물건과 얽히고 형세가 닥치면 점점 자유롭지 못하게 된다. 본디 가난했던 자라면 아내와 자식의 요란한 울음소리가 있을 것이고, 본디 부귀했던 자라면 입을 만족시키고 몸을 기르려고 할 것이다. 명예를 좋아하면 대접을 잘하여 손님을 기쁘게 하고, 결탁에 힘쓰려면 뇌물을 후하게 하여 교류를 통하게 하려고 할 것이다. … 이렇게 되면 비록 청렴을 원한다고 해도 할 수 있겠는가. 이런 까닭에 검소함을 숭상하는 것 만한 것이 없다.[20]

바로 이 같은 실존적 상황에서, 청렴함을 지키기 위해 공직자가 따라야 할 방향으로 순암이 내세우는 것이 '절검(節儉)'이다. 즉, 먹는 것은 배만 채우면 되고 입는 것은 가리기만 하면 되며, 이것은 자신이 관계를 맺고 책임져야 할 가족이나 친지들에게도 동일하게 적용된다. 지나치게 보일 수도 있지만, 이것이야말로 공직을 선택한 주체가 져야 할 몫이자, 임용된 순간부터 국가가 공직자에게 요구하는 것이다. 순암은 절검 이외에도 공직자가 '자신을 낮추는 것'과 '청탁을 사전에 철저히 배제하는 것' 역시 청렴함을 지키기 위한 노력이라는 점을 언급하고 있다.

① 벼슬에 있는 자는 자신을 높이는 일을 가볍게 한 연후에야 사람들에게 혜택을 미치게 할 수 있고, 가족을 기름지게 하는 일을 늦춘 연후에야 백성들을 위할 수 있다. 국가가 선택하여 책임을 부여한 것은 백성을 잘 다스리기 원해서인데, 지금 관청의 물건을 가지고 자기나 집안을 경영하고, 국가와 백성으로 하여금 자기를 높이게 하면서, 여타의 일은 모르쇠라고 한다면, 이것이 과연 충성

인가 아닌가. 따라서 벼슬에 있는 자는 청렴한 연후에야 백성에게 죄를 짓지 않는 것이고, 또한 충신도 될 수 있는 것이다.21)

② 수령은 임명되는 날부터, 몸은 이미 공가(公家)의 소유가 된다. 그러므로 마땅히 해야 할 것은 오직 국가의 일이다. 사사로운 부탁과 바르지 않은 길은 일절 방어해야 하니, 미리 친구들과 더불어 약속하기를 '부탁을 힘써 따를 수도 없고 또한 우물우물 끊지 못하는 일도 하지 않을 것이다.'라고 하여, 그들이 어려워하는 단서를 두도록 하는 것이 좋다. 무릇 일에는 옳음과 그름의 양단이 있을 뿐이니, 오직 이 두 가지를 구하여 밝혀내면 괜찮다.22)

마지막으로 순암의 청렴관에서 엿볼 수 있는 세 번째 특징은, 청렴이 공직자 임용의 실질적 기준이 되어야 하며, 임용된 이후에도 청렴이라는 기준에 의해 지속적이고 반복적으로 평가되어야 한다는 것이다. 이것은 순암이 청렴을 단순하고 막연하게 높이는 것이 아니라, 일종의 통치 방편으로 고려하고 있었음을 보여주는 것이다. 이 과정에서 그는 특히 윗사람의 몸가짐이 청렴하여 스스로 위엄을 갖추고 있다는 전제가 우선적으로 성립해야 한다는 사실을 다음과 같이 거듭 강조하고 있다.

① 하급 벼슬아치를 관리하는 방법은 오직 자기 자신을 다스리는 것인데, (윗사람이) 자기 자신을 다스리는 방법은 공정하고 청렴하며 밝고 위엄을 드러내는 것일 따름이다. 공정하면 사사로움에 의해 움직이기가 어렵고, 청렴하면 재화에 의해 유혹하기가 어려우며, 밝으면 속이기가 어렵고, 위엄을 드러내면 범하기가 어렵다. 마음이 평안하면 공정하고, 욕심이 적으면 청렴하며, 자세히 살펴서 옳고 그름을 분변하면 밝고, 단정하고 고요하여 상주는 것과 벌주는 것에 신뢰가 있으면 위엄이 드러난다.23)

② 옛말에, 공정은 밝은 데서 나오고, 청렴은 위엄에서 나온다고 하였다. 공정과 청렴의 두 글자는 또한 벼슬아치들을 관리하고 백성들을 다스리는 큰 강

령이다.[24]

『임관정요』의 곳곳에서 드러나지만, 공직자로서 윗자리에 있는 사람이 아랫자리에 있는 사람을 관리할 때 순암이 내세운 방법의 핵심은 아랫자리에 있는 사람이 스스로 '부끄러움'을 경험하도록 하는 것이다. 그래서 그는 때로는 엄격함도 필요하지만, 윗자리에 있는 사람의 도덕적인 처신이야말로 아랫자리에 있는 관리들이 부정한 짓을 하지 못하도록 하는 첩경이라고 보았던 것이다.[25] 특히 고을의 크고 작은 일들을 관장하는 '풍헌(風憲)'에게 요구되는 것이 청렴인데,[26] 주목해야 할 부분은 청렴은 특성상 한 번 평가받았다고 해서 종료되는 것이 아니라는 점이다. 다시 말해, 공직자의 청렴함에 대한 평가는 지속적이면서도 반복적으로 이루어져야 한다는 것인데, 관련 내용이 「시조」편의 이론적 근거로 기능하는 「정어」편의 '정기장'에 인용되어 있는 『주례(周禮)』의 내용이다.

> 소재(小宰)는 여섯 가지의 계책으로 여러 관리들의 정사를 판단하는데, 첫째는 '청렴하고 선한가.'이고, 둘째는 '청렴하고 능력이 있는가.'이며, 셋째는 '청렴하고 공경하는가.'이다. 넷째는 '청렴하고 올바른가.'이고, 다섯째는 '청렴하고 법을 잘 지키는가.'이며, 여섯째는 '청렴하고 잘 분변하는가.'이다.[27]

이 내용을 인용한 저변에는 순암의 청렴에 대한 인식이 깔려 있는 바, 그는 공직자가 갖추어야 하는 선함과 기본적인 능력, 공경함과 올바름, 준법과 분변 등을 관통하는 가치가 다름 아닌 청렴이라고 생각했던 것이다. 또한 일회적 행사가 아닌 지속적이고 반복적이어야 할 공직자에 대한 평가의 기준 역시 청렴이어야 한다고 보았던 것이다.

지금까지 본 절에서는 『임관정요』에서 도출할 수 있는 순암의 청렴관에 대해 살펴보았다. ⓐ 순암은 청렴을 공직자가 항시 염두에 두어야 할

'강령의 법'의 으뜸이자, 매우 다면적이고 복합적인 성격의 가치라고 규정하였다. ⓑ 또한 맥락이나 상황을 전혀 고려하지 않은 단순하고 일방적인 청렴의 실천은 아무런 효과도 거둘 수 없으므로, 유의해야 한다고 보았다. ⓒ 그리고 청렴은 공직자를 임용할 때의 실질적 기준이자, 이미 임용된 공직자를 재평가할 경우에도 주요한 척도로 활용되어야 함을 강조하고 있다. 그렇다면 이 같은 순암의 '청렴관'을 학교 교육에서는 어떠한 방식으로 조명하고 활용할 수 있을까? 이제 이어지는 절에서는 이 물음에 대한 시론적인 수준의 답변을 제시하고자 한다.

3. 순암 청렴관의 교육적 활용 방향

순암 청렴관의 교육적 활용 방향을 논의하기에 앞서, 몇 가지 제한 사항을 밝혀두고자 한다. '교육'은 가정, 학교, 사회 등 여러 공간에서 이루어질 수 있고, 교수와 학습의 주체도 관점에 따라 다양할 수 있다. 이에 본 연구에서는 교육이 이루어지는 공간은 '학교'로, 고찰할 학교의 급(級)은 '고등학교'로 설정하였고, 순암 청렴관의 교육적 활용은 교과와 범교과 영역 전반에서 이루어질 수 있다고 보았다.28)

이 같은 전제를 두고 살펴볼 때, 청렴은 학교라는 공간에서 상당히 비중 있게 교수·학습되고 있음을 확인할 수 있다. ⓐ 교과의 영역에서는 올바른 가치와 인성(人性)의 함양에 초점을 맞추는 '도덕과(道德科)'에서, 특히 고등학교 급에 속하는 3개의 과목들 중 「생활과 윤리」 및 「고전과 윤리」의 두 과목이 청렴의 교수·학습을 담당하고 있다. ⓑ 또한 개별 교과의 범주를 넘어선 범교과의 영역에서는 총 10개에 달하는 주제들 중 '민주시민 교육'이 청렴을 다루고 있다. 그렇다면 먼저 공식적인 교과목에 해당하는 도덕과의 고등학교 「생활과 윤리」 및 「고전과 윤리」 수업에서는 순

암의 청렴관을 어떤 방식으로 활용할 수 있는지 고찰해 보자.[29]

먼저 「생활과 윤리」 과목의 수업에서는, 순암의 청렴관을 통해 학생들로 하여금 청렴의 다면성·복잡성 및 적극적 도덕으로서의 성격을 고민하도록 유도할 수 있다. 가장 최근에 공포된 「2015 도덕과 교육과정」에 근거를 두고 발간된 『생활과 윤리』 교과서에서는 세 번째 대단원인 '사회와 윤리'의 첫째 중단원인 '직업과 청렴의 윤리'에서 청렴을 다루고 있다. 즉, 직업윤리라는 측면에서 청렴을 소개하고 있는 것이다. 그런데 유의해야 할 점은 총 5종에 달하는 『생활과 윤리』 검정 교과서들이 대체로 '청렴=반부패'라는 정형화된 공식을 인상(印象)으로 남긴다는 것이다. 한두 가지 예만 들자면, 다음과 같다.

① 청렴은 성품과 행실이 높고 맑으며 탐욕이 없는 상태로, 반부패, 투명성, 책임성의 특징을 갖는다. 이러한 청렴 의식은 청빈한 태도를 유지하며 봉공의 태도를 실천하는 청백리 정신에서 찾아볼 수 있다. 이러한 청렴의 윤리는 공직자뿐만 아니라 모든 직업 생활에서 나타날 수 있는 여러 유형의 부패를 방지하여 공정한 사회를 만드는 원동력이 된다.[30]

② 개인의 사회적 지위와 권한을 이용하여 부당한 이익을 얻는 부패 행위는 그 자체로 부정의하며 건전한 사회 질서를 어지럽힌다. 다양한 부패를 방지하고 공정한 사회를 이루려면 청렴의 윤리가 필요하다. … 우리 사회의 「부정 청탁 및 금품 등 수수의 금지에 관한 법률(청탁금지법)」은 공정하고 청렴한 사회를 실현하기 위한 법률이다.[31]

인용한 교과서들의 내용이 잘못된 것은 아니다. 또한 청렴의 중요성을 드러내기 위한 저자들의 노력도 충분히 엿보인다. 무엇보다 청렴이 위와 같이 기술된 배경에는 「2015 도덕과 교육과정」에서 "청렴의 윤리는 직업 생활에서 나타날 수 있는 여러 가지 유형의 부패를 방지하여 공정한 사회를 만드는 원동력이 된다."[32]라고 안내하고 있기 때문이라고 판단된다. 그럼에도 '청렴=반부패'라는 공식으로 말미암아 청렴은 그 중요성과는 별개로 으레 강조하는 상투적 가치로 전락할 위험이 있고, 뒤이어 등장하는 「청탁금지법」으로 인해 '적극적 도덕'이어야 할 청렴의 성격이 '소극적 도덕(법)'으로 바뀌어 학생들에게 인식될 우려가 있다.[33]

바로 이 지점에서, 청렴에 관한 「생활과 윤리」 수업의 〈전개〉 내지는 〈정리〉 부분에서 순암의 청렴관을 인용문과 함께 적절히 소개하는 시도만으로도 청렴에 대한 학생들의 심화된 이해를 유도할 수 있을 것으로 기대된다. 제2절에서 살펴보았던 것처럼, 순암은 청렴하면 마음이 편안하고 안정되어 맡은 일을 충성스럽고 공정하며 부지런하고 신중하게 처리할 수 있다고 보았다. 그리고 삼가하고 분수를 지키며 청렴을 실천하는 것이야말로 선비가 드러내 보일 수 있는 참된 모습이라고 주장하였다. 또한 일을 올바르게 처리하기 위한 기준이 되는 '강령의 법'의 으뜸으로 청렴을 꼽기도 하였다. 이 모든 것은 순암이 청렴을 다면적이고 복합적이며 현대어로 표현하면 '적극적 도덕'으로 규정하고 있었기 때문인데, 공직자에게 최우선적으로 요구한 가치이긴 하나 직업윤리 전반으로 확장·적용해도 무방하다. 다만 수업 이전에 순암의 청렴관에 대해 교사가 정확하게 인식하는 작업은 필수적이다.

다음으로 「고전과 윤리」 과목의 수업에서는, 순암의 청렴관을 추가하여 수업을 전개함으로써 학생들이 다산(茶山) 정약용(丁若鏞, 1762~1836)의 청렴관을 사상사적 흐름에서 더 잘 이해하도록 지도할 수 있다. 「고전과 윤리」는 「2015 도덕과 교육과정」에 들어와 신설된 과목으로, 대학수학능력시험과는 무관한 '진로선택' 과목에 속한다. 그리고 사용할 수 있는 교과서가 『고전과 윤리』 인정 교과서 1종뿐이다. 이 교과서에서는 『목민심서(牧民心書)』를 중심으로, 청렴을 다음과 같이 정리하고 있다.

정약용은 공직자가 갖추어야 할 가장 기본적인 덕목으로 청렴을 설정하고 있다. 그래서 청렴이야말로 공직자가 행하는 모든 선과 덕의 원천이라고 강조했던 것이다. 그러나 그는 이 덕목을 결코 관념적으로만 이해하지 않았다. 그래서 크게 욕심내는 사람이야말로 오히려 더 청렴하려 한다고 말한다.34)

『고전과 윤리』교과서에서는 세 번째 대단원인 '고전에서 찾는 이상사회'의 둘째 중단원인 '『목민심서』 - 공직자의 자세로서 청렴과 애민'에서 청렴을 다루고 있는데, 중단원의 분량 가운데 절반(소단원 1개)을 '청렴'에 할애하고 있다는 점에 특색이 있다. 『목민심서』에서 내용을 발췌하여 1) 청렴의 의미와 2) 청렴의 사적·공적 효용(필요성)을 순서대로 소개하였고, 보조단에서는 이러한 청렴의 실천 시 공직자가 유의해야 할 사항들이 무엇인지 학생들이 생각해 볼 수 있도록 유도하고 있다. 그런데 오직 『목민심서』에만 초점을 맞추다 보니, '개념사(槪念史)'의 시각에서는 전후 맥락없이 정약용의 청렴관만 돌출시켜 다루고 있다는 인상을 준다.

바로 이 지점에서, 『임관정요』에서 발견되는 순암의 청렴관을 정약용의 청렴관과 연결시켜 수업한다면, 학생들에게는 청렴이라는 개념이 맥락적이면서도 한층 풍성하게 다가올 것으로 예상된다. 순암은 청렴을 공직자가 항시 염두에 두어야 할 제일가치로 규정하였고, 이런 청렴이 실질적인 효과로 연결되지 못하면 다만 각박한 정사로 평가될 뿐이라는 점도 강조했다는 사실을 직전 절에서 살펴보았다. 순암의 관점에서 공직자는 '중도(中道)'를 얻기 위해 매우 노력해야 하는데, 다음과 같은 언급들은 중도를 통한 실리(實理) 추구라는 측면에 있어 순암이 시대적이고 사상사적으로 모두 정약용에 앞서 인식하고 있었음을 보여준다.35)

① 정사를 돌볼 때는 관대하게 해야 하지만, 관대함이 지나치면 해이해진다. 정사를 돌볼 때는 엄격해야 하지만, 엄격함이 지나치면 포악해진다. 관대하면서

도 해이해지지 않고 엄하면서도 포악하지 않은 뒤에야, 일을 성사할 수 있다.36)

② 재물을 사용하는 방법이 지나치게 거칠면 지속하기 어렵고 지나치게 아끼면 인색해지기에, 중도를 취하는 것은 (중요하지만) 심히 어렵다. 일개 현이 비록 작더라도 만약 공직자 자기와 관련된 일에 대해 한마디로 검소함을 숭상하고 절용한다면, 그 해의 말에는 남는 것이 있어 하고 싶은 바를 할 수 있다. 만일 자기 혹은 가족을 경영하려 한다면, 비록 매일 같이 만금을 들여와도 오히려 부족할 것이다.37)

따라서 「고전과 윤리」 수업에서는 「생활과 윤리」의 경우와는 달리 수업의 〈도입〉 부분에서 순암의 청렴관을 소개하는 것이 해당 수업의 효과성 측면에서 권장할 만하다. 하지만 「생활과 윤리」와 「고전과 윤리」 수업 모두 이미 교과서에 기술된 청렴 관련 내용이 존재하는 까닭에, 여기에 배치되지 않게끔 하면서 수업을 전개하려면 순암의 청렴관에 대한 안내는 결국 보조적인 역할로 기능하게 된다는 제약이 있다. 이런 제약은 오히려 교과 영역이 아닌 범교과 영역에서 극복되는 바, 본 장의 마지막 내용으로 순암의 청렴관을 '민주시민 교육'이라는 범교과 주제에서 어떻게 활용할 수 있는지에 대해 살펴보자.

범교과 영역이란, "미래 사회 변화를 전망하여 국가·사회적으로 중요하게 요구되는 학습 내용이자 여러 교과의 경계를 가로지르는 종합적이고 통합적인 학습 주제"38)들을 범주화한 것이다. 따라서 여기에 속하는 학습 주제들은 교과 영역에 국한되지 않고, '창의적 체험활동'의 자율 활동 영역을 포함해 학교 교육 전반에 걸쳐 다루어지도록 권장된다. 전체 10개에 달하는 주제 중 하나가 '민주시민 교육'으로서, 『2015 개정 교육과정 총론 해설』에 따르면 "민주시민 교육은 건전한 사회를 위해 청렴·반부패 문화를 형성하고, 헌법의 정신 및 법질서를 존중하도록 하며, 생산 활동에 참여하고 있는 근로자의 권리와 의무 등에 대한 교육에 중점을 두고 있다."39) 비록 여기에서도 청렴은 반부패와 직결되어 안내되고 있으나, 텍스트가 정해져 있는 교과 영역에 비해서는 좀 더 자유롭게 내용을 구성하고, 그것을 학생들과 더불어 공유·심화시켜 이해할 수 있는 길이 열려 있는 것이다.40)

범교과의 영역에서 순암의 청렴관을 교수·학습할 경우에는 '독서교육' 또는 '인문소양교육'의 방향으로 운영하는 것이 수월하다고 판단되는데, 기(旣)국역되어 있는 『임관정요』의 「시조」편 가운데 〈표 4-1〉을 통해 언급했던 청렴 관련된 장들(위정장, 지신장, 처사장, 임인장, 접물장, 어리장) 중 일부를 발췌해 교사와 학생들이 함께 읽고,41) 다음과 같이 구성된 학습지(안)를 통해 고민을 확장시키는 방법을 모색할 수 있다.

〈표 4-2〉 '순암의 청렴관'에 대한 학습지(안)

☆ 다음은 조선 후기 실학자 순암 안정복의 '청렴'에 대한 글이다. 읽고 모둠원들끼리 토의해 보자.

> 충성·공정·청렴·부지런함·신중함의 다섯 가지는, 벼슬살이를 할 때 갖추고 있어야 할 요체들이다. 충성을 갖추고 있으면 국가를 저버리지 않고, 공정함을 갖추고 있으면 사사로운 욕구나 욕망을 따르지 않으며, 청렴함을 갖추고 있으면 마음이 안정되고, 부지런함을 갖추고 있으면 사태를 잘 분변하며, 신중하면 자기 몸가짐이나 처사에 모두 망령됨이 없을 것이다.
>   - 『임관정요』, 「시조」, '위정장'

① 순암이 밑줄 친 부분과 같이 언급한 이유에 대해 생각해 보자.
② 충성, 공정, 부지런함, 신중함 외에 공직자가 청렴하기 위해 갖추어야 할 덕목에는 무엇이 있는지 모둠별로 토의하고 발표해 보자.

> 수령은 임명되는 날부터, 몸은 이미 공가(公家)의 소유가 된다. 그러므로 마땅히 해야 할 것은 오직 국가의 일이다. 사사로운 부탁과 바르지 않은 길은 일절 방어해야 하니, 미리 친구들과 더불어 약속하기를, '(㉠   )'라고 하여, 그들이 어려워하는 단서를 두도록 하는 것이 좋다. 무릇 일에는 옳음과 그름의 양단이 있을 뿐이니, 오직 이 두 가지를 구하여 밝혀내면 괜찮다.
>   - 『임관정요』, 「시조」, '접물장'

③ 공직자가 보여주어야 하는 청렴한 태도란 무엇인지 고려하면서, 빈칸 ㉠에 들어갈 적절한 내용에 대해 생각해 보자.
④ 순암이 청렴을 강조했던 구절들을 모둠별로 조사하고, 그의 청렴관을 통해 우리 사회의 직업윤리가 지향해야 할 방향에 대해 발표해 보자.

지금까지 본 절에서는 순암의 청렴관을 학교 교육에서 어떻게 활용할 수 있는지에 대해 고찰하였다. ⓐ 교과의 영역에서는 고등학교 도덕과에 속하는 과목들과 결부시켜 논의하였는데, 순암의 청렴관을 보충하여 수업함으로써 「생활과 윤리」 과목에서는 학생들로 하여금 청렴의 다면성과 복잡성 및 적극적 도덕으로서의 성격을 고민하도록 유도할 수 있다고 예상하였다. 또한 「고전과 윤리」 수업에서는 학생들이 정약용의 청렴관을 사상사의 흐름 속에서 더 풍성하게 이해하게끔 지도할 수 있다고 언급하였다. ⓑ 그리고 범교과의 영역에서는 '민주시민 교육'을 주제로 독서교육 혹은 인문소양교육 등을 진행하면서, 교사와 학생들이 국역 『임관정요』에서 발췌한 내용을 함께 읽고 순암 청렴관의 현대적 적용에 대해 고민하는 시간을 가지는 것도 유의미한 교수·학습 방법의 일환이 될 수 있다고 제안하였다. 이제 이어지는 절에서는 본 장에서 미처 다루지 못한 후속 과제들을 한두 가지 제언하면서 글을 마칠 것이다.

4. 남은 과제들

지금까지 이 장에서는 『임관정요』에 나타나는 순암 청렴관의 특징을 분석하고, 그것의 현대 교육적 활용을 위한 시론을 제시한다는 목적 아래 논의를 진행하였다.

이 목적을 위해 먼저 『임관정요』를 구성하는 편들 중 「시조」를 순암의 '주장'으로, 「정어」를 주장을 뒷받침하는 '근거'로 보면서, 두 편의 내용들 가운데 청렴이 강조되고 있는 장이 무엇인지 선별하였다. 이어서 선별된 장들로부터 순암 청렴관의 특징을 도출하였는데, 첫째는 순암이 청렴을 공직자가 항시 염두에 두어야 할 '강령의 법'의 으뜸이자 다면적이고 복합적인 성격의 가치로 규정했다는 것이고, 둘째는 맥락과 상황을 고려하지 않은 청렴의 실천은 아무런 효과도 거둘 수 없다고 보았다는 것이며, 셋째는 청렴이 공직자를 임용할 때의 실질적 기준이 되어야 하고 이미 임용된 공직자를 재평가할 경우에도 주요 척도로 활용되어야 함을 강조했다는 것이다. 본 장에서는 마지막으로 순암 청렴관의 교육적 활용에 대해 고등학교 교육을 중심으로 논의하였는데, 교과의 영역(「생활과 윤리」, 「고전과 윤리」)에서는 순암의 청렴관을 보충하여 수업함으로써 학생들에게 청렴의 여러 성격을 고민하도록 유도할 수 있고, 순암에 이어 등장하는 정약용의 청렴관에 대해서도 한층 풍성하게 이해하게끔 지도할 수 있다고 예상하였다. 그리고 범교과의 영역('민주시민 교육')에서는 국역된『임관정요』에서 발췌한 내용을 교사와 학생이 공유하면서, 순암 청렴관의 현대적인 적용 내지는 확장을 함께 고민하는 시간을 가질 수 있다고 제안하였다.

본 연구가 교육의 장(場)에서 우리 전통 사상의 적극적 활용 모색이라는 시각으로 순암의 사상을 조명하였다는 점에서 순암학의 기존 연구 성과들과는 일정 이상 차별화될 것으로 생각되지만, 이 글이 더 큰 학술적 가치를 지니려면 다음과 같은 후속 과제들이 뒤따라야만 한다고 판단된다.

과제의 첫 번째는, 서인계의 소론에 속하는 인물들이 주로 편집한『목민고(牧民攷)』류와 남인계에 속하는 인물들이 주로 편집한『선각(先覺)』류 및 저자의 개성이 뚜렷한 기타『목민서(牧民書)』류들을 종합적으로 고찰하여, 조선 후기를 관통하는 청렴관의 특징을 도출·정리하는 것이다.[42] 현재까지는 숨겨져 있던 목민서들을 발굴하고 관련 계통을 수립하는 데 연구의 초점을 맞추었다면, 향후에는 그 목민서들에 흩어져 있는 당대 유자들의 청렴에 대한 관점을 추출하여 체계화하는 작업이 필요하다. 다음으로 두 번째는 체계화된 청렴관에 근거하여 교육에 활용할 수 있는 자료집을 만들되, 현대적인 시각에서도 이해하고 응용할 수 있게끔 어느 정도의 각색이 필요하다는 것이다. 사실 청렴과 관련된 자료들은 생각 이상으로 풍부하다. 그러나 대부분 '청백리' 소개에 치우쳐 있거나, 현대의 감성으로는 납득하기 어려운 내용들이 여과 없이 기술되어 있다. 바로 이러한 측면들이 청렴이라는 가치와 이에 대한 교육을 지루하도록 느끼게 만드는 배경이 된다. 따라서 청렴에 대한 전통적 관점의 본질을 훼손하지 않으면서도, 관련 자료의 현대적 콘텐츠화를 통해 학생들이 흥미를 가질 수 있도록 해야 할 것이다.

이상과 같은 작업들이 진행될 때에야 비로소 우리 전통에 자리하고 있는 청렴관의 이모저모가 더욱 명확해지고, 여기에 기반한 청렴교육 역시 실질적인 성과를 거둘 수 있을 것이라고 기대된다.

미주

1) 주지하는 것처럼, 순암은 이익으로부터 하려(下廬) 황덕길(黃德吉, 1750~1827) 과 성재(性齋) 허전(許傳, 1797~1886) 등으로 연결되는 사승 관계의 중심에 자리한다(한국철학사연구회, 『한국실학사상사』, 심산, 2008, 123쪽). 순암에 대한 연구 결과들은 그의 탄생 300주년을 기념하여, 『순암연구총서 1-5권』, 성균관대학교 출판부, 2012로 묶여 발간된 적이 있고, 본 연구에서도 순암의 사회사상이나 교육사상 등의 분야를 참조하였다.

2) 이채구, 「안정복의 『하학지남』」, 금장태·정순우 외, 『순암 안정복의 서학인식과 교육사상』, 성균관대학교 출판부, 2012, 307~337쪽; 정낙찬, 「순암 안정복의 초등교육사상」, 금장태·정순우 외, 『순암 안정복의 서학인식과 교육사상』, 성균관대학교 출판부, 2012, 339~389쪽. 이외에도 최근 조성애(「순암 안정복의 하학론」, 『한국교육사학』 제32권 제1호, 한국교육사학회, 2010, 195~220쪽)나 정환희(「조선 후기 사대부의 일일지침서 연구」, 『동방학』 제36집, 한서대학교 동양고전연구소, 2017, 62~94쪽) 등도 『하학지남』을 대상으로 연구를 시도하였다. 그러나 이상에서 언급한 연구들이 순암 사상의 현대 교육적 활용과는 큰 상관이 없다는 점에서, 본 장의 내용과는 연구 대상이나 지향점 모두에서 차별화된다.

3) 이태준, 「조선의 박수량과 명나라 해서의 반부패 행적 및 청렴성 비교 연구」, 『아시아문화연구』 제36집, 가천대학교 아시아문화연구소, 2014, 149~177쪽; 김택·이홍기, 「공직윤리와 청렴사상 연구」, 『한국행정사학지』 제36호, 한국행정사학회, 2015, 1~17쪽; 김지수, 「선진 시대 청렴 정신의 발현과 그 귀감」, 『법학논총』 제40집, 숭실대학교 법학연구소, 2018, 111~144쪽; 김택·이홍기, 「조선 시대 다산 정약용의 청렴사상 연구」, 『한국행정사학지』 제42호, 한국행정사학회, 2018, 181~195쪽; 이상호·박균열, 「한국 전통의 청백리를 통한 현대 공직 청렴 교육 시사점」, 『한국콘텐츠학회 논문지』 제19권 제2호, 한국콘텐츠학회, 2019, 623~632쪽.

4) 김민재(「다산 정약용의 청렴관에 대한 일고찰」, 『철학논집』 제36집, 서강대학교 철학연구소, 2014a, 117~150쪽)나 이종수(「오리 이원익 청렴행정의 관료병 치유 사례 분석」, 『국학연구』 제29호, 한국국학진흥원, 2016, 403~444쪽)의 연구는 전통 사상에 나타난 청렴의 구성 요소 및 그 현대적 적용 방안을 모색하고 있다는 점에서, 본 연구와 방향성이 유사하다.

5) 고려대학교 민족문화연구원 한국사상연구소 편, 『자료와 해설 한국의 철학사상』, 예문서원, 2010, 663~664쪽, 677~679쪽.

6) 『順菴集』「順菴先生年譜」: 臨官政要成. 自戊午歲始草, 初名治縣譜, 至是更加增刪, 改名政要.

7) 『臨官政要』序: 後世學與政爲二, 有儒吏俗吏之別, 而法律之學, 恒爲重焉, 悲夫.

8) 『臨官政要』序: 余少時爲是書, 雖有出位之嫌, 而亦有爲爲之者也. 在亂藁中, 未嘗出而示人. 然而相識中, 或有爲政而請教者, 亦必以是投之, 盖附古人贈言之意也. … 書凡三篇, 曰政語, 聖人之訓也, 曰政績, 已行之效也, 曰時措, 瞽說之酌時而斟之者也. 風俗有彼此之別, 人心有古今之殊, 世道有汚隆之異, 法制有治亂之分, 變通之宜, 存乎其人.

9) 원재린, 「순암 안정복의 '목민'관」, 『한국사상사학』 제26집, 한국사상사학회, 2006, 279쪽; 원재린, 「「정적」편에 반영된 안정복의 '수령'상」, 『역사와 실학』 제34호, 역사실학회, 2007, 97~98쪽; 원재린, 「순암 안정복(1712~1791)의 향정방략」, 『대동문화연구』 제64집, 성균관대학교 대동문화연구원, 2008, 291~292쪽.

10) 『臨官政要』 「政蹟 上」 '良吏章': 朱邑, 廉平不苟. 以愛利爲行, 未嘗笞辱人. 存問耆老孤寡, 遇之有恩. 所部吏民愛敬焉.

11) 『臨官政要』 「政蹟 上」 '良吏章': 孟康爲弘農, 淸己奉職. 嘉善而矜不能, 省息獄訟, 緣民所欲, 因而利之. 事無宿諾.

12) 원재린(앞의 글, 2006, 278쪽)은 「정어」가 다른 두 편의 '강(綱)'에 해당한다고 언급하면서, 읽는 이가 「정어」를 통해 목민의 '대강'을 숙지하고 「정적」에 소개된 '사례'들을 참조하면서 「시조」의 '세칙'을 따른다면, 수령으로서의 소임을 다하는 데 큰 무리가 없었을 것이라고 보았다.

13) 실제 순암이 어떠한 이유로 두 편에 수록된 장들의 순서를 불일치하게 놓아두었는지는 아직 해명되지 않았다. 그래서 강세구(『순암 안정복의 사상과 학문세계』, 성균관대학교 출판부, 2012, 74쪽)는 순암이 「정어」의 체재를 따르는 것을 원칙으로 하되, 당시 지방행정의 실정을 감안하여 자신의 견해를 좀 더 구체화하거나 강조할 목적으로 「시조」의 장들을 재배치하였다고 보기도 하였다. 본 연구에서는 해명이 어려운 장들의 순서 불일치 문제에는 초점을 맞추지 않고, '주장을 뒷받침하려면 근거가 있어야 한다.'는 시각에서 〈표 4-1〉의 앞부분에 「시조」를 두었다. 필자는 순암이 27세부터 46세까지 수정·보완하여 완성한 『임관정요』의 집필 과정에서, 최초에는 「정어」가 중심이었다고 해도 시간이 흐를수록 주장을 개진한 「시조」가 중심이 되고, 「정어」는 그 근거의 성격을 가지게 되었다고 본다.

14) 『下學指南』 卷下 第8 '居官': 又曰, 當官之法唯有三事, 曰淸, 曰愼, 曰勤. 知此三者, 則知所以持身矣.

15) 『李子粹語』 卷3 「政事」: 與子寯曰, 所送雜物, 雖俸食之, 亦必不多. 若勉强過爲, 亦非居官者淸心省事之道. ; 先生之去丹陽也, 行到竹嶺, 官人負麻束而前曰, 此衙田所産, 例爲行需, 故追納之. 先生怒而卻之曰, 非我所令, 汝何負來. 欲笞而止. 所載只書籍而已.

16) 『臨官政要』 「時措」 '爲政章': 凡係政令, 必先鮮綱領, 然後精神自專, 游刃恢恢, 可得爲隨事善做之地. 古人有言曰, 與人規矩, 不能與人巧. 今此別法中, 許多鋪張

之說, 不過爲規矩之道, 而巧之一字, 則惟在行之者, 臨時変通之如何. 法雖至美, 用之不善, 則不但無效, 弊亦隨至. 必爲隨便商量, 毋或偏信別法, 而徒致弊端好矣. 所謂綱領之法, 廉白爲上, 謹愼爲次, 綜覈及撙節, 又爲其次, 至於簿決, 自是餘事.

17) 『臨官政要』「時措」'爲政章': 忠公廉勤謹, 五者, 居官之至要也. 忠則不負國, 公則不循私, 廉則心安, 勤則事辨, 謹則持身處事, 皆不妄矣.

18) 『臨官政要』「時措」'爲政章': 謹拙廉三者, 其爲士之本色也歟.

19) 『臨官政要』「時措」'持身章': 廉吏之政, 多不近人情. 若其操守, 則固宜淸嚴. 而苟涉刻剝之政, 亦宜戒之.

20) 『臨官政要』「時措」'爲政章': 廉, 是分內事也, 物交勢逼, 浸不自由. 素貧賤者, 有妻子啼呼之擾, 素富貴者, 有口体豢養之需. 喜聲譽, 則飾厨傳, 以娛賔, 務結托, 則厚苞苴, 以通好. …雖欲廉, 得乎. 故, 要莫如崇儉.

21) 『臨官政要』「時措」'持身章': 居官者, 輕於自奉而後, 可以及人, 緩於肥家而後, 可以爲民. 國家所以選擇而委任者, 欲其有所爲也, 今以官物, 而營私門, 以國民, 而奉自己, 不知其他, 是果忠乎, 否乎. 故爲吏者, 廉然後, 可以不得罪於民, 而亦足爲忠臣矣.

22) 『臨官政要』「時措」'接物章': 守令受命之日, 此身已爲公家之有. 其所當爲, 惟國事而已. 私囑曲徑, 一切當防, 預與親舊相約, 不可趄勉從之, 又不可含糊不斷, 使有難處之端, 可也. 凡事有是非兩端, 惟求此二者而明之, 則可矣.

23) 『臨官政要』「時措」'御吏章': 御吏之道, 專在律己, 律己之道, 公淸明威而已. 公則難動以私, 淸則難誘以貨, 明則難欺, 威則難犯. 平心則公, 寡慾則淸, 審察而是非辨則明, 莊黙而賞罰信則威.

24) 『臨官政要』「時措」'御吏章': 古語云, 公生明, 廉生威. 公廉二字, 亦御吏治民之大綱也.

25) 『臨官政要』「時措」'御吏章': 雖猾胥奸吏, 我之自處, 有足以畏服其心者, 則不能肆其惡矣. 徒嚴亦不能行. 昔韓延壽, 吏違約誓, 痛自刻責, 吏皆慙悔.

26) 『臨官政要』「時措」'任人章': 取一面之公論, 擇風憲, 必取其公廉勤幹者爲之.

27) 『臨官政要』「政語」'任人章': 小宰以六計, 弊群吏之治, 一曰, 廉善, 二曰, 廉能, 三曰, 廉敬, 四曰, 廉正, 五曰, 廉法, 六曰, 廉辨. ; 덧붙여 순암은 「정어」의 '지인장'에서도 제갈량(諸葛亮)의 『무후서(武侯書)』를 인용하면서, 사람의 됨됨이를 평가하는 방법들 중 하나로 '이익이 생기는 일에 직면토록 하여 그 청렴함을 살펴본다[臨之以利, 而觀其廉.].'라고 언급하였다.

28) 본 장에서 논의의 대상으로 고등학교 급을 선택한 이유는, 최근에 발표된 『2019년 대한민국 청소년 및 성인(직장인) 정직지수 조사 결과보고서』, 흥사단 투명사회운동본부, 2019와 연관된다. 데이터 추출의 바탕이 된 설문지에는 '청탁'이나

'잘못된 사익의 추구' 여부 같은 청렴과 관련된 문항들도 있는데, 결과보고서를 살펴보면 학교 급이 올라갈수록 정직지수가 점점 더 낮아지고 있다는 사실을 확인할 수 있다. 초등학생은 87.8점 → 중학생은 76.9점 → 고등학생은 72.2점으로, 정직지수가 점차로 낮아지고 있다는 것이다. 전체 평균 역시 100점 만점에 77.3점으로, 2017년에 시행한 직전 조사(78.6점)와 비교할 때 1.3점 낮아졌다. 비록 성인(직장인)의 정직지수(60.2점)보다는 높지만, 정직지수가 높은 초등학교 단계에서 매우 낮은 성인(직장인) 단계로 가는 중간에 고등학교 단계가 위치하고 있다는 점에서, 고등학생의 정직지수가 낮다는 결과는 대단히 주목해야만 한다. 이에 본장에서는 순암 청렴관의 교육적 활용 방향에 있어 고등학교 급을 선택한 것이다.

29) 다만 교과 차원에서 청렴을 수업할 때는 순암의 청렴관이 보조적으로 활용될 수밖에 없다는 원천적인 한계가 있다. 왜냐하면 수업 시 교수와 학습의 주요한 매개체가 되는 교과서에 이미 청렴에 대한 교과 차원의 시각이 반영되어 있기 때문이다. 그러므로 순암의 청렴관을 보다 능동적으로 교육에 활용할 수 있는 것은 후술할 범교과 차원이라고 판단된다.

30) 차우규 외, 『생활과 윤리』, 금성출판사, 2018, 87쪽.

31) 정탁준 외, 『생활과 윤리』, 지학사, 2018, 87쪽.

32) 교육부, 『교육부 고시 제2015-74호[별책 6] 도덕과 교육과정』, 교육부, 2015b, 36쪽.

33) 언급한 2종 외에, 변순용 외, 『생활과 윤리』, 천재교과서, 2018, 92쪽; 김국현 외, 『생활과 윤리』, 비상교육, 2018, 87쪽; 정창우 외, 『생활과 윤리』, 미래엔, 2018, 86쪽 등 다른 3종에서도 「청탁금지법」, 부패 방지법 등에 대해 직·간접적으로 밝히고 있다.

34) 박병기 외, 『고전과 윤리』, 전라북도교육청, 2018, 125쪽.

35) 정약용은 본인을 이익의 학통이라고 생각하였고, 이런 이유로 이익의 문집을 정리하는 것도 자신의 역할이라고 인식하고 있었다. 뿐만 아니라, 순암이 저술한 『임관정요』의 내용도 많이 발췌해 『목민심서』에 수록하였다(김선경, 「조선후기 목민학의 계보와 『목민심서』」, 『조선시대사학보』 제52집, 조선시대사학회, 2010, 180쪽; 원재린, 「근기남인계 목민학 전통과 『목민심서』」, 『다산과 현대』 제7집, 연세대학교 강진다산실학연구원, 2014, 124~135쪽). 즉, 『임관정요』와 『목민심서』는 소위 남인계 목민학의 연속성이라는 관점에서 고찰하는 것이 바람직하다고 판단된다.

36) 『臨官政要』 「時措」 '爲政章': 爲政當寬, 過則弛. 爲政當嚴, 過則暴. 寬而不弛, 嚴而不暴, 然後, 可以濟事.

37) 『臨官政要』 「時措」 '用財章': 用財之道, 大澗則難継, 大嗇則近吝, 取中甚難. 一縣雖少, 若於自己事, 一節尙儉而節用, 則歲末所餘, 可以有爲. 若營立私門, 則雖日入萬金, 常若不足.

38) 교육부, 『2015 개정 교육과정 총론 해설(고등학교)』, 교육부, 2017b, 25쪽.

39) 위의 책, 58쪽.

40) 이와 관련해, 교육부, 『2015 개정 교육과정 범교과 학습 주제 교수학습자료-교과 교육과정과 연계한 민주시민 교육(고등학교)』, 교육부·경상북도교육청 외 16개 시도교육청, 2019 같은 자료집도 참조할 수 있다.

41) 『임관정요』의 국역본으로는, 김동주 역, 『임관정요』, 을유문화사, 1974; 송갑준 역, 『임관정요』, 경남대학교 출판부, 2003; 원재린 역, 『임관정요』, 혜안, 2012의 총 3 종이 있는 것으로 파악된다. 다만 『임관정요』의 주요 3편을 기준으로 볼 때, 김동주 역에는 「시조」편만, 송갑준 역에는 「정어」편만 국역되어 있다. 「정어」·「정적」·「시조」가 모두 국역되어 있는 것은 원재린 역의 『임관정요』가 유일하다.

42) 이 같은 구분에 대해서는, 김선경, 앞의 글, 2010, 162~173쪽을 참조할 수 있다.

제5장

혜강 최한기의 기학(氣學)과 평화교육
- 고등학교 도덕교육을 중심으로 -

이 장에서는 혜강(惠岡) 최한기(崔漢綺, 1803~1877)의 '기학(氣學)'의 구조를
명료화하고, 이로부터 학교 평화교육에 대한 본질적이면서 실질적인 해
법을 도출할 것이다. 여기서 '본질적' 해법이란, 쉽게 규정할 수 없는 평
화 및 평화교육의 성격에 대해 혜강의 기학이 설득력 있는 시사점을 제공
할 수 있다는 것이다. 그리고 '실질적' 해법이란, 평화수업에서의 활용이
라는 측면에 있어서도 기학이 일정 이상의 가능성을 보여준다는 것이다.
이 장의 집필은 필자의 두 가지 문제의식에서 비롯되었다.

첫 번째는, 학교에서 시행하는 평화교육에 있어 한국윤리사상이 지니
는 가치와 대비해 볼 때 그 활용 노력이 부족하다는 것이다. 우리 사회의
갈등지수가 높다는 분석은 새로운 내용이라고 볼 수 없다. 그러나 주목해
야 할 사실은, 노력을 하고 있음에도 불구하고 시간이 흐를수록 갈등지수
가 점점 더 상승하고 있다는 점이다. 통계에 대한 해석은 다양하지만 갈
등지수 자체가 높아지고 있음은 조사기관들이 공통적으로 언급하고 있
으며, 시민들도 심해지는 갈등 상황을 몸소 경험하고 있다. 전통적으로

는 보수/진보 사이의 이른바 '이념' 갈등이 가장 심각했는데, 최근에는 '젠더' 및 '세대' 갈등이 급격히 증가하고 있다.1) 이 같은 사회 갈등들을 해소할 수 있는 근본적인 대안 중 하나로 꼽히는 것이 '학교 평화교육'이다. 학교 평화교육에서는, 자라는 청소년들로 하여금 갈등과 평화의 관계를 성찰할 수 있도록 시간을 주고, 내 삶과 공동체를 유지함에 있어 갈등을 완벽히 제거할 수는 없지만 어떻게 하면 최소할 수 있을까 고민하게끔 유도해야 한다. 그런데 이 과정에서 활용할 수 있는 한국윤리사상이 풍성함에도, 교육과정이나 교과서에서는 관련 내용을 발견하기 어렵다. 이에 필자는, 특히 혜강의 기학에서 이끌어 낼 수 있는 평화교육적 가치에 대해 고찰하고자 한다.

이어서 문제의식의 두 번째는, 혜강의 기학을 구조화함에 있어 그간에 간과했던 부분들을 보완할 필요성이 있다는 것이다. 주지하는 바와 같이, 혜강은 자신의 경험주의적 인식론과 존재론의 기반 위에 실용(實用)과 사무(事務)를 축으로 삼아 기학의 체계를 완성시켰다. 이 중 경험주의적 인식론과 관련된 개념은 신기(神氣), 통(通), 추측(推測) 등이고, 존재론과 관련된 개념은 운화(運化), 승순(承順) 등이다.2) 요약하자면, 혜강의 기학은 '감각 기관을 주재하는 신기가 추측하고 변통함으로써 상등(上等)의 운화에 승순하는 구조'로 압축된다. 그런데 기학을 더욱 풍부하게 해석하기 위해서는, 혜강이 가슴속에서 형체를 이룬다[成形于中]고 설명했던 '심기(心氣)' 및 기학을 공부하면 얻을 수 있는 실질적인 효과[功效]라고 언급했던 '대동(大同)'의 개념을 포함시켜, 기학을 재구조화할 필요가 있다.3) 이에 본 장에서는, 혜강이 강조했던 신기가 참된 주체의 성격을 지닐 수 있도록 하는 데 기여하는 '심기'와 가장 넓고 큰 사랑이라고 할 수 있는 '대동' 개념을 보완해 기학의 구조를 수립할 것이다. 그리고 이 구조로부터 학교 평화교육에 대해 혜강의 기학이 제시하는 시사점들을 도출하고자 한다.

이상에서 밝힌 문제의식하에, 본 장의 내용은 다음과 같은 순서로 전개된다. 우선 제1절에서는, 고등학교 '도덕과(道德科)' 교과서를 중심으로 학교에서 이루어지는 평화교육의 현황 및 사상의 취지가 잘못 전달될 수 있는 부분들에 대해 살펴본다. 이어서 제2절에서는 내면에 형성된 심기를 내포한 신기가 삼층(三層)의 운화를 승순해, 궁극적으로는 일통(一統)의 대동을 달성하는 과정에 대해 논의한다. 그리고 제3절에서는 혜강의 기학이 학교 평화교육에 있어 어떤 시사점들을 제시할 수 있는지에 대해 고찰한다.

1. 고등학교 도덕교육 내 평화교육의 현황과 한계

평화교육이 무엇인지 규정하는 것은 지난한 작업이다. 그 이유는 '평화'라는 단어에 담겨 있는 의미가 시대와 공간, 개인의 가치관, 문화나 종교 등에 따라 천차만별이기 때문이다. 사전적으로는 "평온하고 화목함", "전쟁, 분쟁 또는 일체의 갈등이 없이 평온함 또는 그런 상태"[4]로 간략하게 정의되는 평화는, 개념사(槪念史)의 측면에서 봤을 때는 상당히 복잡한 양상을 드러낸다. 평화는, 가령 고대 그리스에서는 '휴전(ἐκεχειρία, εἰρήνη)'으로, 로마에서는 '강압적인 지배(pax)'로, 인도에서는 '마음의 고요함(santi)'으로, 동북아시아에서는 '공동체의 조화로운 모습[和平]'으로 이해되었다.[5] 학자에 따라서도 평화에 대한 견해의 층위는 다양한데(T. Hobbes, K. Marx, S. Freud, J. J. Rousseau, I. Kant 등), 현대에서 가장 잘 알려진 것으로는 갈퉁(J. Galtung)이 언급했던 직접적인 폭력이 부재한 '소극적 평화'와 구조적이고 문화적인 폭력이 부재한 '적극적 평화'를 꼽을 수 있다.[6]

'평화'교육의 중심이 되는 평화 개념의 역사가 이같이 전개되는 까닭에, 평화'교육' 역시 무엇이라고 단정하기는 쉽지 않다. 그럼에도 서구 평화교육을 소개하면서 1980년대에 시작된 국내 평화교육의 흐름은, 현재 시민단체들을 중심으로 전문성은 강화되고 프로그램은 세분화되어 운영 중이다. 이와 동시에 주체성, 자아 성찰, 인권 의식, 평화 통일, 생명 존중 등 여러 가치와 비전들이 중첩되거나 융합되어서, 매우 복합적이면서 복잡하게 이루어지고 있다. 즉, '평화'라는 개념과 그 범위를 둘러싸고 서로 상이한 입장들이 경합하면서, 평화교육이 '비균질적으로 활성화'되는 모습을 보여주고 있다는 것이다.[7] 이런 상황에서 평화교육의 명확한 규정을 내리는 것은 거의 불가능한 과제로 보이기도 하지만, 필자는 ⓐ 평화가 요구되는 경우는 바로 갈등이 발생했을 때이고, ⓑ 평화교육의 본질은 평화가 무엇인지 성찰하고, 선택의 순간에 평화를 위해 결단하며, ⓒ 종국에는 갈등을 최소화할 수 있는 역량을 길러주는 데 있다고 판단해, 다음과 같이 규정하고자 한다.

> 평화교육이란 자신의 삶과 우리 사회를 비판적으로 읽을 수 있는 능력을 길러주고, 삶과 사회에서 발생하는 여러 갈등을 비폭력적으로 관리할 수 있는 역량을 가르치며, 갈등 상황에 직면했을 때 폭력이 아닌 평화를 선택할 수 있도록 동기를 부여하는 것이다.[8]

그렇다면 학교에서 시행하는 평화교육에서 중추적인 역할을 담당하고 있는 '도덕과' 교육에서는 평화교육이 어떻게 전개되고 있으며, 그 한계는 무엇일까? 본 절의 이하에서는 초·중등교육에서 가장 상위 학교 급에 해당하는 고등학교 도덕과 교육(「생활과 윤리」, 「윤리와 사상」)으로 논의의 범위를 한정해, 이 물음에 대한 답을 시도하고자 한다.

학교에서 교사-학생이 만나 가르치고 배우는 과정의 핵심 매개체가 교과서라는 점을 감안할 때, 「생활과 윤리」, 「윤리와 사상」 과목의 교과서들에 기술되어 있는 평화교육 관련 내용을 살펴보는 것은 학교 평화교육의 실태를 파악하는 데 있어 가장 주된 작업이라고 할 수 있다. 『생활과 윤리』교과서(검정, 총 5종)에서는 대단원 'Ⅵ. 평화와 공존의 윤리' 전체에서 평화를 언급하고 있으며, 『윤리와 사상』교과서(검정, 총 5종)에서는 대단원 'Ⅳ. 사회사상'에 속한 중단원 '6. 평화: 세계 시민과 세계 평화는 실현 가능한가?'에서 평화를 다루고 있다. 총 10종에 달하는 두 과목의 검정 교과서들을 모두 검토한 결과, 도덕과 교육과정의 해당 성취 기준을 충실하게 구현하기 위한 저자들의 노력이 잘 드러난다고 판단하였다.9) 그럼에도 비판적인 시각에서 볼 때는 다음과 같은 내용들을 보완할 필요가 있다.

먼저 「생활과 윤리」 과목에 있어 보완 사항의 첫 번째는, 'Ⅵ. 평화와 공존의 윤리'라는 대단원명과는 달리, '평화' 그 자체에 대해서는 거의 숙고할 만한 자료도 시간도 할애되어 있지 않다는 것이다. 물론 대단원 전체에는, 갈등의 해결과 소통, 남북한·지구촌 평화 등 관련된 다양한 내용이 소개되어 있다고도 할 수 있다. 하지만 '~이/가 아닌(또는 없는)' 같은 형태의 부정적인 방식으로 평화를 다룰 뿐, 직접적·능동적·본질적인 방식으로 평화에 접근하려는 노력은 찾아보기 어렵다. 이어서 두 번째는, 'Ⅵ. 평화와 공존의 윤리' 대단원에는 한국을 포함한 동양윤리사상 자료가 많지도 않지만 그마저도 사상의 취지를 잘못 전달할 수 있는 소지가 있다는 것이다. 예를 들어 『생활과 윤리』교과서 한 종에서는 다음과 같이 기술하고 있다.

① 맹자는 소통을 방해하는 그릇된 언사로 피사, 음사, 사사, 둔사를 제시하였으며, 진실한 마음에서 우러나온 바른 말을 해야 한다고 주장하였다.10)
② 묵자도 '자국을 사랑하듯이 타국을 사랑하라.'라는 겸애(兼愛) 사상을 통해 전쟁을 방지하기 위해서는 서로 존중하는 자세가 중요함을 강조하였다.11)

인용문 ①은 하버마스(J. Habermas)와 함께 바람직한 소통을 강조하는 맥락에서 기술된 것이고, ②는 칸트(I. Kant)의 '영구평화론'과 더불어 지구촌 평화를 언급하는 부분에서 기술된 것이다. 맹자(孟子)가 '지언(知言)'을, 묵자(墨子)가 '겸애(兼愛)'와 '비공(非攻)'을 주장하였음은 잘 알려진 사실이다. 그러나 맹자가 지언을 말했던 이유는, 마음이 드러나는 통로가 말이므로 이 말을 성찰하여 근본인 마음을 바르게 하자는 목적에서였다.12) 다시 말해, 지언은 부동심(不動心)을 얻기 위한 방법으로서, 맹자가 호연지기(浩然之氣)를 기르는 것과 함께 천명했던 공부법인 것이다. 따라서 이 같은 성격의 지언을 소통 윤리로 규정하는 것은 맹자의 본의와는 다르게 해석될 가능성이 있다. 묵자의 겸애·비공도 마찬가지다. 그가 이것들을 주장했던 이면에는, 묵가의 이념인 이익[功利, 大利]의 창출과 직결된 실용(實用)·절용(節用)의 정신이 자리한다.13) 즉, 천하의 이익에 저해되는 까닭에 전쟁뿐만 아니라 음악도 부정되어야 하며[非樂], 나만의 이익[自利]이 아닌 겸애를 지향해야 한다는 것이다. 이렇게 보자면, 겸애·비공은 조건적인 것으로, 공리에 대한 설명이 일절 없이 이것들을 곧바로 상호 존중에 기초한 지구촌 평화와 연결시키는 것은 묵자의 본의와는 달리 해석될 가능성이 있다.14)

그런데 더 큰 문제는『생활과 윤리』교과서 5종 전체에서 소개하고 있는 원효(元曉)의 '화쟁(和諍) 사상'에 있다. 언급하는 방식과 분량에는 차이가 있지만,『생활과 윤리』교과서에서는 모두 화쟁 사상을 '소통 윤리의 근거 내지는 방법'으로 소개하고 있다. 두 종에 기술된 내용만 인용해 보자.

① 원효는 불교의 여러 교설 간의 대립을 해소하기 위하여 화쟁 사상을 제시하였다. 그에 따르면 내가 옳고 그르다는 시비(是非)의 다툼은 나와 다른 사람을 구분하여 자신만의 입장을 정당화하기 때문에 발생한다. 여러 교설은 모두 부처의 가르침에서 비롯된 것이며, 그것이 지향하는 바는 모두 깨달음이라는 점에서 한마음[一心]이다. 이처럼 원효는 특수하고 상대적인 각자의 입장에서 벗

어나 대승적으로 융합해야 함을 강조하였다. 갈등 상황에 있는 개인이나 집단이 자신에 대한 집착과 상대방에 대한 편견을 버려야 서로 화해하고 포용할 수 있다고 본 것이다.15)

② 원효는 화쟁(和諍) 사상을 통해 내가 지금 바라보는 것이 부분에 지나지 않음을 인정하고, 다른 사람들이 바라보는 부분과의 조합을 통해 더욱 타당한 견해에 이를 수 있음을 강조하였다. 그는 모든 이론과 종파의 특수성과 상대적 가치를 인정하면서 전체로서 조화하고자 하였다. 이는 다양성을 인정하면서 더 높은 차원의 통합을 추구하는 것으로, 현대 사회에서도 유효한 소통의 윤리이다.16)

인용한 교과서들의 내용은 익숙한 것이지만, 사실 원효의 화쟁 사상은 연구자들 사이에 이견이 많다. 가령, 원효는 잔간(殘簡)으로만 남아 있는 『십문화쟁론(十門和諍論)』이외의 저술에서는 화쟁이란 용어를 거의 사용하지 않았고,17) 그가 불교 이론들의 대립을 지양하면서 상대되는 이론 모두를 인정하자는 입장을 취했다고 알려진 것과는 달리 특정 경전이나 내용을 우위로 설정하는 경우들이 있으며,18) 화쟁이나 일심 등은 불교 본연의 지향이기에 원효만의 것이라고 볼 수는 없다는 지적 등이 그것들이다.19)

그러나 가장 중요한 지적은, ⓐ-1 화쟁을 원효의 일심 및 여타 사상들과 무차별적으로 결합시켜 다루어야 하는지, ⓐ-2 양자를 차별적으로 취급해야 하는지, ⓑ-1 화쟁의 대상을 모든 쟁론들로 봐야 하는지, ⓑ-2 불교 내부의 교리적 쟁론들로 국한시켜야 하는지 등이 해결되지 않은 과제로 남아 있다는 것이다.20) 이 같은 분류로 보자면,『생활과 윤리』교과서들에서는 화쟁 사상을 ⓐ-1과 ⓑ-1로 간주하고 있는 것으로 판단된다. 하지만 전자로 간주할 경우, 원효가 지녔던 화쟁의 문제의식이나 구체적인 대상들은 증발되어 버릴 우려가 있다.21) 그리고 후자로 간주할 경우, 화쟁을 일반적인 소통 윤리로 제시할 수 있는가 하는 의문이 든다. 화쟁을 '쟁론들의 부분적인 타당성[一理]을 변별하여 수용하는 논리'라고 정리한다면,22) 이것은 한 걸음 뒤에서 각각의 쟁론이 가진 부분적인 타당성을 꿰뚫을 수 있는 능력을 갖춘 사람에게서나 가능한 작업이기 때문이다.

이렇게 보자면, 원효의 화쟁 사상을 일반적인 소통 윤리의 일환으로 소개하기에는 어려운 지점들이 분명히 존재하고 있음에도 불구하고, 『생활과 윤리』 교과서들에서는 이러한 부분들을 간과한 채 단순하게 기술하고 있다는 결론을 내릴 수 있다.

다음으로 「윤리와 사상」 과목에 기술된 평화교육 관련 내용들 중에서 보완이 필요한 사항들에 대해 살펴보자. 첫 번째는, 「생활과 윤리」 과목의 경우와는 다르게 '평화'라는 개념에 대한 소개는 시도하고 있지만, 대체로 '전쟁(테러, 직·간접적 폭력 등)을 극복한 상태' 내지는 이와 연관된 '세계 평화'의 맥락으로 풀이하고 있다는 것이다. 이러한 풀이가 잘못된 것도 아니고, 크고 작은 폭력이 만연한 현대 사회에서 중요한 내용인 것도 분명하다. 하지만 평화의 범위에는 일개인의 측면에서부터 전(全) 우주적인 측면까지 포함될 수 있다는 점을 고려할 때, 보완의 여지가 있는 것도 사실이다. 이어서 두 번째는, 『윤리와 사상』 교과서들에서도 평화를 한국윤리사상과 연결시켜 기술한 경우를 발견하기가 어렵다는 것이다. 5종 전체를 검토했을 때 다음의 두 경우뿐이다.

① 우리 민족은 예로부터 '널리 사람을 이롭게 한다.'라는 홍익인간(弘益人間)의 정신을 바탕으로 평화를 추구하였다. 홍익인간은 평화 애호의 정신과 흐름을 같이하는 것으로, 여기에는 인간을 포함한 모든 존재가 상생과 조화를 추구해야 한다는 이상이 담겨 있다.23)

② 한용운은 일제 강점기의 시인이자 승려이며 독립운동가이다. 그가 우리 민족의 독립을 염원하며 작성한 여러 글에는 민족 자결, 자유, 평등을 중시하는 평화 사상이 담겨 있다. 우선 그는 민족 국가의 건전한 구축을 통해 평화로운

세계 질서로 진전할 수 있다고 본다. 또한 평화의 전제이자 기초 조건으로 자유를 제시하며, 평화의 기본 정신으로 평등을 강조한다. '자유는 만유의 생명이요, 평화는 인생의 행복이라.'[24]

하지만 ⓐ 퇴계(退溪) 이황(李滉)은 "배우는 사람이 경(敬)을 견지하는 데 집중하여 이치와 욕망의 분별에 어둡지 않으면, … 성인이 되는 학문[聖學]과 본체를 보존하고 작용에 응하는 심법(心法)을 모두 여기에서 얻을 수 있다."[25]라고 하여 심병(心病)에서 벗어나 개인이 평온을 얻을 수 있는 방법을 언급했고, ⓑ 율곡(栗谷) 이이(李珥)는 "진실로 국가에 편안하고 백성에게 이롭다면 모두할 수 있는 일이지만, 국가를 안전하게 하지 못하고 백성을 보호하지 못한다면 모두 해서는 안 되는 일이다."[26]라고 하여 국가와 사회의 평화를 강조했으며, ⓒ 하곡(霞谷) 정제두(鄭齊斗)는 "천지의 본성이 곧 이 인(仁)의 본체이고, 내 인의 본체가 곧 천지의 본성이다. 내 인의 본체를 다하지 못하고서, 어떻게 성명(性命)의 근원을 구할 수 있겠는가?"[27]라고 하여 우주자연의 생명원리와 내가 하나 되어 평화를 추구할 수 있음을 제안하였다. 이렇게 보자면, 평화와 한국윤리사상의 접점이 다양할 수 있음에도 불구하고, 이런 부분에 대한 고려가 현행 『윤리와 사상』 교과서들에는 부족하다는 결론을 도출할 수 있다.

지금까지 본 절에서는, 고등학교 「생활과 윤리」 및 「윤리와 사상」 과목에서 사용되는 교과서들을 검토하여, 도덕과 교육을 통해 이루어지는 학교 평화교육의 현황과 한계들에 대해 분석하였다. 언급한 한계들에 대한 보완책으로 혜강의 기학에 내포된 평화교육적 가치를 살펴보기에 앞서, 이어지는 절에서는 먼저 혜강 기학의 재구조화를 시도할 것이다.

2. 혜강 기학의 재구조화

조선의 사상사에서 하나의 특이점으로 평가받는 혜강의 학문은 '기학 (氣學)'이라는 용어로 압축된다. 혜강도 50대에 저술한 『기학』에서 기(氣) 의 운화(運化)에 대해 밝히는 것이 바로 기학이요, 이 학문은 버리려 해도 버릴 수 없고 어긋나려 해도 어긋날 수 없는 '실학(實學)'이라고 언급하였 다.28) 또한 이 '천하기화(天下氣化)의 학문'인 기학을 온전하게 밝힐 수만 있다면, 천인(天人)의 도(道)가 바름을 얻게 되고 정치의 방법도 안정을 얻 게 된다면서 그 효과를 대단히 강조하였다.29) 그런데 기학이라는 용어에 서 잘 드러나듯이, 기학은 '기'에 대한 학문을 가리킨다. 그는 유형(有形)의 기가 세상의 시작이자 죽은 뒤에는 돌아갈 곳이라고 지적하면서, 『신기 통(神氣通)』의 시작에서 다음과 같이 말한다.

> 천지를 꽉 채우고 물체에 배어 있으면서, 모이고 흩어지거나 모이지도 않고 흩어지지도 않는 것이, 기가 아닌 것이 없다. 내가 태어나기 이전에는 오직 천 지(天地)의 기만 있었고, 내가 처음 생길 때에야 비로소 형체의 기가 있으며, 내 가 죽은 뒤에는 이 천지의 기로 되돌아간다. 천지의 기는 크고 장존(長存)하며, 형체의 기는 작고 점차 사라진다. 그러나 형체의 기는 천지의 기에 힘입어 나서 자라고, 여러 감각 기관을 좇아 음식이나 소리·빛과 통하며, 팔다리와 몸으로 운용하고 접촉하며 성취한다.30)

하지만 혜강이 이토록 강조했던 기가 그보다 앞서 기를 내세웠던 학자 들의 기 개념과 전적으로 다른 것은 아니다. 존재하는 모든 것이 기에 의 해 형성되었고 이 기가 우주에 꽉 차 있다는 주장은, 장횡거(張橫渠)나 화담 (花潭) 서경덕(徐敬德), 녹문(鹿門) 임성주(任聖周) 등과 크게 다르지 않다는 것 이다. 그러나 그들이 본체의 기로서 태허(太虛)를 상정하고 이 태허의 성격으로 무형, 비어 있음, 고요함 등을 언급했던 것과는 다르게, 혜강은 기가 유형이자 활물(活物)로서 활동운화(活動運化)한다는 점을 매우 중시하였다.31) 또한 '신기(神氣)'라는 개념을 통해 기학의 구조를 수립하여 주목받았는데, 혜강이 말한 신기란 도대체 무엇인가?

실상 신기와 기는 별개의 것이 아니다. 그래서 혜강은 "기는 하나인데, 사람에게 품부되면 곧 사람의 신기가 되고, 사물에 품부되면 곧 사물의 신기가 된다."32)라고 하였다. 즉, 사람이냐 사물이냐에 따른 형질[質]의 차이가 있을 뿐, 사람의 신기가 되었든 사물의 신기가 되었든 기라고 하는 점에서는 동일하다는 것이다. 그런데 앞서 밝혔듯이, 혜강에게 있어 '기'의 가장 큰 특징은 끊임없이 활동하는 활물이라는 점이다. 바로 이 활동이 만들어내는 효과를 표현하는 용어가 '신(神)'이다. 그래서 그는 "기활동 전체의 무한한 공용(功用)의 덕을 총괄해 신이라고 한다."33)라고 했고, "기의 능한 것을 신이라고 한다."34)라고 했으며, "기가 발하여 펼쳐진 것이 신이다."35)라고도 했다. 그렇다면 활동하는 기라는 점에서는 동일해도, 사람/사물은 형질이 다른 까닭에 각각의 신기가 드러내는 효과 역시 다르다는 결론이 도출된다. 이 중 사람의 신기가 가진 독특성에 대해 혜강은 다음과 같이 말한다.

신기는 다른 능력은 없으나, '밝음'이 '신'에서 생기고 '힘'이 '기'에서 생긴다. 오로지 밝음과 힘으로 말미암아 신기의 무한한 묘용이 나타난다. 사람이 처음 태어나 운동하고 울부짖는 것은 힘이니, 힘은 힘줄과 뼈가 장성해짐에 따라 점점 발전하고, 음식이 흘러 들어가면 왕성하게 된다. 분별하고 측정하는 것은 밝음이니, 밝음은 경험이 많아짐에 따라 연마되어 빛나고, 견문이 넓어지면 환히 살피게 된다. 힘은 기에서 발해 다른 데 기대지 않고 사용하고, 밝음은 신에서 생겨 경험과 견문에 기대어 점점 발전한다.36)

사람도 생명이 있는 여타 존재들과 똑같이 '기의 힘'으로 인해 활동한다. 그런데 사람은 여타 존재들과 다르게 '신의 밝음'으로 인해 분별, 측정한다. 이 기의 힘과 신의 밝음이 곧 사람이 사람다운 역할을 다할 수 있게 하는 근거가 된다. 이런 사람의 신기에서 엿보이는 몇 가지 특징들을 열거하자면, ⓐ 신기는 선천적이고, ⓑ 다양한 감각 기관들을 주재하며, ⓒ 우리로 하여금 대상에 집중하도록 한다.37) 또한 ⓓ 경험이나 기억을 통솔하고, ⓔ 고정적인 것이 아니어서 변화[變通]가 가능하며, ⓕ 하늘의 신기[天之神氣] 혹은 대기운화(大氣運化) 등 확장적으로 지향해야[承順] 할 표준이 있다.38) 혜강이 제창한 사람의 신기를 '인식의 주체'로 규정하는 것은 연구자들 사이에서 어느 정도 합의된 바이지만, 신기에는 이처럼 많은 특징이 내재되어 있어 특정 용어로 단순하게 요약하는 것에는 주의가 필요하다.39)

그런데 흥미로운 점은 신기가 보고 듣고 감각하며 기억함으로써 습염(習染)하는 주체이자 동시에 습염되는 객체라는 사실을 혜강이 반복적으로 강조하면서도, 신기의 본원은 맑고[澹] 밝고[明] 비어 있으며[虛], 실오라기 하나도 쌓여 있지 않다고 언급했다는 것이다.40) 이런 언급들이 추측과 증험(證驗)을 반복해서 획득한 '두루 통함[周通]'의 경지를 묘사한 것이라고는 해도, '아무 것도 없는 지점으로부터 사람의 신기가 천지신기나 대기운화를 확장적으로 지향하는 것이 가능한가?' 하는 의문도 든다. 바로 이 같은 의문에 대한 답이 '심기(心氣)'이다. 혜강은 심중(心中)의 운화지기를 통해 더 큰 천지의 운화지기를 본받는다고 하였는데, 관련 내용은 다음과 같다.

① 운화 유형의 기는 천인이 일치하므로 심중운화의 기로 천지운화의 기를 본받는다면, 선후의 배치와 간격의 조리가 가슴속에서 형체를 드러낼 것이니, 이를 유형의 사물에 두루 시행한다면 천하의 바른 학문이 될 것이다.41)

② 사람의 신기는 밝게 깨달음[明悟]으로 인하여 기억하고 풀어냄[記繹]이 있고, 기억하고 풀어냄으로 인하여 사랑하여 하고자 함[愛欲]이 있다. 명오의 얕고 깊음에 따라 기역의 많고 적음이 있고, 기역의 많고 적음에 따라 애욕의 크고 작음이 있으니, 명오가 없으면 어찌 기역이 있으며, 기역이 없으면 어찌 애욕이 있겠는가. 무릇 명오, 기역, 애욕의 삼자는 밖에 있는 사물에서 거두어 취하고, 심기에 간직하며, 마침내 바깥에서 사용하기에 이르는 것이다.42)

요컨대 심기란 감각 기관들을 주재하고 경험과 기억을 통솔하는 신기의 작용에 의해 가슴속에 형성된 유형의 존재이다. 그러나 심기 역시 관념적인 것이 아니고, 활동운화하는 기이다. 그래서 혜강은 "심기는 본디 운화의 사물로 대기운화 중에서 나누어 가진 것으로, 그 기미가 상호 감응하는 것이 자식-어머니의 관계와 같다."43)라고 했던 것이다. 하지만 혜강의 사유에서 '인식 주체로서의 신기'나 '추측하는 기능의 마음'이 흔히 중립적인 성격으로 표현되는 것과는 달리, 심기는 상당히 도덕적인 성격으로 표현된다는 점에 유의해야 한다.44) 대표적인 예로 혜강은 인의예지(仁義禮智)·측은수오(惻隱羞惡)·공경시비(恭敬是非) 등을 심기운화(心氣運化)의 조목으로 꼽았다.45) 그리고 이 심기의 운화가 제대로 이루어져야만 비로소 높은 단계의 운화에로 승순이 가능하고, 그 효과도 얻을 수 있다.

진실로 심기가 여기(천시(天時)와 인사(人事)가 만나는 때)에 통달하면, 거대하면서도 미세한 사무를 만들 수 있어서, 천년 백년 뒤에 사는 사람의 힘을 빌릴 수 있고, 수만리 떨어진 곳에도 사람의 힘을 갚을 수 있다. 만일 심기가 낮고 또 부족해, 다른 사람과 사귀기를 즐기지 않고 맡은 일을 피하며, 사람에게서 힘을 구하지도 않고 갚지도 않는 것은, 단지 자기의 운화만 지키다가 목숨이 끊어지는 때에 이르게 되는 것이다.46)

이처럼 혜강 기학의 구조가 완성되려면 우리 가슴속에서 형체를 이룬 심기가 올바르게 형성되어야 한다. 같은 맥락에서, 혜강은 "모든 공부는 갈고 닦고 단련하여 익숙해져 가슴속에 형체를 이루어야[成形于中], 이에 잘 미루어 쓸 수 있고 또한 잘 변통할 수 있다."47)라고 하였으며, 『대학(大學)』의 8조목에서도 특히 성의(誠意)와 정심(正心)을 성형우중과 연결시켜 해석하였다. 보다 구체적으로 말해, 격물(格物)과 치지(致知)는 외부에서 얻는 작업이고, 성의와 정심은 내부로 저장하는 작업이며, 수신(修身)과 제가(齊家), 치국(治國)과 평천하(平天下)는 저장한 것을 때에 맞춰 다시 외부로 풀어내어 활용하는 작업이라는 것이다.48) 만일 이 과정에서 성의와 정심을 통한 거두어들이는 순서를 누락하게 된다면, 상등(上等) 운화로의 승순은 제대로 이루어질 수 없다.

이상에서 살펴본 바와 같이, 심기는 혜강의 사유에서 일정 이상의 위상을 확보하고 있는데, 그간 이 개념에 대한 연구는 소홀했던 것으로 보인다. 그래서 본 절에서는 먼저 제 위치를 확보하지 못했던 심기에 대해 논의하였다. 이제 이하에서는, 심기를 내포한 신기가 승순해야 하는 상등 운화의 정체 및 운화의 실질적 완성태인 대동(大同)에 대해 고찰하자.

기학의 구조에서 한 몸[一身]의 운화에만 초점을 맞추는 것은 바람직한[善] 일이 아니다. 혜강은 정치, 교육, 말, 행동 등이 적절함을 획득하려면, 심기가 형성된 일신의 운화가 그 이상의 상등 운화를 확장적으로 지향해야 한다는 점을 선언한다. 그래서 "경전이나 역사책으로부터 일상 문장에서 엿보이는 선이라는 글자에 이르기까지, 이것은 모두 천기운화(天氣運化)에 승순한다는 의미이다."49)라고 했던 것이다. 그런데 확장적으로 지향해야 할 상등 운화의 순서나 명칭은 무척 다양해서, 인기운화(人氣運化) → 천기운화의 2단계, 일신운화(一身運化) → 통민운화(統民運化) → 대기운화(大氣運化)의 3단계, 3단계에 교접운화(交接運化)를 추가한 4단계 등이 있고, 이외에도 맥락에 따라 사용되는 용어들이 별도로 있다. 그런데 주목할 점은, 낮은 단계·범주[하등]의 운화는 높은 단계·범주[상등]의 운화에 예속되어 있다는 것이다.50) 따라서 상등 운화에 통달한 사람은 하등 운화에도 통달하지만, 하등 운화에 머물고 있는 사람은 상등 운화의 정체를 잘 모른다. 그러므로 당면한 사태에 알맞게 대응하려면, 상등의 운화를 파악하고 거기에 승순하려고 노력해야 한다. 이런 전제하에 본 연구에서는, 일신, 통민, 대기운화의 3단계 운화에 집중할 것인데, 다음의 내용을 살펴보자.

단지 일신운화만 알고 통민운화를 모르면, 일신운화를 아는 것에도 다하지 못하는 것이 많다. 단지 통민운화만 알고 대기운화를 모르면, 통민운화를 아는 것에도 다하지 못하는 것이 많다. … 이런 까닭에 한 몸의 교학을 논하는 자는 먼저 통민운화를 아는지 모르는지를 물어 우열을 삼고, 백성을 통솔하는 교학을 논하는 자는 먼저 대기운화를 아는지 모르는지를 물어 우열을 정한다.51)

3단계의 운화에서, '일신운화'는 개인의 삶과 연관된 영역이고, '통민운화'는 정치·교육 등과 연관된 영역이며, '대기운화'는 기후·계절 변화 등과 연관된 영역이다.52) 혜강의 설명을 빌어 말하자면, ⓐ 일신운화는 '젊고 기운찬 시기에는 보고 듣는 것이 시간에 따라 진보하다가, 늙고 쇠약해지면 경험이 점차 숙련됨에 이르는' 영역이고, ⓑ 통민운화[庶民運化]는 '견문을 넓혀 백성들을 통솔하여 하나가 되고, 사무를 단련하고 근골을 수고롭게 해서 은택을 이루어 한마디 말을 하면 천리만리에서 화응하는' 영역이며,53) ⓒ 대기운화는 '지구와 달, 별, 태양 등이 순서대로 돌아서 신기하고 영묘한 효과를 이루는' 영역이다.54) 이 중 대기운화가 기학의 표준[準的]이 되는데, 혜강은 대기운화의 예로 다음과 같은 내용을 언급하기도 한다.

지각[地體]에 수증기가 맺힌 것은, 밖에는 태양의 데움이 있고 안에는 생기의 발양이 있어서, 안과 밖의 기운이 서로 응하고 서로 화하여 진실로 액체가 생긴 것이다. 만물의 화육은 실로 조화의 신기하고 영묘한 효과이니, 산과 들, 강과 바다는 기의 증발에 다름이 있고, 모래와 진흙, 푸석푸석한 흙과 부드러운 흙은 기를 받아들임이 같지 않다.55)

이처럼 대기운화는 '자연의 질서'를 의미하는 것으로, 사회를 조직하고 법률과 도덕 등의 규범을 정하는 데 필요한 모델이 된다.56) 비록 '대기운화가 함의하는 자연의 필연적인 질서를 어떻게 발견하고, 또 거기에 어떻게 승순해 개인의 삶과 사회에 적용해야 하는가?'라는 질문에 대해 혜강이 설득력 있는 답변을 제시하는 것은 아니지만, 두 가지는 추론이 가능하다. ⓐ 그중 한 가지는 상등 운화에 대한 외경(畏敬)의 자세이고, ⓑ 다른 한 가지는 운화의 체계에서 좇아야 할 최종적인 표준은 대기운화이지만 실질적으로는 통민운화가 기학의 핵심이라는 것이다.

먼저 전자에 대해, 혜강은 부모를 향한 '효(孝)'에 비유하여 대기운화를 따르는 자세를 설명한다. 즉, "대기가 숨을 쉬게 하고 적셔주는 은택 및 부모가 낳고 길러주신 은혜는 이 몸이 세상에 살면서 때에 맞추어 모든 힘을 다해야 하며, … 따라서 부모의 침식(寢食)을 돌보는 것에서부터 하늘과 땅을 모셔서 신명에 통하고 사해에 도달하는 것까지 모두 효"57)라는 것이다. 이어서 후자에 대해, 그는 통민운화야말로 기학의 중추[樞紐]임을 단언하고 있다. 다시 말해, 일신운화는 통민운화를 표준으로 삼아야 하되, 대기운화는 통민운화를 통해 드러나야만 궁극적인 표준으로서 제 기능을 다할 수 있다는 것이다. 그래서 혜강은 "일신운화가 통민운화를 표준으로 삼으면 나아가거나 물러설 것이 있게 되고, 대기운화가 통민운화에 도달하면 어긋나거나 넘치는 것이 없게 될 것이다."58)라고 했던 것이다.

정리하자면, 혜강은 발달하는 과학 기술에 의해 대기운화의 정체가 점차 밝혀지고 있는 상황에서, 외경의 자세로 그 궁극적인 표준을 탐구하고 개인의 삶과 사회에 적용시키기 위해 노력하되, 적용의 실질적인 최대 영역은 통민운화로 설정했던 것이다. 그가 "대기운화에서 승순하고 일신운화[身氣運化]에서 미루어 넓혀, 이로써 정치와 교육의 범위를 정하고, 강령을 세우고 본체를 밝히며, 조목을 나누어 사용을 다하는 것이 모두 통민운화[氣化]에 갖추어져 있다."59)라고 했던 것도 이러한 맥락이다. 바로 이 통민운화의 완성태가 본 절의 마지막 내용인 '대동'이다.

① 대저 기학은 모든 사람들이 함께 말미암고 함께 행하는 것이나, 다만 잘 몰라서 서로 불화하고, 또는 혹 제대로 인식하지 못하여 함께 돌아가지 못한다. … 만일 이 기학으로 하여금 천하에서 창도하게 하면, 잘 모르는 자나 제대로 인식하지 못하는 자 모두 인기운화 중으로 돌아갈 것이니, 이것이 실로 '대동'의 추세인 것이다.60)

② 만일 문자를 서로 동일하게 한다면, 사정이 서로 통하여 화해의 방법이나 위로하고 깨우쳐 주는 도리가 곡진하고 감춤이 없게 될 것이다. 또 서책에서 궁구하고 해석하는 데 있어서도 피차에 걸리적거리고 방해됨이 거의 없을 것이다. … 서방의 여러 나라 중에 혹 이 같은 뜻을 가진 사람이 있는가? 비록 한두 해에 완성될 수 있는 것은 아니지만 장차 후세에 바라는 것이다.61)

인용문 ①은 혜강이 생각했던 대동의 본질·이념적인 측면과 연관되고, ②는 대동의 구현·실제적인 측면과 연관된다. 혜강은 자신이 기학을 통해 규정한 대동사회의 본질을 세상에 구현함에 있어 상당히 낙관적인 입장을 취하는 것으로 보이는데, 그는 추측과 증험을 통해 대기운화의 실마리를 찾아 승순하게 되면, "멀리 타국 사람도 같은 국가 사람과 다름이 없게 되고, 이방의 풍속도 대동의 풍속에 이를 수 있다."62)라고 하였다. 그리고 이것은 만물과의 관계로도 연속되어, 기학을 적용한 효과로 등장하는 대동사회에서는 하늘과 땅, 사람과 사물이 일통(一統)을 이룬다.63) 이렇게 보자면, 혜강은 유교 전통에서 강조한 '평천하' 이념을 계승하되, 그 범위를 자신의 시대정신을 반영한 동·서양 전체 세계로 확장시켰고, 여기서 한 걸음 더 나아가 천하 만물이 조화롭게 일통을 이룬 사회를 지향했던 것이다.64)

이러한 일통의 정신이 반영된 저작 『인정(人政)』의 서문에서, 혜강은 이 일통으로 사람을 헤아리고[測] 가르치며[敎] 선발하고[選] 쓴[用] 뒤에야, 비로소 막힘이나 분열의 근심이 없이 저절로 하늘과 사람의 큰 정치가 합쳐질 것이라고 하였다.65) 그는 또한 통민운화의 완성태인 대동사회가 오륜(五倫)에 의해 달성된다고도 하였는데, 혜강의 관점에서 오륜이란 오랜 기간의 검증을 통해 보편성을 확보한 법칙[天則]이다.

> 오륜의 가르침은 지극히 다함에 이른 것이기에, 천하에 미루어 확대하면 자연히 만국이 모두 조화를 이룰 것이다. 부자유친(父子有親), 군신유의(君臣有義), 부부유별(夫婦有別), 장유유서(長幼有序), 붕우유신(朋友有信)의 아래에 조민유화(兆民有和) 한 구를 더하면, 오륜이 통행하여 모든 백성이 조화로움에 이르는 실효가 드러난다. 오륜의 가르침을 각자 힘써 행하는 것과 천하에 통행하는 것은 자연히 크고 작음에 같지 않음이 있는데, 각자 힘써 행하는 것은 '일신운화'이고, 천하에 통행하는 것은 '통민운화'이다. 천하에 통행하는 오륜을 일신 각자가 행하는 오륜의 법칙으로 삼고, 일신 각자가 행하는 오륜의 증험을 미루어 천하에 통행하는 오륜의 치안(治安)으로 삼는다면, 거의 거치적거리거나 막히는 실마리가 없을 것이니, 이것이 곧 크고 작음이 완비된 오륜이다.66)

이처럼 혜강은 오륜에 자신의 시대정신을 투영시켜 '조민유화'라는 강령을 추가함으로써, 오륜을 통해 세계 공동체를 묶으려는 원대한 구상을 시도했다.67) 그리고 이것은 혜강이 대동의 본질과 일통의 이념을 실제 세계로 구현함에 있어 상당히 낙관적인 입장을 취했다는 필자의 주장을 뒷받침한다.

지금까지 본 절에서는, 먼저 혜강의 사유에서 크게 주목받지 못했던 '심기' 개념의 정체를 규명하고, 올바르게 형성된 심기를 내포한 신기가 승순하는 3단계의 운화(일신, 통민, 대기운화)에 대해 살펴보았다. 또한 혜강이 기학의 추뉴(樞紐)라고 언급했던 통민운화의 완성태인 대동에 대해서도 본질과 구현이라는 측면에서 논의하였다. 이제 이어지는 절에서는 재구조화한 혜강 기학의 구조에서 도출할 수 있는 학교 평화교육에 대한 시사점에 대해 고찰할 것이다.

3. 혜강의 기학에 내포된 평화교육적 가치

혜강은 "사람이 무리를 사랑하는 것에는 크고 작음 및 넓고 좁음이 있다. 천하 사람들을 일통하는 것이 가장 크고 넓은 사랑이고, 다른 나라 사람들은 낮추면서 겨우 제 나라 사람들만 사랑하는 것은 다음이다. … 천하의 생명[生靈]을 하나로 보아야 인도(人道)가 완성되며, 교인접물(交人接物)을 제거하지 않아야 인도가 완성되니, 사람과 사물을 박애하는 것이 진정한 사랑이다."[68]라고 언급함으로써, 기학에서 설정하고 있는 '평화'의 크기와 범위가 대단히 광대하다는 점을 제시하고 있다. 또한 "사람의 타고난 도량에는 크고 작음의 차이가 있어 사랑하는 정에도 넓고 좁음이 있게 되지만, 일신운화가 변천하면 작은 사랑이 큰 사랑이 될 수 있고 좁은 사랑도 넓은 사랑이 될 수 있다."[69]라고 말함으로써, 평화의 크기와 범위는 운화에 대한 '교육'을 통해 달라질 수 있다는 점을 드러내고 있다. 이를 전제로, 본 절에서는 혜강의 기학이 도덕과 교육을 중심으로 이루어지는 학교 평화교육에 대해 어떤 시사점을 가지는지, 세 가지 사항으로 나누어 고찰할 것이다.

첫 번째는, 개인에게 형성된 평화를 향한 올바른 정신[心氣]이 광대한 범위의 평화 달성에 결정적으로 기여할 수 있다는 것이다. 혜강은 기학을 통해 하늘과 땅, 사람과 사물이 일통을 이루면, "둘로 나뉘어 강제로 상대방의 것을 빼앗으려는 근심이나 시끄럽고 떠들썩하여 복잡해지는 폐단은 자연히 없어질 것이다."70)라고 하였다. 그리고 제2절에서 밝혔던 것처럼, 일신운화의 표준이자 대기운화가 구현되어야 할 곳은 통민운화라고 지적하기도 하였다.71) 이렇게 보자면, 둘(혹은 그 이상)로 나뉘어 서로의 것을 빼앗으려는 근심이나 어지럽고 혼란스러워 발생하는 폐단으로 요약되는 갈등, 이 갈등이 없는 평화 상태의 구현은 정교(政敎)의 중심인 통민운화의 범주에서 이루어져야만 실제적인 효과를 얻을 수 있는 것이다. 그런데 혜강은 올바른 심기의 형성이 통민운화의 평화적 구현과 긴밀하게 연관되어 있다는 점을 다음과 같이 제시한다.

> 오로지 언어와 문자, 예율(禮律)과 세속적으로 높이는 것들은, 이것들이 심기에 습염된 바에 말미암아 일의 기틀을 전달하는 통민운화의 바탕이 된다. 하지만 그 습염된 바에는 자연스럽게 허함과 실함, 얕음과 깊음의 차이가 있으니, 언어와 문자, 예율과 세속적으로 높이는 것들의 옳음이 천인운화를 거스르지 않으면, 심기의 물든 것이 억지로 하지 않더라도 기뻐하고 즐거워함이 자연히 깊어지고, 몸 안의 기도 모두 응한다. 두 번 세 번 물들게 되면, 가슴속에 형체가 형성되고, 이로 인해 변통이 생긴다.72)

만일 심기가 올바르게 형성되지 못한다면, 그 사람은 혜강이 경계한 '독부(獨夫)'가 되고 만다. 독부는 물정에 어둡고 괴상한 견문을 가지고 있으며, 이로 인해 취하거나 버리는 것에 편벽하다. 뿐만 아니라, 가슴속에 형성된 작고 그릇된 지식에 대한 자부심이 너무 커서 다른 사람의 말이 귀로 들어가지 않고, 혹여 들어가더라도 깨닫는 것이 없다.73) 그런데 독부의 폐해는 개인의 차원에 그치지 않아서, 만일 이러한 사람이 정치를 하게 되면 그 나라는 독부요 농고(聾瞽, 귀머거리·소경)의 나라가 되어 다른 나라들의 웃음거리가 되고 열등한 수준의 국가로 전락하고 만다.74) 독부라는 개인 및 독부·농고의 나라가 진정한 평화의 구축에 결코 도움이 되지 않으리라는 사실은 재론의 여지가 없다.

이처럼 혜강의 기학은, 개인에게 형성된 평화를 향한 올바른 정신이 광대한 범위의 평화 달성에 기여할 수 있다는 점을 보여준다. 그런데 바로 이것을 현재 학교 평화교육에서는 간과하고 있는 것으로 보인다. 본 연구에서 초점을 맞추고 있는 고등학교 도덕과 교육에서는, 평화교육의 내용 요소를 대부분 거시적으로(사회 갈등, 통일 문제, 국제 분쟁, 세계 시민 등) 설정하고 있다. 하지만 수많은 갈등과 분쟁을 평화적으로 해결하는 출발점에는 개인으로서의 '도덕적 주체'가 있고, 이런 주체가 많아져야만 갈등과 분쟁이 원천적으로 해소될 수 있다는 점을 고려할 때, 학교 평화교육에서는 학생 개개인의 평화를 향한 정신의 확립을 결코 가볍게 여겨서는 안 될 것이다.

다음으로 혜강의 기학에 내포된 평화교육적 가치의 두 번째는, 평화를 바라보고 지향하는 우리의 자세에 대해 기학이 시사하는 바가 있다는 것이다. 혜강은 '운화'를 알아야만 세상을 화평하게 만들 수 있다고 보았으며, 이는 다음과 같은 언급에서 여실하게 나타난다.

온 세상의 범위와 펼쳐짐을 통찰하면, 세상에 가득한 사람·사물의 살고 숨 쉬며 나타나고 사라짐이 대기운화에 의해 천변만화하지 않는 것이 없다는 것을 알게 된다. 비록 미세한 사물이라도 이 기화(氣化)를 버리고 이루어지는 것은 있지 않다. 운화를 인식하는 사람은 온 세상을 평화롭게 하는 방법을 논함으로써, 온 세상 사람들로 하여금 이미 습염된 기화로 말미암아 운화에 감복하게 할

수 있으며, 딱 알맞게[符驗] 가르칠 수도 있다.75)

혜강의 사유에서 이토록 중요한 위상을 차지하는 운화는 단계·범주에 따른 구분이 있고, 그의 기학 체계에서 하등 운화는 상등 운화를 확장적으로 지향해야 한다는 점을 앞서 지적하였다. 혜강이 "크게는 천인운화(天人運化)가 있고 작게는 사물운화(事物運化)가 있으며, 그 사이에 인심의 운화가 있다. 큰 것에서 얻어 작은 것에 베풀고 작은 것에서 증험해 큰 것에 합하여 모든 것을 경영하고 이루는 것이니, 우열성패는 모두 심기운화(心氣運化)에 달려 있다."76)라고 말했던 것도 이러한 맥락에서이다. 그런데 주목해야 할 부분은 하등 운화에서 상등 운화를 지향할 때, 즉 승순할 때의 자세이다. 그 자세는 크게 두 가지로 구분되는 바, ⓐ 하나는 '치열한 탐구와 성찰'이고, ⓑ 다른 하나는 '좇아야 할 표준[準的]에 대한 외경'이다.

먼저 전자에 대해, 혜강은 참된 지식과 지혜는 운화를 경험해야만 비로소 생기는 것으로, 상등 운화를 치열하게 탐구하거나 성찰하지 않은 채 대강 어림짐작으로 얻은 것을 지(知)라고 하는 것은 다만 '지의 병'일 뿐이라고 신랄하게 비판하였다.77) 그의 입장에서 이 병을 없애려면, 경험과 추측을 통해 얻은 내용을 다시 치열하게 탐구하고 성찰하여 운화를 제대로 체득해야만 한다. 이어서 후자에 대해, 혜강은 "돌고 돌아 사물을 생성함은 천지(天地)의 기요, 가르치고 배우며 인도하고 따름은 인심(人心)의 기이다. 심기의 인도하고 따르는 것이 천기의 사물 생성을 거스르지 않아야만 우주에 통행될 수 있다."78)하고 하였다. 또한 하늘 섬기는 일에 비유하면서, 항시 운화기(運化氣)의 마음을 보존하고 운화기의 본성을 길러서, 이 운화를 거역하거나 거스르지 말고 잘 따르고 받들 것을 강조하였다.79) 이런 언급들에서 파악할 수 있는 것은 좇아야 할 표준이 되는 상등 운화에 대해 진실로 외경하는 마음가짐으로 승순해야 한다는 것이다.

정리하자면, 혜강은 운화를 제대로 파악하는 것이야말로 세상을 평화롭게 만들 수 있는 진정한 길이라고 보았는데, 이 길을 따라감에 있어서는 두 가지 자세가 요구되는 바, 치열한 탐구와 성찰 및 좇아야 할 표준에 대한 외경이 그것들이다. 그런데 이런 혜강의 관점은 현재 시행되고 있는 학교 평화교육을 보완함에 있어서 중요한 내용을 시사한다.

첫째는 혜강 기학의 구조에서 운화의 체계는 일신운화 → 통민운화 → 대기운화의 3단계 구분이 통상적인데, 이 체계를 활용하여 ⓐ 개인이 평온한 상태, ⓑ 사회와 국가에 분쟁이 없는 상태, ⓒ 자연과 소통하면서 바르게 관계 맺는 상태를 하나로 꿰뚫어 가르칠 수 있다는 것이다. 고등학교 도덕과 교육에서 시행 중인 평화교육의 경우, 이미 교육과정상에서 내용 요소가 정해져 있는 까닭에, 지역·세대·이념·남북·국제 갈등 등으로 한정하여 평화교육을 하고 있다. 그리고 같은 이유로 동·서양의 평화 사상을 소개함에 있어서도 인용된 학자(㉿)의 특정 단면을 부각시킨다. 이같은 상황이다 보니, 평화가 개인, 사회·국가, 자연 등 우리와 관련된 모든 영역을 관통하고 있다는 사실이 쉽게 간과된다. 하지만 혜강의 기학에서 전제하는 운화는 통행 범위가 실로 광대한 까닭에, 한 사람의 내부에 형성된 평온에서부터 전(全) 우주적인 범위의 소통에 이르기까지 모두 아우를 수 있다는 큰 장점이 있다.

이어서 둘째는 탐구와 성찰의 자세, 좇아야 할 표준에 대한 외경의 마음가짐 등 평화를 학습하고 행동으로 옮길 때 요구되는 태도와 덕목을 추가할 수 있다는 것이다. 고등학교 도덕과 교육을 중심으로 시행하고 있는 평화교육에서도 소통이나 신뢰, 관용 등 평화와 관련된 다양한 태도와 덕목들을 다루고 있다. 하지만 평화는 일회적으로 학습해서 체득할 수 있는 것도 아니고, 평화로운 상태를 얻기 위한 방법 역시 상황과 맥락에 따라 대단히 복잡하다. 그러므로 갈등의 해소 및 평화를 이룩하기 위한 간단(間斷) 없는 고민과 탐구·성찰이 요구된다. 이런 자세가 곧 대동사회의 기틀이 된다는 점을 혜강은 다음과 같이 말하고 있다.

보고 듣는 것이 점점 넓어지면 취하고 버리는 것은 실제에 달려 있다. 서적을 뒤지고 읽어 기화의 단서를 찾고, 사물을 경험하여 기화에 합하는 것을 취한다. 이렇게 쌓인 노력이 인기의 운화를 달성하고, 미루어 도달한 효과가 천지의 운화에 미치게 되면, 멀리 있는 나라의 사람도 같은 나라의 사람과 다를 것이 없고, 다른 나라의 풍속 역시 대동의 풍속으로 돌아갈 수 있다.80)

그런데 혜강은 치열한 탐구와 성찰에 기초하여 대기운화라는 궁극적인 표준을 검증한 것에서 한 걸음 더 나아가, 거기에 외경하는 자세로 승순해야 함을 강조한다. 유의해야 할 부분은 대기운화에 대한 외경은 대기운화를 향한 복종을 의미하는 것이 아니라는 점이다. 오히려 이것은, ⓐ 대기운화라는 용어로 표현된 진리에 대한 겸양(humility)과 개방성, ⓑ 개인에게 형성된 좁은 소견이나 잘못된 앎 등을 교정하려는 의지, ⓒ 앎을 행동으로 옮기려는 도덕적 동기 등을 함의한다.81) 이렇게 보자면, 탐구와 성찰을 통해 획득한 평화 구현의 길에 대해 외경하는 마음가짐을 지니는 것은 평화의 실제적인 완성을 위한 주요한 원동력이 된다고 할 수 있다.

이상에서 밝힌 두 가지 시사점들은 혜강의 기학에서 도출할 수 있는 학교 평화교육에 대한 '본질적' 해법이라고 할 수 있다. 반면 마지막으로 언급할 혜강의 기학에 내포된 평화교육적 가치의 세 번째는 '실질적' 해법과 관련된 것으로, 그의 저술에서 발견되는 평화와 관련된 대목들은 학교에서 시행하는 평화수업에서도 충분히 활용할 수 있는 가능성을 가지고 있다는 것이다. 고등학교 『생활과 윤리』 및 『윤리와 사상』 교과서에서 평화를 한국윤리사상과 연관시켜 소개한 경우가 매우 드물다는 사실은 이미 지적하였다. 이에 아래에 인용한 지문들을 수록한 〈읽기 자료용 학습지〉를 제작·배포하여 학생들과 함께 강독하거나, 교과서 개정 시 평화 관련 단원의 부록 또는 보조단에 수업 자료로 수록함으로써, 1800년대 중반에 학문적 전성기를 보냈던 조선의 한 지식인이 온 세상의 소통과 평화를 어떻게 바라보고 있었는지 학생들에게 그리 어렵지 않게 소개할 수 있다.

① 다른 사람과 나는 비록 나뉘어 있으나 자연스럽게 같은 바가 있는데, 천인 운화의 기가 그것이다. 이것을 일으켜 여러 가지 일들을 처리하면, 다른 사람과 나는 같을 것이요 나도 다른 사람과 더불어 같을 것이다. 그것을 한 나라에 베풀면 한 나라의 사람들과 더불어 같을 것이고, 그것을 천하에 베풀면 천하의 사람들과 더불어 같을 것이다.82)

② 천지운화의 도를 가지고 남쪽 끝과 북쪽 끝의 사람들까지 열어 깨우쳐 주고 동쪽 끝과 서쪽 끝의 백성들까지 이끌어 교화시키면, 모두 느끼고 통하는 기미가 있게 될 것이다. … 온 세상의 교화를 일통운화로 돌려서 승순함에 어긋남이 없으면, 온 세상의 큰 도가 평안하게 되고 온 세상[四洲] 각지의 현명한 사람들[天爵之賢俊]이 도를 밝히고 행하여, 이 백성들로 하여금 하늘의 백성이 되게 하고 이 정치로 하여금 하늘의 정치가 되게 할 것이다.83)

지금까지 본 절에서는, 혜강의 기학에 내포된 평화교육적 가치에 대해 세 가지로 나누어 살펴보았다. 첫 번째는 개인에게 형성된 평화를 향한 올바른 정신이 광대한 범위의 평화 달성에 크게 기여할 수 있다는 것이고, 두 번째는 혜강의 기학이 평화를 바라보고 지향하는 우리의 자세(치열한 탐구와 성찰의 자세, 좇아야 할 표준에 대한 외경의 마음가짐)에 대해 시사하는 바가 분명히 있다는 것이며, 세 번째는 그의 저술에서 발견되는 평화와 관련된 대목들은 학교에서 시행하는 평화수업에서도 충분히 활용할만한 가능성이 있다는 것이다. 이제 이어지는 마지막 절에서는 본 장에서 미처 다루지 못한 후속 과제를 한두 가지 제언하면서 글을 마칠 것이다.

4. 남은 과제들

지금까지 이 장에서는 혜강의 기학을 재구조화하고, 여기에서 학교 평화교육에 대한 시사점을 도출한다는 목적 아래 논의를 진행하였다. 이를 위해 먼저 총 10종에 달하는 고등학교『생활과 윤리』및『윤리와 사상』검정 교과서들을 검토하였다. 그리고 '도덕과'를 중심으로 이루어지는 학교 평화교육에서는 '평화'를 제한된 범위에서 다루고 있고, 한국윤리 사상과 평화를 연결시킨 경우가 적으며, 그 경우에서마저 오해의 소지가 있음을 확인하였다. 이어서 본 장에서는 감각 기관들을 주재하고 경험과 기억을 통솔하는 신기의 작용에 의해 우리 가슴속에 형성된 유형의 존재 인 '심기' 개념을 규명하였다. 또한 형성된 심기를 내포한 신기가 승순하는 일신 → 통민 → 대기운화의 삼층 운화 및 운화 체계의 실질적 완성태 인 '대동'에 대해 설명하였다. 끝으로 본 장에서는 혜강의 기학이 함의하고 있는 평화교육적 가치들을 도출하였는데, ⓐ 학교 평화교육에서는 도덕적 주체로서의 개인이 갈등과 분쟁을 평화적으로 해결하려는 정신을 확립할 수 있도록 신경 써야 한다는 점, ⓑ 평화는 개인이 평온한 상태, 사회와 국가에 분쟁이 없는 상태, 자연과 소통하고 바르게 관계 맺는 상태 등을 관통하며, 평화의 달성을 위해서는 치열한 탐구와 성찰, 외경의 마음가짐 등이 필요하다는 점, ⓒ 혜강의 저술에서 발견되는 평화 관련 내용들은 실제 학교 평화수업 자료로 활용이 가능하다는 점 등이 그것들이다.

혜강이 언급한 심기와 심기운화를 규명한 연구가 드물었고, 기학을 도덕과 교육이나 학교 평화교육의 차원에서 조명한 연구도 많지 않았다는 점을 고려할 때, 이 장의 논의는 나름의 학술적 가치를 지닐 수 있을 것으로 예상된다. 하지만 다음과 같은 후속 과제들이 보완되어야만 그 가치가 더욱 공고해질 것으로 판단된다. 첫째는, 혜강의 기학에서 발견되는 여러 난점을 설득력 있게 파해(破解)해야 한다는 것이다. 그가 계속하여 강조하는 것처럼 기학의 구조에서 궁극적인 표준의 자리는 대기운화가 차지하는 것이 분명하지만, 대기운화를 따라야 한다는 말의 의미가 정확하게 무엇인지, 모든 사람이 이것을 준적으로 따를 수 있는지, 따를 수 있다면 그 방법은 어떤 것인지, 기학에 의거해 동·서양이 통합할 때 구체적인 절차는 세울 수 있는지 등에 대해 혜강은 별다른 언급을 하지 않는다.84) 그런데 이 같은 난점들이 해결되어야만, 기학이 이론적 기반으로 기능할 수 있고 그 적용도 현실화될 수 있다.85) 이어서 둘째는 제한된 연구의 분량상 더 이상 진전시키지는 못했지만, 기학에 기초한 평화교육 관련 교수·학습 방법 또는 평가 방법을 수립하여 실제 수업 현장에 적용, 관찰(monitoring), 환류(feedback)하는 것이다. 사실 사상과 현장을 연결시키는 대부분의 연구가 전자의 시각에서 후자를 바라보는 까닭에, 메아리 없는 외침에 그치는 경우가 많다. 그런데 두 가지가 성공적으로 연결되려면 거꾸로 현장을 적극 고려하면서 사상을 해석할 필요가 있다. 본 연구는 그 방향을 채택하였으나, 교수·학습 방법 내지는 평가 방법의 수립까지는 미처 진행하지 못하였다. 이상과 같은 과제들은 별도의 지면을 기약한다.

미주

1) 한국보건사회연구원,『사회통합 실태 진단 및 대응 방안 연구(Ⅴ)』, 한국보건사회 연구원, 2018, 47~48쪽; 한국행정연구원,『2019년 사회통합실태조사』, 한국행 정연구원, 2020, 66쪽; 뉴스1, '[NFF 2020]한국 사회갈등을 숫자로 나타낸다 면?', 2020.07.16.자 기사(https://www.news1.kr/articles/?3996792).

2) 한국철학사연구회,『한국철학사상사』, 심산, 2005, 365~366쪽. ; '운화'는 기학 에서 존재의 양상을 설명하는 개념이므로, 존재론으로 분류하는 것이 통상적이다. 그러나 '신기'의 경우에는 인식론 이외에 존재론과 관련된 개념으로 분류할 수도 있다. 다만 인식을 가능하게 하는 근거 및 인식의 방법이라는 측면에서 볼 때, 신 기는 인식을 가능하게 하는 근거가 되기도 하는 까닭에, 본 연구에서는 인식론으 로 분류한 것이다(한국철학사연구회,『한국실학사상사』, 심산, 2008, 294쪽; 최 영진 외,『한국철학사』, 새문사, 2009, 405쪽).

3) 혜강의 '심기', '심기운화(心氣運化)'에 대한 일반 연구는 많지 않은 반면, '대동'에 대한 연구는 꾸준하게 이루어졌고 필자도 기존의 관점에 일정 수준 이상 동의한다 (박희병,『운화와 근대』, 돌베개, 2003, 156~173쪽; 임형택,『문명의식과 실학』, 돌베개, 2009, 238~247쪽; 柳生眞, 「최한기의 대동사상」,『한국인물사연구』제 9집, 한국인물사연구회, 2008; 김태오, 「혜강의 대동론과 소통론」,『교육철학』 제41집, 한국교육철학회, 2010; 신현승, 「담헌과 혜강의 유교 대동론과 공동체 정 신」,『유학연구』제32집, 충남대학교 유학연구소, 2015; 김경수, 「최한기의 대동 사상 연구」,『범한철학』제92집, 범한철학회, 2019). 그러나 본 연구는 ⓐ 심기를 출발점으로 기학을 체계화하고 그 목표 지점에 대동을 위치시켰다는 점, ⓑ 학교 평화교육의 시각에서 혜강의 심기와 대동이 가진 시사점을 규명한 점 등에 있어 기 존 연구들과 차별화된다.

4) 『국립국어원 표준국어대사전』, https://stdict.korean.go.kr/main/main.do

5) 우리사상연구소,『우리말 철학사전 2』, 지식산업사, 2006, 333~338쪽; 박흥식, 「서양 고중세시대의 평화 이념과 실제」,『동국사학』제55집, 동국대학교 동국역 사문화연구소, 2013, 495~508쪽.

6) 고병헌,『평화교육사상』, 학지사, 2009, 49~53쪽; 이문영, 「폭력 개념에 대한 고찰」,『역사비평』제106호, 역사문제연구소, 2014, 331쪽.

7) 조정아 외,『평화교육의 실태와 쟁점』, 통일연구원, 2019, 38~49쪽.

8) 고병헌, 앞의 책, 2014, 31쪽; Harris. I. M. & Morrison. M. L., 박정원 역,『평 화교육』, 오름, 2011, 28쪽.

9) 「생활과 윤리」 과목의 '평화와 공존의 윤리'의 성취 기준은 "우리 사회, 민족 공동 체, 지구 공동체의 다양한 갈등 양상을 이해하고, 우리 사회의 통합, 민족의 평화,

지구촌의 공존을 위한 윤리적 과제를 탐구하여 진정한 사회 통합과 민족 통일 및 지구촌 평화를 실현하고자 하는 도덕적 공동체 의식을 함양한다."이고, 「윤리와 사상」 과목의 '평화: 세계 시민과 세계 평화는 실현가능한가?'의 성취기준은 "동·서양의 평화사상들을 탐구하여 세계 시민주의와 세계 시민윤리의 원칙 및 지향을 이해하고, 이를 통해 세계 시민이 가져야 할 태도에 대해 성찰할 수 있다."이다(교육부, 『교육부 고시 제2015-74호[별책 6] 도덕과 교육과정』, 교육부, 2015b, 45쪽, 59쪽).

10) 정창우 외, 『생활과 윤리』, 미래엔, 2018, 190쪽.

11) 위의 책, 206쪽.

12) 『孟子集注』卷3 「公孫丑章句上」: 人之有言, 皆出於心, 其心明乎正理而無蔽然後, 其言平正通達而無病, 苟爲不然, 則必有是四者之病矣. ; 이기동 역시 지언에 대해 "말은 마음에서 나오는 것이므로 말을 아는 단계가 심화되면 마음을 알 수 있고, 나아가서는 마음의 근원을 이루는 성(性)을 알 수 있으며 천명을 알 수 있다." (『맹자강설』, 성균관대학교 출판부, 2016, 162쪽)라고 하였다. 위 인용문 ①의 경우에도 뒷부분에 지언의 요지가 나타나 있다. 하지만 교과서의 맥락이 요지를 부각시키기 못한다는 점에서 오해의 소지가 발생하는 것이다.

13) 황갑연, 『제자백가 사상』, 전북대학교 출판문화원, 2018, 78~79쪽.

14) 인용문 ②의 내용을 보면, '자국을 사랑하듯이 타국을 사랑하라.'라고 되어 있으나, 이 역시 오해의 소지가 있다. 『묵자』에서는 "다른 국가 보기를 내 국가처럼 보고, 다른 가문 보기를 내 가문처럼 보며, 다른 사람 보기를 내 몸처럼 보라."(『墨子』「兼愛中」: 視人之國, 若視其國, 視人之家, 若視其家, 視人之身, 若視其身.)라고 하였다. 얼핏 보면, 위 인용문 ②의 내용과 유사해 보이지만, 원문에는 '視人之國(人之家, 人之身)'이 앞에 있다. 이것은 선후 관계에 있어 다른 국가·가문·사람을 먼저 사랑하고 이롭게 하라는 것이다. 묵자가 이렇게 말한 까닭은, 다른 국가·가문·사람을 먼저 사랑하고 이롭게 하는 것이 곧 나의 국가·가문·몸을 이롭게 하는 방법이기 때문이다. 그래서 묵자 사상에서는 겸상애(兼相愛)에 이어 필히 교상리(交相利)까지 다루어야 하는 것이다(이강수, 『중국 고대철학의 이해』, 지식산업사, 2017, 225~228쪽).

15) 변순용 외, 『생활과 윤리』, 천재교과서, 2018, 190쪽.

16) 김국현 외, 『생활과 윤리』, 비상교육, 2018, 193쪽.

17) 권오민, 「원효 교학과 아비달마」, 권오민 외, 『원효, 불교사상의 벼리』, 운주사, 2017, 47~49쪽.

18) 최연식, 「원효의 화쟁 사상의 논의방식과 사상사적 의미」, 『보조사상』 제26집, 보조사상연구원, 2006, 443~449쪽.

19) 석길암, 「원효의 화쟁을 둘러싼 현대적 논의에 대한 시론적 고찰」, 『불교연구』 제27집, 한국불교연구원, 2008, 210~211쪽.

20) 박태원, 『원효의 십문화쟁론』, 세창출판사, 2013, 27~28쪽.

21) 위의 책, 29쪽.

22) 박태원, 「원효 화쟁 사상의 보편 원리」, 『철학논총』 제38집 제4권, 새한철학회, 2004, 34~39쪽. ; 박태원은 화쟁 사상의 보편 원리 중 첫 번째로 '각 주장의 부분적 타당성의 변별과 수용'을 꼽고 충분히 가능하다고 보고 있는 바, 필자는 고등학생들이 이런 성격의 소통 윤리를 이해할 수 있을지 의문이다.

23) 박찬구 외, 『윤리와 사상』, 씨마스, 2019, 210쪽.

24) 변순용 외, 『윤리와 사상』, 천재교과서, 2019, 206쪽.

25) 『退溪先生文集』 卷7 「進聖學十圖箚」: 學者誠能一於持敬, 不昧理欲, … 聖學, 存體應用之心法, 皆可不待外求而得之於此矣.; 이원진·이현진, 「퇴계의 '심병'과 그 치유법으로서의 경」, 『종교연구』 제79집 제3호, 한국종교학회, 2019, 132~136쪽.

26) 『栗谷全書拾遺』 卷5 「時弊七條策」: 苟可以便於國利於民, 則皆可爲之事也, 苟不能安其國保其民, 則皆不可爲之事也.; 김용헌, 「율곡 이이의 동북아 인식과 21세기 동북아의 평화와 공동 번영」, 『율곡사상연구』 제27집, 율곡학회, 2013, 22~31쪽.

27) 『霞谷集』 卷9 「存言 中」: 所謂天地之性, 卽此仁體, 吾之仁體, 卽天地之性也. 豈有不能盡吾仁之體, 而可以求性命之源者乎.; 김세정, 「하곡 정제두의 생태의식」, 『유학연구』 제31집, 충남대학교 유학연구소, 2014, 214~224쪽.

28) 이 같은 이유로 혜강의 학문을 '실학적 기학'이라 명명하는 경우도 있다(고려대학교 민족문화연구원 한국사상연구소 편, 『자료와 해설 한국의 철학사상』, 예문서원, 2010, 746쪽).

29) 『氣學』 卷1: 古人之語及氣化者, 收輯而繼述焉, 今人之講究氣化者, 隨器而啓發焉, 是實氣學之本意.; 統天下學問是非, 論定優劣, 以天下民生所實用, 四海政治所必由, 有形可執, 處物可驗, 爲實學, 欲捨而不能捨, 浴違而不能違.; 還天下本無之無形, 擧天下本有之有形, 措天下差誤之教文, 明天下氣化之學問, 天人之道得正, 政治之術得安.

30) 『神氣通』 卷1 「體通」 '天人之氣': 充塞天地, 漬洽物體, 而聚而散者, 不聚不散者, 莫非氣也. 我生之前, 惟有天地之氣, 我生之始, 方有形體之氣, 我沒之後, 還是天地之氣. 天地之氣, 大而長存, 形體之氣, 小而暫滅. 然形體之氣, 資賴乎天地之氣而生長, 從諸竅而通飲食聲色, 自肢體而通運用接濟.

31) 허남진, 「혜강 과학사상의 철학적 기초」, 예문동양사상연구원·김용헌 편, 『혜강 최한기』, 예문서원, 2005, 255~260쪽.

32) 『神氣通』 卷1 「體通」 '氣質各異': 氣是一也, 而賦於人, 則自然爲人之神氣, 賦於物, 則自然爲物之神氣.

33) 『神氣通』卷1 「體通」 '氣之功用': 擧其全體, 無限功用之德, 總括之曰神.

34) 『氣學』卷1: 氣之能曰神.

35) 『氣學』卷2: 氣之發而伸者爲神.

36) 『神氣通』卷1 「體通」 '明生於神, 力生於氣': 神氣無他能, 而明生於神, 力生於氣. 惟明與力, 乃無限妙用所由出也. 人之始生, 運動啼號, 力也, 力隨筋骨之壯而漸進, 飮食之灌而條達矣. 分開量度, 明也, 明隨閱歷之多而磨光, 見聞之博而照察矣. 力發於氣, 無所待而須用, 明生於神, 有待於閱歷見聞而漸進.

37) 『神氣通』卷1 「體通」 '知覺推測皆自得': 人之所稟於天者, 乃一團神氣與通氣之諸竅, 四肢則須用之具, 如斯而已, 更無他分得來者矣.; '神氣通序': 天民形體, 乃備諸用, 通神氣之器械也. … (目耳鼻口手足) 總載於一身, 而神氣爲主宰.; '神氣由臟腑而有異': 從神氣之動靜, 而注於目, 則一身之氣, 會極於目, 注於耳, 則一身之氣, 會極於耳, 注力於鼻, 而會氣於鼻, 舌與諸觸皆然.

38) 『神氣通』卷1 '神氣通序': 雖有此諸竅諸觸, 若無神氣之記繹經驗, 平生屢聞數見之事物, 皆是每每初聞見之事物也.; '四一神氣': 人身神氣生成之由有四, 其一天也, 其二土宜也, 其三父母精血也, 其四聞見習染也, 上三條, 旣有所稟, 不可追改, 下一條, 實爲變通之功夫. ; '운화'와 '승순'은 후술할 것이므로 생략한다.

39) 대표적인 것이 '마음'이다. 가령 금장태는 "인간의 신기를 최한기는 '마음'이라는 다른 이름으로 일컫고 있다."(「신기의 마음과 추측의 인식」, 철학사상연구소 편, 『마음과 철학(유학편)』, 서울대학교 출판문화원, 2013, 401~402쪽)라고 하였고, 한형조는 "혜강은 성(性)의 선험적 질곡을 떠난 심(心)을 말하고 싶었다."(「혜강의 기학: 선험에서 경험으로」, 권오영 외, 『혜강 최한기』, 청계, 2004, 181쪽)라고 지적하였다. 이런 해석의 근거에는 혜강의 "옛날의 소위 심체(心體)가 곧 신기이다."(『人政』卷9 「教人門 二」 '善惡虛實生於交接': 古所謂心體, 卽神氣也.)라는 언급이 자리한다. 하지만 여기에서도 혜강은 심체, 즉 마음의 본체를 신기라고 했지, 마음을 신기라고 한 것은 아니다. 그는 『기측체의(氣測體義)』의 서문에서 "기의 체를 논해 『신기통』을 짓고, 기의 용을 밝혀 『추측록(推測錄)』을 지었는데, 이 두 책은 표리가 된다."('氣測體義序': 論氣之體而著神氣通, 明氣之用而撰推測錄, 二書相爲表裏.)라고 하였으며, 『추측록』에서는 "마음의 기능은 본 것(들은 것, 익숙한 것, 있는 것)을 미루어서, 보지 못한 것(듣지 못한 것, 익숙하지 않은 것, 없는 것)을 헤아린다."(『推測錄』卷1 「推測提綱」 '推測卽是知': 心之所能, 推見而測其未見, 推聞而測其未聞, 推習而測其未習, 推有而測其無有.)라고 하였다. 이는 신기의 작용 중 미루고[推] 헤아리는[測] 기능을 마음이라고 표현한 것이다. 그러나 추측하는 마음은 신기의 작용 혹은 기능적 측면을 부각시킨 것이지, 마음이 곧 신기가 되는 것은 아니다(김민재, 「혜강 최한기의 '심기' 개념의 도덕교육적 의의」, 한국교원대학교 대학원 석사학위논문, 2008, 44~50쪽).

40) 『神氣通』卷1 「體通」 '自形質通神氣': 從其通而推擴, 可達於天下, 從其通而收斂, 可藏於胸中. 及其靜寂, 無一物在中, 惟有神氣, 澹明虛通, 無有所通, 亦無所

不通, 此時氣像, 卽神氣之返本還源也.; '知覺優劣從神氣而生': 從神氣之通於諸
竅諸觸, 而收聚人情物理一事二事, 比較優劣, 再度三度, 試驗成敗, 神氣之明知漸
開, 而習染于內者. 只有如是則優, 如是則劣, 若此則善, 若此則惡, 如彼則利, 如
彼則害, 如斯則難, 如斯則易, 更無他一毫積累.

41) 『氣學』卷1: 運化有形之氣, 天人一致, 以心中運化之氣, 效則天地運化之氣, 先後
排布, 間隔條理, 形諸胸中, 敷施於有形之物, 爲天下之正學.

42) 『氣學』卷2: 人之神氣, 因明悟而有記繹, 因記繹而有愛欲. 從明悟之淺深而記繹
有多少, 從記繹之多少而愛欲有大小, 未有明悟, 何以記繹, 未有記繹, 何以愛欲.
夫明悟記繹愛欲三者, 收取於在外之事物, 藏在心氣, 及其須用於外.

43) 『氣學』卷2: 心氣本是運化之物, 分得于大氣運化之中, 其幾微之相應相感如子母.

44) 김민재, 앞의 글, 2008, 50~62쪽.

45) 『氣學』卷2: 心氣運化之目有仁義禮智, 惻隱羞惡, 恭敬是非, 喜怒哀樂, 志意思
慮, 戒愼恐懼之類.

46) 『氣學』卷1: 苟能心氣達於此, 則可做巨細事務, 借人力於千百載之後, 報人力於
數萬里之遠. 若使心氣低殘, 不肯交人, 厭避當事, 無求於人, 無報於人者, 只守自
己運化, 以到畢生之時.

47) 『氣學』卷1: 一切功夫, 琢磨鍊熟, 成形于中, 乃可善推用, 亦可善變通.

48) 『氣學』卷1: 天人運化, 累驗而得之於外, 成象而藏之于內, 隨機而用之於外, 卽大
學八條, 格物致知, 得之於外也, 誠意正心, 藏之于內也, 修身齊家治國平天下, 用
之於外也.

49) 『氣學』卷1: 經傳史策, 以至凡常文辭之善字, 可見承順天氣運化之意也.

50) 『氣學』卷1: 達庶民之運化者, 可知其達一身之運化也, 達一身之運化者, 未必達
庶民之運化也.

51) 『人政』卷13「敎人門 六」'三等不可闕一': 只知一身運化, 而不知統民運化, 所知
一身運化, 多未盡矣. 只知統民運化, 而不知大氣運化, 所知之統民運化, 多未盡
矣. … 是以論一身之敎學者, 先問其統民運化之知不知, 以爲優劣, 論統民之政敎
者, 先問大氣運化之知不知, 以定優劣.

52) 이현구, 『최한기의 기철학과 서양 과학』, 성균관대학교 출판부, 2000, 130쪽.

53) 『氣學』卷1: 庶民運化, 在於博洽見聞, 統萬姓而爲一體, 鍛鍊事務, 炙筋骨而成膏
澤, 發一言, 則千萬里和應. 行一事, 則千萬人感服, 是自有德量焉. 一身運化, 在
於少壯見聞, 隨時進就, 衰老經歷, 漸致鍊熟.

54) 『氣學』卷1: 天以大氣運化而地月日星循序輪轉, 以成神功.

55) 『人政』卷13「敎人門 六」'地運化最切': 地軆之蒸鬱, 外有太陽之薰衣, 內有生

氣之發揚, 內外氣相應相和, 眞液成焉. 萬物化育, 是實造化神功, 山野江海, 蒸氣有異, 沙泥壚壤, 受氣不同.

56) 서욱수, 『혜강 최한기의 세계인식』, 소강, 2005, 120~121쪽.

57) 『氣學』 卷2: 大氣呴濡之澤, 父母生成之恩, 此身在世隨遇竭力, … 自寢食供養, 至事天事地通於神明, 達於四海, 皆是孝也.

58) 『氣學』 卷2: 一身運化準於統民運化有所進退, 大氣運化達於統民運化無所違越.

59) 『氣學』 卷2: 承順乎大氣運化, 推擴乎身氣運化, 以定政敎之範圍, 立綱明體, 分條致用, 咸備氣化之中.

60) 『氣學』 卷1: 若夫氣學乃宇宙人之所共由所共行, 只緣不知而不相和, 又或錯認而不同歸. … 如使斯學倡導於天下, 不知者錯認者, 同歸人氣運化之中, 是實大同之趨湊.

61) 『神氣通』 卷1 「體通」 '四海文字變通': 若使文字相同, 事情交通, 和解之方, 慰諭之道, 曲盡無隱. 且於書冊究解, 庶無彼此防礙. … 西方諸國, 或有斯意者耶. 雖非一年二年之所成, 將有俟於後世.

62) 『氣學』 卷1: 遠國之人無異同國之人, 異邦之俗可歸大同之俗.

63) 『氣學』 卷2: 氣學功效在於天地人物一統運化.

64) 이인화, 「최한기의 기학 체계에서 인간·인민·천하인」, 『양명학』 제48호, 한국양명학회, 2017, 274쪽.

65) 『人政』 '人政序': 測人以一統, 敎人以一統, 選人以一統, 用人以一統, 然後庶無硬塞分裂之患, 自有天人大政之合.

66) 『人政』 卷18 「選人門 五」, '猷猷敎法兆民有和': 五倫之敎, 至矣盡矣, 而推擴天下, 自有萬國咸和. 父子有親, 君臣有義, 夫婦有別, 長幼有序, 朋友有信之下, 添一兆民有和一句, 以著五倫通行, 兆民致和之實效. 五倫之敎, 各自勉行, 與通行天下, 自有大小之不同, 各自勉行, 一身運化也, 通行天下, 統民運化也. 以天下通行之五倫, 爲一身各行五倫之天則, 推一身各行五倫之證驗, 爲天下通行五倫之治安, 庶無妨碍偏滯之端, 即是大小完備之五倫也.

67) 권오영, 『최한기의 학문과 사상 연구』, 집문당, 1999, 182~183쪽.

68) 『人政』 卷25 「用人門 六」 '愛有大小': 人之愛其類, 有大小廣狹. 一統天下人民, 最廣大, 卑穢他國之人, 纔愛同國之民, 抑其次. … 一視天下生靈而人道成, 非除交接而人道成, 則博愛人物, 眞是愛也.

69) 『人政』 卷25 「用人門 六」 '愛有大小': 人稟識量, 雖有大小而愛情爲之廣狹, 然身運化變遷, 小愛可爲大愛, 狹愛可爲博愛矣.

70) 『氣學』 卷2: 自無岐二撓奪之患, 紛紜之弊.

71) 기학의 구조에서 일신운화가 상등의 통민운화를 지향하는 것은 이해되지만, 대기
운화는 왜 하등의 통민운화를 통해 구현되어야만 할까? 이 물음에 대해 혜강은
"대기운화는 통민운화에서 그 중점을 골라 취하지 못하면, 넓고 끝이 없어 범위를
드러낼 수 없다."(『人政』卷11「教人門 四」'統民爲中': 大氣運化, 不能撮要於統
民運化, 則浩蕩而不可效則範圍.)라고 답한다. 즉, 통민운화로써 대기운화 구현의
중점과 범위를 정해야만, 대기운화가 허황되지 않을 수 있다는 것이다.

72) 『氣學』卷2: 惟言語文字, 禮律俗尙, 由所習而染於心氣, 以爲傳達事機, 統民運化
之資. 然其所習染, 自有虛實淺深之不同, 言語文字, 禮律俗尙之義, 無違於天人運
化, 則心氣之染, 不待勉强, 悅樂自深, 身內之氣咸應. 再染三染, 成形于中, 因生
變通.

73) 『人政』卷5「測人門 五」'天人運化': 以迂怪見聞, 取捨偏隘, … 斯人胸中有小
慧, 而自恃太甚, 他人言論不入耳, 而無所覺悟, 是何異自暴自棄也.

74) 『人政』卷18「選人門 五」'家國天下選人': 蓋爲國之道, 不察隣國遠邦之政敎, 是
爲獨夫之國, 不察境內隱現之人器, 是爲聾瞽之國. … 爲諸國之所笑, 而更無他事,
則幸矣, 若參於統論諸國選擧優劣之席, 得聞己國居劣, 愼莫甚焉.

75) 『人政』卷9「教人門 二」'敷運化平宇內': 統豁宇內範圍排佈, 人物彌滿, 生息起
滅, 莫不因大氣運化而千變萬化. 雖微細事物, 未有捨此氣化而作成者. 識運化者,
可以論平宇內之道, 使宇內人, 因已習染之氣化, 感服運化, 敎之符驗.

76) 『氣學』卷2: 大則有天人運化, 小則有事物運化, 其間有人心之運化. 得于大而施
于小, 驗於小而合於大, 以爲凡百營濟, 優劣成敗全在於心氣運化.

77) 『人政』卷9「教人門 二」'知之病': 知生於運化之經驗. … 猶是經驗之知, 非所以然
之知, 況以一心之料度事物爲知, 而更不求之于天地萬物以爲知也, 是乃知之病也.

78) 『氣學』卷2: 輪轉陶鑄, 天地之氣, 敎學導率, 人心之氣. 心氣導率, 不悖於天氣陶
鑄, 可通行於宇宙.

79) 『氣學』卷2: 常存運化氣之心, 長養運化氣之性, 無忤逆而戕害, 有惠迪而有奉承,
卽是事天也.

80) 『氣學』卷1: 見聞漸博, 取捨在實. 簡策搜閱, 尋其氣化之端, 事物經驗, 取其氣化
之合. 積累之功成人氣之運化, 推達之效及天地之運化, 遠國之人無異同國之人,
異邦之俗可歸大同之俗.

81) Lickona. T., 박장호·추병완 역, 『인격교육론』, 백의, 2002, 83쪽.

82) 『氣學』卷1: 人我雖分, 自有所同, 卽天人運化之氣. 擧此而措處事務, 人與我同,
亦可我與人同. 施之於一國, 一國之人可與同, 施之於天下, 天下之人可與同.

83) 『人政』卷9「教人門 二」'敷運化平宇內': 以天地運化之道, 開牖極南極北之人,
導化極東極西之民, 庶有感通之機. … 使宇內敎化, 歸於一統運化, 承順無違, 卽平
宇內之大道, 四洲各方, 天爵之賢俊, 明斯道行斯道, 使斯民爲天民, 使斯政爲天政.

84) 신현승, 앞의 글, 2015, 155쪽; 박희병, 앞의 책, 2003, 50~55쪽.

85) 관련하여, 이종란은 저서 『최한기의 운화와 윤리』, 문사철, 2008에서 '운화의 인식과 승순' 문제를 중심으로 여러 해법을 제시하고 있다. 그의 논의를 포함해, 혜강의 기학에서 발견되는 난점들에 대한 파해는 후속 과제로 남겨둔다.

• 한국유학의 도덕교육적 성찰 •

2부
───

퇴계의
사상과 도덕교육

제6장

퇴계 이황 사상의 도덕교육적 활용을 위한 시론
- 『성학십도』의 '도(圖)'와 '설(說)' 재배치 문제를 중심으로 -

　이 장에서는 '경(敬)'을 중심으로 한 퇴계(退溪) 이황(李滉, 1501~1570)의 공부법을 학교 도덕교육에서 활용하기 위한 가능성에 대해 시론적인 수준에서 탐색할 것이다. 2015년에 개정 고시된 「2015 도덕과 교육과정」의 첫머리에는 도덕과(道德科)가 학교에서 이루어지는 인성교육의 핵심 교과임을 명시하고 있다.[1] 따라서 이 장에서 논의하려는 퇴계 사상의 도덕교육적 활용 가능성은 궁극적으로 청소년들의 인성 계발과도 맞닿아 있다고 할 것이다.

　주지하는 바와 같이, 퇴계 사상에 대한 연구는 다방면에서 이루어졌다. 문학, 사학, 철학 분야에서 다루어지는 것을 넘어 법학, 신학, 의학, 심리학 등의 분야에서도 퇴계 사상을 조명하고 어떤 시사점을 얻을 수 있는지를 고민해 왔다. 그리고 이것은 교육학 분야 역시 예외가 아니다. 그러나 비판적 시각에서 보자면, 퇴계 사상에 대한 연구는 대부분 그의 사상 자체를 되풀이하면서 끝나거나, 관련 시사점이나 함의를 간략히 제시하는 선에서 그치고 있다. 퇴계라는 인물의 삶과 사상이 가지는 여러 가지

의의 내지는 우리나라에서 차지하는 인지도를 고려할 때, 이는 반성해야
할 부분이라고 사료된다. 이러한 맥락에서 다음과 같은 지적은 여전히 유
의미하다.

> 퇴계 사상에 대한 연구 성과는 많음에도 불구하고, 퇴계 사상이 오늘날 우리
> 들에게 어떤 의미를 가져다주는지에 대한 설명을 듣기는 쉽지 않다. 퇴계 사상
> 을 통해 거기에서 새로운 지적 자극을 찾는 일은 여전히 오늘날 퇴계 연구자들
> 의 몫으로 남아 있다.[2]

필자는 인용문에 나타난 비판적 시각에 동의하면서, 특히 '도덕과(道德
科) 교육'의 관점에서 퇴계 사상을 바라보려고 시도할 것이다. 사실 일반
교육학적 관점에서 그의 사상을 다룬 연구는 적지 않다. 그러나 특정 교
과교육학적 관점으로 퇴계 사상을 다룬 연구는, 숫자도 많지 않을 뿐 아
니라 연구의 내용 역시 실질적인 '교육 현장'에서 활용하기 어려운 경우
가 대부분이다. 여기서 교육 현장이라 함은 교사와 학생이 학교라는 공간
에서 만나 함께 생활하면서 만들어내는 모든 현장을 가리키며, 그 중심은
바로 '수업'이다. 그리고 수업에서 사용되는 것들은 '교육과정', '교과
서', '교수·학습 방법', '평가 방법' 등이다. 그런데 퇴계 사상에 대한 교육
학적 관점의 연구 결과들은 이 지점까지 오면 거의 활용할 수가 없다. 이
것을 단적으로 잘 보여주는 것이 2015 교육과정에서 신설된 「고전과 윤
리」라는 과목이다.

이번 개정 교육과정에서 새롭게 등장한 「고전과 윤리」는 도덕과에 속
하는 과목으로, 학생들이 동·서양의 다양한 고전들에 대해 탐구하고 성
찰함으로써 인문학적 소양과 올바른 인성을 함양토록하기 위해 만들어
졌다. 「2015 도덕과 교육과정」에서 소개하고 있는 「고전과 윤리」 과목
의 목표는 다음과 같다.

고등학교 「고전과 윤리」에서는 생활 세계에서 발생하는 문제들을 동·서양의 고전들과 직접 마주하게 함으로써 '삶의 의미' 또는 '더 나은 삶'에 대해 도덕적으로 탐구하고 성찰하는 기회를 갖는다. 이 과정을 통해 도덕적 가치관과 판단력, 그리고 도덕적 상상력을 함양하고, 도덕적 앎을 행동으로 옮길 수 있는 실천 동기와 능력을 기른다.3)

그런데 이 「고전과 윤리」를 구성하는 15개의 고전들 가운데 퇴계의 저술은 빠져 있다.4) 이 과목의 개발 과정과 방향을 소개하고 있는 연구에 따르면, 일정 기간 동안은 『성학십도(聖學十圖)』가 포함되어 있었던 것으로 보인다.5) 하지만 최종 결과물에서는 『성학십도』가 빠졌다.6) 이러한 사태가 발생하게 된 원인은 무엇일까?

첫째는 『성학십도』가 학생들의 지적·도덕적 발달 수준과 맞지 않기 때문일 수 있다. 실상 『성학십도』는 퇴계의 말년(68세) 저술인 데다가 설명이 함께 있다고는 하나 10개의 도(圖)가 핵심인 까닭에, 고등학교 수준의 학생들이 제대로 이해하기는 쉽지 않다. 둘째는 『성학십도』를 고전의 목록으로 채택한다고 해도 교사가 가르치기 어렵기 때문일 수 있다. 결국 학생들로 하여금 『성학십도』에 흥미를 가지도록 하는 일차적인 책임은 교사에게 있다. 그러나 교사도 잘 이해하지 못한 『성학십도』를 학생들에게 가르친다는 것은 또 다른 오해들을 야기할 수 있다. 그럼에도 『성학십도』를 포함한 퇴계의 여러 저술(혹은 사상)들을 교육 현장의 관점에서 해석한 유의미한 연구 성과가 있을 경우, 교육과정 연구진들이 그것을 수용하지 않을 수는 없다.7) 본 연구는 바로 이 지점에서 출발하였다.

이상과 같은 연구의 목적과 문제의식에 근거하여 본 장은 다음과 같은 순서로 전개된다. 제1절에서는 퇴계의 「천명도설(天命圖說)」과 『자성록(自省錄)』 등에 나타난 경에 대한 언설을 중심으로, 이 개념을 보다 적극적인 의미의 도덕과 교육 용어로 해석한다. 이어서 제2절에서는 경과 명상의 관계에 대해 살펴본다. 이 부분이 중요한 이유는, 명상의 관점에서 경을 해석함으로써 퇴계 사상을 하나의 교수·학습 방법으로 정립시킬 수 있는 가능성을 높일 수 있기 때문이다. 그리고 제3절에서는 앞 절들의 내용에 근거해, 퇴계의 경이 학교 도덕교육에서 어떻게 활용될 수 있는지와 관련하여 '단계'를 수립한다. 물론 본 장에서 제시하는 단계가 교육 현장에 곧바로 적용하기는 어려운 시론 수준의 것임은 밝혀두지 않을 수 없다. 다만 큰 틀을 세워놓음으로써 교육 현장에 기여할 수 있는 후속 연구의 토대를 마련하고자 하는 것이다.

1. 도덕과 교육의 관점에서 바라본 '경(敬)'

퇴계는 「천명도설」에서 "마음 속[心裏]의 경과 존양(存養) 및 정의(情意)의 성찰(省察)과 경이란 무엇을 말하는 것입니까?"[8]라는 질문에 대해 다음과 같이 답한다.

사람이 천명(天命)을 받아 사덕(四德)의 이치를 갖춤으로써 한 몸의 주재가 되는 것은 마음이요, 사물이 마음[中]에서 감응하여 선악의 기미를 따라 한 마음의 쓰임이 되는 것은 감정[情]과 뜻[意]이다. 그러므로 군자는 이 마음이 고요하면 반드시 존양하여 그 체(體)를 보존하고, 감정과 뜻이 발생하면 반드시 성찰하여 그 용(用)을 바르게 해야 한다. 그러나 이 마음의 이치가 광대하여[浩浩然] 붙잡을 수 없고 복잡하고 복잡하여[渾渾然] 헤아릴 수도 없으니, 만약 경을 첫째로 삼지 않으면 어찌 능히 그 본성[性]을 보존하고 그 체를 세우겠는가? 이 마음의 움직임이 은미하여 털끝을 살피기보다 어렵고 위태하여 구덩이를 밟기보다 어려우니, 만약 경을 첫째로 삼지 않으면 또 어찌 그 기미를 바르게 하고 그 용에 통달할 수 있겠는가? 이런 까닭에 군자의 공부는 마땅히 이 마음의 미발 시에는 반드시 경을 중심으로 하여 존양 공부를 더해야 하고, 이 마음의 이발 시에도 또한 반드시 경을 중심으로 하여 성찰 공부를 더해야 한다. 이것이 경 공부가 처음이 되고 끝이 되며 체와 용을 관통하는 이유이다.9)

위 인용문에는 인간의 마음 및 관련 공부법에 대한 퇴계의 관점이 잘 드러나 있다. 퇴계는 『성학십도』의 제6도 「심통성정도(心統性情圖)」에서도 말하기를, "요약하건대 리(理)와 기(氣)를 겸하고 본성과 감정을 통회하는 것은 마음이요, 본성이 발동하여 감정이 되는 그 경계가 마음의 기미이자 모든 변화의 중심[樞要]으로서 선악이 여기에서 갈라진다."10)라고 하였다. 「천명도설」과 「심통성정도」의 내용을 고려할 때, 천명을 받아 사덕의 이치를 갖추고 있는 것이 인간의 마음이라고 할지라도 기를 겸하고 있는 마음이 반드시 순선한 선택만을 하지는 않는다는 것이 퇴계의 관점임을 알 수 있다. 즉, 인간의 마음은 감시와 경계의 대상인 것이다.

하지만 그렇다고 해도 우리 삶에서 핵심적인 역할을 하는 존재 역시 이 마음이라는 사실을 간과해서는 안 된다. 따라서 마음이 고요하면 '존양하는 공부'를 통해 마음의 순선한 본체를 보존해야 하고, 마음이 움직여 감정과 뜻이 발생하면 '성찰하는 공부'를 통해 마음의 작용이 올바를 수 있도록 노력해야 한다. 이것이 우리가 존양과 성찰을 겸비한 경 공부의 중요성을 알아야만 하는 이유이다. 이와 같은 내용은, 인간은 도덕적 결단을 내릴 수 있고, 그 선택에 부합하는 감정도 느낄 수 있으며, 궁극적으로는 도덕적 결단을 행동으로 옮길 수 있는 존재라는 도덕교육의 능동적인 학습자관과 상당 부분 합치한다.

그렇다면 경 공부를 통해 얻을 수 있는 효과는 무엇일까? 이미 위의 「천명도설」에서 그 효과에 대해 간접적으로 밝힌 부분들을 찾을 수 있지만, 퇴계가 보다 직접적으로 언급한 내용은 『자성록』에서 발견할 수 있다. 『자성록』에 실린 여러 편지글들 가운데 김돈서(金惇敍)에게 보낸 서신에는 다음과 같은 내용이 수록되어 있다.

무릇 사람이 공부를 함에 있어 일[事]이 있을 때 없을 때, 뜻[意]이 있을 때 없을 때를 막론하고, 오직 마땅히 경으로써 중심을 잡아 동(動)과 정(靜)에 모두 경을 잃지 않아야 한다. 이렇게 되면 사려가 생기지 않은 때에는 심체(心體)가 허명(虛明)하고 본령이 깊이 순수해지며, 그 사려가 이미 발생한 때에는 의리(義理)가 환히 드러나고 물욕(物欲)이 물러나 복종하므로 어지러운 근심이 점점 줄어들게 된다. 이것이 쌓여서 완성함에 이르게 되니, 곧 공부의 요법인 것이다.11)

또한 퇴계는 같은 서신의 후반부에서 말하기를, 경 공부가 쌓이고 노력이 오래되어 숙달되면, 일상생활에서 여러 가지 일이 생겨나고 사라지더라도 마음은 제 자리를 지켜 쓸데없는 사려들이 내 삶의 진정한 걱정거리가 될 수 없음을 깨닫게 된다고 하였다.12) 요컨대 경 공부를 하면 도덕적 주체로서의 나에 대한 깨달음은 더욱 깊어지고, 평소 나를 어지럽히는 자질구레한 걱정거리들이 실상은 진정한 걱정거리가 아님을 알게 되어 삶의 질이 올라간다는 것이다.

나아가, 퇴계가 『성학십도』를 바치는 차자(箚子)에서도 언급했던 것처럼, 경 공부를 하면 종국에는 덕행(德行)이 일상의 윤리를 벗어나지 않으면서 마침내 천인합일(天人合一)의 오묘함도 얻을 수 있게 된다.13) 이와 같은 내용들 역시 '가치관계 확장법'이라는 학교 도덕교육의 내용 구성 원리와 일맥상통한다는 점에서 매우 흥미롭다. 여기서 '가치관계'란 도덕적 주체와 사고 대상(객체) 간의 관계를 뜻하는데, 도덕적 주체와 사고 대상 간의 관계는 다양한 도덕적 가치·덕목들에 의해 규정된다. 즉, 가치관계 확장법이란 이 가치관계 속에서 도덕적 주체가 성찰하는 대상의 범위가 점차 확장되어가는 방식을 뜻하는 것이다.14) 무엇보다, 도덕적 주체로서의 나를 깨닫고 이러한 나의 마음을 존양·성찰하면서 마침내 그 적용 범위를 천인합일까지로 확장시키는 퇴계의 경 공부는 도덕교육에서 말하는 가치관계 확장법과 큰 상관성을 가진다고 판단된다.

지금까지 본 절에서는 퇴계가 제시한 경 공부의 핵심 내용과 효과에 대해 살펴보고, 학교 도덕교육과의 연관성에 대해서도 간략히 짚어보았다. 그러나 서론에서 밝혔던 것처럼, 본 절의 참된 목적은 퇴계가 강조했던 경 개념을 보다 적극적인 차원에서 도덕과 교육 용어로 풀이하는 것이다. 이 지점에서 필자는 「2015 도덕과 교육과정」에서 등장한 '도덕함'이라는 용어와 경의 상관성에 대해 고찰하고자 한다. 개정된 도덕과 교육과정에서는 도덕함에 대해 다음과 같이 해설하고 있다.

① 도덕과에서 추구하는 도덕함은 학문적 탐구로서의 윤리학 공부나 윤리 사상사에 관한 지적 이해를 넘어서서 한 사회에서 작동하고 있는 도덕 현상에 대한 민감성에 기반을 둔 관심과 분석, 그 도덕 현상과의 상호 작용을 통해 개인 내면에서 작동하는 도덕성에 관한 성찰과 실천 과정 자체를 의미하는 개념이다.

② 도덕함은 인간다운 삶을 위해 추구해야 하는 궁극적인 도리로서의 도(道)와 그것을 삶 속에서 구현하는 과정에서 요청되는 총체적 능력으로서의 덕(德)을 스스로의 삶 속에서 인식하고 실천하고자 하는 역동적인 과정을 가리키는 개념이다. 이 개념에서 강조하는 '함(doing)'은 자신을 둘러싼 도덕 현상과 규범 및 원리를 탐구하고 내면적으로 성찰하는 과정으로서의 함과 이를 구체적으로 실천하는 과정으로서의 함을 포함한다.15)

위 인용문에도 나타나는 것처럼 도덕함이라는 용어는 엄밀한 방식으로 정의(定義)된 개념이 아니다. 이런 까닭에 현재 도덕과 교육학계 내부에서 논란의 중심에 있다고 해도 과언이 아니다. 이 용어에 대해서는 도덕과 교육학계에서 향후에도 지속적으로 논의하고 다듬어나가야 할 것이다. 그럼에도 이 도덕함이라는 용어의 핵심이 바로 '도덕 현상과 개인 내면에 대한 탐구, 성찰, 실천'이라는 점을 고려할 때, 학교 도덕교육이 추구하는 큰 방향성을 담고 있으며 퇴계의 경과 합치하는 부분 역시 적지 않다고 판단된다. 다시 말해, 인간의 심성(心性)과 사물의 이치[理]에 대해 궁리(窮理)하고, 우리 삶의 중심이 될 수밖에 없는 내면[心] 문제에 천착하면서 그 공부론[存養·省察]에 대해 강조하며, 깨달음의 적용 범위를 천인합일에까지 확장시키는 퇴계의 경은 학교 도덕교육에서 말하는 '도덕함'의 이론적 근거이자, 그 자체로도 훌륭한 도덕과 교육 용어가 될 수 있다는 것이다. 그리고 이와 같은 방식으로 해석할 때 퇴계 사상이 현대의 학교 도덕교육에 기여할 수 있는 바가 더 명확해진다. (퇴계의 경의 관점에서 바라본 도덕함에 대해서는 제7장에서 집중적으로 다루고 있다.)

사실 필자가 이 점을 강조하는 이유는 도덕과 교육학계의 흐름과도 관련이 있다. 1973~1974년에 공포된 「제3차 교육과정」 이후 하나의 온전한 교과로 자리매김하게 된 도덕과는 학생들에게 공동체와 관련된 가치들을 가르치고 그것들을 비판적으로 볼 수 있는 시각을 갖추도록 하며, 나아가 그들이 올바른 인성을 함양하여 더 나은 사회를 창출할 수 있는 시민으로 성장하게끔 하는 데 주력해 왔다. 또한 이러한 교과의 특성 상 급속도로 변하는 현재와 다가올 미래 사회에 대해서도 민감하게 대응하고자 노력하고 있다. 즉, 정보 혁명, 기술 혁명, 경제 혁명, 세계화 및 지역화 혁명, 인구 혁명, 생태학적 혁명, 가치 혁명 등으로 명명되는 다양한 혁명적 변화에 능동적으로 대처하기 위해, 학교 도덕교육이 지향해야 할 방향을 끊임없이 모색하고 있다는 것이다.16) 그런데 이 과정에서 우리 전통 사상에 대해서는 그 잠재적 가치는 인정하면서도 실질적으로는 연구를 하지 않게 될 가능성도 적지 않다. 이를 고려할 때, '전통 사상에 대한 교과교육적 관심'이라는 주제는 도덕과를 포함해 전(全) 교과교육계에서 관심을 가져야 할 화두인 것이다.

이상으로 본 절에서는 도덕과 교육의 관점에서 퇴계 사상의 경을 조명한다는 목적 아래 논의를 전개하였다. 본 절에서 밝힌 경의 도덕과 교육적 의의는 이하의 논의를 위한 초석이라고 할 수 있다. 이제 이어지는 절에서는 경과 명상의 관계에 대해 살펴볼 것인데, 제2절의 또 다른 목적은 유교 명상의 정립을 위한 기반을 마련하는 것이다.

2. 경과 명상의 관계

1) 학교 교육에서의 명상에 대한 관심 증대

학교에서 하루 대부분의 시간을 보내는 대한민국 학생들은 행복할까? 최소한 통계에 근거해 봤을 때 이 물음에 대한 답은 비관적이다. 영국의 '칠드런스 소사이어티(Children's Society)'가 발표한 보고서에 의하면, 10세와 12세의 어린이들을 대상으로 실시한 2013~2014년 조사에서 대상국 15개(5만 3천여 명) 가운데 '전반적으로 행복하지 않다.'라고 응답한 비율은 대한민국이 9.8%로 가장 높았다.[17] 또한 2016년에 발간된 『한국 어린이·청소년 행복지수』 보고서에서도 대한민국 학생들은 '주관적' 행복지수가 경제협력개발기구(OECD)의 국가들 중 제일 낮게 나왔다. 주관적 행복지수에 속하는 요소들은 자신의 건강 상태, 학교생활에 대한 만족도, 내 삶에 대한 만족도, 소속감, 주변 사람들과의 어울림, 외로움에 대한 정도 등인데, 이 요소들이 포함된 주관적 행복지수가 매우 낮게 나온 것과는 상반되게 '물질적' 행복지수는 상당히 높게 나왔다. 즉, 대한민국 학생들은 물질적 만족감은 느끼고 있지만, 정신적 만족감은 그만큼 느끼지 못하고 있다는 것이다. 이외에도 이 보고서에서는 학년이 높아질수록 가족보다는 돈이 필요하다고 응답한 학생의 비율이 증가하였고, 자살충동의 경험 역시 초등학생은 17.7%, 중학생은 22.6%, 고등학생은 26.8%

에 달할 정도로 높다고 밝혔다.18)

이러한 현상의 배경에 우리 사회의 성과주의 분위기가 자리하고 있음은 이미 여러 연구들을 통해 밝혀졌다. 그러나 현대의 성과주의는 과거의 일방적인 성과 요구와는 다른 특징을 지니고 있다. 과거와 비교할 때 우리는 훨씬 자유로운 주체가 된 것이 사실이다. 그러나 아이러니하게도 이제는 '강제하는 자유' 혹은 '자유로운 강제'에 스스로 몸과 마음을 맡기는 상황이 발생하였다. 자발적으로 심신(心身)을 맡기는 것은 자유로운 느낌까지 동반하기 때문에 더 쉽게 자기 착취로 연결되고, 이 자기 착취에 기초한 성과를 향한 집착이 우울증, 주의력결핍 과잉행동장애(ADHD) 등의 신경증적 질환들을 낳게 된 것이다.19) 여기에 학교라는 공간에 본래부터 존재하고 있었던 학업에 대한 스트레스, 친구들 간의 갈등, 학교 폭력 등의 문제까지 겹치면서, 학교생활을 힘겨워하는 학생들의 비율이 쉽게 줄어들지 않고, 자연스럽게 학생들의 도덕적 일탈 현상으로도 연결되고 있는 상황이다.

이 같은 상황을 해결하기 위한 대안의 하나로 주목받고 있는 것이 '명상'이다. 특히 도덕과 교육학계에서는 명상을 긍정적인 시각으로 바라보고 있으며, 교수·학습 방법으로도 도입하려는 움직임을 쉽게 발견할 수 있다. 가령 「2009 도덕과 교육과정」에서는 명상을 도덕적 성찰을 위한 방안들 중 하나로 제시하고 있으며, 「2015 도덕과 교육과정」에서도 명상을 타인과의 올바른 관계를 회복하기 위한 교수·학습 방법으로 보고 있다.20) 또한 도덕과 교육학계의 전문 연구자들 역시 명상과 학교 도덕교육의 만남을 지속적으로 시도하고 있는 상황이다.21) 이런 까닭에 필자는 퇴계가 강조했던 경을 명상의 관점으로 해석함으로써, 일차적으로는 퇴계 사상의 도덕교육적 활용 가능성을 모색하고, 궁극적으로는 유교 명상의 정립을 위한 기반을 마련하고자 하는 것이다.

현재 명상과 관련된 대다수의 연구들은 불교적 관점에서 이루어지고 있다. 하지만 동양사상은 인간의 도덕성을 깊이 있게 문제 삼으며, 유교든 불교든 그 궁극적 목표는 인간에게 내재된 선험적 도덕성[性善, 佛性]의 자각이라는 점을 부정할 수 없다. 다시 말해 인간의 마음은 도덕적 행동을 가능토록 하는 도덕적 마음이고, 이것을 스스로 깨닫고 실천해야만 이상적 인간[聖人, 菩薩]이 될 수 있다는 것이다. 그리고 이 도덕적 마음이 인간의 참된 본성이며, 인생의 목적은 곧 도덕적인 삶이라는 것이 동양사상의 핵심이다.22) 이러한 관점에서 보자면, 동양사상은 전반적으로 명상과 밀접한 연관이 있다고 할 수 있다. 뿐만 아니라 시야를 넓힐 경우, 명상은 인류 발전사에서 언제 어디에서나 존재했음을 확인할 수 있다. 이에 대해 혹자는 다음과 같이 표현하였다.

이런 명상은 인류 역사상 어디에서나 있어왔다. 인도에서의 명상인 요가 또는 탄트라는 그 역사가 깊으며, 불교적 명상 역시 인도에서 기원한 것이다. 그러나 인도의 요가나 불교의 명상 이외에도 유대교와 기독교 또는 이슬람교에도 각기 명상의 전통이 존재한다. 유대교에는 카발라라는 명상법이 있고, 기독교에는 가톨릭 수도원에서의 묵상 또는 관상법이 있고, 이슬람교에는 수피라는 명상법이 있다. 유가나 도가에도 나름대로의 명상법이 있으며, 우리나라 신선도(神仙道)의 단학도 우주 전체와 하나됨을 지향하는 일종의 명상법이다.23)

잘 알려진 명상가 존 카밧진(J. Kabat-Zinn)은 자신이 강조하는 마음챙김(Mindfulness) 명상법을 언급하면서, 여러 명상법들은 대체로 다음과 같은 특징들을 공유한다고 밝힌 바 있다. 첫째, 명상은 체계적으로 우리의 주의력과 에너지를 조절할 것을 요구한다. 둘째, 명상은 우리가 겪는 경험들의 질에 영향을 미치고 변화시킨다. 셋째, 명상은 우리가 인간다움의 전(全) 영역을 온전히 체현할 것을 강조한다. 넷째, 명상은 우리가 타인 및 세상과 맺는 관계의 전 영역을 체현할 것을 강조한다.24) 또한 김민재는 명상이란 '수행자가 자신의 내부 혹은 마음에 지니고 있는 힘을 깨닫도록 도와줌으로써 수행자가 맺는 여타 존재들과의 관계를 우주적인 차원으로 확장시키려는 노력'이라고 정의(定義)하면서, 명상법들이 가지는 일반적 특징으로 다음과 같은 내용들을 제시하였다. 첫째, 명상은 인간의 내면의 힘에 대해 긍정적이다. 둘째, 명상은 지성(intelligence)과 가슴(heart) 사이에 있는 간극을 메울 수 있는 효과적 방법이다. 셋째, 명상은 전체(whole)를 통찰할 수 있는 능력을 길러주는 데 기여한다.25)

2) 유교 명상의 특징과 경

그럼에도 여러 가지 형태의 명상법들이 탄생하게 된 사상적 근거 혹은 종교적 정수(精髓) 등을 고려할 때, 각각의 명상법들은 그 자체의 독특한 특징을 지닐 수밖에 없을 것으로 사료된다. 그리고 대다수의 선행 연구들이 지적하고 있는 유교 명상의 핵심이 다름 아닌 '경'이다. 논의의 편의상 불교 명상과의 비교를 통해 유교 명상의 특징을 간략하게 제시하자면,26) ⓐ 유교 명상은 현실 세계의 적극적 긍정에서 출발하고 있다. ⓑ 또한 유교 명상은 호흡 조절 등에 의지하여 마음의 안정을 도모하는 데 그치지 않고, 반드시 도덕적 문제의 해결로 이어지고 있다. ⓒ 여기에 더하여 유교는 불교에 비해 종교적으로 더 자유로운 까닭에 학교 교육에 도입하기가 수월하고, 도덕적 가치를 집중과 깨달음의 대상으로 삼고 있기 때문에 도덕과 교육의 성격이나 목표와도 부합한다.27) 다음과 같은 주희(朱熹)의 언급은 경으로 대변되는 유교 명상의 도덕적 성격을 잘 보여주고 있다.

정자[程頤]는 일찍이 '주일무적(主一無適)'과 '정제엄숙(整齊嚴肅)'을 통해 경을 말했고, 사씨[謝良佐]는 '항상 깨어있으라[常惺惺法].'는 말을 통해, 윤씨[尹焞]는 '그 마음을 수렴하여 하나의 물건도 용납하지 말라[其心收斂, 不容一物].'는 말을 통해 경을 설명했다. … 경이란 한 마음의 주재요, 모든 일의 근본이다. … 이 마음을 세우고, 이로 말미암아 격물(格物)과 치지(致知)로써 사물의 이치를 다하면 이것이 '존덕성 도문학(尊德性 道問學)'이고, 이로 말미암아 성의(誠意)와 정심(正心)으로써 몸을 닦아 나가면 이것이 '먼저 그 큰 것을 세우면 작은 것이 빼앗지 못한다.'라는 것이며, 이로 말미암아 제가(齊家)와 치국(治國)으로써 천하에까지 미쳐 나가면 이것이 '몸을 닦아 만백성을 편안하게 하며', '돈독하고 공손히 하여 천하가 공평해진다.'라는 것이다. 이 모두가 애초에 하루도 경에서 떠나지 못하는 것이니, 경이라는 한 글자가 어찌 성인(聖人)되는 공부의 시작이요 끝이 되는 요체가 아니겠는가?28)

위 인용문에 나타난 '마음을 산만하게 하지 않고 하나에 집중하는 것'으로서의 주일무적은 집중 명상적(concentration) 요소로, '마음을 흔들어 깨움으로써 집중 상태를 유지하는 것'으로서의 상성성법은 통찰 명상적(awareness) 요소로, '단정한 몸가짐과 엄숙한 마음가짐'으로서의 정제엄숙은 일상생활 속의 명상적 요소로 풀이할 수 있다.29) 그러나 이 모든 방법들은 선한 본성의 자각 및 도덕적 문제의 해결에 초점을 맞추지 않는 이상 의미가 없으며, 이런 까닭에 위 인용문에서도 경은 도덕적 인간상의 최고 단계인 성인(聖人)이 되는 공부[聖學]의 시작이자 끝이라고 지적했던 것이다.

퇴계 사상의 경 역시 이와 같은 '도덕적 명상법'으로 해석이 가능하다는 것은 두말할 필요가 없다. 이 점은 직전에 인용했던 주희의 『대학혹문(大學或問)』의 내용을 퇴계가 『성학십도』의 제4도 「대학도(大學圖)」를 설명하는 과정에서 언급하면서, "경이란 위·아래에 두루 통하는 것이니, 공부를 하고 그 효과를 거두어들임에 있어 모두 마땅히 종사하여 잃지 말아야 하는 것이다."30)라고 더욱 강조했다는 사실에서도 유추할 수 있다. 뿐만 아니라 그는 마음의 병, 이른바 심병[心病, 心恙]에 대해 여러 차례 언급하면서, 그 해법으로서의 경에 대해서도 강조했다. 그는 『언행록(言行錄)』

에서 심병에 대해 다음과 같이 말한다.

　나는 비록 젊어서부터 학문에 뜻을 두었지만, 학문을 깨우쳐줄 만한 스승이
나 친구가 없어서 수십 년 동안이나 어디로 들어가야 할지 또 어디서부터 공부
해야 할지 몰랐다. 그래서 헛되게 심사(心思)만 낭비하면서도 탐구를 그만두지
않고, 어떤 경우에는 눕지도 않은 채 정좌하여 밤을 새우기도 하다가 마침내 마
음의 병[心恙]을 얻게 되었다. 이런 까닭에 여러 해 동안 학문을 중지하지 않으
면 안 되었다. 만약 도움을 줄 수 있는 스승이나 친구를 만나 가야할 길을 지시
받았더라면, 어찌 마음의 힘[心力]을 낭비하여 늙도록 아무런 소득이 없는 지점
까지 이르렀겠는가?[31]

　퇴계가 말한 심병을 현대의 학교 상황에 어울리도록 표현하자면, 그것
은 학생들이 학교에서 겪는 다양한 종류의 정신적 스트레스이다. 또한 퇴
계는 심기(心氣)의 병은 이치[理]를 제대로 살피지 못하고 쓸데없는 곳에 천
착하여 무리하게 탐구함으로써, 자기도 모르는 사이에 마음을 괴롭히고
기력을 대단히 소모하였기 때문에 발생하는 것이라고도 하였다.[32] 이것
은 학교나 사회에서 학생들에게 일방적으로 강요하는 많은 내용들이, 도
덕적 주체로서 살아가야 할 학생 자신의 삶에 본질적인 것은 아닐 수 있
다는 점을 스스로 깨닫도록 도와주어야 한다고 풀이할 수 있다. 이를 자
각한 학생은 배우는 내용 중 진정으로 필요한 것을 취사선택함으로써, 쓸
모없는 에너지 낭비에서 발생하는 정신적 스트레스를 사전에 예방할 수
있을 것이다.
　퇴계는 바로 이러한 여러 가지 정신적 스트레스의 궁극적 해결방안을
곧 경이라고 보았다. 그래서 "병을 치료하는 데 비유한다면, 경은 만병통
치약이어서 하나의 증상에 대해서만 사용되는 약재와 비교할 것이 아니
다."[33]라고 하였으며, 경으로써 노력하되 미리 기대하지도 말고, 마음에

서 잊어버리지도 말며, 억지로 조장하지도 말라고도 했던 것이다.[34] 또한 리와 기가 합쳐져 구성되는 인간의 마음에 있어 종국에는 리가 그 중심이 되게끔 함으로써, 마음이 고요하고 생각이 한결 같아져 사념[閒思慮]이 없어지도록 해야 한다고 하였다.[35] 요컨대 퇴계는 우리의 마음이 도덕성과 분리되어지는 것이 아니라 하나가 될 때야 비로소 정상적인 마음이 될 수 있으며, 진정으로 심병을 치유할 수 있다고 본 것이다.[36] 이렇게 보자면, 유교 명상의 핵심인 경을 학교 도덕교육에서 활용할 수 있는 하나의 교수·학습 방법으로 변용시키는 것은 충분히 가능하고 또 유의미한 일이라고 판단되며, 이것이 우리가 퇴계 사상의 도덕교육적 활용 가능성에 좀 더 관심을 가져야 하는 이유이기도 하다.

이상으로 본 절에서는 경과 명상의 관계를 살펴보고, 유교 명상의 정립을 위한 기반을 마련한다는 목적 아래 논의를 전개하였다. 이제 이어지는 절에서는 이 장의 마지막 단계로서, 퇴계의 경이 학교 도덕교육에서 어떻게 활용될 수 있는지와 관련하여『성학십도』의 도(圖)와 설(說) 재배치 문제를 중심으로 고찰할 것이다.

3.『성학십도』의 '도'와 '설' 재배치를 통한 경 활용 방안 모색

퇴계가 강조했던 경을 유교 명상의 핵심으로 보면서 특히『성학십도』를 학교 도덕교육의 상황에 맞도록 구조화하려면 어떻게 재배치해야 할까? 퇴계는『성학십도』의 여러 군데에서 10개의 도와 설에 대한 나름의 구조를 밝히고 있다. 예를 들어 그는 제5도「백록동규도(白鹿洞規圖)」의 말미에서, 제1도부터 5도까지는 천도(天道)에 근본하고 있지만 그 목적은 인륜을 밝혀 덕업에 힘쓰도록 하는 데 있다고 하였다. 그리고 제10도「숙흥야매잠도(夙興夜寐箴圖)」의 말미에서, 제6도부터 10도까지는 심성에 근원하고 있지만 그 요지는 일상생활에 노력하고 경외(敬畏)하는 마음을 높이는 데 있다고 하였다.37) 이로 보건대 『성학십도』는 전반부와 후반부가 전체적으로 체용(體用) 구조를 지녔다고 할 수 있다.38)

또한 퇴계는 다른 언급을 제4도 「대학도」의 설명에서 제시하고 있기도 하다.

「소학도(小學圖)」와 「대학도」의 두 설만 통합해서 볼 것이 아니라, 위와 아래의 여덟 그림들도 모두 마땅히 이 두 그림과 통합해서 봐야 한다. 대체로 위의 「태극도(太極圖)」, 「서명도(西銘圖)」는 단서를 찾아 확충하고 하늘을 본받아 도를 다하는 극치의 곳으로서, 「소학도」와 「대학도」의 표준과 본원이 된다. 그리고 아래의 「백록동규도」, 「심통성정도」, 「인설도(仁說圖)」, 「심학도(心學圖)」, 「경재잠도(敬齋箴圖)」, 「숙흥야매잠도」는 명선(明善)과 성신(誠身), 숭덕(崇德)과 광업(廣業)을 힘쓰는 곳으로서, 「소학도」와 「대학도」의 바탕이자 해야 할 일이 된다.39)

이것은 제3도 「소학도」와 제4도 「대학도」를 중심으로 퇴계가 자신의 공부론을 구조화한 것이라고 할 수 있다. 다시 말해 하학이상달(下學而上達)로 압축되는 「소학도」와 「대학도」 이전의 2개 도가 공부의 목표라면, 다음의 6개 도는 그 목표를 달성하기 위해 선을 밝히고 몸을 성실하게 하며 덕을 높이고 과업을 넓히는 공부의 자세인 것이다. 많은 선행 연구들은 이와 같은 퇴계의 언급에 기초하면서 『성학십도』를 순차적으로 구조화시켰다.40) 그러나 여기에서 던질 수 있는 물음은, 이렇게 『성학십도』를 구조화시켰을 때 과연 '수업'으로 대표되는 교육 현장에서 『성학십도』를 유의미하게 활용할 수 있는가 하는 것이다.

이 지점에서 퇴계가 언급한 경에는 마음의 미발 시 공부와 이발 시 공부가 구분되어 있음을 다시 한번 떠올릴 필요가 있다. 제1절에서 인용했던 「천명도설」에서도 나타났듯이, 퇴계는 마음의 미발 시에는 존양 공부를 해야 하고, 마음의 이발 시에는 성찰 공부를 해야 한다고 보았다. 또한 「천명도설후서(天命圖說後敍)」에서도 "고요할 때 경으로 존양한다는 것은, 주돈이(周敦頤)의 고요함을 중심으로 극(極)을 세운다는 것이요, 자사(子思)의 계신공구(戒愼恐懼)를 통해 미발의 중[未發之中]을 지극히 한다는 것을 이른다. 움직일 때 경으로 성찰한다는 것은, 주돈이의 안정시키고 닦는다는 것이요, 자사의 근독(謹獨, 愼獨)을 통해 이발의 화[已發之和]를 지극히 한다는 것을 이른다."[41]라고 하면서, 미발 시의 공부와 이발 시의 공부를 구분하고 있다.

미발 시의 존양 공부와 이발 시의 성찰 공부가 유교 명상[敬]의 관점에서 모두 중요하다는 것은 의심의 여지가 없지만, 접근성이라는 측면에서 봤을 때는 전자에 비해 후자가 더 설명과 이해가 용이한 것이 사실이다. 하루 종일 여러 가지 일들로 떠들썩한 학교에서 마음의 미발 시 공부를 학생들로 하여금 체험토록 한다는 것은 결코 쉬운 일이 아니다. 이것은 저학년으로 갈수록 더욱 그러하다. 따라서 이발 시의 성찰 공부로부터 유교 명상을 시작하는 것이 손쉬울 뿐만 아니라, 학생들이 느낄 수 있는 거부감도 줄일 수 있다고 판단된다.

이렇게 보자면, 『성학십도』의 내용 역시 이발 시의 성찰 공부와 관련된 도와 설을 앞에 배치하고, 미발 시의 존양 공부와 관련된 도와 설을 뒤에 배치하는 방법을 모색할 수 있다. 그렇다면 어떤 단계와 목표, 운용 방식을 제시할 수 있을까? 필자는 이 물음에 대한 대답으로, 이발 시 성찰 공부의 대표적 방법인 '신독(愼獨)'을 단계화하고, 그 단계에 맞추어 『성학십도』의 내용들을 배치하는 방법을 제안하고자 한다. 『대학(大學)』과 『중용(中庸)』에서도 언급되는 신독은 현대적으로 표현하면 도덕적 사유의 힘을 곁들인 '도덕적 성찰 명상법'이라고 할 수 있고, 학교 도덕교육에서도 하나의 교수·학습 방법으로 충분히 고려할 수 있는 공부법이다.[42] 필자는 본 연구에 선행하는 과정으로서, 이 신독 개념을 중심으로 하는 교수·학습 이론의 단

계를 수립하고 목표와 운용 방식 등을 다음과 같이 체계화시킨 바 있다.[43]

〈표 6-1〉 신독 중심의 교수·학습 이론의 단계, 목표, 운용방식[44]

성격	교수학습단계	교수학습목표	운용 방식
소극적 피동적 타율적 ↓ 적극적 능동적 자율적	단계 1: 혼자 있을 때 자신의 언행을 되돌아보기	목표 1: 자신에 대한 부끄러움(낮은 수준)	체크리스트 (checklist)
	단계 2: 자신만이 아는 마음의 기미를 성찰하기	목표 2: 자신에 대한 부끄러움(높은 수준)	일지 작성 (daily record)
	단계 3: 자타를 포함한 도덕적 실천으로 신독을 완성하기	목표 3: 우주적 부끄러움	명상 (meditation)

ⓐ 위의 〈표 6-1〉에서 단계와 단계 사이가 점선으로 표시된 이유는, 각 단계와 목표들이 완전히 구별되는 것이 아니라 밀접하게 연결되어 있기 때문이다. ⓑ 또한 단계 3에서만 직접적으로 '명상'을 언급하고 있지만 이는 천인합일을 지향하는 고차적 수준의 명상이고, 도덕적 성찰 명상법이라는 관점에서 보았을 때 단계 1~3은 모두 경 중심의 유교 명상에 속한다. ⓒ 따라서 신독이 이발 시의 성찰 공부로 분류되지만, 단계가 올라갈수록 미발 시의 존양 공부는 자연스럽게 포함되는 것이다. 위의 표에 기초해『성학십도』에 포함된 도와 설들을 구조화하자면, 다음과 같이 재배치할 수 있을 것이다.

〈표 6-2〉『성학십도』의 단계별 재배치

배치의 원리	단계별 재배치
3도 「소학도」 ↓ 4도 「대학도」	단계 1: 5도「백록동규도」, 9도「경재잠도」, 10도「숙흥야매잠도」
	단계 2: 6도「심통성정도」, 7도「인설도」, 8도「심학도」
	단계 3: 1도「태극도」, 2도「서명도」

ⓐ 위의 〈표 6-2〉에서 「소학도」와 「대학도」의 내용은 학생들이 실제 배우는 것이 아니고, 배치의 원리로 기능한다. ⓑ 또한 단계 1에 배치된 3개의 도는 학생들이 따르고 익혀야 할 내용이 다른 도에 비해 뚜렷하므

로, 그 내용들을 보다 현대적으로 풀이하여 '체크리스트'로 제작한 뒤, 학생들이 체크리스트에 비추어 자신의 행동을 성찰하게끔 유도한다. ⓒ 단계 2에 배치된 3개의 도는 단계 1에 배치된 3개의 도에 비해 설명이나 이해가 까다롭지만, 도덕적 주체로서의 마음가짐에 대해 성찰할 수 있는 내용들로 가득하다. 따라서 '일지' 형식을 통하여 마음의 기미(幾微)를 살필 수 있는 기회와 시간을 부여해야 한다. ⓓ 단계 3에 배치된 2개의 도는 본래『성학십도』의 가장 앞에 실릴 만큼 중요한 의미가 있지만, 학생들에게는 제일 난해하다. 그러므로 단계 1과 단계 2를 충분히 익힌 상태에서 '명상'을 시도하게끔 하되, 도덕적 주체로서의 자신 및 자신을 감싸고 있는 가족, 사회, 국가, 만물과의 연관성을 느낄 수 있는 공감적 수업을 진행하는 것이 바람직하다.

이상과 같이 재배치한다면, 퇴계가 직접 제시했던『성학십도』의 거시적인 틀과 크게 어긋나지 않으면서도, 학교 도덕교육에서『성학십도』의 내용을 보다 적극적으로 활용할 수 있을 것으로 판단된다. 덧붙여『성학십도』의 단계별 재배치를 활용함에 있어서 교사는『도덕』(초등학교 3학년~중학교 3학년)이나『윤리와 사상』(고등학교) 등의 도덕과 수업 시간에 활용할 수도 있고, 학기별로 활용할 수도 있으며, 학년별 내지는 학교 급별로 활용할 수도 있다. 가령 학기별로 활용한다면, 단계 1은 학기 초, 단계 2는 학기 중, 단계 3은 학기 말에 적용할 수 있다. 학년별로 활용한다면, 단계 1은 저학년, 단계 2는 중학년, 단계 3은 고학년에 적용할 수 있다. 학교 급별로 활용한다면, 단계 1은 초등학교, 단계 2는 중학교, 단계 3은 고학년에 적용할 수 있다. 무엇보다 염두에 두어야 할 사항은 단계가 중간에 끝나버려서는 안 되고, 학기별 ↪ 학년별 ↪ 학교 급별로 '나선형(spiral)'으로 반복되어야만 한다는 것이다. 또한 단계 1~3은 도덕적 성찰 명상을 할 수 있는 연령 이상 및 충분한 인지·공감 능력을 갖춘 이후에 시작되어야만 학생들에게 유의미하리라고 판단된다.[45]

이상으로 본 절에서는 유교 명상의 핵심인 경을 학교 도덕교육에서 활용할 수 있는 방안을 모색한다는 목적 아래, 퇴계의 대표 저서인『성학십도』를 중심으로 논의를 전개하였다. 특히『성학십도』에 수록된 10개의 도와 설을 교수·학습 방법과 목표라는 관점에서 3단계로 나누어 재배치시켰고, 운영 과정에서 염두에 두어야 할 사항들에 대해서도 개략적인 수준에서 제시하였다. 이제 이어지는 절에서는 남아 있는 후속 과제들에 대해 언급할 것이다.

4. 남은 과제들

경 중심의 퇴계 공부법을 학교 도덕교육에서 활용하기 위한 가능성을 시론적인 수준에서 탐색한다는 목적 아래, 이 장에서는 먼저 도덕과 교육의 관점에서 퇴계 사상의 경을 조명하였다. 특히「2015 도덕과 교육과정」에서 새롭게 등장한 '도덕함'이라는 용어와 경의 상관성에 대해 살펴보았다. 이어서 이 장에서는 학교 교육에서 명상이라는 방법에 관심을 가지는 원인을 언급하고, 유교 명상의 관점에서 경을 해석하였다. 유교 명상의 가장 큰 특징은 궁극적으로 선한 본성의 자각 및 도덕적 문제의 해결에 초점이 맞춰져 있다는 것이고, 이 같은 유교 명상은 결국 경이라는 용어로 압축될 수 있다. 마지막으로 이 장에서는『성학십도』를 중심으로 경을 학교 도덕교육에서 활용할 수 있는 방안을 모색하였다. 이 과정에서『성학십도』에 수록된 10개의 도와 설을 교수·학습 방법과 목표라는 관점에서 3단계로 나누어 재배치시켰으며, 운영 과정에서 염두에 두어야 할 사항들에 대해서도 개략적인 수준에서 제시하였다.

만일 이 장의 내용이 학교 도덕교육을 통해 성공적으로 구현된다면,『성학십도』의 제2도「서명도」에 수록된 다음의 내용이 학교 안에서 이루어질 수 있지 않을까 희망해 본다.

> 성인되는 공부[聖學]는 인(仁)을 구하는 데 있다. 모름지기 이 뜻을 깊이 체득해야만 바야흐로 천지만물과 하나가 된다는 것을 알 수가 있을 것이다. 진실로 그렇게 되면 인을 실현하는 공부가 비로소 친절하고 맛이 있어서, 아득하여 손 댈 수 없는 걱정을 면하고, 또한 (내가 아닌) 다른 것을 자기로 아는 병통도 없어져 마음의 덕[心德]이 온전해질 것이다.46)

하지만 이 장에서 논의한 내용을 학교 도덕교육에서 구현하려면 여러 가지 후속 과제가 남아 있는 것이 사실이다. 대표적으로 두 가지만 밝히자면 다음과 같다. 첫 번째는 『성학십도』에 수록된 10개의 도와 설을 수업에 구현할 수 있을 만큼 쉽게 풀이하고, 나아가 그 풀이와 연계된 교수·학습 지도안까지 수립해야 한다는 것이다. 본 연구에서는 10개의 도와 설을 단계별로 나누어 재배치시켰을 뿐, 이 부분에 대해서는 제시하지 못하였다. 두 번째는 보다 근본적인 것으로, 〈표 6-2〉와 같은 단계별 재배치가 타당한지 더욱 엄밀하게 검증해야 한다는 것이다. 서두에서 밝혔던 것처럼, 본 연구는 도덕과 교육에서 퇴계의 저술이나 사상이 그의 명성과 학문적 의의에 비해 소홀하게 다루어지고 있다는 문제의식으로부터 비롯되었다. 따라서 그의 저술이나 사상을 학교 도덕교육으로 도입하는 데 초점이 맞춰져 있다 보니, 10개의 도와 설이 유의미하게 재배치되었는지에 대한 타당성을 엄밀하게 검증하는 과정이 일정 부분 생략되었다. 또한 『성학십도』를 살펴보면, 미발 시의 존양 공부와 이발 시의 성찰 공부가 하나의 도와 설에 다 반영되어 있는 경우도 적지 않다. 따라서 향후 이러한 부분들에 대한 집중적인 연구가 이루어져야 할 것으로 사료된다.

미주

1) 교육부,『교육부 고시 제2015-74호[별책 6] 도덕과 교육과정』, 교육부, 2015b, 3쪽.

2) 박균섭,「퇴계의 인격교육론」,『한국교육』제30권 제1호, 한국교육개발원, 2003, 34쪽.

3) 교육부, 앞의 책, 2015b, 67쪽.

4) 15개의 고전은『격몽요결』,『수심결』,『윤리형이상학 정초』(이상 제Ⅰ영역),『니코마코스 윤리학』,『논어』,『금강경』(이상 제Ⅱ영역),『국가』,『목민심서』,『정의론』(이상 제Ⅲ영역),『공리주의』·『동물해방』,『노자』·『장자』,『신약』·『꾸란』(이상 제Ⅳ영역)이다.

5) 김민재 외,「신설『고전과 윤리』교육과정의 개발 방향 및 제언」,『학습자중심교과교육연구』제15권 제7호, 학습자중심교과교육학회, 2015, 160~165쪽.

6) 물론 이 말이『고전과 윤리』에서『성학십도』가 전면 배제된다는 것은 결코 아니다. 이 과목의 교과서가 개발될 경우, 집필진들이『성학십도』를 핵심 고전과 연계된 고전으로 활용할 수 있는 가능성은 열려 있기 때문이다.

7) 관련 연구가 전혀 없는 것은 아니다. 대표적인 예로 강봉수,「퇴계의『성학십도』에 함의된 도덕교육론」,『도덕윤리과교육』제19호, 한국도덕윤리과교육학회, 2004 및 이영경,「고등학교 윤리교육에서 퇴계사상의 내용 구성 방향과 수업 방략 탐색」,『윤리교육연구』제22집, 한국윤리교육학회, 2010 등을 꼽을 수 있다. 그럼에도 두 연구들은 퇴계 사상에 '강하게' 근거하여 학교 도덕교육을 바라보고 있다. 필자가 보기에는 퇴계 사상의 도덕교육적 활용이라는 다음 단계로의 도약을 위해, 이제는 관점의 방향을 바꾸어 학교 도덕교육의 시각에서 퇴계 사상을 바라볼 필요성이 있다.

8) 『退溪先生續集』卷8「天命圖說」: 心裏之敬與存養及情意之省察與敬, 何謂也.

9) 『退溪先生續集』卷8「天命圖說」: 人之受命于天也, 具四德之理, 以爲一身之主宰者, 心也, 事物之感於中也, 隨善惡之幾, 以爲一心之用者, 情意也. 故君子於此心之靜也, 必存養以保其體, 於情意之發也, 必省察以正其用. 然此心之理, 浩浩然不可模捉, 渾渾然不可涯涘, 苟非敬以一之, 安能保其性而立其體哉. 此心之發, 微而爲毫釐之難察, 危而爲坑塹之難蹈, 苟非敬以一之, 又安能正其幾而達其用哉. 是以, 君子之學, 當此心未發之時, 必主於敬而加存養工夫, 當此心已發之際, 亦必主於敬而加省察工夫. 此敬學之所以成始成終而通貫體用者也.

10) 『退溪先生文集』卷7「進聖學十圖箚」'第六心統性情圖': 要之, 兼理氣統性情者, 心也, 而性發爲情之際, 乃一心之幾微, 萬化之樞要, 善惡之所由分也.

11) 『退溪先生文集』卷28 '答金惇敍丁巳': 大抵人之爲學, 勿論有事無事有意無意, 惟當敬以爲主, 而動靜不失. 則當其思慮未萌也, 心體虛明, 本領深純, 及其思慮已發也, 義理昭著, 物欲退聽, 紛擾之患漸減. 分數積而至於有成, 此爲要法.

12) 『退溪先生文集』卷28 '答金惇敍丁巳': 如是眞積力久, 至於純熟, 則靜虛動直, 日用之間, 雖百起百滅, 心固自若, 而閒雜思慮, 自不能爲吾患.

13) 『退溪先生文集』卷7 「進聖學十圖箚」: 德行不外乎彝倫, 而天人合一之妙斯得矣.

14) 오기성 외,『2011 도덕과 교육과정 개정 시안 연구 개발』, 교육과학기술부, 2011, 86쪽.

15) 교육부, 앞의 책, 2015b, 4쪽.

16) 추병완,『도덕교육의 이해』, 인간사랑, 2011, 76~78쪽.

17) 세계일보, '한국 어린이 10명 중 1명 "나는 불행해요"', 2015.8.19.자 기사 (https://www.segye.com/newsView/20150819004404?OutUrl=naver).

18) 연세대학교 사회발전연구소,『한국 어린이·청소년 행복지수』, 한국방정환재단, 2016, 11~19쪽.

19) 한병철, 김태환 역,『피로사회』, 문학과 지성사, 2012, 28~29쪽; 김민재,「신독 중심의 교수학습이론 정립을 위한 시론적 고찰」,『철학논총』제85집 제3권, 새한철학회, 2016b, 21쪽.

20) 교육과학기술부,『교육과학기술부 고시 제2012-14호[별책 1] 도덕과 교육과정』, 교육과학기술부, 2012, 19쪽; 교육부, 앞의 책, 2015b, 71~72쪽.

21) 대표적인 연구자로 장승희를 꼽을 수 있다. 장승희는 도덕교육의 관점으로 명상에 접근하여 '도덕명상'의 개념을 제시하고, 나아가 '도덕명상교육'의 목표와 방법에 대해서도 고찰한 바 있다. 보다 구체적인 내용은, 장승희,「명상과 도덕교육의 만남」,『윤리교육연구』제29집, 한국윤리교육학회, 2012를 참조할 수 있다.

22) 김문준 외,「동양철학과 심리학 융합 연구의 동향과 과제」,『한국사상과 문화』제67집, 한국사상문화학회, 2013, 184쪽. ; 김문준 외의 연구에는 불교와 유교의 명상 연구에 대한 흐름도 개략적으로 소개되어 있는데, 이런 메타적 성격의 연구와 관련해서는, 불교와 사상의학 연구회 편,『명상 어떻게 연구되었나? 2000년부터 2012년까지 연구경향 분석』, 올리브그린, 2013도 참조할 수 있다.

23) 한자경,『명상의 철학적 기초』, 이화여자대학교 출판부, 2008, 39~40쪽.

24) Kabat-Zinn. J., 안희영 역,『존 카밧진의 처음 만나는 마음챙김 명상』, 불광출판사, 2012, 12쪽.

25) 김민재,「명상의 관점에서 본 퇴계 '경(敬)' 사상의 교육적 시사점」,『철학논집』제37집, 서강대학교 철학연구소, 2014b, 335쪽.

26) 이 말이 불교 명상과 유교 명상의 공통점이 없음을 나타내는 것이 아니라는 점은 앞선 논의를 통해 확인되었다. 실제 김철호(「도덕교과에서의 감정조절 단원의 구성 방안」, 『학습자중심교과교육연구』 제16권 제2호, 학습자중심교과교육학회, 2016, 187쪽)의 지적과도 같이, 정좌와 집중, 깨어있음의 유지를 강조한다는 측면에서 불교 명상과 유교 명상은 닮은 부분이 많다. 또한 불교 명상에서 망상의 원인인 집착을 끊기 위해 노력하는 것처럼, 유교 명상에서도 어지러운 생각의 병폐를 끊기 위해 노력한다는 점 역시 유사성으로 볼 수 있다. 다만 여기서는 유교 명상의 특징을 보다 두드러지게 나타내고자 이 같은 비교 방법을 사용한 것이다.

27) 이연도, 「유가 공부론과 명상」, 『한국철학논집』 제28집, 한국철학사연구회, 2010, 366쪽; 김철호, 「유학의 감정교육과 그 현대적 의미」, 『윤리교육연구』 제28집, 한국윤리교육학회, 2012, 16쪽; 김철호, 앞의 글, 2016, 187쪽.

28) 『大學或問』: 程子於此, 嘗以主一無適言之矣, 嘗以整齊嚴肅言之矣, 至其門人謝氏之說, 則又有所謂常惺惺法者焉, 尹氏之說則, 又有所謂其心收斂, 不容一物者焉. … 敬者, 一心之主宰, 而萬事之本根也. … 蓋此心旣立, 由是格物致知以盡事物之理, 則所謂尊德性而道問學, 由是誠意正心以修其身, 則所謂先立其大者而小者不能奪, 由是齊家治國以及乎天下, 則所謂修已以安百姓, 篤恭而天下平. 是皆未始一日而離乎敬也, 然則, 敬之一字, 豈非聖學始終之要也哉.

29) 김철호, 「도덕적 명상으로서의 경」, 『동양철학연구』 제81집, 동양철학연구회, 2015, 147~161쪽.

30) 『退溪先生文集』 卷7 「進聖學十圖箚」 '第四大學圖': 敬者, 又徹上徹下, 著工收效, 皆當從事, 而勿失者也.

31) 『退溪集言行錄』 卷1 「學問」: 嘗曰余自少雖志於學, 而無師友啓發之人, 悢悢數十年, 未知入頭下工處. 枉費心思, 探索不置, 或終夜靜坐, 未嘗就枕, 仍得心恙. 廢學者累年. 若果得師友指示迷途, 則豈至枉用心力, 老而無得乎.

32) 『退溪先生文集』 卷14 '答南時甫彦經丙辰': 心氣之患, 正緣察理未透而鑿空以强探, 操心昧方而揠苗以助長, 不覺勞心極力以至此, 此亦初學之通患.

33) 『退溪先生文集』 卷29 '答金而精': 譬之治病, 敬是百病之藥, 非對一證而下一劑之比.

34) 『退溪集言行錄』 卷1 「論持敬」: 先生曰, 必有事焉, 而勿正, 心勿忘, 勿助長, 當作四項看了有事一也, 勿正二也, 勿忘三也, 勿助長四也.

35) 『退溪集言行錄』 卷1 「論持敬」: 先生曰, 夫人合理氣而爲心, 理爲主而帥其氣, 則心靜而慮一, 自無閒思慮.

36) 권상우, 「퇴계의 마음치료와 도덕교육」, 『퇴계학과 유교문화』 제51호, 경북대학교 퇴계연구소, 2012, 307쪽.

37) 『退溪先生文集』 卷7 「進聖學十圖箚」 '第五白鹿洞規圖': 以上五圖, 本於天道,

而功在明人倫懋德業. ; '第十夙興夜寐箴圖': 以上五圖, 原於心性, 而要在勉日用崇敬畏.

38) 신창호, 「퇴계교육철학과 전통교육」, 『교육철학』 제50집, 한국교육철학회, 2013, 14~15쪽.

39) 『退溪先生文集』 卷7 「進聖學十圖箚」 '第四大學圖': 非但二說當通看, 幷與上下八圖, 皆當通此二圖而看. 蓋上二圖, 是求端擴充, 體天盡道極致之處, 爲小學大學之標準本原. 下六圖, 是明善誠身崇德廣業用力之處, 爲小學大學之田地事功.

40) 퇴계의 공부법에 대해 단계 혹은 방법을 중심으로 고찰한 선행 연구들을 살펴보면, 각 연구자들의 연구 목적과 관련해서는 큰 의의가 있지만, 이를 구체적인 교육 현장으로 옮기려고 시도하면 도움이 되지 않는다는 사실을 어렵지 않게 발견할 수 있다. 예를 들어 이동건(「퇴계 『성학십도』의 성학(聖學)과 자기혁신의 방법」, 『동북아문화연구』 제20집, 동북아시아문화학회, 2009, 37~43쪽)은 퇴계가 강조했던 '성학'과 삶의 질을 고양시키는 것으로서의 '자기혁신'을 연결시키면서 공부의 3단계를 제시하였는데, 깊이 생각하고 익히는 사지습지(思之習之) → 참되게 실천하는 진천리지(眞踐履之) → 시종 반복하여 실천하는 반복종시(反復終始)가 그것이다. 이 단계들은 자발적 학습이 가능한 성인(成人)에게는 의미가 있으나, 실제 교육 현장에서는 큰 도움이 되지 않는다. 그리고 진성수(「전통교육을 통해 본 현대 청소년 인성교육 학습모형 개발 방안」, 『한국철학논집』 제30집, 한국철학사연구회, 2010, 302~306쪽)는 퇴계의 『성학십도』와 율곡의 『격몽요결』에 기초하여 인성교육 방법의 4단계를 제시하고 있는데, 인지 → 성찰 → 적용 → 확장이 그것이다. 이 단계들은 교수학습의 과정에서 접할 수 있는 상식적인 구분이기는 하지만, 그 이상의 교육적 의미를 찾기 어렵다. 왜냐하면 교육 현장에서는 어떻게 해야만 하는가에 대한 내용이 수록되어 있지 않은 까닭이다. 이것은 이동기(「퇴계의 인성교육론 (1)」, 『퇴계학논집』 제14집, 영남퇴계학연구원, 2014, 221~236쪽)의 연구에서도 발견되는데, 그는 퇴계가 제시한 인성교육의 원리로 구인성성(求仁成聖)과 지경공부(持敬工夫)를, 인성교육의 방법으로 입지(立志)와 위기지학(爲己之學) 및 인간관계와 출처(出處)를 제시하고 있다. 하지만 이런 내용들의 구체적인 활용 방법에 대한 언급은 찾기 어렵다. 요컨대 대다수의 연구들이 퇴계 공부법의 단계와 방법들을 밝히고 있으나, 그것들이 교육적 상황과 어떻게 연결될 수 있고, 또 어떻게 활용할 수 있는지를 나타내고 있는 연구는 발견하기가 쉽지 않다는 것이다.

41) 『退溪先生文集』 卷41 「天命圖說後敍」: 敬以存養於靜者, 是周子之主靜立極, 而子思由戒懼致中之謂也. 敬以省察於動者, 是周子定之修之之事, 而子思由謹獨致和之謂也.

42) 박석, 「맹자 '호연지기(浩然之氣)'와 '야기(夜氣)'의 명상적 의미」, 『중국문학』 제74집, 한국중국어문학회, 2013, 11~12쪽.

43) 김민재, 앞의 글, 2016b, 36~43쪽.

44) 〈표 6-1〉에 제시된 '부끄러움'이라는 표현은 부끄러운 행동을 하고 나면 마땅히 부끄러움을 느낄 수 있다는 의미의 '도덕적 건강함'을 뜻하는 것으로, 일반적인 용어 사용상에서 이 단어에 내재된 부정적인 측면을 강조하는 것이 아니라는 점을 밝혀둔다. 도덕적 건강함으로서의 부끄러움과 그 교육적 가치에 대해서는, 최병태, 『덕과 규범』, 교육과학사, 1996, 23~34쪽 및 김민재, 앞의 글, 2016b, 33~36쪽 등을 참조할 수 있다.

45) 김민재, 앞의 글, 2016b, 38~39쪽.

46) 『退溪先生文集』卷7「進聖學十圖箚」'第二西銘圖': 蓋聖學在於求仁. 須深體此意, 方見得與天地萬物爲一體. 眞實如此處, 爲仁之功, 始親切有味, 免於莽蕩無交涉之患, 又無認物爲己之病, 而心德全矣.

제7장

경(敬)의 관점에서 바라본 '도덕함'
- 『성학십도(聖學十圖)』 중심으로 -

    이 장에서는 퇴계(退溪, 1501~1570) 수양론의 핵심인 '경(敬)'의 관점에서 「2015 도덕과 교육과정」에 처음 등장한 '도덕함'을 바라보고, 여기에 근거해 도덕함이 지니고 있는 한계들을 보완할 것이다. 이 작업을 통해 직접적으로는 도덕함의 의미를 더욱 분명하게 하고, 궁극적으로는 퇴계 사상이 우리가 살고 있는 현재에도 의미 있게 되살아날 수 있음을 보이려는 것이다. 후술하겠지만, 본 장의 논의는 학교 도덕교육의 근간인 도덕과 교육과정과 퇴계로 대표되는 우리 전통사상의 접점을 모색한다는 점에서, 기존의 연구들과 차이가 있다. 본격적인 진행에 앞서 「2015 도덕과 교육과정」에 대해 개략적으로 살펴보자.

    학교 교육과정은 학교에서 이루어지는 모든 활동의 기본 골격이다. 그래서 학교 교육과정은 개정될 때마다 많은 사람들의 주목을 받는다. 이같은 성격의 학교 교육과정이 2015년에 이르러서 총론 및 각론을 포함해 모두 새롭게 확정, 고시되었다. 추구하는 인간상으로 '창의융합형 인재'를 내세운 2015 교육과정 총론의 개정 방향은, 학생들의 인문·사회·과학 기술에 대한 기초 소양 기르기 및 미래 사회가 요구하는 핵심 역량의 함양으로 압축된다. 그리고 이를 위해 학생들의 꿈과 끼를 키울 수 있는 학생 중심의 교육과정을 마련하는 것 역시 중요한 개발 방향으로 제시되어 있다.[1] 「2015 도덕과 교육과정」도 이러한 총론 개발 방향과의 연계 속에서 개발, 고시되었다.

「2015 도덕과 교육과정」에는 기존의 도덕과 교육과정들과 비교할 때 주목해야 할 변화들이 생겼다. 몇 가지 예를 들자면, 첫째, 도덕과의 성격을 규정하는 도입부에 도덕과가 학교에서 행해지는 '학교 인성교육'의 핵심 교과임이 명시되었다. 이는 도덕과만이 학교 인성교육을 맡아야 한다는 것이 아니라, 각 교과에서 자율적으로 시행하는 인성교육의 중핵 역할을 도덕과가 담당한다는 것이다. 둘째, 교육과정 총론에서 추구하는 핵심 역량과의 공조라는 측면에서 '도덕과 역량'이 도입되었다. 이 도덕과 역량이란 자기 존중 및 관리 능력, 도덕적 사고 능력, 도덕적 대인 관계 능력, 도덕적 정서 능력, 도덕적 공동체 의식, 윤리적 성찰 및 실천 성향 등의 여섯 가지이다. 셋째, 기존의 도덕과 교육과정에서 사용하던 '가치·덕목'이라는 용어가 '핵심 가치'로 변경되고, 그 숫자도 축소되었다. 이 핵심 가치란 성실, 배려, 정의, 책임 등의 네 가지이다. 넷째, '일반화된 지식'이나 '기능' 등 총론에서 제시한 프레임(frame)에 맞추어 기존에는 존재하지 않았던 용어들이 도덕과 교육과정 안으로 도입되었다. 여기서 일반화된 지식은 '학생들이 해당 영역에서 알아야 할 보편적인 지식'을 뜻하고, 기능은 '수업 후 학생들이 할 수 있거나 할 수 있기를 기대하는 능력'을 뜻한다. 다섯째, 도덕과를 특징짓는 용어로서 '도덕함'이라는 용어가 처음 사용되었다.[2]

교육과정 개정이 교과 내·외의 여러 가지 상황과 많은 고려 요인들 속에서 단행되는 것은 부득이한 일이지만, 「2015 도덕과 교육과정」을 살펴볼 때 앞으로 해결해야 할 쟁점들이 여러 군데에서 발견되는 것은 사실이다. 가령 ⓐ 언급했던 여섯 가지의 도덕과 역량은 교육과정 총론에서 제시한 핵심 역량들(자기관리 역량, 지식정보처리 역량, 창의적 사고 역량, 심미적 감성 역량, 의사소통 역량, 공동체 역량)과 어떤 관계를 맺고 있고, 근본적으로 여섯 가지의 도덕과 역량이 유의미한 것들인가?, ⓑ 네 가지의 핵심 가치 는 영역별로 제대로 할당되었으며, 교육과정상에 제시된 핵심 가치들의 정의(定義)에는 논의의 여지가 없는 것인가?, ⓒ 「2007 도덕과 교육과정」 이래 도덕과 교육과정의 내용 구성 원리로 기능하는 '가치관계 확장법' 의 영역별 명칭이 「2015 도덕과 교육과정」에서 일부 변경되었는데, 그 명칭이나 구분은 타당한 것인가?, ⓓ 영역별로 기술된 일반화된 지식-내 용 요소-기능의 관계는 올바른 것이며, 특히 '기능'에 속해 있는 요소들 의 의미는 무엇이고 각 요소들의 관계는 어떻게 되는가? 등을 꼽을 수 있 다. 이러한 쟁점들은 「2015 도덕과 교육과정」에서 이어지는 「2022 도덕 과 교육과정」에서도 지속적으로 연구되어야 할 과제들이다.

　　그러나 무엇보다 시급하게 논의되어야 할 쟁점은 바로 '도덕함'이다. 도 덕함은 「2015 도덕과 교육과정」에서 처음 사용된 용어로서, 교육과정상 에는 도덕과의 성격을 규정하는 매우 중요한 용어로 다루어지고 있다. 보 다 구체적으로 말해, 「2015 도덕과 교육과정」에서 발견되는 여섯 가지 도 덕과 역량, 네 가지 핵심 가치, 일반화된 지식, 내용 요소, 기능 등은 모두 이 도덕함을 구현하기 위한 것이다. 그래서 「2015 도덕과 교육과정」에서 는 '도덕'이라는 교과를 규정함에 있어, "학생의 경험 세계에서 출발하여 자신을 둘러싼 현상을 탐구하고 내면의 도덕성을 성찰함과 동시에 스스로 의 삶 속에서 실천하는 과정을 추구하는 '도덕함'의 시간과 공간을 제공하 는 교과"[3]라고 명시하고 있는 것이다. 이는 도덕함을 도덕과의 전면에 내 세우고 있는 것이지만, 이처럼 중요한 역할을 맡긴 도덕함이 교육과정상 에는 다소 불분명하게 기술되어 있다는 점을 지적하지 않을 수 없다.[4]

　　현재 도덕과 교육학계에서는 도덕함을 사후(事後) 정당화하는 방식으로 연구를 진행하고 있다.5) 그러나 대부분의 논의들이 서양윤리학에 기초해 이루어지고 있고, 중점들도 상이하다. 이에 필자는 도덕함의 등장 과정과 교육과정상에 나타난 의미를 분석한 뒤, 퇴계가 중시했던 경의 관점을 통해 도덕함을 조명·보완함으로써, 논의의 초점을 보다 명확하게 하면서도 이 용어에 대한 연구의 동·서양 간 균형을 맞추고자 한다.

이상에서 밝힌 문제의식을 바탕으로 본 장은 다음과 같이 진행된다. 우선 제1절에서는 도덕함의 등장 과정과 교육과정상에 나타난 이 용어의 의미를 분석, 고찰한다. 이어서 제2절에서는 퇴계의 경을 통해 도덕함을 바라봄으로써, '도덕함을 구성하는 요소들 각각의 개념적 의미를 더욱 명료화할 수 있음'을 살펴본다.6) 그리고 제3절에서는 퇴계의 경을 통해 도덕함을 바라봄으로써, '도덕함을 구현하는 근거 있는 방법론을 제시할 수 있음'을 고찰한다.

1. '도덕함'의 등장 과정과 교육과정상의 의미

언급했던 것처럼, 도덕함은 「2015 도덕과 교육과정」에서 핵심적인 위치를 차지하는 용어이다. 그러므로 이 용어가 어떤 의미를 지니고 있고 이로부터 파생되는 가치가 무엇인지 탐색하는 작업은, 도덕과의 학문적 정체성 및 수업활동의 방향성을 근본적인 차원에서 조명하는 데 도움을 제공한다.7) 도덕과 교육과정상에 나타난 도덕함의 의미를 분석하기에 앞서, 이 용어의 등장 과정을 간략하게 살펴보자.

「2015 도덕과 교육과정」의 개발 과정을 거슬러 올라가다 보면, 도덕함이 최초에는 '윤리함(doing ethics)'이라는 용어로 등장하였다는 사실을 발견할 수 있다. 윤리함이란 '삶의 철학함'을 가리키는 것으로, 더 상세하게 표현하면 '현대 사회에서 발생하는 다양하고 복잡한 도덕 문제와 쟁점들에 대한 보다 포괄적인 문제인식과 타당한 대안 제시' 및 '학습자 내부에서 학문간 소통을 이루어 자율적으로 도덕적 지식과 의미를 구성'하는 것을 말한다.8) 즉, 처음에 등장한 윤리함이란 용어에는, ⓐ 우리의 삶과 사회에서 발견할 수 있는 도덕적 문제들을 바르게 인식하고 거기에 대한 대안을 제시하는 것, ⓑ 도덕과를 구성하고 있는 학문 분야들을 익히고 소통함으로써 학습자가 스스로 도덕적 지식과 의미를 구성하는 것 등이 주요한 내용으로 함의되어 있는 것이다. 전자는 학습자 외부의 도덕적 문제 인식에 일차적인 초점이 있으며, 후자는 학습자 내부의 도덕적 지식과 의미 구성에 일차적인 초점이 있지만, 두 가지는 기본적으로 긴밀하게 연결되어 있다.

이 윤리함이라는 용어는 「2015 도덕과 교육과정」의 개발 과정 중 전반기에 해당하는 1차 연구에서 거의 계속적으로 사용되었다.9) 그래서 '2015 문·이과 통합형 도덕과 교육과정 개정 시안(부분) 검토를 위한 공개 토론회'(1차 연구 공개 토론회)의 자료집에서도 연구진들은 도덕과 교육과정 개정의 방향으로 이 윤리함을 제시하면서, "우리 학교 현실 속에서 자신의 마음에 초점을 맞추면서 삶의 가치론적 차원에 관심을 갖고 자신을 둘러싸고 있는 도덕 현상을 탐구할 뿐만 아니라, 시선을 내면의 세계로 돌려 성찰하는 윤리함의 성향과 능력을 길러"주어야 한다고 강조했던 것이다. 그리고 이 윤리함의 능력은 "넓은 의미의 윤리학을 중심으로 하면서도 관련 학문들을 적극적으로 활용하는 학제적이고 통섭적인 접근을 통해 길러질 수 있다."고도 하였다.10) 여기에서도 앞서 언급했던 ⓐ, ⓑ의 내용들이 표현만 조금 다를 뿐 대동소이하게 나타나고 있다는 것을 알 수 있다.

하지만 이 '윤리함'이라는 용어는 「2015 도덕과 교육과정」 개발이 1차 연구에서 2차 연구로 넘어가는 과정에서 '도덕함'으로 바뀌게 된다. 아마도 여기에는 윤리함이라는 용어에 대한 비판들이 제기되었기 때문이라고 사료된다. 예를 들어, 첫째, 윤리함이라는 용어 사용에 대한 도덕과 교육학계의 학문적 근거가 빈약하다는 점, 둘째, 윤리함이 철학함이라는 용어와 결부된다면, 학계 간의 불필요한 논쟁을 불러일으킬 가능성이 있다는 점, 셋째, 윤리함이라는 용어가 담고 있는 내용이 도덕적 탐구와 성찰 및 실천에 불과하다면 괜히 윤리함이라는 용어를 사용해서 오해를 불러일으킬 필요가 없다는 점 등이 제기되었다.11) 이런 까닭에 초기에 사용되었던 '윤리함'이나 이 용어와 함께 거론되던 '철학함' 등의 용어는 그 의미가 변경 혹은 삭제되고, '도덕함'이 전면에 부각된 것이다.

그렇다면 이상과 같은 과정을 통해 등장하게 된 도덕함은 「2015 도덕과 교육과정」상에 어떻게 기술되어 있을까? 실제 이 용어는 도덕과 교육과정에 여러 차례 등장하지만, 다양한 방식으로 기술되어 있어 정확한 의미 파악이 쉽지 않다. 본 절의 이하에서는 「2015 도덕과 교육과정」상에 나타난 도덕함의 의미를 분석하는 데 중점을 둘 것이다.

「2015 도덕과 교육과정」의 성격과 목표 부분에서는 도덕함의 의미를 다음과 같이 몇 차례 기술하고 있다.12)

〈표 7-1〉 「2015 도덕과 교육과정」에 기술된 '도덕함'

순서	기술 내용
①	도덕적인 인간과 정의로운 시민이라는 중첩된 인간상을 지향점으로 삼아 21세기 한국인으로서 갖추고 있어야 할 인성의 기본 요소인 핵심 가치를 확고하게 내면화하고, 학생의 경험 세계에서 출발하여 자신을 둘러싼 현상을 탐구하고 내면의 도덕성을 성찰함과 동시에 스스로의 삶 속에서 실천하는 과정을 추구하는 '도덕함'의 시간과 공간을 제공하는 교과이다.
②	도덕과에서 추구하는 '도덕함'은 학문적 탐구로서의 윤리학 공부나 윤리 사상사에 관한 지적 이해를 넘어서 한 사회에서 작동하고 있는 도덕 현상에 대한 민감성에 기반을 둔 관심과 분석, 그 도덕 현상과의 상호작용을 통해 개인 내면에서 작동하는 도덕성에 관한 성찰과 실천 과정 자체를 의미하는 개념이다.
③	'도덕함'은 인간다운 삶을 위해 추구해야 하는 궁극적인 도리로서의 도(道)와 그것을 삶 속에서 구현하는 과정에서 요청되는 총체적 능력으로서의 덕(德)을 스스로의 삶 속에서 인식하고 실천하고자 하는 역동적인 과정을 가리키는 개념이다. 이 개념에서 강조하는 '함(doing)'은 자신을 둘러싼 도덕 현상과 규범 및 원리를 탐구하고 내면적으로 성찰하는 과정으로서의 함과 이를 구체적으로 실천하는 과정으로서의 함을 포함한다.
④	도덕과는 기본적으로 성실, 배려, 정의, 책임 등 21세기 한국인으로서 갖추고 있어야 하는

	인성의 기본 요소를 핵심 가치로 설정하여 내면화하는 것을 일차적 목표로 삼는다. 이를 토대로 자신의 삶의 의미를 자율적으로 찾아갈 수 있는 도덕적 탐구 및 윤리적 성찰, 실천 과정으로 이어지는 '도덕함'의 능력을 길러 도덕적인 인간과 정의로운 시민으로 살아갈 수 있도록 돕는 것을 목표로 한다.
⑤	자신을 둘러싸고 전개되고 있는 삶의 상황 속에서 어떻게 살아야 할 것인가라는 물음을 근간으로 삼는 가치의 차원이 있음을 인식하고, 그것을 현실 속에서 어떻게 구현해 갈 것인가를 고민할 수 있는 실천적인 시간과 공간을 제공하는 것을 목표로 한다. 이러한 목표는 자신을 둘러싼 도덕 현상에 대한 탐구와 내면의 도덕성에 대한 윤리적 성찰과 일상적 실천을 포함하는 '도덕함'의 능력을 길러주는 것으로 구체화된다.

위의 표에 나타난 것처럼, 「2015 도덕과 교육과정」에서는 다섯 차례에 걸쳐 도덕함을 기술하고 있다. 그러나 실제 〈표 7-1〉-③을 제외한 나머지 네 개는 표현 방식에만 차이가 있을 뿐, 결국 도덕함의 구성 요소들을 소개하고 있는 것이다. 도덕함의 구성 요소를 가장 명확하게 밝히고 있는 것은 〈표 7-1〉-④로서, 여기에 따르면 도덕함은 '도덕적 탐구'와 '윤리적 성찰', '실천'의 세 가지 요소로 구성되어 있다.

그렇다면 각각의 요소에 대해 「2015 도덕과 교육과정」에서는 어떻게 표현하고 있을까? 이 질문에 대한 답은 〈표 7-1〉-①, ②, ⑤에 개략적으로 나타난다. 먼저 '도덕적 탐구'란 학생이 자신을 둘러싼 여러 도덕 현상들을 탐구하는 것이다. 이때 도덕 현상의 탐구 과정에서 도덕적 민감성이 중요한 기제로 작동한다. 이어서 '윤리적 성찰'이란 기본적으로 학생이 내면에 있는 도덕성을 성찰하는 것이다. 하지만 단순히 내면을 들여다보는 것이 아니라, 나를 둘러싼 도덕 현상들과 활발하게 상호 작용하고 있는 자신의 도덕성을 성찰하는 것이다. 이렇게 보자면, 도덕적 탐구와 윤리적 성찰은 서로 분리될 수 없다. 끝으로 '실천'이란 도덕적 탐구와 윤리적 성찰을 하는 행위를 포함해, 일상생활에서 행하는 도덕적 실천들을 가리킨다.

그런데 도덕적 탐구·윤리적 성찰·실천으로 구성되는 도덕함의 대상은, 자신을 둘러싼 도덕 현상 및 내면의 도덕성에 그치지 않는다. 다시 말해, 도덕함의 외연은 매우 넓다는 것이다. 그래서 「2015 도덕과 교육과정」에서는 '도(道)'와 '덕(德)', 그리고 '함(doing)'이라는 개념을 해설하는 〈표 7-1〉-③을 통해, 도덕함의 외연을 밝히고 있다. 여기서 '도'가 인간이 인간다운 삶을 영위하기 위해 추구해야만 하는 궁극적인 도리라면, '덕'은 그 궁극적인 도리로서의 도를 삶 속에서 구현하기 위해 요청되는 총체적인 능력이다. 도덕함이란 이 도와 덕을 삶 속에서 인식하고 체득하며 실천하려고 노력하는 과정, 바로 그것을 가리킨다. 이런 까닭에 도덕함에는 도와 덕 이외에도, 도덕에 대해 탐구하고 성찰하며 실천하는 과정 자체를 나타내는 '함'이 덧붙여진 것이다. 요컨대 도덕과는 학생들이 도덕함의 능력을 길러 스스로 삶의 의미를 찾고, 여기에 기초해 도덕적인 인간과 정의로운 시민으로 성장할 수 있도록 기회를 제공하고 돕는 것을 궁극적인 목표로 삼고 있는 것이다.

지금까지 본 절에서는 「2015 도덕과 교육과정」에서 중요한 비중을 차지하고 있는 '도덕함'의 등장 과정과 그 의미에 대해서 살펴보았다. 특히 도덕함의 의미와 관련해서는 「2015 도덕과 교육과정」에 나타난 도덕함 관련 구절들을 분석하는 방법을 채택하였다. 그렇다면 도덕함이라는 용어에는 어떤 한계들이 있으며, 이것들은 퇴계 사상의 경을 통해 어떻게 보완될 수 있을까? 이어지는 절에서는 이 부분에 대해 살펴볼 것이다.

2. 퇴계의 경을 통한 보완 ①: 도덕함을 구성하는 요소들의 개념 명료화

「2015 도덕과 교육과정」에 등장한 도덕함이라는 용어 및 교육과정 내의 설명을 접하게 되면, 두 가지 의문을 가지게 된다. 하나는 '도덕함의 구성 요소들에 대한 개념적 설명은 타당하며, 도덕함이란 용어는 그 요소들을 모두 아우를 수 있는가?' 하는 것이고, 다른 하나는 '도덕함을 구현할 수 있는 근거 있는 방법에는 무엇이 있는가?' 하는 것이다. 제2절과 3절에서 필자는 퇴계의 경을 통해 도덕함을 바라봄으로써 이 두 가지 의문에 대한 나름의 해법을 제시할 것인데, 본 절에서는 특히 앞의 의문에 집중해 논의를 전개할 것이다.

그런데 '도덕함의 구성 요소들에 대한 개념적 설명은 타당하며, 도덕함이란 용어는 그 요소들을 모두 아우를 수 있는가?'라는 의문과 관련해서도 하위 물음들이 뒤따른다. 그것은 ⓐ 도덕함을 구성하는 요소들인 도덕적 탐구·윤리적 성찰·실천에 관한 도덕과 교육과정 내의 설명은 타당한가?, ⓑ 도덕과 교육과정에서 밝히고 있는 도덕함의 도(道)와 덕(德)에 대한 설명은 타당한가? 등이다. 먼저 퇴계의 경을 살펴본 뒤, 이 경의 관점을 통해 두 개의 하위 물음들에 대한 답을 제시할 것이다.

경은 삼경(三經)과 사서(四書)에도 여러 차례 등장했던 용어로서, 공맹(孔孟)의 출현 이전에 이미 외면적 상황에 대한 경계의 의미를 넘어 주체가 스스로 자기의 내면을 다잡는 자세로서의 의미를 가지고 있었다.[13] 그런데 이 경이 수양론의 핵심으로 자리 잡게 된 것은 북송(北宋) 대의 정이(程頤)와 남송(南宋) 대의 주희(朱熹)에 이르러서였다.

정이는 마음을 하나로 집중해 달아나지 않도록 하는 이른바 '주일무적(主一無適)'을 경의 내용으로 제안하면서 주경설(主敬說)을 내세웠고, 이를 통해 당시 유행하던 도가 내지는 불교식 수행법과 확실하게 선을 그었다. 또한 주희는 이전의 학자들이 언급했던 경을 집약하고 더욱 발전시킴으로써, 이 용어가 수양론에서 가장 보편적이고 전면적인 방법임을 선언하였다. 주희에 따르면, 경은 도덕적 실천의 자주성과 자각성을 고양시켜 줄 뿐만 아니라, 자기 스스로를 변화시킬 수 있는 근본적인 방법이다.[14] 주희의 이 같은 경에 대한 관점은 그가 『대학혹문(大學或問)』에서 제시했고, 퇴계도 『성학십도(聖學十圖)』에서 인용했던 다음의 내용에서 잘 나타난다.

정자(程子=程頤)는 일찍이 경에 대해 '주일무적'으로 말하였고, 또 '정제엄숙(整齊嚴肅)'으로 말하였다. 그의 문인인 사씨(謝氏=謝良佐)는 경에 대해 설명하기를 소위 '상성성법(常惺惺法)'으로 말한 바 있고, 윤씨(尹氏=尹焞)는 경에 대해 설명하기를 소위 '그 마음을 수렴하여 단 하나의 사물도 허용하지 않는다[其心收斂, 不容一物].'라고 말한 바 있다. 이런 여러 가지 설명들을 보면, 경을 함에 있어 어떻게 힘써야 하는지를 알기에 충분하다. … 경이란 한 마음의 주재요 모든 일의 근본[本根]이다. … 이 마음을 세워서 이로 말미암아 격물치지(格物致知)하여 사물의 이치를 다한다면, 이것이 곧 '존덕성 도문학(尊德性 道問學)'이다. 이로 말미암아 성의정심(誠意正心)하여 몸을 닦는다면, 이것이 곧 '먼저 그 큰 것[大體]을 세우니, 작은 것[小體]이 빼앗지 못한다.'라는 것이다. 이로 말미암아 제가치국(齊家治國)하여 천하를 평안하게 하는 데 이른다면, 이것이 곧 '몸을 닦아 백성을 편안하게 한다.'라는 것이자, '인정이 많고 공손하여 천하를 평안하게 한다.'라는 것이다. 이 모두가 처음부터 단 하루도 경에서 떠날 수 없음을 보여주는 것이다. 그런즉 경이라는 한 글자가 어찌하여 성인되는 학문[聖學]의 시작과 끝이 되는 핵심이라고 말하지 않을 수 있겠는가?15)

위의 인용문에서 엿볼 수 있는 경에 대한 주희의 확신과 강조를 퇴계역시 전격적으로 수용하였지만, 퇴계는 주희보다 한 걸음 더 나아간 모습을 보여준다. 다시 말해, 퇴계는 경 중심의 사상 체계를 구축했던 것이다. 이와 관련해 다카하시 스스무[高橋進]는, "세계 또는 존재의 이법 및 인륜의 이법을 묻는 형이상학적 사색으로부터 인간의 인격적·도덕적 자기 형성과 이에 관련된 정치 행동 및 일상의 구체적 실천에 이르기까지, 퇴계의 사상에는 일관되게 경이 그 중심에 자리 잡고 있었다."16)라고 평가하였다.

그렇다면 퇴계는 자신의 대표 저작인 『성학십도』에서 경을 어떻게 나타내고 있을까? 그는 선조(宣祖)에게 『성학십도』를 올리는 차자(箚子)에서,

비어 있고 신령스러운 마음을 통해 분명하면서도 참된 진리를 구한다면 얻지 못할 이유가 없다고 말하면서, "마음이 비어 있고 신령스럽지만 경으로 주재함이 없으면 일이 바로 눈앞에 있어도 제대로 생각하지 못하게 되고, 진리가 분명하면서도 참되지만 마음으로 비추어 알아채지 못하면 일상에서 눈으로 접하고도 보지 못하게 된다."17)라고 언급하였다. 이렇게 보자면, 퇴계는 진리를 구하는 마음의 주재 방법으로 경을 제시하고 있는 것이다.

하지만 퇴계가 경을 마음을 주재하는 방법으로 보았다고 해서, 경이 마음과 분리되어 별도로 존재하는 것은 아니다. 오히려 경은 흐트러지기 쉬운 마음이 스스로 통제하고 수렴하는 과정 그 자체라고 보는 것이 바람직하다. 이 같은 경에 대해 퇴계는 동정(動靜), 체용(體用), 내외(內外), 시종(始終), 거경궁리(居敬窮理) 등의 표현을 빌려 그 통합적인 모습을 보여주고 있다.18) 그래서 그는 "경을 유지하는 것[持敬]은 또한 생각과 배움에 모두 필요하고, 움직임과 고요함에 다 일관해야 하는 것으로, 안과 밖을 합치시키고, 드러남과 은미함을 하나로 하는 방법이다."19)라고 했을 뿐만 아니라, "경은 위를 관통하고 아래를 관통하는 것으로, 공부에 착수하여 그 효과를 거두어들임에 있어서 모두 마땅히 종사하여 잃어버려서는 안 되는 것이다."20)라고 재차 강조했던 것이다.21)

그렇다면 이상에서 살펴본 퇴계의 경이 「2015 도덕과 교육과정」의 도덕함을 어떻게 보완할 수 있을까? 보다 구체적으로 말해, 퇴계의 경은 '도덕함을 구성하는 요소들인 도덕적 탐구·윤리적 성찰·실천에 관한 도덕과 교육과정 내의 설명은 타당한가?'라는 첫째 하위 물음에 대해 어떤 해법을 제공할 수 있을까? 결론부터 제시하면, 도덕함이라는 용어를 경으로 치환할 경우 저 물음은 상당 부분 해결할 수 있다. 『성학십도』를 올리는 차자에 수록된 다음의 구절을 살펴보자.

경을 하는 방법이란, ⓐ 반드시 경건하고 단정하며 고요하고 전일한[齋莊靜一] 가운데 이 마음을 두고, ⓑ 배우고 물으며 생각하고 분별하는[學問思辨] 사이에 이 이치[理]를 궁리하여, ⓒ 보이지 않고 들리지 않는 앞에서도 경계하고 두려워하기[戒懼]를 더욱 엄숙하고 공경하게 하며, ⓓ 은미하고 홀로 있는 곳에서도 성찰하기를 더욱 정밀하게 하는 것이다.[22] (원문자 처리는 필자가 함.)

위의 인용문에서 ⓐ가 경을 하는 기본적인 마음가짐과 자세를 나타내는 것이라면, ⓑ는 사물·사태를 포함하는 현상 및 그 이면에 존재하는 진리 탐구의 궁리(窮理) 공부이고, ⓒ는 미발(未發) 시의 존양(存養) 공부이며, ⓓ는 이발(已發) 시의 성찰(省察) 공부이다. 그리고 경은 이 모든 내용들을 포괄하고 있다. 만일 도덕함이라는 용어를 경으로 치환한다면, ⓐ, ⓑ, ⓒ, ⓓ는 어떻게 설명될 수 있는지 살펴보자.

앞서 제1절에서 도덕함을 구성하는 요소들을 설명하면서, '도덕적 탐구'란 학생이 자신을 둘러싼 여러 도덕 현상들을 탐구하는 것이고, '윤리적 성찰'이란 학생이 자신의 내면에 있는 도덕성을 성찰하는 것이며, '실천'이란 도덕적 탐구와 윤리적 성찰을 하는 행위를 포함해 일상생활에서 행하는 도덕적 실천들을 가리킨다고 하였다. 이렇게 보자면, 위의 인용문에서 ⓑ 궁리는 '도덕적 탐구'와, ⓒ 존양 및 ⓓ 성찰은 '윤리적 성찰'과, ⓐ 재장정일은 '실천'과 각각 매칭(matching)할 수 있을 것으로 사료된다.[23]

사실 '도덕적 탐구'와 '윤리적 성찰'이 무엇인지에 대한 도덕과 교육학계의 정확한 규정은 발견하기 어렵다. 그나마 도덕적 탐구에 대해서는 피아제(J. Piaget)와 콜버그(L. Kohlberg)로 대변되는 인지발달이론이나 가치분석모형 같은 교수·학습 방법의 맥락에서, 기존의 도덕과 교육에서 중요하게 여겼다고 간주할 수 있을 것이다. 그러나 윤리적 성찰에 대해서는 합의된 의견을 찾아보기 어렵다. 또한 윤리적 성찰은 「2009 도덕과 교육과정」에서는 '도덕적 성찰'이라는 용어로 표현되었는데, 여기에서는 도덕적 성찰을 "자기 자신의 내면과 현실 세계를 도덕적인 관점에서 성찰하는 삶의 중요성을 인식하고, 도덕적인 인간이 지닌 덕과 성품, 보편적인 도덕 원리 등을 도덕 성찰을 위한 준거로 이해한다."[24]라고 정의(定義)하였다. 하지만 이 정의에는 도덕적 성찰의 대상이나 방법 등이 소략하게 나타나 있을 뿐, 도덕적인 관점에서 성찰한다는 것이 과연 무엇을 뜻하는지에 대한 기술은 누락되어 있다. 이런 상황이기에 도덕적 탐구와 윤리적 성찰의 관계에 대한 연구도 미흡한 형편이다.[25]

이 같은 지점에서 퇴계의 경이 도덕함에 대해 시사하는 바는 매우 크다. 먼저 궁리를 '도덕적 탐구'와 접합시킴으로써, 도덕 현상을 탐구할 때 어떤 부분에 초점을 맞추어야 하는지 보다 분명하게 설명할 수 있다. 퇴계는 『성학십도』를 올리는 차자에서, "마땅히 더욱 스스로를 믿고 힘써서 참된 것을 많이 쌓고 오래도록 노력하면, 자연스럽게 마음과 이치가 서로 머금어 깨닫지도 못하는 사이에 이치와 융회, 관통하게 될 것이다."[26]라고 하였다. 이처럼 도덕 현상 이면에 존재하는 이치를 탐구하여 깨닫는 것이 '도덕적 탐구'의 참된 목적이 되어야지, 단순하게 문제 해결 방법을 찾는 것이 목적이 되어서는 안 된다.

이어서 존양 및 성찰을 '윤리적 성찰'과 접합시킴으로써, 윤리적 성찰의 의미를 더 명확하게 드러낼 수 있다. 퇴계는 『성학십도』의 제6도 「심통성정도(心統性情圖)」에 대한 설명에서 다음과 같이 말했다.

요약컨대 리와 기를 겸하고 본성[性]과 감정[情]을 통섭하는 것은 마음인데, 본성이 발하여 감정이 되는 그 경계가 바로 한 마음의 기미(幾微)요 모든 변화[萬化]의 중심이니, 선과 악이 이로부터 말미암아 갈라진다. 배우는 사람이 진실로 경을 유지하는 데 집중하여 이치와 욕심을 구분하는 데 어둡지 않고, 더욱 이것을 삼가서 '미발 시 존양하는 공부'가 깊어지고 '이발 시 성찰하는 습관'이 숙련되어 진리를 쌓는 노력이 오래도록 그치지 않으면, 이른바 정일집중(精一執中)의 성학(聖學) 및 존체응용(存體應用)의 심법(心法)을 다른 곳에서 구할 필요도 없이 모두 여기에서 얻게 될 것이다.27)

미발 시의 존양과 이발 시의 성찰을 「2015 도덕과 교육과정」에 나타난 '윤리적 성찰'의 범위로 포함시킴으로써, 내면의 도덕성을 바라본다고 짧막하게 소개되어 있는 윤리적 성찰의 의미를 보다 분명하게 나타낼 수 있다. 다시 말해, 옳고[善] 그름[惡]에 대한 행위자 내면의 작동 기제(機制)로서의 도덕성을 어떻게 바라보고 길러야 하는지 더 명확히 설명할 수 있다는 것이다. '평상시'에는 우리의 도덕성을 보존하고 함양하기 위한 윤리학적 지식의 습득 및 타인이 처한 상황에 대해 심정적으로 공감해 보기 등을 소홀히 해서는 안 된다. 그리고 실질적인 '도덕적 문제 사태의 발생 시'에는 자신의 내면에 있는 도덕성에 비추어 그 문제 사태를 바라보고, 직접 실천으로 옮기려는 노력을 기울여야만 한다.

끝으로 재장정일을 비롯해 『성학십도』에 나타난 여러 경의 방법들을 '실천'과 접합시킴으로써, 도덕함의 구현 방법들에는 어떤 것들이 있는지 파악할 수 있다. 특히 제3도 「소학도(小學圖)」, 제4도 「대학도(大學圖)」, 제8도 「심학도(心學圖)」, 제9도 「경재잠도(敬齋箴圖)」, 제10도 「숙흥야매잠도(夙興夜寐箴圖)」와 관련 설명들을 살펴보면, 경을 실천하는 방법들이 상세하게 제시되어 있는데, 이 내용은 제3절에서 다룰 것이다.

이상으로 본 절에서는 '도덕함의 구성 요소들에 대한 개념적 설명은 타당하며, 도덕함이란 용어는 그 요소들을 모두 아우를 수 있는가?'라는 의문의 하위 물음들 중 '도덕함을 구성하는 요소들인 도덕적 탐구·윤리적 성찰·실천에 관한 도덕과 교육과정 내의 설명은 타당한가?'에 대해 퇴계의 경을 근거로 고찰하였다. 살펴본 것처럼, 도덕함을 경으로 치환하고 도덕함의 구성 요소들을 경의 내용들과 연결시킨다면, 이 물음은 상당 부분 해결이 가능하다. 그러나 물음이 한 가지 더 남아 있다. 그것은 둘째

하위 물음인 '도덕과 교육과정에서 밝히고 있는 도덕함의 도와 덕에 대한 설명은 타당한가?'이다. 이 부분과 관련해서도 결론부터 제시하면, 도덕함을 경으로 치환할 경우 도덕과 교육과정의 도·덕에 대한 설명은 일관성과 함께 설득력을 지닐 수 있다. 퇴계는 『성학십도』의 제1도 「태극도(太極圖)」에 대한 설명에서 다음과 같이 말했다.

> 무릇 성인을 배우는 사람이 이 태극으로부터 단서를 찾고 『소학(小學)』과 『대학(大學)』 등의 종류에서 힘써서, 그 공효를 거두는 날에 이르러 일원(一源)에까지 거슬러 올라가게 된다면, 이것이 이른바 '이치를 궁구하고 본성을 다하여 천명에 이른다.'라는 것이며, 이른바 '신묘함을 궁구하고 조화를 알아서 덕이 성대해진다.'라는 것이다.[28]

위의 인용문에 나타난 태극과 일원, 천명(天命) 등이 바로 퇴계가 말하는 도(道)이자, 경을 통해 추구해야 하는 것이다. 그런데 이 도가 우리의 일상과 분리되어 있을까? 결코 그렇지 않다. 이런 까닭에 퇴계는 『성학십도』의 제9도 「경재잠도」에 대한 설명에서 "일상생활을 함에 있어 마음의 눈[心目]에 비추어 「경재잠도」의 내용을 항상 체험하고 완미하며 경계하고 살펴서 얻음이 있어야 하니, 그렇게 된다면 경이 성인되는 학문의 시종이 된다는 사실을 어찌 믿지 않을 수 있겠는가?"[29]라고 하였던 것이다. 다시 말해, 도의 추구는 우리 일상생활의 철저한 경을 통해 가능하다는 것이다. 그리고 이 경을 통해 획득되는 것이 곧 인(仁)의 자각이자 마음의 덕[心德]이요, 천지만물과 일체가 되는 상태이다. 그래서 퇴계는 『성학십도』의 제2도 「서명도(西銘圖)」에 대한 설명에서 다음과 같이 말했다.

> 무릇 성인되는 학문은 인을 구하는 데 있다. 모름지기 이 뜻을 깊이 체득해야만 바야흐로 천지만물과 하나가 됨을 볼 수가 있을 것이다. 진실로 그렇게 되

면 인을 실현하는 공부가 비로소 친절하면서도 맛이 있어서, 광활하여 서로 관계할 수 없는 걱정을 면할 것이요, 또 다른 사물을 자기로 아는 병통도 없어져서 마음의 덕이 온전해질 것이다.30)

이처럼 퇴계의 경 사상에서 도와 덕은 밀접한 연관성이 있다. 이렇게 본다면, 「2015 도덕과 교육과정」의 도덕함을 경으로 치환할 경우, 〈표 7-1〉-③에 나타난 도와 덕의 규정을 더 자연스럽게 설명할 수 있다. 제1절에서 언급했던 것처럼, 도덕과 교육과정에 나타난 도덕함의 '도'는 인간다운 삶을 위해 추구해야 하는 궁극적인 도리이고, '덕'은 이 도를 삶 속에서 구현하는 과정에서 요청되는 총체적 능력이다. 하지만 이렇게만 규정해 놓았을 뿐, 관련 근거는 찾아볼 수 없다. 그런데 이러한 '도'와 '덕'의 개념이 도가(道家)에도 아무 문제없이 적용될 수 있을까? 일례로 노자(老子)의 경우, 그 자신이 『도덕경(道德經)』 제1장에서 천명했던 것처럼, 도란 말해질 수도 없고 어떤 방식으로 개념화될 수도 없는 것이다.31) 따라서 이 도를 도덕과 교육과정에서와 같이 '인간다운 삶을 위해 추구해야 하는 궁극적인 도리' 같은 것으로 규정하는 순간, 이 도는 도가 아니다. 이것은 덕에도 그대로 적용되는데, 『도덕경』 제38장에 나오는 것처럼, 가장 훌륭한 덕[上德]이란 덕이라고도 하지 않으며 무엇을 위하여 함이 없는 무위(無爲)일 뿐이다. 또한 도를 잃은 후에야 덕이고, 덕을 잃은 후에야 인이며, 인을 잃은 후에야 의(義)이고, 의를 잃은 후에야 예(禮)이다.32) 그러므로 이 덕을 도덕과 교육과정에서와 같이 '도를 삶 속에서 구현하는 과정에서 요청되는 총체적 능력' 같은 것으로 규정하는 순간, 이 덕 역시 도가에서 말하는 덕은 아닌 것이 되어버린다.

이 같은 지점에서 퇴계의 경이 가지는 시사점은 적지 않다. 그가 『성학십도』를 올리는 차자에서 "일상생활에서 외경(畏敬)이 떠나지 않아서 '중화(中和)를 지극히 하여 천지가 제자리에서 편안하고 만물이 화육되는' 효과를 이룰 수 있으며, 덕행이 인륜에서 벗어나지 않아서 하늘과 인간이 합일되는 오묘함을 여기서 얻게 될 것이다."[33]라고 했던 것은, 도와 덕의 관계를 압축적으로 나타내었다고 볼 수 있다. 즉, 경을 통해 궁극적인 진리로서의 도를 추구하고, 그것을 체득하여 덕으로 삼아야 공부가 완성된다는 것이다. 그리고 이런 도와 덕의 개념 규정 및 연관성은, 「2015 도덕과 교육과정」에서 도덕함을 설명할 때 제시했던 도와 덕을 이론적이고 실천적으로 뒷받침할 수 있을 것으로 기대된다.

지금까지 본 절에서는 퇴계가 강조했던 경의 의미와 그 핵심은 무엇인지 살펴보고, 거기에 비추어 「2015 도덕과 교육과정」의 도덕함이 가진 한계들을 보완하기 위한 첫 번째 시도를 하였다. 특히 '도덕함을 구성하는 요소들인 도덕적 탐구·윤리적 성찰·실천에 관한 도덕과 교육과정 내의 설명은 타당한가?', '도덕과 교육과정에서 밝히고 있는 도덕함의 도와 덕에 대한 설명은 타당한가?' 등의 물음들과 관련해, 도덕함을 경으로 치환할 경우 어느 정도의 해법 제시가 가능한지 고찰하였다. 그리고 여기에 대해 긍정적인 답변을 내릴 수 있음을 확인하였다. 그렇다면 퇴계의 경의 관점에서 볼 때 도덕함을 구현할 수 있는 방법들에는 어떤 것이 있을까? 이어지는 절에서는 이 부분에 대해 살펴볼 것이다.

3. 퇴계의 경을 통한 보완 ②: 근거 있는 방법론의 제시

도덕함을 구현하기 위해 「2015 도덕과 교육과정」에서 제시하고 있는 방법론의 숫자는 적지 않다. 가령 「2015 도덕과 교육과정」에서는 "학습자의 적극적인 참여와 내적 동기 유발을 위해 각종 예화, 그림, 영화, 멀티미디어 자료 등을 활용하고, 자료를 활용한 학생들의 탐구 능력을 기르도록 한다."라고 밝히고 있으며, "학습 내용에 따라 개념 학습, 주제 학습,

탐구 학습, 토론 학습, 논술 학습, 협동 학습, 봉사 학습, 역할놀이 학습, 정보 통신 기술 활용 학습, 문제 중심 학습 등 다양한 교수·학습 모형을 활용하고, 발표, 실천·체험 등 다양한 참여 활동을 연계하여 지도한다." 라고도 제시하고 있다.34) 이외에도 학교 급별에 따라 여러 가지 방법론들을 언급하고 있다.

그러나 이 같은 방법론들이 과연 도덕함을 구현할 수 있는지에 대해서는 의문을 제기할 수 있다. 왜냐하면 이 방법론들과 도덕함이 어떤 연관성을 가지고 있는지 발견하기 어렵고, 처음부터 이 방법론들은 도덕함의 구현을 염두에 두면서 구안된 것도 아니기 때문이다. 하지만 퇴계가 중시했던 경의 관점에서 도덕함을 조명하고 보완할 경우, 보다 근거 있는 방법론들을 수립할 수 있는 가능성이 생긴다. 이유는 『성학십도』에 안내된 방법론들이 모두 경으로 수렴되는 까닭이다. 본 절에서는 바로 이 부분에 대해 살펴보려는 것이다.35)

먼저 첫 번째로 제시할 수 있는 방법은, 경의 실천 방안으로 제안된 내용들을 의심 없이 행동으로 옮겨 보고, 그 과정에서 자신의 일상을 되돌아보게끔 하는 것이다. 이것을 현대적으로 표현하면, '체크리스트(checklist)를 활용한 포트폴리오(portfolio)' 방법이라고 할 수 있다.36) 여기에서는 제9도 「경재잠도」와 제10도 「숙흥야매잠도」에 수록된 내용들을 활용 가능하다. 퇴계는 각각에 대해 다음과 같이 말했다.

> 대체로 「경재잠」에는 공부의 허다한 공간적 상황[地頭]이 있기에 그 공간적 상황에 따라 배열하여 그림을 만들었으며, 이 「숙흥야매잠」에는 공부의 허다한 시간적 상황[時分]이 있기에 그 시간적 상황에 따라 배열하여 그림을 만들었다.37)

물론 제9도와 10도에 수록되어 있는 내용들을 지금 그대로 사용하기는 어려울 것이다. 이 경우 그 구절들을 '현대적 상황에 어울리도록 풀이하는 작업'은 수업 시간에 모둠 활동이나 포트폴리오 방법에 의한 수행 평가 과제 부여 등으로 이루어져야 할 부분이다. 이 과정에서 다음과 같은 체크리스트(예시)를 제작, 활용할 수 있을 것이다.

〈표 7-2〉『성학십도』의 활용을 위한 체크리스트(예시)

	학년		반 이름		
구절	① 입단속을 단지 막듯이 하고 잡생각 막기를 성 지키듯이 하며, 성실하고 공경하여 감히 조금도 경솔하지 말라. - 「경재잠」 ② 일에 응하고 나면 나는 곧 예전과 같아질 것이니, 마음을 고요히 하여 정신을 집중하고 망상을 버려라. - 「숙흥야매잠」				
풀이	① 남을 배려하지 않거나 경솔한 행동을 하지 말고 쓸데없는 생각들을 줄여서 보다 성실하게 생활하자. ② 어떤 일을 접하고 마무리하면 나의 마음은 그 일을 접하기 전의 그것으로 돌아갈 뿐이니, 마음을 붕 띄우지 말고 집중하자.				
공간＼시간	월	화	수	목	금
학교	상	중	중	…	…
가정	중	상	하	…	…
기타 ( )	중 (친구 집)	.	중 (놀이터)	…	…

하나의 예일 뿐이지만 〈표 7-2〉와 같은 성격의 체크리스트를 제작하여 일주일 단위로 구절을 바꾸어 가면서 한 달 혹은 한 학기 동안 지속되는 포트폴리오를 작성하도록 한다면, 학습자들이 자신의 일상을 반성할 수 있는 적지 않은 기회를 제공할 것으로 판단된다.

이어서 두 번째로 제시할 수 있는 방법은, 도덕적 진리[善]의 탐색에 정신을 집중하도록 하는 것이다. 이것을 현대적으로 표현하면, '집중 명상(concentration)' 방법이라고 할 수 있다. 여기에서는 제8도 「심학도」에 수록되어 있는 내용들을 활용 가능하다. 「심학도」와 「심학도에 대한 설명 [心學圖說]」은 원(元)나라의 정복심(程復心)이 그리고 쓴 것인데, 이 두 가지에 대해 퇴계는 매우 긍정적인 시각을 가지고 있었다. 「심학도」와 「심학도설」에서는 공부의 요령들이 결코 경과 분리될 수 없음을 강조하면서, 그 요령들을 '사사로운 욕심을 막는 공부[遏人欲]' 및 '인간의 선한 본성을 보존하는 공부[存天理]'로 나누어 제시한다.

이 중 알인욕 공부에는, ⓐ 홀로 있을 때도 자신을 삼가는 '신독(愼獨)', ⓑ 나를 이기고 예로 돌아가는 '극기복례[克復]', ⓒ 마음이 제자리를 지키고 있는 '심재(心在)', ⓓ 잃어버린 마음을 찾는 '구방심(求放心)', ⓔ 마음을 바르게 하는 '정심(正心)'의 요령들이 있으며, 부동심(不動心)의 상태를 지향한다. 또한 존천리 공부에는, ⓐ 경계하고 두려워하는 '계구(戒懼)', ⓑ 마음을 잡아서 보존하는 '조존(操存)', ⓒ 마음으로 생각하는 '심사(心思)', ⓓ 마음을 기르는 '양심(養心)', ⓔ 마음을 다하는 '진심(盡心)'의 요령들이 있으며, 마음이 바라는 대로 행해도 법도에 어긋나지 않는 종심소욕불유구(從心所欲不踰矩)의 상태를 지향한다.

이미 퇴계도 지적한 것처럼, 알인욕 공부와 존천리 공부에 속하는 요령들이 어떤 순서를 가지고 있는 것은 아니다. 더하여 소개된 10개의 요령들 중 설명이 특별히 난해한 것도 없다. 따라서 교사는 학생들로 하여금 어느 하나를 선택해 그것에 집중하여 탐구하고 성찰하며 명상하도록 유도할 수 있다. 일례로 10개 중 한 개를 선택하게 하여 조례나 종례 시간을 활용해 5~10분 정도 명상해 보도록 할 수도 있고, 수업 시간이나 방과 후 시간 등을 활용해 30~50분 정도 명상해 보도록 할 수도 있다.

다음으로 세 번째로 제시할 수 있는 방법은, 위의 경험들을 바탕으로 교사와 학생, 학생과 학생 간에 이루어지는 심층적 대화를 실시하는 것이다. 이것을 현대적으로 표현하면, '윤리 상담(ethical counseling)' 방법이라고 할 수 있다. 윤리 상담이란 최근에 들어와 도덕과 교육학계에서 주목하고 있는 교수·학습 방법으로서, 청소년기 학생들의 도덕성 함양을 목표로 그들이 다양한 방면에서 겪고 있는 옳고 그름의 문제와 관련해 자연스러우면서도 윤리학적인 통찰을 추구하는 대화를 나누는 것이다. 그리고 이를 통해 궁극적으로는 옳고 그름의 문제에 대한 학생들의 정신적 건

강과 안녕을 회복하려는 것이다.38)

사실 앞에서 제시했던 방법들이 단순 시행의 차원에서만 머무른다면 아무런 의미를 지니지 못할 수도 있다. 따라서 포트폴리오 내지는 명상을 통해 얻은 경험과 깨달음을 바탕으로, 교사는 학생과 일대일 또는 일대다(多)의 윤리 상담을 실시하거나, 수업 시간에 학생들 간 모둠 활동을 펼칠 수 있도록 기회를 마련하는 것이 바람직하다. 이는 퇴계 자신이 제자들에게 보여준 모습[講論歸正]이기도 하거니와, 그가 제자들에게 바랐던 것이기도 하다는 점에서 경과 별개의 것이 될 수 없다.39)

지금까지 개략적으로 소개한 세 가지 방법들은 독립적으로 활용할 수도 있고, 단계적으로도 활용할 수 있다. 그러나 무엇보다 중요한 점은 이 방법들이 경으로 수렴된다는 것이다. 이런 까닭에 필자는 도덕함을 경으로 치환할 경우, 보다 근거 있는 방법론들을 수립할 수 있는 가능성이 생긴다고 언급했던 것이다. 그럼에도 본 연구가 교육적인 측면에서 더욱 유의미해지려면 보완되어야 할 후속 과제들이 있다. 이어지는 절에서는 이 부분들과 관련하여 몇 가지 제언을 하면서 이 장을 마칠 것이다.

4. 남은 과제들

지금까지 이 장에서는 퇴계 수양론의 핵심인 '경'의 관점에서 「2015 도덕과 교육과정」에 처음 등장한 '도덕함'을 바라보고, 이를 통해 도덕함이 지니고 있는 한계들을 보완하려고 시도한다는 목적 아래 논의를 진행하였다. 이러한 작업의 의의는, 일차적으로는 도덕함의 의미를 더욱 분명하게 하는 데 있지만, 궁극적으로는 퇴계 사상이 우리가 살고 있는 현재에도 여전히 살아 있으며 나아가 재해석되고 재탄생될 수 있음을 드러내 보이는 데 있다.

이상의 목적을 위해 본 장에서는 먼저 「2015 도덕과 교육과정」에서 중요한 비중을 차지하고 있는 도덕함의 등장 과정과 의미에 대해 분석, 고찰하였다. 이어서 도덕함이 내포하고 있는 한계들을 지적한 뒤, 퇴계가 강조했던 경의 의미와 요령들에 비추어 크게 두 가지 측면에서 도덕함을 보완하고자 하였다. 첫 번째는 '도덕함의 구성 요소들에 대한 개념적 설명은 타당하며, 도덕함이란 용어는 그 요소들을 모두 아우를 수 있는가?' 하는 것이었고(제2절), 두 번째는 '도덕함을 구현할 수 있는 근거 있는 방법에는 무엇이 있는가?' 하는 것이었다(제3절). 이 같은 과정을 거쳐, 본 장에서는 도덕함을 경으로 치환시켜서 바라볼 경우 상당한 정도의 보완과 해법 제시가 가능하다는 결론을 도출하였다.

　　이 장의 논의를 통해 도덕함의 의미가 보다 명료해졌고, 도덕함과 관련된 동·서양 간 연구의 균형도 일정 부분 맞추어졌으며, 퇴계 사상의 현재성 역시 더 명확해졌다고 판단되지만, 향후에도 지속적으로 고민해야 할 과제들이 없는 것은 아니다. 거시적인 차원에서 두 가지만 제시하면서, 연구를 마친다. 첫째는 도덕함이라는 용어를 엄밀하게 규정하려는 노력이 앞으로도 계속되어야 한다는 것이다. 언급했던 것처럼, 현재의 도덕함은 도가에서 가리키는 도와 덕을 포용하기가 쉽지 않다. 그럼에도 현재 도덕과 교육의 내용 요소에는 도가와 관련된 내용들이 반영되어 있다. 이것은 도덕함이 가지고 있는 한계들 중 하나일 뿐이지만, 이 용어가 과연 도덕과 교육의 핵심적인 위치를 차지하는 용어로서 기능할 수 있는가 하는 중대한 의문을 불러일으킨다는 점에서 향후에도 지속적으로 고민해야 하는 과제이다. 둘째는 근거 있는 교수·학습 방법 및 관련 평가 방법의 개발이 시급하다는 것이다. 현재 「2015 도덕과 교육과정」에 수록되어 있는 교수·학습 방법 및 평가 방법들에 대한 최대의 쟁점은, 그 방법들이 도덕함을 제대로 구현하고 평가할 수 있느냐 하는 것이다. 필자는 도덕함을 경으로 치환시킴으로써 이 문제를 일정 부분 해결하고자 시도하였으나, 이 역시 교수·학습 방법과 관련된 하나의 대안일 뿐 도덕과 교육학계에서 합의된 바는 아니다. 그러므로 도덕함을 엄밀하게 정의하려는 노력과 더불어, 그 기반 위에서 활용 가능성이 높은 교수·학습 방법 및 적절한 평가 방법을 개발하려는 연구도 계속되어야 할 것이다.

미주

1) 한혜정 외,『2015 개정 교육과정에 따른 초·중등학교 교육과정 편성·운영 방안』, 한국교육과정평가원, 2016, 11~12쪽.

2) 교육부,『교육부 고시 제2015-74호[별책 6] 도덕과 교육과정』, 교육부, 2015b, 1~5쪽.

3) 위의 책, 3쪽.

4) 실제 이 용어는「2015 도덕과 교육과정」의 개발 과정에서 이루어졌던 '공개 토론회'(2015.04.17., 07.22.)와 '공청회'(2015.07.30., 09.20.) 때마다 주요 쟁점으로 대두되었다. 그럼에도 여전히 이 용어에는 불분명해 보이는 부분들이 적지 않다.

5) '도덕함'을 주제로 한 초기 연구로는, 이재호,「'도덕함'의 의미와 가치에 대한 고찰」,『학습자중심교과교육연구』제16권 제1호, 학습자중심교과교육학회, 2016; 이철주,「초등도덕교육에서 도덕원칙의 적용에 관한 연구」,『초등도덕교육』제51집, 한국초등도덕교육학회, 2016; 박현진,「'도덕함'의 의미에 대한 일 고찰」,『도덕교육연구』제28권 제3호, 한국도덕교육학회, 2016 등이 있다. 도덕함에 대한 연구가 많지 않은 상황에서 선구적인 시도를 했다고 평가할 만하다. 각각의 연구가 지니는 학문적 성과는 충분히 인정되어야 마땅하지만, 연구마다 도덕함에 대한 상이한 해석을 시도하고 있다는 점은 본 연구의 필요성을 뒷받침한다. 이재호와 박현진은 도덕함에 대한 일정 이상의 '열린' 해석을 하고 있는 반면, 이철주는 어느 정도 '닫힌' 해석을 하고 있다. 일례로 도덕함의 '함'을 해석하는 과정에서 이재호와 박현진이 '초실천(metapraxis)'이라는 측면을 부각시킨다면, 이철주는 그 함이 '실천 지향'을 나타낼 뿐이라는 점을 지적한다. 또한 박현진의 경우에도 도덕함을 '이론적 도덕함'과 '실천적 도덕함'으로 구분하여 해석하고 있다는 측면에서, 이재호와 차이를 보인다. 필자는 도덕함에 대한 해석의 다양성은 필요하다고 생각하지만, 이 용어에 대한 최소한의 합의가 이루어진 상황에서 열린 해석이 이루어져야 한다고 본다. 그리고 그러한 합의를 위해서는 도덕함의 등장 과정과 교육과정상의 의미(제1절)를 분석, 고찰해야 한다. 이상에서 언급한 연구들 이후로도, 박영주,「2015 개정 도덕과 교육과정에서 '도덕함'에 대한 소고」,『초등도덕교육』제58집, 한국초등도덕교육학회, 2017; 정탁준,「2015 개정 도덕과 교육과정에 나타난 '도덕함'에 대한 비판적 고찰」,『윤리연구』제115집, 한국윤리학회, 2017; 장동익,「'도덕함'의 허구성」,『도덕윤리과교육』제57집, 한국도덕윤리과교육학회, 2017; 김상돈,「2015 개정 도덕과 교육과정에 나타난 '도덕함'에 대한 몇 가지 의문」,『초등도덕교육』제58집, 한국초등도덕교육학회, 2017; 박영주,「2015 개정 도덕과 교육과정 '도덕함'의 초등학교 도덕과 교육 적용 방안」,『윤리교육연구』제48집, 한국윤리교육학회, 2018 등이 계속되었다.

6) 논의 과정에서 요청되는 '도덕함의 한계'나 '경에 대한 퇴계의 관점' 등을 함께 다루는 제2절의 분량이 다른 장들에 비해 많다는 점을 밝혀둔다.

7) 이재호, 앞의 글, 2016, 657쪽.

8) 교육부 외, 『2015 개정 교육과정을 위한 교과 교육과정 개발 정책연구진 2차 합동 워크숍』, 교육부 외, 2015, 90쪽.

9) 이번 교육과정 개발은 각 교과의 '성격'과 '목표', '내용(체계)', '성취기준' 등을 제시하는 1차 연구와 '교수·학습 방향'과 '평가 방향', '예시 개발', '교과서 개발 방향' 등을 제시하는 2차 연구로 나누어 진행되었다. 그런데 「2015 도덕과 교육과정」의 1차 연구시기에 발간된 워크숍 자료나 결과물들을 살펴보면 1차 연구 최종 보고서를 제외한 대부분의 문헌들에서는 '윤리함'이라는 용어가 사용되고 있다는 점을 발견할 수 있다.

10) 한국교육과정평가원, 『2015 문·이과 통합형 도덕과 교육과정 개정 시안(부분) 검토를 위한 공개 토론회 자료집』, 한국교육과정평가원, 2015, 4쪽.

11) 황인표, 「2015년 도덕과 교육과정의 체계와 내용에 대한 성찰」, 『도덕윤리과교육』 제48호, 한국도덕윤리과교육학회, 2015, 96~97쪽.

12) 교육부, 앞의 책, 2015b, 3~5쪽.

13) 김경호, 「誠·敬: 성리학적 수양론과 군자의 이상」, 『동양철학』 제30집, 한국동양철학회, 2008, 219~221쪽. ; 관련하여, 윤용남, 「朱子 經說의 體系的 理解」, 『윤리교육연구』 제35집, 한국윤리교육학회, 2014, 317~320쪽도 참조할 수 있다. 윤용남은 이 글에서 삼경과 『논어(論語)』에 나타난 경의 용례를 분석하고, 경은 '정신차려'이며 '정신집중'으로 풀이할 수 있다고 밝힌다. 필자는 경에 대한 윤용남의 풀이가 그 핵심을 잘 지적하고 있다고 생각한다.

14) 蒙培元, 홍원식 외 역, 『성리학의 개념들』, 예문서원, 2008, 835~840쪽. ; 주희의 경에 대한 관점은 중화구설(中和舊說)에서 중화신설(中和新說)로의 사상적 전회 내지는 성(誠)·정(靜) 같은 개념과의 연관성 속에서 바라보는 것이 마땅하다. 그러나 이 내용들은 본 연구의 목적과 맞지 않기에 생략한다. 관련하여, 김경호, 앞의 글, 2008 및 서근식, 「朱子의 中和說 변천과정과 '敬' 工夫論」, 『동양고전연구』 제48집, 동양고전학회, 2012 등을 참조할 수 있다.

15) 『大學或問』: 曰, 程子於此, 嘗以主一無適言之矣, 嘗以整齊嚴肅言之矣. 至其門人謝氏之說, 則又有所謂常惺惺法者焉, 尹氏之說, 則又有所謂其心收斂不容一物者焉. 觀是數說, 足以見其用力之方矣. … 曰, 敬者, 一心之主宰, 而萬事之本根也. … 蓋此心旣立, 由是格物致知以盡事物之理, 則所謂尊德性而道問學. 由是誠意正心以修其身, 則所謂先立其大者, 而小者不能奪. 由是齊家治國以及乎天下, 則所謂修已以安百姓, 篤恭而天下平. 是皆未始一日而離乎敬也. 然則敬之一字, 豈非聖學始終之要也哉.

16) 西田幾多郎, 高橋進, 최박광 역, 『선의 연구/퇴계 경철학』, 동서문화사, 2009, 591쪽. ; 아베 요시오[阿部吉雄] 역시 일본 유학자들이 퇴계 사상에 가장 공감했던 측면 중 하나로 경에 대한 강조를 꼽고 있다(김석근 역, 『퇴계와 일본 유학』, 전통과 현대, 2001, 167~168쪽). 퇴계의 사상에서 경이 이 정도의 위치까지 차지할 수 있었던 것은 그의 리(理)에 대한 관점에서 기인하는 것으로 판단된다. 관련하여, 유정동(『퇴계의 삶과 성리학』, 성균관대학교 출판부, 2014, 178~179쪽)은 퇴계가 리가 발동하여 기가 그것을 따름으로써[理發而氣隨之] 생기는 사단(四端)의 지각과 유지를 주장하려면 경의 태도를 강조할 수밖에 없다고 밝혔다. 그리고 엄연석(「성리학의 수양론에서 敬과 靜의 상관적 의미」, 『한국문화』 제43집, 규장각한국학연구원, 2008, 19~20쪽)은 퇴계 사상에서 나타나는 리는 주희와 달리 자연사물의 법칙보다는 인간사회의 도덕법칙의 근원으로서의 성격이 더 강하기 때문에, 외물의 객관적 이치를 그대로 드러내도록 마음을 비우는 과정으로서의 정좌(靜坐)보다는, 내면의 도덕적 이치를 구체적 상황에 드러내어 의리로 실행하도록 하기 위한 실천적 의식집중 상태로서의 거경(居敬)이 더 강조될 수밖에 없다고 밝혔다.

17) 『退溪先生文集』 卷7 「進聖學十圖箚」: 心之虛靈, 若無以主宰, 則事當前而不思, 理之顯實, 若無以照管, 則目常接而不見. ; 『성학십도』의 내용을 인용할 경우에 한하여, 이하에서는 편의상 서명을 생략하였음을 밝혀둔다.

18) 금장태, 『퇴계의 삶과 철학』, 서울대학교 출판문화원, 2013, 74~75쪽.

19) 持敬者, 又所以兼思學, 貫動靜, 合內外, 一顯微之道也.

20) 敬者, 又徹上徹下, 著工收效, 皆當從事而勿失者也.

21) 퇴계의 경에 대한 연구 분야는 점차 확장되고 있는데, 일례로 의학계에서는 경을 '전두엽의 공감신경세포(empathy neuron)를 활성화시키는 심신과 행동 공부 방법'이라고 규정한 바 있다(김종성, 『의사가 만난 퇴계』, 궁미디어, 2015, 181쪽). 교육계에서는 일반교육학 분야를 중심으로 퇴계의 경에 관심을 가진지 많은 시간이 흘렀지만, 여전히 교육사나 교육철학의 관점에서 접근하고 있을 뿐, '교육과정과의 접합' 같은 관점에서 논의를 시도한 경우는 드물다.

22) 其爲之之法, 必也存此心於齋莊靜一之中, 窮此理於學問思辨之際, 不睹不聞之前, 所以戒懼者愈嚴愈敬, 隱微幽獨之處, 所以省察者愈精愈密.

23) 재장정일은 심신 공부 모두와 연결할 수 있다. 그러나 필자는 재장정일이 행동으로 옮기려는 태도의 의미가 더 분명하다고 판단하여 '실천'과 연결시켰다.

24) 교육과학기술부, 『교육과학기술부 고시 제2012-14호[별책 1] 도덕과 교육과정』, 교육과학기술부, 2012, 19쪽.

25) 물론 연구가 전혀 없는 것은 아니다. 일례로 박병기(「도덕과 교육과정에서 '윤리학적 접근'의 의미」, 『통일·다문화교육연구』 제10권, 한국교원대학교 부설 통일·다문화교육연구소, 2011, 70~80쪽)는, 도덕적 탐구란 인격체의 외부에 존재하는

도덕 현상에 대한 탐구라고 하였고, 윤리적 성찰이란 인격체의 내부에 존재하는 도덕성에 대한 성찰이라고 하였다. 그리고 이 두 가지는 서로 뗄 수 없는 불이적 (不二的) 관계라는 점을 명확히 하였다. 현재 「2015 도덕과 교육과정」에 제시된 도덕적 탐구와 윤리적 성찰의 의미와 이 둘의 관계는 박병기가 제시했던 맥락과 거의 유사하다고 할 수 있다. 이 연구의 학문적 가치는 분명하지만, 그럼에도 도덕적 탐구와 윤리적 성찰의 이론적 근거에 대한 부분은 보완의 여지가 있다. 동·서양의 주요 윤리학적 맥락이 나타나 있기는 하지만, 대체로 임의적인 연결 내지는 가정에 기초한 정당화이기 때문이다.

26) 尤當自信而益勵, 至於積眞之多, 用力之久, 自然心與理相涵, 而不覺其融會貫通.

27) 要之, 兼理氣統性情者, 心也, 而性發爲情之際, 乃一心之幾微, 萬化之樞要, 善惡之所由分也. 學者誠能一於持敬, 不昧理欲, 而尤致謹於此, 未發而存養之功深, 已發而省察之習熟, 眞積力久而不已焉, 則所謂精一執中之聖學, 存體應用之心法, 皆可不待外求而得之於此矣.

28) 蓋學聖人者, 求端自此, 而用力於小大學之類, 及其收功之日, 而遡極一源, 則所謂窮理盡性, 而至於命, 所謂窮神知化, 德之盛者也.

29) 常宜體玩警省於日用之際心目之間, 而有得焉, 則敬爲聖學之始終, 豈不信哉.

30) 蓋聖學在於求仁. 須深體此意, 方見得與天地萬物爲一體. 眞實如此處, 爲仁之功, 始親切有味, 免於莽蕩無交涉之患, 又無認物爲己之病, 而心德全矣.

31) 『道德經』: 道可道, 非常道. 名可名, 非常名. ; 『도덕경』의 번역은 참고한 주석에 따라 매우 다양할 수 있는데, 본 연구에서는 『도덕경』의 번역본으로, 최진석 역, 『노자의 목소리로 듣는 도덕경』, 소나무, 2001을 참조하였다.

32) 『道德經』: 上德不德, 是以有德. … 上德無爲, 而無以爲. … 故失道而後德, 失德而後仁, 失仁而後義, 失義而後禮.

33) 畏敬不離乎日用, 而中和位育之功可致, 德行不外乎彝倫, 而天人合一之妙斯得矣.

34) 교육부, 앞의 책, 2015b, 26~27쪽.

35) 퇴계의 경이나 『성학십도』를 수업 현장에서 활용하려는 시도가 없었던 것은 아니다. 관련하여, 정해면, 「개념도를 활용한 독서교육 연구」, 『퇴계학논총』 제18집, 2011이나 박연규, 「『성학십도』를 통한 청소년 인성교육 프로그램」, 『인문학연구』 제23호, 경희대학교 인문학연구원, 2013 등은 기존의 연구에 비해 훨씬 높은 현장성을 확보하였다고 할 수 있다. 그럼에도 전자가 구체적인 방법론까지 제시하였다고 볼 수는 없으며, 후자 역시 '학교'라는 독특한 공간을 염두에 두면서 이루어진 것이라고 볼 수는 없다. 이상의 두 편의 연구물 이외에도 퇴계의 경이나 『성학십도』 혹은 퇴계의 사상을 수업 현장과 연결시키려고 시도한 연구는 많이 있지만, 대부분 그 목적을 달성하지 못하거나 시사점 제시 정도에서 끝나는 것이 사실이다. 이런 까닭에 김민재(「퇴계 사상의 도덕교육적 활용을 위한 시론」, 『퇴계학논집』 제19호,

영남퇴계학연구원, 2016e, 161쪽)는 퇴계 사상에 대한 연구가 대체로 그의 사상 자체를 되풀이하고 있거나, 시사점 혹은 함의를 간략하게 제시하는 수준에서 그치고 있다고 평가했던 것이다.

36) 포트폴리오란 "의도된 계획과 목적하에 한 개인의 학습, 성취, 발달 등의 변화를 나타낼 수 있는 그 사람의 작품, 수행결과, 기록물들과 같은 증거들의 모음집"(황인표, 「포트폴리오를 이용한 도덕과 평가 개선 방안 연구」, 『윤리연구』 제60호, 한국윤리학회, 2005, 186쪽)을 의미한다. 포트폴리오 방법은 최근에 들어와 웹 기술들과 연동된 e-포트폴리오 방법으로 발전하고 있다.

37) 蓋敬齋箴有許多用工地頭, 故隨其地頭, 而排列爲圖, 此箴有許多用工時分, 故隨其時分, 而排列爲圖.

38) 김민재, 「양명학의 윤리상담에 대한 시사점 고찰」, 『한국윤리교육학회』 제44집, 한국윤리교육학회, 2017a, 330~331쪽.

39) 윤용남, 「퇴계 이황의 사도관」, 『퇴계학보』 제95집, 퇴계학연구원, 1997, 66~68쪽, 76~77쪽.

제8장

『고경중마방(古鏡重磨方)』에 나타난 공부의 체계

이 장에서는 퇴계(退溪) 이황(李滉, 1501~1570)이 가려 모아 엮은『고경중마방(古鏡重磨方)』의 내용 구성에서 나타나는 특징을 밝힐 것이다. 그리고 이를 통해 궁극적으로는『고경중마방』의 현대적이고 (도덕)교육적인 활용을 위한 초석을 다지고자 한다.

잘 알려진 것처럼,『고경중마방』은 퇴계 사후 월천(月川) 조목(趙穆, 1524~1606)에 의해 도산서당에서 발견되었고,[1] 이것을 다시 한강(寒岡) 정구(鄭逑, 1543~1620)가 발간한 것이다.[2] 상(商)나라의 건국자로 알려진 성탕(成湯)의 「반명(盤銘)」에서『심경(心經)』의 편찬자인 진덕수(眞德秀, 1178~1235)의 「허주명(虛舟銘)」에 이르기까지, 전체 24명의 작자가 지은 70편의 작품이 수록되어 있는데, 그중 '명(銘)'이 53편으로 상당수를 차지하며, 나머지는 '잠(箴)'이 13편, '찬(贊)'이 4편 등이다.

『고경중마방』을 엮은 이가 조선을 대표하는 유자(儒者)인 퇴계였던 까닭에, 이 책은 일찍이 영남(嶺南)과 기호(畿湖) 지방의 성리학자들에게 널리 애독되었고, 영조(英祖)나 정조(正祖) 같은 임금들에게도 주목을 받았다.[3]

그런데 이런 상황과 대비해 볼 때, 현재는 『고경중마방』이 그다지 관심받고 있지 못하며, 동일한 맥락에서 관련 연구물도 많지 않은 형편이다.4) 필자가 보기에 여기에는 두 가지 이유가 있는 것으로 판단되는데, 첫째는 『고경중마방』이 퇴계가 직접 저술한 일차 서적은 아니기에 수록된 작품을 선정한 그의 속내를 정확하게 짚어내기가 어렵기 때문이고, 둘째는 같은 이유에서 이 책의 내용 구성에 어떤 특징이 있는지를 밝혀내기가 쉽지 않기 때문이다.

하지만 퇴계는 『주자서절요(朱子書節要)』(1561) 혹은 『송계원명이학통록(宋季元明理學通錄)』(1576) 등을 통해 선유들이 남긴 말을 가려 모으려고 시도했었고, 사칠논변(四七論辨) 과정에서 주희(朱熹, 1130~1200)의 말을 의심하는 듯한 고봉(高峯) 기대승(奇大升, 1527~1572)의 태도를 지적했으며,5) 무엇보다 그의 사유가 집약되어 있다고 평가받는 만년 저작 『성학십도(聖學十圖)』에서도 퇴계가 술이부작(述而不作)의 자세를 취하고 있다는 점 등을 고려한다면, 『고경중마방』이 그가 직접 저술한 서적은 아니라는 이유로 소홀히 취급되어서는 안 될 것이다. 오히려 퇴계는 어떤 '의도'를 가지고 있었으며, 이를 달성하기 위해 여러 작품을 '일정한 체계' 하에 펼쳐놓았다고 가정한 뒤, 『고경중마방』을 분석하고 현대적 활용 방안을 모색하는 것이 더 타당하다고 생각된다.6)

이상과 같은 연구 목적의 달성을 위해, 본 장은 다음의 순서로 진행된다. 먼저 제1절에서는 『고경중마방』의 내용 구성이 수양을 중심으로 처음과 끝[首尾]이 상응하는 체계로 되어 있음을 살펴보고, 그 안에서 우선 '하학(下學)' 공부의 바른 자세가 강조되고 있다는 점을 논의한다. 이어서 제2절에서는 퇴계가 성정(性情)을 통섭하는 '마음[心]'을 중시하면서도, 다른 한편으로는 의심스러운 눈으로 마음을 바라보는 이중 잣대가 『고경중마방』에 녹아 있음을 언급한다. 또한 제3절에서는 책의 중·후반부로 갈수록 '상달(上達)' 관련 내용들이 등장하고, 결과적으로는 하학-상달을 관통하는 경(敬) 공부의 이모저모가 기술되어 있다는 사실을 고찰한다.

1. 수미상응의 체계 내 '일상 공부[下學]' 강조

문인 임탁이(任卓爾)와 『고경중마방』에 관한 문답도 주고받았던 정구가 발간한 초간본에는, 퇴계가 『고경중마방』을 엮은 다음 책의 뒤에 붙였다는 시가 남아 있다. 시의 내용은 "오래된 거울, 긴 기간 동안 감추어져 있어, 자주 갈아도 빛나기가 쉽지는 않네. 허나 본래는 밝아 오히려 어둡지 아니하니, 과거의 현인들이 닦을 방법을 남겨두었네. 사람의 삶에서 늙고 어리고 없이, 스스로 노력함, 이것이 귀하노니. 위(衛)나라 무공(武公)은 95세의 나이에도 경계하는 내용의 '억계(抑懿戒)'를 규장(圭璋)에 남겼네."[7]인데, 오래된 거울[古鏡]로 비유된 마음을 닦기 위해 수양하는 자세에는 나이의 노소가 없다는 점을 강조하고 있다.

퇴계의 의도를 정확하게 읽은 정구는, 젊은 나이에 자포자기(自暴自棄)하는 사람은 말할 것도 없지만 나이가 들었다는 이유로 올바르게 살려고 노력하지 않는 사람도 끝나버린 것으로, "퇴계 선생의 시도 실로 마음을 닦는 지극한 방법이다."[8]라고 언급했다. 훗날 소론(少論) 계열의 영수가 되는 명재(明齋) 윤증(尹拯, 1629~1714) 역시 퇴계가 남긴 시에 차운(次韻)하면서, "나이가 적고 많음에 얽매이지 말고, 힘이 약하고 셈도 논할 필요 없이, 능히 닦고 다스리는 데[修治] 힘쓰기만 하면, 특달(特達)함이 귀하고 아름다운 기물[圭璋]과 같아지네."[9]라고 하여 퇴계가 『고경중마방』을 엮은 이유가 곧 '수양'이라는 점을 강조하였다.

퇴계가 직접 밝힌 의도도 그렇거니와 정구나 윤증을 비롯한 당대의 뛰어난 학자들 역시 『고경중마방』을 수양서로 보았다면, 이어지는 의문은 '이 책이 어떻게 편성되어 있기에 수양서로 기능할 수 있는가?'이다. 기존의 연구들에서는 이 부분, 즉 『고경중마방』의 구성과 체계에 대해, 명·잠·찬이 각각 몇 편이고, 작자가 몇 명이며, 어느 시대 작품인지를 소개하는 데 그치고 있다. 하지만 바로 이 물음이 해소되어야만, '『고경중마방』이 수양서로 어떻게 기능하였는지', '현대적으로는 어떻게 활용할 수 있는지' 등의 논의가 가능하다.

이에 본 절에서는 『고경중마방』의 구성과 체계에 대한 첫 번째 분석으로, 이 책은 수미(首尾)가 상응하는 체계를 갖추고 있으며, 그 안에서 일상 공부, 이른바 하학 공부가 다수의 명·잠을 통해 거론되고 있음을 제시한다. 『고경중마방』에 수록된 첫 작품은 성탕의 「반명」으로, 내용은 "진실로 어느 날 새로워지면, 날로 날로 새롭게 하고, 또 날로 새롭게 하라."[10]이다. 짧은 내용임에도 불구하고 마음에서 발생할 수 있는 악(惡)의 기미(幾微)를 없애려는 의지가 잘 나타나고 있는 바, 주희는 성탕이 마음을 씻어 악을 제거하는 일의 성격이 목욕으로 몸의 때를 벗기는 일과 동일하다고 여겨 대야에 이 명을 기록하였다고 하였다.[11] 그리고 채침(蔡沈, 1167~1230)은 「반명」의 근원을 성탕의 좌상(左相)이었던 중훼(仲虺)가 자신의 군주[成湯]에게 경계시킨 "덕이 날로 새로워지면 만방이 그리워하고, 뜻이 자만하면 구족(九族)이 이에 이반을 한다."[12]는 구절에서 찾으면서, 여기에서 '덕이 날로 새로워진다.'는 것은 그 덕을 날로 새롭게 하여 그치지 않는 것이라고 풀이했다.[13] 이로 미루어보면, 『고경중마방』에서 「반명」이 가장 앞에 자리한 것은, 내 마음을 방만하게 다루지 않고 수양을 통해 악한 기미를 철저하게 없앰으로써, 항상 덕을 새롭게 하고자 하는 퇴계의 의지가 반영된 것이라고 할 수 있다.

이처럼 수양에의 강한 의지와 의욕을 드러내는 「반명」과는 다른 성격을 보여주고 있는 것이 『고경중마방』에 수록된 마지막 작품인 진덕수의 「허주명」으로, 주요한 내용은 다음과 같다.

만곡을 실을 수 있는 배를, 저을 노나 내릴 밧줄도 없이, 긴 강에서 흘러가는 대로 갈 수 있도록 내버려둔다. 누가 소유한 배가 이 내버려둔 배와 부딪쳐도, 배가 본래 어떤 마음인가? 어찌 원망하리오? 덕인(德人)은 하늘에 노니니 그 마음이 아름답고, 내게는 애증(愛憎)이 없고 사물에는 자연히 봄·가을이 있네. 비와 이슬이 떨어지고 떨어지니 그 덕을 누가 알며, 눈과 서리가 엉기고 엉기더라도 어찌 내게 각박하다고 하겠는가? … 떠들썩하기만 한 못난 이[小夫]는, 욕심과 사사로움에 가리고 막혀 늘어선 창으로 움직이기만 하면 사물과 대적하려 한다. … 세상의 길이 멀고 지루하며 물결이 거세고 세차더라도, 그대 가고 오는 것에 편안하여 만 가지 변화[萬變]에도 흔들리지 말게나.14)

「허주명」의 허주(虛舟, 虛船)는 본래 『장자(莊子)』 「산목(山木)」 편에 나타나는 용어이다. 이 편에 등장하는 의료(宜僚)라는 인물은, 성현을 따르고자 노력하나 우환이 그치지 않아 근심스러운 낯빛을 드러내고 있는 노(魯)나라 제후에게 '빈 배'의 비유를 들면서, 나를 채우고 있는 요소들을 비우고 세상에 노닌다면 누가 감히 해할 수 있겠느냐고 충고한다.15) 물론 「허주명」을 수록했다고 해서, 퇴계가 도가(道家)를 지향했다는 것은 아니다.16) 그러나 여러 시작(詩作)을 통해 엿볼 수 있는 퇴계 내면의 관조적 세계관 및 이기질을 바탕으로 그가 '도산서당'을 건축하여 학업과 수양, 인간-자연의 조화를 꾀했다는 점을 고려할 때,17) 「허주명」이 『고경중마방』의 끝에 위치한 것은, 퇴계가 이 명의 내용을 「반명」에서 시작된 수양의 완성태로 보았기 때문이라고 추측된다. 또한 앞서 언급했던 것처럼(본 장의 미주 6번), 퇴계가 『고경중마방』을 엮는 작업을 완료한 시기가 도산서당이 완공되기 직전인 1559년이었고, 그가 당시 지었던 '가을, 도산에 홀로 가서 놀다가 저녁에 돌아오다[秋日獨遊陶山夕歸].'와 같은 작품에는 자연에 대한 완상에 더해 세상의 얽매임으로부터 벗어나고 싶어 하는 바람이 드러나고 있다는 사실도 이런 추측을 뒷받침한다.18)

그런데 더 주목해야 할 것은, '수양에 대한 의지[首, 「반명」]'와 '그 수양을 통해 지향하는 바[尾, 「허주명」]'의 사이에, 일상 공부와 관련된 내용이 다수 수록되어 있다는 점이다. 유학에서 '하학이상달(下學而上達)'의 자세는 공자(孔子)가 제자 자공(子貢)에게 언급한 이래, 수양·공부의 근간으로 간주되었다.19) 그러나 하학과 상달이 완전히 별개의 것은 결코 아니다. '하학'은 일상에서 배움을 추구하는 것[俗]이요 '상달'은 고원하고 본원적인 곳에 이르는 것[聖]이라고 구분하는 것이 이론적으로는 가능하다고 할지라도, 하학을 통해서야 고원하고 본원적인 곳에 이를 수 있고, 상달은 우리 일상에서 구현되어야만 참의미를 획득할 수 있기 때문이다.20) 이에 대해 명확하게 인식하고 있었던 퇴계는 제자들에게도 다음과 같이 당부한다.21)

① 선생이 명일(明一)에게 이르기를 "도(道)는 가까이 있는데, 사람들이 스스로 살피지 못하는 것이다. 어찌 일용사물(日用事物)의 바깥에 별도의 도리가 있을 수 있겠는가?"라고 하였다.22)

② 선생이 (김부륜(金富倫)에게) 이르기를 "위기지학이란, 도리를 가지고 우리가 마땅히 알아야 할 바로 삼고, 덕행을 우리가 마땅히 행해야 할 바로 삼으며, 자기에게 붙여 공부하고 심득(心得)해 실천하기를 기약하는 것이다."라고 하였다.23)

이런 점을 염두에 두면서 『고경중마방』을 살펴보면, '이치[理]'나 이치가 품부된 것으로서의 '본성[性]'에 대한 논의가 담긴 작품은, 『고경중마방』의 초반이 아닌 19번째에 해당하는 정이(程頤, 1033~1107)의 「사물잠(四勿箴)」에서야 비로소 등장하고, 그 이후로 간간이 수록되어 있다. 이와 함께 우리 일상에서 욕심이나 사사로움에 휩싸여 저지를 수 있는 언행의 실수에 대한 주의, 타인을 대하는 자세, 독서하는 태도 등 하학과 보다 직접적으로 관련된 내용은 『고경중마방』 전반에 고루 배치되어 있다. 몇 가지 예를 들면, 다음과 같다.

① 아! 노여워하는 데에서 위태로워지게 되고, 아! 즐기고 욕망하는 데에서 도를 잃어버리게 되며, 아! 부귀에서 서로를 잊어버리게 되는 것이다.24)

② 명아주잎과 콩잎의 단 맛, 거친 비단과 베 이불의 따뜻함, 인륜을 가르치는 즐거움, 덕과 의리의 우러름 등은 구하기가 매우 쉽고, 누리더라도 항상 편안한다. 허나 수를 놓은 비단의 사치, 고량진미, 권세와 총애의 성함, 이욕(利慾)의 번다함 등은 얻기가 괴롭고 힘들면서도, 위태로움과 욕됨이 갑자기 이른다. 어려운 것을 버리고 쉬운 것을 취하며, 위태로운 것을 버리고 편한 데로 나아가는 것은 매우 어리석은 이라도 또한 알 수 있는데, 선비가 되어 어찌 그렇게 아니하겠는가? … 군자는 검소함을 덕으로 삼고, 소인은 사치함으로써 몸을 상하게 하노니, 그런즉 이 이불의 누추함을 소홀히 할 수 있겠는가?25)

③ 병의 제거는 어려운 일은 아니지만, 마땅히 그 뿌리를 뽑아야 한다. 내 사사로움을 이기면, 천리는 다시 회복되리라. (전쟁을 할 때) 다른 세력을 이기지 못한 채 다만 제재를 가하고 억누르기만 하면, 그 세력이 창궐하지는 못하지만 끝내 잠닉해 있게 된다. 그러면 '이긴다[克].'라는 것은 무엇인가? 비유하면 적을 깨뜨리는 것이다. 싸워서 이겨버리는 것을 '이긴다.'라고 한다.26)

④ 넓구나. 으뜸가는 성인이여. 기미를 연마하고 깊이를 다하며, 말을 하면 경전이 되어, 천심(天心)에 도달하였다. 하늘의 마음은 밝게 빛나고 성인의 계획은 한없이 넓은데 빛나게 전해지니, 나에게는 끝이 없는 은혜구나. 아! 배우는 사람들이여. 천 년 뒤에 태어났지만 누가 성인이 멀다고 하는가? 남기신 경전이 있는데. 누가 독서하며 그 뜻은 맛보지 않은 채로, 장구(章句)에 집착하며 문채(文采)만을 일삼는가? 하물며 마음속에 품고 있는 것이 오로지 녹봉과 이익이어서 아득하게 사방으로 달려 나가니, 그것을 내가 어찌 함께 하겠는가? 아! 배우는 사람들이여. 독서할 때 마땅히 알아야 할 점은, (독서는) 특별히 해야 할 바가 있는 것이 아니라, 오직 그 처음을 구해야 한다는 것이다. 그 처음이란 무엇인가? 그

대가 본래 그러한 것이니, 책으로 인하여 드러나면 그대의 앎이 온전해지리라. 암송하고 노래하며 궁구하고 반복하며, 헤엄치듯 노닐면서도 방자하게 하거나 얽매이지 말라. 그대의 마음을 평안히 하여 그 이치를 이해하고, 그대의 몸에서 절실히 하여 성찰하고 체득하라. 쌓은 공부가 이미 깊어져 그 밝음이 환해지면, 멀리 말 바깥의 뜻에 있어서도 대체(大體)가 밝게 드러날 것이다.[27]

『고경중마방』의 수록 순서로 볼 때, ①은 6번째인 무왕(武王)의 「장명(杖銘)」이고, ②는 14번째인 범순인(范純仁, 1027~1101)의 「사마공포금명(司馬公布衾銘)」이며, ③은 60번째인 오징(吳澄, 1249~1333)의 「극기명(克己銘)」이고, ④는 64번째인 장식(張栻, 1133~1180)의 「독서루명(讀書樓銘)」이다. ①에서는 감정이나 욕망에 휩싸이면 발생할 수 있는 결말에 대한 주의를, ②에서는 '검소함'을 높임으로써 수기(修己)의 측면과 함께 치인(治人)의 측면에서도 평소 고려해야 할 덕목인지 무엇인지를 강조하고 있다. 그리고 ③에서는 하학을 통해 '천리 회복'이라는 상달의 목적도 달성할 수 있음을, ④에서는 하학에서 상달에 이르기까지 전(全) 과정을 관통하는 독서의 올바른 자세를 언급하고 있다.

지금까지 본 절에서는 퇴계가 '수양'이라는 목적을 달성하기 위해 가려 모아 엮은 『고경중마방』이 일정한 구성과 체계를 갖추고 있을 것이라는 전제하에, 그 첫 번째 내용으로 이 책은 수미가 상응하는 체계를 갖추고 있으며 일상 공부를 매우 강조하고 있다는 점을 살펴보았다. 이제 이어지는 절에서는, 『고경중마방』에 나타나는 수양의 주체이면서 동시에 경계 대상으로 설정된 마음에 대한 퇴계의 관점에 대해 논의할 것이다.

2. 수양의 주체요, 경계 대상으로서의 '마음[心]'

전술한 '일상 공부[下學]'와 후술할 '이치의 자각 및 본성의 함양 공부[上達]'를 이행하는 주체는 누구일까? 그것은 우리의 '마음[心]'이다. 주희는 이 마음에 대해 형이하학적 성격의 지각·인식심과 형이상학적 성격의 본심(本心)·의리지심(義理之心)의 존재를 모두 인정하였다.28) 이에 따르면, 인간은 지각하고 인식할 수 있는 능력으로 인해 수양의 주체가 되면서, '이치[理]'와 직결된 '본성[性]'을 내재하고 있어서 도덕적인 인간으로 완성될 수 있는 가능성을 이미 갖추고 있다.

그런데 퇴계의 마음에 대한 관점도 주희의 그것과 크게 다르지 않아서, 그는 마음을 '이치와 기운[氣]의 합이다.'라고 하였고, '마음의 체용(體用)은 몸통을 채우고 우주를 가득 메운다.'라고도 하였으며, '마음이 한 몸을 주재하는 듯하지만, 그 본체의 허령함은 천하의 이치를 주관할 수 있다.'라고도 하였다.29) 또한 선조(宣祖)에게 『성학십도』를 바치는 차자(箚子)에서는 다음과 같이 말함으로써, 비어있고[虛] 신령스러운[靈] 마음을 통해 진리를 깨우칠 수 있다는 점을 강조하였다.

대개 '마음'은 방촌(方寸)에 갖추어져 있는데 지극히 비어있고 신령스러우며, '이치'는 여러 도(圖)와 설(說)에 나타나 있는데 지극히 현저하고 진실합니다. 지극히 비어있고 신령스러운 마음으로, 지극히 현저하고 진실한 이치를 구한다면, 의당 구하지 못할 것이 없습니다. 그러므로 [맹자(孟子)가 말했듯] '생각하여 얻고' [기자(箕子)가 진술하였듯] '사리에 밝아 성인이 되는' 것을 어찌 금일에 징험할 수 없겠습니까?30)

하지만 퇴계는 위의 인용문에 곧장 이어서 "마음이 비어있고 신령스러우나 주재하지 않으면 일을 당하여도 생각하지 못하고, 이치가 현저하고 진실해도 밝게 살피지 않으면 항상 접하고 있어도 보지 못합니다."31)라고 덧붙여, 마음이 제 기능을 다하지 못하면 경계의 대상으로 전환될 수 있음을 지적하였다. 이처럼 퇴계는 마음을 한 몸의 주재이자 인간 존재의 중추로 보면서도, 이치·본성과 결부시켜 마음을 해설할 경우에는 전자를 중심으로 후자를 설명하는 바,32) 이 역시 마음을 경계와 의심의 대상으로 설정하는 것으로, 다음과 같은 글에서도 잘 나타난다.

정리하면, 이치와 기운을 겸하고 본성과 감정을 통(統)하는 것이 마음입니다. 그런데 본성이 발현하여 감정이 되는 경계가 곧 한 마음의 기미이자 모든 변화의 중심이니, 선과 악이 여기에서 말미암아 갈라집니다. 배우는 사람이 능히 지경(持敬)함에서 오로지 하는 데 성실히 하여 이치와 욕구를 구분하는 데 어둡지 않고, 여기에서 더욱 삼가 마음의 미발(未發)에서 존양(存養)의 공부가 깊어지고 이발(已發)에서 성찰(省察)의 습관이 익숙해져서 참됨을 쌓고 오랜 기간 노력하면, 정일집중(精一執中)의 성학(聖學) 및 존체응용(存體應用)의 심법(心法)을 모두 다른 데서 구할 필요 없이, 여기에서 얻게 될 것입니다.33)

그렇다면 이상에서 살펴본 마음에 대한 이중적 관점이 퇴계가 가려 모아 엮은 『고경중마방』의 구성과 체계에서는 어떻게 드러나고 있을까? 이하에서는 이 물음에 대해 두 개의 항목으로 구분해 논의할 것이다.

먼저 첫 번째 항목은, 『고경중마방』 전체에 걸쳐 심신에 대한 경계가 나타나고 있지만, 전반부에는 '외면의 단속'을 통한 내면의 바로 세움을 강조하는 작품들이 배치되어 있다는 것이다. 가령 수록 순서로 볼 때 10번째에 해당하는 백거이(白居易, 772~846)의 「좌우명(座右銘)」에서는 "밖을 닦아서 안에 이르러 고요할 때 중화(中和)와 참됨을 기르고, 안을 기르되 밖을 놓치지 않아 행동할 때 의(義)·인(仁)을 따르라."34)라고 하였고, 16번째에 해당하는 범충(范沖, 1067~1141)의 「좌우명」에서는 14개에 달하는 언행[外

의 지침을 제시한 뒤, 존심(存心)과 수신(修身)을 위해 이런 지침들을 지킬 것을 요구하고 있다.35) 그런데 이런 특징이 가장 잘 나타나는 것이 앞서 잠시 언급했던『고경중마방』에 19번째로 수록된 정이의「사물잠」이다.

주지하듯이, '사물(四勿)'이란 제자 안연(顏淵)이 인(仁)에 대해 묻자, 공자가 "극기복례위인(克己復禮爲仁)"이라고 답하는 과정에서 등장하는 내용이다.36) 위인(爲仁)의 '爲'자 해석 여하에 따라 '(극기복례를 통해) 인하게 된다.' 혹은 '(극기복례로써) 인을 행한다.'로 다르게 풀이할 수도 있지만,37) 여기에서는 주희의 해석에 따라 전자에 초점을 맞춘다면, 주희는 정이의「사물잠」을『논어(論語)』이 대목의 주석에 그대로 인용할 만큼 중시했다. 그런데 정이는「사물잠」의 시작에 앞서 "(예가 아니면 보지 말고, 듣지 말며, 말하지 말고, 행동하지 말라는 것의) 네 개 조항은 몸의 작용이다. 안에서 말미암아 밖에 응하는 것이니, 밖을 제재함은 그 안을 기르기 위한 것이다."38)라고 하여, 잠의 요지가 내면의 바로 세움을 위해 외면을 단속하는 것이라는 점을 명확하게 밝혔다.「사물잠」가운데 '시잠(視箴)' 및 '언잠(言箴)'의 내용만 살펴보면, 다음과 같다.

① 마음은 본래 비어 있어, 바깥 사물에 응해도 자취가 없네. 마음을 다잡는 데는 요체가 있으니, 보는 것이 법칙이 되는구나. 목전에 외물의 가림이 있으면, 마음[中]이 옮겨가네. 그러하니 밖을 제재하여 그 안을 안정시켜야 한다네. 나를 이겨 예를 회복하는 것이 오래되면, 진실하게 될 것이다.39)

② 사람 마음의 움직임은, 말로 인해 드러나네. 그러하니 말하면서 조급해 하거나 헛되이 하지 않으면, 안이 곧 고요하고 전일해질 것이다. … (말이) 해치고 쉽게 바뀌면 거짓된 것이고, (말이) 해치고 번다하면 이리저리 가르는 것이네. 내가 방자하면 다른 사람도 반대하고, 나가는 말이 패악하면 오는 말도 거스른다. 이에 법에 맞지 않으면 말하지 말고, 공경하라! 훈계하는 말씀을.40)

학봉(鶴峯) 김성일(金誠一, 1538~1593)에 따르면, 퇴계는 "사람은 마음을 다잡는 것[持心]이 가장 어렵다네. 일찍이 내가 스스로 경험해 보더라도, 겨우 한 걸음 걷는 사이에 마음이 그 한 걸음에 있기가 또한 힘드네."41)라는 언급을 남겼다. 이러한 성격의 마음을 바로 세우기 위한 기초 작업으로 퇴계가 제안했던 것이 외면의 단속이었던 것이다.

하지만 퇴계는 '수양의 주체요, 경계의 대상'으로서의 마음을 좀 더 심화된 방식으로 설명하기도 하는데, 이 점이 본 절에서 살펴볼 두 번째 항목으로, 『고경중마방』의 후반부로 갈수록 마음이 '선한 판단[道心]'을 내릴 수 있는 가능성에 대해 이치[理]·본성[性]과 결부시킨 작품들이 등장하고 있다는 것이다. 수록 순서로 볼 때 18번째에 해당하는 진덕수의 「저금명(楮衾銘)」에서는 "사치하는 마음[侈心]이 한 번 열리면, 그 흐름을 어찌 멈추리오. 호랑이처럼 빼앗고 이리처럼 삼켜버리는 것이, 참으로 여기에서 비롯되네."42)라고 하여 길 잃은 마음을 대단히 경계하는 반면, 24번째에 해당하는 범준(范浚, 1102~1151)의 「심잠(心箴)」에서는 "이 몸의 미미함은, 큰 창고에 흩려져 있는 돌피 낟알에 불과하네. 사람이 천지와 함께 삼재(三才)가 되는 것은, 오직 마음 때문이리라."43)라고 하여 마음의 위상을 높이고 있다.

이런 이중적 평가가 가능한 이유는, 마음이 원칙적으로는 '몸[形氣]'의 주인이지만 때로는 몸의 부림을 받기도 하는 까닭이다. 그래서 「심잠」에서는, "입·귀·눈과 손발의 동정(動靜)이, (마음) 사이에 들어가 거스르면 심병(心病)이 되네. … (그러나) 군자가 성(誠)을 보존하면서 능히 생각하고 경(敬)을 하면, 마음[天君]이 태연하여 온 몸이 명령을 따를 것이네."44)라고 했다. 그렇다면 마음이 몸의 주인이 되는 원인도 밝혀야 할 것인데, 이것은 「심잠」에 이어 수록된 주희 저작의 일련의 명들(「求放心齋銘」~「由義齋銘」)에서 나타나는 바, 마음에 품부된 '이치[性命]' 때문이다. 그리고 퇴계는 이 같은 자신의 의도를 『고경중마방』에 50번째로 수록된 진덕수의 「심경찬(心經贊)」을 통해 여실하게 드러낸다.

순(舜)과 우(禹)가 주고받은 16글자, 만세 심학(心學)은 이것이 그 연원이 되네. 인심(人心)이란 무엇인고? 형기(形氣)로부터 생겨나니, 좋아하고 즐김 및 분노하고 성냄이 있네. 오직 욕심으로 흐르기가 쉬워 인심을 위태롭다고 하니, 잠시라도 혹 방심하면 수많은 사특함이 따라오네. 도심(道心)이란 무엇인고? 성명(性命)에 근원을 두니, 의(義)라, 인(仁)이라, 중(中)이라, 정(正)이라 하네. 오직 이치는 형체가 없으매 도심을 은미하다고 하니, 털끝만큼이라도 혹 잃어버리게 되면 그 있음[存]이 희미해지네. 인심과 도심의 사이는 일찍이 틈을 허용하지 않으니, 살핌을 필히 정밀하게 하여 백흑(白黑)을 가리듯 하라. … 오직 이 도심이야말로 모든 선의 주인이며, 하늘이 내게 준 것에서 이것이 가장 크다. 방촌으로 수렴하면 태극이 내 몸에 있고, 만사에 흩어놓으면 쓰임이 끝없네. 신령스러운 거북을 보배로 여기듯 하고, 보옥을 받들 듯 하라. 이것을 생각하고 여기에 머무르기를, 힘써야 하지 않으리오?45)

진덕수는 주희의 재전 제자로, 사서삼경(四書三經) 및 이정(二程)과 주희를 비롯한 여러 선유의 글에서 마음공부와 연관된 내용들을 가려 모아 엮어 『심경(心經)』을 편찬했다.46) 「심경찬」은 그 『심경』을 높이는 글로, 조선에서 널리 읽혔던 『심경』의 해설서, 즉 정민정(程敏政, 1445~1499)의 『심경부주(心經附註)』에도 '서(序)' 다음에 수록되어 있다. 그런데 『심경』을 편찬했고 「심경찬」도 지은 진덕수는 인심과 도심을 별개의 것으로 보았다. 그래서 그는 인심이란 '기(氣)에서 발한 소리와 색, 냄새와 맛의 욕구'이며, 도심이란 '본성[性]에 뿌리를 박은 인의예지의 이치[理]'라고 규정했던 것이다. 또한 같은 맥락에서, 인심은 날카로운 칼날이자 사나운 말과 같아 위태롭고[危], 도심은 불과 샘물의 시작과 같아 은미하다[微]고도 했다.47) 『고경중마방』을 완성했을 때의 퇴계(59세)가 인심·도심에 대해 어떠한 견해를 가지고 있었는지 정확히 알 수는 없지만,[48] 『고경중마방』에 「심경찬」을 수록한 그의 의중을 짐작해 보면, 마음이 선한 판단을 내릴 수 있는 가능성에 대해 이치[理]·본성[性]과 결부시켜 풀이하고 싶었던 것이라고 추측된다. 이 같은 퇴계의 의도는 제3절에서 본격적으로 논의할 '상달(上達)' 공부와 직결된다.

지금까지 본 절에서는 수양의 주체이자 경계의 대상으로서의 '마음'에 대한 관점이 『고경중마방』에 어떤 구성과 체계로 반영되어 있는지를 논의하였는데, 책의 전반부에는 '외면의 단속'을 통한 내면의 바로 세움을 강조하는 작품들이 배치되었고, 후반부로 갈수록 마음이 '선한 판단'을 내릴 수 있는 가능성을 이치·본성과 연결시킨 작품들이 등장하고 있다는 점을 확인하였다. 이제 이어지는 절에서는, 『고경중마방』에 나타나는 이치·본성에 대한 '이론 심화[上達]'의 구도 및 하학-상달을 관통하는 공부로서 '경(敬)'의 구체화에 대해 고찰할 것이다.

3. '이론 심화[上達]'의 구도에서 경(敬)의 구체화

유학에서 '상달'이라는 목표가 일상 공부로서의 '하학'과 불가분의 관계를 맺는다고 할지라도, 논리상 구분하는 것은 가능도 하고 의미도 있는 일이다. 정자(程子)는 두 가지에 대해 "대개 아래로는 인간의 일[人事]을 배우면, 곧 위로는 천리(天理)에 도달할 수 있다."[49]라고 하였고, 정자의 설명에 주희는 "(하학의) '학'이란 인간의 일을 배움이니 형이하자(形而下者)이고, 그 인간의 일의 이치가 곧 천리로서 형이상자(形而上者)이다. 이 인간의 일을 배워서 그 하늘의 이치에 통달하는 것은 형이하자에 나아가 형이상자를 얻는 것이니, 어찌 천리에 도달하였다고 하지 않을 수 있겠는가."[50]라고 덧붙였다. 정리하면, 하학은 '소학(小學)' 단계의 공부로서 우리가 일상에서 겪는 행위 문제의 이모저모를 다루는 것이요, 상달은 '대학(大學)' 단계의 공부로서 일상 이면에 자리한 원리 및 법칙에 대한 공부라고 할 수 있다.51) 그렇다면 이론 심화로서의 상달 공부는 『고경중마방』에 어떻게 반영되어 있는가?

본 절에서는 이 질문에 대한 답이자 『고경중마방』의 구성과 체계에 대한 마지막 분석으로, 내용이 중·후반부로 갈수록 이치의 자각이나 본성의 함양 같은 이론 심화[上達]의 구도가 나타나고, 하학-상달을 관통하는 공부로서의 경(敬)이 구체화되고 있음을 제시한다. 그리고 그 시작이 수록 순서로 볼 때 19번째에 해당하는 정이의 「사물잠」이다. 네 개의 잠 중 '시잠'과 '언잠'은 제2절에서 소개했으며, 나머지 두 개의 잠에서 이치와 본성에 대한 내용이 두드러진다. 먼저 '청잠(聽箴)'에서는 "인간에게는 변치 않는 도리[秉彝]가 있는데, 하늘로부터 품부 받은 본성에 근본하네."라고 하였고, 이어서 '동잠(動箴)'에서는 "이치를 좇으면 여유가 있으나, 욕구를 따르면 위태롭네. … 배워서[習] 본성이 완성되면, 성인(聖人)이나 현인(賢人)과 같은 곳으로 돌아가리라."라고 함으로써 인간은 근원적이면서도 순선한 이치를 품부 받아 본성으로 갖추고 있음을 강조하였다.52)

이후로 20번째에 해당하는 장재(張載, 1020~1077)의 「서명(西銘)」에서는 '사해동포설(四海同胞說)'이, 36번째에 해당하는 진덕수의 「몽재명(蒙齋銘)」에서는 '이일분수론(理一分殊論)'이, 46번째에 해당하는 주희의 「경학찬(警學贊)」에서는 '『역(易)』에 대한 의리적(義理的) 측면의 해석 방법'이, 47번째에 해당하는 주희의 「복괘찬(復卦贊)」에서는 '만물의 근원인 리(理)가 보여주는 조화로움 및 이 리가 인간에게 품부된 것으로서의 인(仁)'이, 59번째에 해당하는 오징의 「장천리명(長天理銘)」에서는 '천리로부터 품부 받은 인의(仁義)를 함양하기 위한 자세인 효제(孝悌) 및 불교[佛氏] 변척'이 중점적으로 안내되고 있다. 이외에도 이치나 본성을 다룬 작품들이 수록되어 있으나, 이 같은 성격이 가장 확실하게 드러나는 것은 61번째에 수록되어 있는 오징의 「리일잠(理一箴)」이다. 이 잠에는 이치와 본성, 마음과 수양 등의 주제에 관한 성리학적 관점들이 집약되어 있는데, 편의상 몇 부분으로 나누어 인용하면 다음과 같다.

① 누군가 내게 하늘을 묻는다면, 나는 이치[理]라고 답할 것이네. 음양(陰陽)과 오행(五行)이 만물을 낳는구나. 그 작용이 지극히 신묘하긴 하나, 다만 기운[氣]일 뿐이다. 필히 먼저 이치가 있고 나서야, 기운이 있는 것이라네. … 형기가 엉김은 이치가 실제로 이것을 주관하니, 소리도 냄새도 없고, 아! 그윽하면서 그침이 없도다. … 그 공용(功用)으로 말하면 신(神)이라 귀(鬼)라 하고, 오로지 말하면 이치라고 할 따름이다.53)

② 하늘·땅은 사람과 함께 이치가 본래 하나라네. 그러하니 사람과 더불어 만물이 어찌 또 둘이 되겠는가. 천지인물(天地人物)은 만 가지로 다르나 실(實)은 하나이니, 비록 나뉨이 다르다 하더라도 그 이치는 하나일세. … 하늘·땅·사람이라고 하지만 이치는 오직 고르니, 혹 서로 비슷하지 않음은 사람에게 몸이 있기 때문이네. 기질이 가지런하지 아니하여 사욕으로 서로 말미암으니, 오직 성인은 사욕이 없어 하늘·땅과 더불어 셋이구나.54)

③ 성인이 되고자 하는 현인들은 마음을 한 곳에 집중함으로써 경(敬)을 지키는 도다. 경으로 경계하고 두려워하라. 들리지 않고 보이지 않더라도. 경으로 홀로 있을 때에도 삼가라. 잘 나타나고 잘 드러나게끔. 경으로 이치를 궁구하면, 선에 밝게 될 것이다. 깊은 연못에 임한 듯이 살얼음을 밟는 듯이, 마음을 항상 전전긍긍하라. 그러면서 집중하고 마음을 여기저기로 산만하게끔 하지 않는다면, 잃는 것이 거의 없을 것이다. … 이치는 천지의 사이에 있으면서, 근본은 하나이되 나뉨이 달라지네. 흩어지면 백행(百行)이 되고, 나뉘면 사단(四端)이 되는구나. … 만사만물이 모두 이로부터 나오나니, '이치가 하나[理一]'라는 말의 의미는 두루 미치면서도 상세하도다.55)

①에서는 만물의 작용이 신묘하지만 그것은 기(氣)일 뿐, 기가 기로서 활동하기 위해서는 리(理)가 반드시 전제되어야 함을 보여주고 있다. 그리고 ②에서는 만물이 리를 품부받았다는 점에서는 동일한데도 제각각으로 다른 까닭은 결국 기 때문이며, 이것은 인간에게도 동일하게 적용되어서 기질 및 이 기질로부터 비롯된 사욕이 소인과 보통 사람, 현인과 성인을 가르는 기준이 됨을 언급하고 있다.

이처럼 『고경중마방』에서는 뒤로 갈수록 상달로 표현할 수 있는 이론 심화의 구도가 뚜렷하게 드러나고 있는 바, 이는 주희와 여조겸(呂祖謙, 1137~1181)이 공동으로 엮은 『근사록(近思錄)』이나 퇴계의 『성학십도』, 훗날 성호(星湖) 이익(李瀷, 1681~1763)과 순암(順菴) 안정복(安鼎福, 1712~1791)이 퇴계가 남긴 언행들 가운데 가려 모아 엮은 『이자수어(李子粹語)』 같은 책들과는 편성에 차이가 있다는 점에서 주목해야 한다. 왜냐하면 이 서적들이 '도체(道體)'나 '태극도(太極圖)' 등 성격상 상달 관련 내용으로부터 시작한다면, 『고경중마방』은 내용이 일정 이상 진행되고 나서야 이러한 부분이 등장하기 때문이다. 이 점은 『고경중마방』이 단순히 엮어진 데서만 그치지 않고, 하학 → 상달의 체계를 갖춘 수양서로 실제 기능하였음을 짐작토록 한다. 물론 이치의 자각이나 본성의 함양 등 상달 관련 내용이 교육의 궁극적인 목표로 설정되어 있다는 사실은 재론할 필요가 없다. 이러한 까닭에, 인용한 「리일잠」의 내용 중 ③에서도 주일무적(主一無適)으로 요약되는 '경'을 통해 '이치의 하나 됨'을 깨달을 것을 강조했던 것이다. 그리고 이것이 본 절의 이하에서 살펴볼 『고경중마방』에 나타나는 경 공부의 구체화이다.

널리 알려진 바와 같이, 경은 선진(先秦) 시대 이래로 유학의 수양론을 대표하는 개념에 속했고, 주희도 성문(聖門)의 강령이자 존양(存養)의 요법으로 매우 중시하였다. 내 마음을 본성의 근원인 '천리'와 합일시키는 데 있어 필수적으로 수반되어야만 하는 경은, 움직일 때나 고요할 때 상관없이 요청되는 것이다.56) 이런 주희의 입장은, 『고경중마방』에는 44번째로 수록되어 있고 훗날 『성학십도』에도 9번째로 실리는 그의 「경재잠(敬齋箴)」에 잘 나타난다. 이 잠에서 주희는, 의관을 바로 하고 시선을 존엄하게 하며 걸음은 무겁게 하고 손모양은 공손하게 하는 등의 외양을 엄숙하게 하는[整齊嚴肅] 것은 물론, 마음을 가라앉히고 오직 집중함으로써 정신이 산만해지지 않게끔 하라고[主一無適] 거듭 강조하였다. 그리고 이 같은 경의 자세를 유지함에 있어 잠시라도 사이가 있다면 사사로운 욕구와 욕망이 만 가지로 일어나게 되고, 조금이라도 어긋남이 있다면 삼강(三綱)이 망하고 구법(九法)이 무너지게 될 것이라고 대단히 경계하였다.57) 주희의 경에 대한 높임을 그대로 계승한 퇴계 역시 『고경중마방』에 관련 작품들을 상당수 실었는데, 수록 순서로는 2번째에 해당하는 무왕의 「석사단명(席四端銘)」을 시작으로, (주희 이외에도) 장식, 진덕수, 오징의 작품들이 주를 이루고 있다.58)

① 안으로 마음을 세움에 있어서는, '곧음[直]'이 귀하네. 오직 경을 하면 곧아지니, 치우쳐 기울지 말지어다. … 경이란 무엇인가? 오직 하나에 집중함이라네. 늠연히 스스로 지키면, 신명(神明)이 곁에 있을 것이다. … 경과 게으름이 나뉘고, 의(義)와 욕구가 상대되니. 하나가 자라면 다른 하나가 없어져서, 화복(禍福)이 여기에 있을 것이다. 게으른 마음[怠心]이 싹트면 졸렬하고 잠기어 어둡게 되고, 욕구가 성하면 방탕하여 미쳐 날뛰게 될 것이다.59)

② 하늘이 이 사람을 낳아 양심(良心)이 있다네. 성인과 어리석은 이는 어찌하여 다른 것인가? 경과 방자함[肆]에서 나뉘네. 일에 만 가지로 변화가 있어도, 심군(心君)이 통솔하는구나. 그러나 한 번 그 벼리가 무너지면, 망하여 실이 엉키듯이 되네. 예부터 선철(先哲)은 경으로 자기를 닦아, 능히 그 몸을 지켜 한결같은 본성을 따르고 보전했구나. 경이란 더할 것도 없으니, 오직 이것을 주로 함이다. 얇은 얼음을 밟듯이 깊은 못에 임한 듯이 한다면, 그 이치에 어둡지 않을 것이다.60)

『고경중마방』의 수록 순서로 볼 때, ①은 37번째인 진덕수의 「경의재명(敬義齋銘)」이고, ②는 38번째인 장식의 「경재명(敬齋銘)」인데, 경의 반의 어로 '게으른 마음[怠心]'과 '방자함[肆]'이 설정되어 있다는 점에 주목하자. 즉, 경을 견지함에 있어서는 참됨을 쌓으며 오랜 기간 노력해야만 하는데[眞積力久], 태심과 방자한 자세가 이를 방해한다는 것이다. 이런 방해 요소들을 극복하면서 궁극적으로 지향하는 목표가 곧 이치의 자각과 본성의 함양이다. 그리고 이 목표의 달성을 위한 경의 방법들이 집중 소개된 작품이 54번째로 수록되어 있는 오징의 「경명(敬銘)」이다.

사람의 마음이란 멋대로 하여 거리낌 없게 되기 쉽다. 잡으면 보존되지만 내버려두면 없어져, 혹 들어오기도 하고 혹 나가기도 한다. '경' 한 글자의 뜻이 정밀하노니, 배우는 사람은 마땅히 간직하여 잊지 말아야 할 것이다. 방촌을 수렴하여 일물도 용납하지 말아야 하니, 신령한 사당에 들어간 듯 군율을 받들 듯 해야 한다. 정제하고 엄숙하며, 단정하고 장엄하며 고요하게 전일하라. 경계하고 삼가며 두려워하고 두려워하며, 조심하고 또 조심하라. 큰 손님을 맞이한 것처럼 하여 감히 경솔히 하지 않고, 큰 제사를 모시는 것처럼 하여 감히 태만하고 소홀히 하지 말라. 보고 들으며 말하고 행동함에 예 아니면 하지 말라. 충(忠)과 신(信)을 갖추고 전수된 학문을 익히면, 몸을 살피는 것이 다 갖추어진다. 안으로 다잡아서 늦추지 말아야 할 것은 정신과 심술(心術)이요, 밖으로 검속해야 하는 것은 형해(形骸)와 기골(肌骨)이네. 항상 깨어 있고, 나날이 새로워져야 하니, 감히 이러한 말들로 빈 방에 새겨둔다.61)

이처럼 일상의 실천으로부터 인격적·도덕적인 자기의 형성 및 존재와 인륜의 이법을 묻는 형이상적인 사색에 이르기까지, 퇴계 공부론의 핵심에는 경이 자리하고 있다.62) 비록 『성학십도』 정도의 체계적인 구도하에 경이 강조되고 있는 것은 아니지만, 퇴계가 이 개념을 얼마만큼 중시하였는지를『고경중마방』에서도 어렵지 않게 파악할 수 있다.

지금까지 본 절에서는『고경중마방』의 구성과 체계에 대한 마지막 내용으로, 책이 중·후반부로 진행될수록 이치의 자각이나 본성의 함양 같은 이론 심화의 구도가 나타나고, 하학과 상달을 관통하는 공부로서의 경이 구체화되고 있다는 점을 살펴보았다. 이제 이어지는 절에서는 본 장의 내용을 전체적으로 요약하고, 미처 다루지 못한 한두 가지 후속 과제를 제언하면서 글을 마칠 것이다.

4. 남은 과제들

지금까지 이 장에서는 선유들이 남긴 명·잠·찬 등으로부터 퇴계가 가려 모아 엮은『고경중마방』에서 드러나는 내용 구성의 특징을 밝힌다는 목적 아래 논의를 진행하였다. 이 작업을 통해 내용 편성상의 몇 가지 특이점을 제시할 수 있었는데, 첫째,『고경중마방』은 전체적으로 수미가 상응하는 체계를 갖추고 있으며 '일상 공부[下學]'를 대단히 강조하고 있다. 둘째, 수양의 주체이자 동시에 경계의 대상으로 설정된 '마음[心]'과 관련된 작품들이 많은데, 책의 전반부에는 외면의 단속을 통한 내면의 바로 세움을 언급한 작품이 배치된 반면, 후반부로 갈수록 마음이 선한 판단[道心]을 내릴 수 있는 가능성을 이치[理]·본성[性]과 연결시킨 작품이 등장한다. 셋째,『고경중마방』의 중·후반부에는 이치의 자각이나 본성의 함양 등을 주제로 하는 작품들이 자리하고 있어 하학을 넘어선 '이론 심화[上達]'의 구도가 발견됨과 함께, 하학과 상달을 관통하는 공부로서의 경(敬)이 구체화되고 있다.

『고경중마방』에 대한 선행 연구들이 없는 것은 아니지만 내용 구성의 특징을 소상하게 밝힌 연구 결과는 드물다는 점에서, 본 연구가 작게나마

학계에 기여할 수 있는 측면이 있다고 생각된다. 그러나 다음과 같은 한두 가지 후속 과제가 뒤따라야만, 그 기여가 현실화될 수 있을 것이다. 먼저 첫 번째는 '이론적인 성격'의 과제로서, 『고경중마방』에 수록된 작품이 어떤 의도에서 선정되었는지, 그리고 배치 순서가 무슨 의미를 가지는지가 더욱 명료하게 파악되어야 한다는 것이다. 앞서 몇 차례 지적했던 것처럼, 『고경중마방』에 수록된 작품과 저자들의 면면을 살펴보면, 유학적 성격이나 정통 주자학의 내용과는 다소 거리가 있는 경우들이 발견된다. 이 경우 해당 작품을 선정한 퇴계의 의도가 무엇이었는지, 왜 그 위치에 놓았는지를 파악해야만 퇴계 사상의 전모가 더 확실히 드러날 것이며, 『고경중마방』이 그의 저작들 가운데 어떤 위상을 차지하는지도 한층 명확해질 것이다.

이어서 두 번째는 '실천적인 성격'의 과제로서, 본 연구의 내용을 바탕으로 학교나 가정교육 등에서 『고경중마방』을 실제 활용하려는 노력이 뒤따라야 한다는 것이다. 『고경중마방』에는 일상생활에서 지침으로 삼을만한 내용이 책 전체에 골고루 수록되어 있으면서도, 중·후반부로 갈수록 내용의 성격이 점차 이론화되고 있음을 본 장에서 살펴보았다. 이 같은 점을 염두에 두면서, 하학적 측면을 통해 학교나 가정에서 청소년들이 사용할 수 있는 기초적인 수양서(예: 체크리스트 등)를 제작할 수도 있고, 상달적 측면을 통해 퇴계 사상을 엿볼 수 있는 난이도 있는 자료집까지 만들어 볼 수 있을 것이다. 또한 제작된 수양서와 자료집을 학생의 발달단계별 내지는 차시·학기·학년별로 구분하여 수업 시간에 활용할 수도 있을 것이다.

미주

1) 『月川集』「月天先生年譜」: 手寫古鏡重磨方. 先生題其後曰, 右充師退陶先生平日手自抄錄, 以爲日用潛修之地, 而未曾出以示人. 捐館二十年後, 得見於陶山書院. 心甚愛之, 乃錄傳云, 於是逐日誦玩不廢.

2) '고경중마방서(古鏡重磨方序)'에서 정구가 밝힌 이 책의 발간일은 1607년[萬曆丁未]으로, 그는 당시 안동대도호부사(安東大都護府使)에 제수되어 있었다.

3) 김윤조, 「잠명류 산문의 전통과『고경중마방』」, 『대동한문학』제59집, 대동한문학회, 2019, 225~233쪽.

4) 신귀현, 「『고경중마방』과 수양론」, 『퇴계 이황-예 잇고 뒤를 열어 고금을 꿰뚫으셨소』, 예문서원, 2001; 김성훈, 「『고경중마방』과 수양론」, 『숭실어문』제23집, 숭실어문학회, 2009; 최재목, 「퇴계사상과 '거울'의 은유」, 『양명학』제24호, 한국양명학회, 2009; 임기영, 「『고경중마방』의 간행과 판본」, 『서지학연구』제56집, 한국서지학회, 2013; 이장우, 「『고경중마방』잠명의 어문학적 검토」, 『대동한문학』제54집, 대동한문학회, 2018; 김윤조, 앞의 글, 2019; 박영민·이성흠, 「대학 교양교육에서『고경중마방』을 활용한 인성역량 함양 방안 탐색」, 『퇴계학논집』제27호, 영남퇴계학연구원, 2020. ; 모두 훌륭한 선행 연구들이지만, 『고경중마방』의 현대적·교육적 활용 방안을 고민한 연구는 박영민·이성흠의 연구 1편이라는 점에 주목할 필요가 있다.

5) 『退溪先生文集』卷16 '答奇明彦 論四端七情第二書': 使吾友平時看語類見此語, 則必不置疑於其間. 今旣以鄙說爲非而力辯之, 而朱子此語, 乃滉所宗本, 則不得不倂加指斥而後. 可以判鄙語之非, 而取信於人, 故連累至此. 此固滉僭援前言之罪, 然滉於吾友此等處, 雖服其任道擔當之勇, 得無有不能虛心遜志之病乎. 如此不已, 無乃或至於驅率聖賢之言, 以從己意之弊乎.

6) 퇴계가『고경중마방』을 엮은 시기는 1559년으로 추정된다. 1559년은 퇴계가 59세인 때로, 학문적 측면에서 보면 그는 바로 이 시기에 기대승과 사칠논변을 시작했고, 『송계원명이학통록』을 엮는 작업에도 착수하였다. 교육적 측면에서도 이 시기의 퇴계가 보여주는 행보는 의미가 큰 데, 먼저 이듬해인 1560년에 완공될 '도산서당(陶山書堂)'의 마무리에 신경을 썼고, 영주 군수 안상(安瑺)이 창건한 서원에 '이산(伊山)'이라는 명칭을 붙인 뒤 서원 운영에 필요한 '원규(院規)'까지 정해주었다(정석태, 『퇴계선생연표월일조목 2』, 사단법인 퇴계학연구원, 2005, 529~574쪽). '이산원규'의 이념이 지니는 현대적·교육적 함의에 대해서는, 본서의 제1장을 참조할 수 있다.

7) 『古鏡重磨方』: 古鏡久埋沒, 重磨未易光. 本明尙不昧, 往哲有遺方. 人生無老少, 此事貴自强. 衛公九十五, 懿戒存圭璋. ; 이하에서는, 편의상『고경중마방』의 국역에 대한 원문 미주 처리에 있어 '서명'은 생략하였음을 밝혀둔다. 또한 원문의

경우, 성균관유도회 경상북도본부, 『고경중마방』, 한빛, 2014에 수록되어 있는 영인본을 참조하였다는 점도 밝혀둔다.

8) 『寒岡集別集』卷2「雜著」'書古鏡重磨方後': 先生之詩, 實亦磨鏡之至方也哉.

9) 『明齋遺稿』卷1「詩」'敬次退陶先生古鏡韻': 不繫年老少, 何論力弱強, 苟能勉修治, 特達如圭璋.

10) 苟日新, 日日新, 又日新.

11) 『大學章句』: 湯以人之洗濯其心以去惡, 如沐浴其身以去垢, 故銘其盤.

12) 『尙書』卷4「商書」'仲虺之誥': 德日新, 萬邦惟懷, 志自滿, 九族乃離.

13) 『書集傳』: 德日新者, 日新其德而不自已也, 志自滿者, 反是. 湯之盤銘曰, 苟日新, 日日新, 又日新, 其廣日新之義歟.

14) 萬斛之舟, 不楫不維, 泝泝長川, 縱其所之. 云誰有船, 適與之觸, 舟本無心, 奚怨奚譸. 德人天游, 其中休休, 我無愛憎, 物自春秋. 雨露零零, 孰知其德, 霜雪凝凝, 豈曰予刻. … 紛紛小夫, 欲蔽私室, 森然戈矛, 動與物敵. … 世塗漫漫, 濤激浪洶, 往安子行, 萬變勿動.

15) 『莊子』「山木」: 市南宜僚見魯侯, 魯侯有憂色. 市南子曰, 君有憂色, 何也. 魯侯曰, 吾學先王之道, 修先君之業. 吾敬鬼尊賢, 親而行之, 无須臾離居, 然不免於患, 吾是以憂. 市南子曰, 君之除患之術淺矣. … 吾願君刳形去皮, 洒心去欲, 而遊於无人之野. … 吾願去君之累, 除君之憂, 而獨與道遊於大莫之國. 方舟而濟於河, 有虛般, 來觸舟, 雖有偏心之人不怒. 有一人在其上, 則呼張歙之, 一呼而不聞, 再呼而不聞, 於是三呼邪, 則必以惡聲隨之. 向也不怒而今也怒, 向也虛而今也實. 人能虛己以遊世, 其孰能害之.

16) 유사한 이유로 퇴계는 자신의 건강 회복을 위해 도교의 양생 관련 서적인 『구선활인심법(臞僊活人心法)』의 일부를 필사하는 와중에도, '보화탕(保和湯)'을 『중용(中庸)』의 '중화(中和)' 개념을 반영한 '중화탕(中和湯)'으로 바꾸는 등의 시도를 하였다(李滉, 이윤희 역, 『활인심방』, 예문서원, 2008, 79쪽; 김민재, 「명상의 관점에서 본 퇴계 '경(敬)' 사상의 교육적 시사점」, 『철학논집』 제37집, 서강대학교 철학연구소, 2014b, 348쪽).

17) 금장태, 『퇴계평전』, 지식과 교양, 2012, 188~202쪽.

18) 『退溪先生文集』卷3 '秋日遊陶山夕歸': 秋懷慘慄蕙蘭腓, 水落天空雁欲飛. 不係窮通憂與樂, 何知今古是兼非. 天淵臺迥閒吟坐, 柞櫟遷長帶醉歸. 但使淵明終老地, 衣沾夕露願無違.

19) 『論語』「憲問」: 子曰, 莫我知也夫. 子貢曰, 何爲其莫知子也. 子曰, 不怨天, 不尤人, 下學而上達. 知我者其天乎.

20) 송치욱, 「유학의 하학전통과 남명의 하학론」, 『남명학연구』 제49집, 경상국립대

학교 경남문화연구원, 2016, 5~13쪽.

21) 그러나 퇴계는 필요할 경우에는 '상달'에 대한 가르침을 먼저 행하기도 했던 것으로 보인다. 왜냐하면 학생들이 오랜 기간 공부했음에도 얻는 것이 없으면 중도에 그만둘 우려가 있기 때문이다(『文峯先生文集』卷5「閑中筆錄」: 又曰, 下學上達, 固是常序. 然學者習久無得, 則易至中廢, 不如指示本原也. 故先生之接引學者, 頗指示源頭處.).

22) 『退溪集言行錄』卷1「類編」'敎人': 先生謂明一日, 道在邇而人自不察耳. 豈日用事物之外別有一種他道理乎.

23) 『雪月堂先生文集』卷4「雜著」'退溪先生言行箚錄': 先生曰, 爲己之學, 以道理爲吾人之所當知, 德行爲吾人之所當行, 近裏著工, 期在心得而躬行者, 是也.

24) 於乎, 危於忿戾, 於乎, 失道於嗜欲, 於乎, 相忘於富貴.

25) 藜藿之甘, 綿布之溫, 名敎之樂, 德義之尊, 求之孔易, 享之常安. 錦繡之奢, 膏粱之珍, 權寵之盛, 利慾之繁, 苦難其得, 危辱旋臻. 舍難取易, 去危就安, 至愚且知, 士寧不然. … 君子以儉爲德, 小人以侈喪軀, 然則斯衾之陋, 其可忽諸.

26) 去病非難, 當拔其根. 己私旣克, 天理復還. 克他未得, 但加裁抑, 固不猖獗, 終尙潛匿. 克者伊何, 譬如破敵. 戰而勝之, 是之謂克. ;『고경중마방』에는 작자가 오징으로 되어 있는 명과 잠이 각각 7편과 1편으로 총 8편 수록되어 있다. 그런데 퇴계는 오징의 사상에 대해 선학(禪學)의 혐의가 있다고 비판적으로 평가한 적이 있다. 즉, 오징과 진헌장(陳獻章, 1428~1500), 왕수인(王守仁, 1472~1528) 등은 육구연(陸九淵, 1139~1192)을 계승한 이들인데, 왕수인을 비난하고 양명학도 비판하는 과정에서 오징의 사상 역시 문제가 있다고 보았던 것이다(김민재 외, 「양명학의 전래 초기, 조선 성리학자들의 비판적 인식 검토」, 『양명학』 제52호, 한국양명학회, 2019, 173~178쪽). 『고경중마방』에 수록된 작품에는 도가와 접목된 것도 있고 퇴계 자신이 비판한 인물의 것도 있다는 점에서, 작품 선정의 기준이 무엇이었는지에 대해서는 별도 지면에서 고찰이 필요하다. 다만 오징에 대한 부분은 제3절(미주 58번)에서 개략적으로 언급된다.

27) 洪惟元聖, 研幾極深, 出言爲經, 以達天心. 天心煌煌, 聖謨洋洋, 有赫其傳, 惠我無疆. 嗟哉學子, 生乎千載, 孰謂聖遠, 遺經猶在. 孰不讀書, 而味厥旨, 章句是鑿, 文采是事. 矧其所懷, 惟以祿利, 茫乎四馳, 其曷予暨. 嗟哉學子, 當知讀書, 匪有所爲, 惟求厥初. 厥初維何, 爾所固然, 因書而發, 爾知則全. 維誦維歌, 維究維復, 維以泳游, 勿肆勿梏. 維平乃心, 以會其理, 切于乃躬, 以察以體. 積功旣深, 有煇其明, 迥然意表, 大體斯呈.

28) 蒙培元, 홍원식 외 역, 『성리학의 개념들』, 예문서원, 2008, 411~412쪽.

29) 윤사순, 『퇴계 이황의 철학』, 예문서원, 2013, 44~45쪽.

30) 『退溪先生文集』卷7「進聖學十圖箚」: 夫心具於方寸, 而至虛至靈, 理著於圖書,

而至顯至實. 以至虛至靈之心, 求至顯至實之理, 宜無有不得者. 則思而得之, 睿而作聖, 豈不足以有徵於今日乎.

31) 『退溪先生文集』 卷7 「進聖學十圖箚」: 然而心之虛靈, 若無以主宰, 則事當前而不思, 理之顯實, 若無以照管, 則目常接而不見.

32) 금장태, 앞의 책, 2012, 232쪽; 이광호, 「체용적 전일성으로서의 마음」, 서울대학교 철학사상연구소 편, 『마음과 철학(유학편)』, 서울대학교 출판문화원, 2013, 300~301쪽.

33) 『退溪先生文集』 卷7 「進聖學十圖箚」: 要之, 兼理氣統性情者, 心也. 而性發爲情之際, 乃一心之幾微, 萬化之樞要, 善惡之所由分也. 學者誠能一於持敬, 不昧理欲, 而尤致謹於此, 未發而存養之功深, 已發而省察之習熟, 眞積力久而不已焉, 則所謂精一執中之聖學, 存體應用之心法, 皆可不待外求而得之於此矣.

34) 修外以及內, 靜養和與眞, 養內不遺外, 動率義與仁.

35) 凡此數事, 有犯之者, 足以見用意之不廣. 於存心修身, 大有所害, 因書以自警.

36) 『論語』 「顏淵」: 顏淵問仁. 子曰, 克己復禮爲仁. 一日克己復禮, 天下歸仁焉. 爲仁由己, 而由人乎哉. 顏淵曰, 請問其目. 子曰, 非禮勿視, 非禮勿聽, 非禮勿言, 非禮勿動. 顏淵曰, 回雖不敏, 請事斯語矣.

37) '극기복례로써 인을 행한다.'와 같이 풀이한 경우의 예로는, 일본의 이토 진사이[伊藤仁齋, 1627~1705]나 오규 소라이[荻生徂徠, 1666~1728] 등을 꼽을 수 있다. 두 사람은 공자가 안연의 뛰어난 재주[王佐之才, 才大]를 높이 사서 안연의 인을 행함이 천하의 도(道)가 완성되는 데 기여하는 방향과 연결될 수 있도록 극기복례를 언급했다고 보았다. 이 과정에서 오규 소라이 같은 학자는 '천리의 회복'이니, '복(復)자를 돌아감[反]'으로 주석하느니 등의 송유(宋儒)나 주희의 풀이는 불교 및 도가의 사유 방식과 유사하다면서 매우 비판하였다(伊藤仁齋, 장원철 역, 『논어고의하』, 소명출판, 2013, 48~52쪽; 荻生徂徠, 이기동 외 역, 『논어징 3』, 소명출판, 2010, 7~13쪽).

38) 四者身之用也. 由乎中而應乎外, 制於外所以養其中也.

39) 心芳本虛, 應物無跡. 操之有要, 視爲之則. 蔽交於前, 其中則遷. 制之於外, 以安其內. 克己復禮, 久而誠矣.

40) 人心之動, 因言以宣. 發禁躁妄, 內斯靜專. … 傷易則誕, 傷煩則支. 己肆物忤, 出悖來違. 非法不道, 欽哉訓辭.

41) 『鶴峯先生文集續集』 卷5 「雜著」 '退溪先生言行錄': 人之持心最難. 嘗自驗之, 一步之間, 心在一步亦難. ; 이 내용은 『이자수어(李子粹語)』 「함양(涵養)」편에도 수록되었다.

42) 怵心一開, 其流曷已. 虎攫狼吞, 寔自玆始.

43) 是身之微, 太倉稊米. 參爲三才, 曰惟心爾.

44) 惟口耳目, 手足動靜, 投間抵隙, 爲厥心病. … 君子存誠, 克念克敬, 天君泰然, 百體從令.

45) 舜禹授受, 十有六言, 萬世心學, 此其淵源. 人心伊何, 生於形氣, 有好有樂, 有忿有懥. 惟慾易流, 是之謂危, 須臾或放, 衆慝從之. 道心伊何, 根於性命, 曰義曰仁, 曰中曰正. 惟理無刑, 是之謂微, 毫芒或失, 其存幾希. 二者之間, 曾不容隙, 察之必精, 如辨白黑. … 惟此道心, 萬善之主, 天之與我, 此其大者. 斂之方寸, 太極在躬, 散之萬事, 其用弗窮. 若寶靈龜, 若奉拱璧, 念兹在兹, 其可弗力.

46) 홍원식, 「총론: 『심경부주』와 조선유학」, 홍원식 외, 『심경부주와 조선유학』, 예문서원, 2008, 12쪽.

47) 『心經附註』卷1 '人心道心章': 夫聲色臭味之欲, 皆發於氣, 所謂人心也, 仁義禮智之理, 皆根於性, 所謂道心也. 人心之發, 如銛鋒, 如悍馬, 有未易制馭者, 故曰危, 道心之發, 如火始然, 如泉始達, 有未易充廣者, 故曰微. ; 진덕수의 관점은 인심/도심의 이원화를 주저하는 주희와는 차이가 있다(한형조, 「『심경』의 구성과 내용, 그리고 조선 유학의 논점」, 한형조 외, 『심경–주자학의 마음 훈련 매뉴얼』, 한국학중앙연구원 출판부, 2010, 43~47쪽).

48) 퇴계의 인심·도심에 대한 논의는 별도의 지면에서 다룰 것임을 밝혀둔다. 이는 그의 사단(四端)·칠정(七情)에 대한 논의와도 연결되어 있기 때문이다. 필자는 퇴계의 인심·도심관은 불명확한 부분이 있다고 생각하는 바, '답홍반(答洪胖)', '답이평숙(答李平叔)', '답김경순(答金景純)' 등에서 발견되는 인심·도심에 대한 그의 언급에는 일관성이 다소 부족한 까닭이다. 퇴계의 인심·도심관과 관련해서는, 리기용, 「퇴계학파의 율곡 인심도심론 비판」, 『동서철학연구』 제37호, 한국동서철학회, 2005; 전현희, 「퇴계와 율곡의 인심도심설」, 『한국철학논집』 제41집, 한국철학사연구회, 2014; 고재석, 「퇴계의 도덕 감정과 의지에 대한 고찰」, 『동양철학』 제52집, 한국동양철학회, 2019 등을 참조할 수 있다.

49) 『論語集注』卷7「憲問」: 蓋凡下學人事, 便是上達天理.

50) 『論語或問』「憲問」: 學者, 學夫人事, 形而下者也, 而其事之理則固天之理也, 形而上者也. 學是事而通其理, 卽夫形而下者, 而得其形而上者, 焉非達天理而何哉.

51) 신창호, 『유교 사서의 배움론』, 온고지신, 2011, 22~23쪽.

52) 人有秉彝, 本乎天性. ; 順理則裕, 從欲惟危. … 習與性成, 聖賢同歸.

53) 或問予天, 予對曰理. 陰陽五行, 化生萬類. 其用至神, 然特氣爾. 必先有理, 以後有氣. … 形氣之凝, 理實主是. 無聲無臭, 於穆不已. … 以其功用, 曰神曰鬼, 專而言之, 曰理而已.

54) 天地與人, 理固一矣. 人之與物, 抑又豈二. 天地人物, 萬殊一實, 其分雖殊, 其理則一. … 曰天地人, 理則惟鈞, 或不相似, 以人有身. 氣質不齊, 私欲相因, 惟聖無

欲, 與天地參.

55) 希聖之賢, 主一持敬. 敬而戒懼, 弗聞弗見. 敬而謹獨, 莫見莫顯. 敬而窮理, 則明乎善. 如臨如履, 心常戰戰. 一而無適, 有失者鮮. … 理在兩間, 一本殊分. 散爲百行, 別爲四端. … 萬事萬物, 胥此焉出, 理一之義, 周遍詳密.

56) 蒙培元, 홍원식 외 역, 앞의 책, 2008, 839~843쪽.

57) 正其衣冠, 尊其瞻視, 潛心以居, 對越上帝. 足容必重, 手容必恭, 擇地而蹈, 折旋蟻封. 出門如賓, 承事如祭, 戰戰兢兢, 罔敢或易. 守口如瓶, 防意如城, 洞洞屬屬, 罔敢或輕. 不東以西, 不南以北, 當事而存, 靡他其適. 弗貳以二, 弗參以三, 惟心惟一, 萬變是監. 從事於斯, 是曰持敬, 動靜不違, 表裏交正. 須臾有間, 私欲萬端, 不火而熱, 不冰而寒. 毫釐有差, 天壤易處, 三綱旣淪, 九法亦斁. 嗚呼小子, 念哉敬哉, 墨卿司戒, 敢告靈臺.

58) 호상학(湖湘學) 계열로 분류되는 장식이나 주륙(朱陸)의 절충을 꾀했다고 평가받는 오징의 '경'이 주희의 그것과 어떤 차이점이 있는지는 본 장에서 다루지 않는다. 왜냐하면 유의미한 차이점을 『고경중마방』에서 발견하기는 어렵기 때문이다. 다만 장식은 주희와의 교류 속에서 사상 경향에 변화가 있었고, 이 점이 그의 경 사상에도 반영되었던 것으로 보인다(楠本正繼, 김병화·이혜경 역, 『송명유학사상사』, 예문서원, 2005, 253~258쪽). 또한 오징이 존덕성(尊德性)을 강조하고 육구연을 높였다고 할지라도, 그의 도통론이 증명하듯 엄연히 주자학도(朱子學徒)였다는 연구도 있다(이범학, 「오징(1249~1333) 사상연구서설」, 『한국학논총』 제30호, 국민대학교 한국학연구소, 2008, 722쪽). 사실 두 사람에 대한 퇴계의 평가가 결정적인 자료일 터인데, 그는 장식에 대해서는 "경에 전력해 주정(主靜)이 의미 있음을 알아, … 주돈이(周敦頤)와 정자(程子)의 본지를 깨달았다."(『退溪先生文集』卷37 '答李平叔' : 專意於敬, 而覺主靜之有味, … 而得周程本旨.)라고 하였고, 오징에 대해서는 "(정민정과 더불어) 사도(斯道)를 자임하고 유폐를 구제하려는 뜻이 간절해 부득이 이런 말을 하였을 것"(『退溪先生文集』卷41 「心經後論」 : 任斯道捄流弊之意切, 不得已而爲此言.)이라고 평가하였다. 이렇게 보면, 퇴계는 넓은 의미에서는 두 사람의 사상 역시 주자학에 포함된다고 이해했던 것으로 판단된다.

59) 內而立心, 曰直是貴. 維敬則直, 不偏以陂. … 曰敬伊何, 惟主于一. 凜然自持, 神明在側. … 敬與怠分, 義與欲對. 一長一消, 禍福斯在. 怠心之萌, 闇焉沈昏. 欲心之熾, 蕩乎狂奔.

60) 天生斯人, 良心卽存. 聖愚曷異, 敬肆是分. 事有萬變, 統乎心君. 一頹其綱, 泯焉絲棼. 自昔先民, 修己以敬. 克持其身, 順保常性. 敬匪有加, 惟主于是. 履薄臨深, 不昧厥理.

61) 維人之心, 易於放逸. 操存舍亡, 或入或出. 敬之一字, 其義精密. 學者所當, 服膺勿失. 收斂方寸, 不容一物. 如入靈祠, 如奉軍律. 整齊嚴肅, 端莊靜一. 戒愼恐懼, 兢業戰栗. 如見大賓, 罔敢輕率. 如承大祭, 罔敢慢忽. 視聽言動, 非禮則勿. 忠信傳習, 省身者悉. 把捉於中, 精神心術. 檢束於外, 形骸肌骨. 常令惺惺, 又新日日.

敢以此語, 鏤于虛室.

62) 西田幾多郎·高橋進, 최박광 역, 『선의 연구/퇴계 경철학』, 동서문화사, 2009, 591쪽. ; 다카하시 스스무[高橋進]는 주희도 경을 강조하였으나 퇴계만큼 통일된 사상 구조를 갖추고 있지는 못하다고 하였다(같은 책, 같은 면). 또한 엄연석(「퇴계의 중층적 천관(天觀)으로 보는 경(敬)의 주재성」, 『퇴계학논집』 제19호, 영남 퇴계학연구원, 2016, 249쪽)은, 퇴계가 인간의 도덕적 실천을 위한 형이상학적 근거로서의 천리 개념을 주장하는 성리학적 천관을 계승함과 함께 주대(周代) 이래 인격적 주재성을 가지는 상제천(上帝天)도 받아들였다고 언급하였다. 이 같은 중층적 천관은 리에 대한 퇴계의 특이점[理發, 理動, 理自到]으로 이어지고, 경에 대해서도 퇴계와 주희의 관점에 차이가 있음으로 연결될 수 있다. 그러나 본 장에서는 이런 부분은 다루지 않는 바, 『고경중마방』을 통해서는 논의를 진전시키기 어려운 까닭이다.

● 한국유학의 도덕교육적 성찰 ●

3부
___

한국양명학과
도덕교육

제9장

하곡 정제두의 인성론과 교육론

이 장에서는 하곡(霞谷) 정제두(鄭齊斗, 1649~1736)의 인간 본성에 대한 견해를 살펴보고, 여기에 기초하여 그의 교육철학과 교육방법론 일반을 구체화할 것이다. 주지하는 바와 같이, 유가(儒家)의 인간 본성에 대한 견해는 맹자(孟子) 이래 선하다는 것으로 규정되어 왔다. 최근에 들어와 진화론적 관점 내지는 사회생물학적 관점에 의거하여 인간 본성이 선하다는 유가의 신념을 보다 과학적으로 검증하려는 시도들이 발견되는데,1) 이것은 성선(性善)이라는 전제를 전복하려는 것이 아니라 인간성에 대한 믿음을 회복시키려는 치열한 노력의 일환이라고 보는 것이 바람직하다. 그럼에도 인간 본성, 즉 '인성(人性)'이란 무엇인지에 대해 여전히 끊임없는 논란이 진행 중이다. 이런 논란은 조선 시대에도 마찬가지여서, 인성이 순선하고 무형무위(無形無爲)한 리(理)와는 어떤 관계에 있는지, 그리고 인간을 분석할 때 또 하나의 쟁점이 되는 개념인 마음[心]과는 어떤 관계에 있는지 등은 조선 전체를 관통하는 의제였다. 이런 까닭에 본 연구에서 조선 최대의 양명학자로 꼽히는 하곡 정제두의 교육철학과 교육방법론을 고찰하기 위해서는, 선행하는 작업으로 그의 인간 본성에 대한 견해를 살펴보아야만 한다.

  본격적인 논의에 앞서, 하곡 사상에 대한 교육적 관점에서의 연구 현황을 언급하는 것은 본 연구의 학문적 의의를 밝히는 데 일정 부분 도움이 될 것으로 판단된다. 교육계에서 발간하는 주요 학술지 및 동양·한국사상 분야의 학술지들을 검토해 보면, 2010년 이전에는 하곡 사상에 대한 교육적 관점에서의 연구는 전무하다고 해도 과언이 아니다. 물론 2008년 정낙찬의 「하곡 정제두의 지행합일론」과 같은 연구물이 학술지 『교육철학』(제36집)을 통해 소개되었으나, 엄밀히 말하면 하곡의 지행합일론을 고찰했을 따름이지 그것이 지니는 교육적 의의를 제시한 것은 아니다. 이런 상황이 지속되다가 2010년 이후 몇 편의 성과물이 발표되었는데, ⓐ 먼저 김민재는 하곡 사상이 지니는 도덕철학 및 도덕 심리학적 의의를 조명하였다. 그는 선천성과 직관성 중심의 양지(良知) 개념을 해석하는 하곡만의 독창성을 분석하고, 여기에 근거하여 서양의 직관주의(intuitionism)에 대한 시사점 및 도덕교육적 함의를 제시하였다. 또한 하곡의 사상이 고등학교 도덕과(道德科) 교과서인 『윤리와 사상』에 반영되기 위해서는 어떤 내용을 추출하여, '학습자들의 언어'로 변환되어야만 하는지에 대해서도 제안하였다.2) ⓑ 이어서 진성수는 『하곡집(霞谷集)』의 「임술유교(壬戌遺敎)」와 「가법(家法)」, 「명아설(名兒說)」 등을 상세히 분석하여, 하곡이 가정교육을 함에 있어 심성교육과 정서교육, 자녀교육을 꽤 중요하게 여겼다는 점을 밝혀내었다.3) ⓒ 그리고 최근 인성교육에 대한 요구가 교육계 안팎에서 적극 대두되고 있는 상황을 고려하면서, 조지선은 공부론을 중심으로 하여 하곡의 사상을 인성교육적으로 변용하기 위한 시도를 하였다.4)

  그럼에도 이러한 연구들이 하곡 사상의 교육철학 내지는 교육방법론 일반에 어떤 의미가 있는지 천착한 것은 아니다. 그러나 하곡 사상이 교육학적으로 제대로 조명되기 위해서는 바로 이 부분이 밝혀져야 할 것이다.5) 이상의 연구 목적을 위해, 필자는 우선 제1절에서 '인간의 도덕심에 대한 신념'을 내세웠던 하곡의 인성론을 세 가지 특징을 중심으로 살펴본다. 그리고 제2절에서 하곡의 교육철학 및 교육방법론 일반에 대해 구체적으로 고찰한다.

1. 하곡의 인성론: 인간의 도덕심에 대한 신념

'인간의 본성[人性]'에 관하여 공자(孔子)는, 그것은 서로 가깝지만 습관으로 인해 멀어진다고 하였을 뿐이다. 포르케(A. Forke)의 적절한 지적과 같이, 공자는 그의 후계자들과 달리 아직 인간의 본성이 본래적으로 선하다거나 악하다고 가르치지는 않았던 것이다.6) 그런데 이후 맹자와 고자(告子)의 논쟁이 있었고, 특히 순자(荀子)는 인간의 본성은 본디 악한데, 그것이 선하게 되는 것은 인위적인 교정 때문이라고 하였다. 이처럼 논의의 폭과 깊이는 점차 확대·심화되었지만, 송(宋)대 이후 맹자의 견해가 정론으로 채택된 뒤 정주(程朱) 중심의 이학(理學)에서는 본성을 이학 내 최고 범주의 지위에 해당하는 자연·도덕법칙으로서의 리와 연결시켜 그 위상을 강화했다.7) 따라서 리와 연결된 본성은 자연스럽게 '마음[心]'보다 높은 지위를 차지하게 되었다.

이 같은 전개는 조선의 학자들에게도 계승되어, 조선을 대표하는 학자들인 퇴계(退溪) 이황(李滉)이나 율곡(栗谷) 이이(李珥) 등에게서도 본성이란 우선적으로 리와 연결되는 것이지, 마음을 설명하기 위한 것은 아니었다.8) 그런데 하곡의 인성론은 바로 이 지점에서 차이를 드러낸다. 본성이 마음의 근원이라는 점에서는 동일하다고 할지라도, 이황과 이이가 본성의 순선함을 결국 천리(天理)로 연결시켰던 반면, 하곡은 그것을 마음 외의 다른 것으로 풀이하지 않았던 것이다. 본 절에서는 여기에 대해 중점적으로 살펴볼 것이다.

조선 후기를 살았던 다산(茶山) 정약용(丁若鏞)은, 주희(朱熹)와 이황의 이기(理氣)에 의한 인간 본성 해명은 현실적인 측면을 간과했다고 보았다. 그러면서 그는 인간의 본성을 일종의 성향 내지는 경향성으로 보고, '기호(嗜好)'라는 말로 설명하였다.9) 그러나 정약용 이전까지 조선에서 '성즉리(性卽理)'는 확고부동한 명제였다. 가령 이황은 "모든 사물은 음양과 오행의 기로 형체를 갖추고, 원(元)·형(亨)·이(利)·정(貞)의 리로 본성을 삼는다. 본성의 조목은 다섯 가지로 인(仁)·의(義)·예(禮)·지(智)·신(信)이니, 사덕과 오상은 상하를 관통하는 리이다."10)라고 하였다. 다시 말해, 리야말로 우리 인간의 도덕적 근거가 될 수 있으며, 그 리가 인간에게 부여된 것을 본성이라고 한다는 것이다. 그는 전형적인 성즉리를 주장하였고, 여기서 인간 본성은 곧 리인 까닭에 절대적으로 순선하다.11) 따라서 이황의 인성론에서 인간의 마음은 리와의 연계를 통해서야 비로소 설득력 있는 설명이 가능하다.

하늘이 사람에게 명(命)을 내려줌에 있어서, 이 기가 아니면 리를 머물게 하지 못하고, 이 마음이 아니면 리와 기를 머물게 하지 못한다. 그러므로 우리 사람의 마음은 허(虛)하고 {리이다.} 또 영(靈)하여, {기이다.} 리와 기의 집이 된다. 때문에 그 리는 곧 사덕의 리요 오상이 되고, 그 기는 곧 음양과 오행의 기요 기질이 되었으니, 이렇게 사람의 마음에 갖추어진 것이 모두 하늘에 근본한 것이다. 그러나 소위 오상은 순선 무악하기에 그 발한 바의 사단은 역시 선하지 않은 것이 없고, 소위 기질은 본연지성이 아니기에 그 발한 바의 칠정은 사악으로 흐르기가 쉽다. 그러므로 성(性)과 정(情)의 이름은 비록 하나이지만, 성과 정의 쓰임은 다르지 않을 수 없다. 본성[性]이니 감정[情]이니 하는 것을 모두 갖추어 운용하는 것은 이 마음의 묘함이니, 마음이 주재가 되어 항상 그 본성과 감정을 통솔한다. 이것이 사람 마음의 대강이다.12)

이처럼 마음은 리와 기의 합이다. 그 가운데 리는 순선하면서도 무악 (無惡)한 까닭에 '리가 발한 사덕(四德)'은 선하지 않음이 없지만, 기는 선할 수도 있고 악할 수도 있는 까닭에 '기가 발한 칠정(七情)'은 선악의 가능성 [可善可惡]을 모두 지니는 것이다. 물론 위의 인용문에서도 나타난 것처럼, 이황은 마음의 묘(妙)함을 인정하고 있었다. 하지만 이황의 사상에서 마음 은 리와 직결된 인간 본성만큼의 지위를 차지하지는 못하는 것이며, 그 이유로 인해 불완전한 것이다.

이이가 이황의 이선기후(理先氣後) 내지는 이기호발(理氣互發)의 입장을 거부하고, 이기지묘(理氣之妙)와 기발이승일도(氣發理乘一途)의 입장을 제출 하였다는 것은 잘 알려진 사실이다. 뿐만 아니라, 이황이 '기와 관계있는 리', '기와 관계없는 리'의 이중성을 고려하였다면, 이이는 기가 전제되 지 않은 리는 의미가 없다고 보았고 그 역도 성립한다고 간주하였다.13) 이처럼 이이에게서 기의 위상은 확연히 상승하였다. 리와 기는 상호의존 적인 것으로, 다음과 같은 언급은 이이가 말하고자 하는 두 유가적 상징 의 관계를 잘 보여준다.

무릇 리는 기의 주재요, 기는 리의 탈 것이다. 리가 아니면 기가 근거할 곳이 없고, 기가 아니면 리가 기댈 곳이 없다. (리와 기가) 두 물건인 것은 아니지만 또 한 한 물건인 것도 아니다. 한 물건이 아니기에, 하나이면서 둘이다. 두 물건이 아니기에, 둘이면서 하나이다. 한 물건이 아니라는 것은 무슨 말인가? 리와 기 는 비록 서로 떨어지지 못한다고 하더라도, 묘합(妙合)한 가운데 리는 자연히 리 이고 기는 자연히 기여서 서로 섞이지 않는다. 그래서 한 물건이 아닌 것이다. 두 물건이 아니라는 것은 무슨 말인가? 비록 리는 자연히 리이고 기는 자연히 기라고 하더라도, 혼륜(渾淪)하여 사이도 없고 선후도 없으며 이합(離合)도 없기 에 두 가지가 됨을 볼 수 없다. 그래서 두 물건이 아닌 것이다.14)

물론 이이가 말하고자 하는 바가 리와 기가 동일하다는 것은 아니다. 실제로 그는 리와 기를 엄격하게 구분하였다. 왜냐하면 리는 형이상자 내지는 본래성, 무위(無爲)의 속성을 가지고, 기는 형이하자 내지는 현실성, 유위(有爲)의 속성을 가지기 때문이다. 하지만 리와 기는 서로를 요청하는 관계이므로 어느 하나만으로 완결성을 지닐 수가 없다는 것이 그의 사상의 핵심이다. 바로 이것을 이이는 '이기지묘'이라고 하였으며, 때로는 '이통기국(理通氣局)'이라고도 하였던 것이다. 따라서 그가 말하는 인간 본성과 마음, 사단과 칠정, 인심과 도심 역시 그의 리기론의 세계관으로 해석해야만 온전한 풀이가 가능하다.15)

본 절의 논의 목적이 이황과 이이의 인간 본성에 대한 관점을 비교, 분석하는 것은 아니므로, 더 이상의 언급은 피할 것이지만, 살펴본 내용만으로도 그들의 선결 과제가 리와 기의 관계 설정이었음을 쉽게 알 수 있다. 그리고 그 관계에 맞추어 인간의 본성과 마음을 설명하였던 것이다.16) 하지만 본 연구의 대상인 하곡의 인성론은 다른 양상으로 전개된다. 물론 그가 리와 기 개념을 완전히 배제한 것은 아니었다. 특히 하곡이 리를 물리(物理)-생리(生理)-진리(眞理)라는 삼중 구조의 틀로 규정하였다는 것은, 김교빈이나 이상호 등의 선행 연구를 통해 여러 차례 검토된 바 있다.17) 그러나 이것은 인간의 마음과 양지를 살펴보기 위한 하나의 방법론으로 채택되었던 것이며, 인간 본성에 대한 논의 역시 같은 맥락에 있다. 이제 본격적으로 하곡의 인성론에 대해 살펴보자.

하곡의 인간 본성에 대한 논의는 육왕(陸王)의 심학(心學)과 맥락을 같이하여 우리의 마음을 벗어나지 않는다. 다시 말해, 마음과 본성은 하나일 따름이지, 별개의 것이 아니라고 보았던 것이다. 그래서 하곡은 "마음은 리요 본성 역시 리이기에, 마음과 본성은 두 가지로 가를 수 없다."18)라고 하였으며, "본성은 심체(心體)에서 벗어나지 않는 것이다."19)라고도 하였다. 요컨대 그의 사상에서 '심체(心體)'와 '성체(性體)'는 나누어지지 않는 것이다.20) 하곡은 또한 이 하나[一元]로서의 마음과 본성이 사사로운 욕구에 가릴 경우에야 비로소 인간은 악에 빠진다고 보았다. 하지만 마음과 본성이 전적으로 동일한 것이라면 마음만 말하면 될 것인데, 어떠한 이유에서 그는 본성이란 개념을 계속 언급하는 것일까? 다음의 내용에서 마음과 본성의 관계에 대한 하곡의 생각을 엿볼 수 있다.

> 마음이란 본성의 기(器)이고, {기가 나타난 것이다.} 본성이란 마음의 도이니, {리가 은미한 것이다.} 그 전체를 가지고 말하면 마음이라고 이르는 것이고, 그 본연을 가지고 말하면 본성이라고 이르는 것이다. 마음을 가지고 말하면 본성이 여기 있는 것이고, 본성을 가지고 말하면 마음이 여기에 근본하는 것이다.21)

풀이하자면, 사사물물(事事物物)에 시의적절한 조리(條理)를 발출하는 마음 작용의 근원이 곧 인간의 본성이라는 것이다. 그래서 하곡은 마음과 본성과 하늘은 서로 구별되는 것이 아닌 하나라고 지속적으로 언급하면서도, 기의 본체는 리가 되고 마음의 본체는 본성이 된다거나, 본성이란 마음의 하늘이자 도(道)의 정미함이라고 강조했던 것이다. 이하에서는 그가 제시하는 인간 본성의 개요에 대해 주요한 특징별로 나누어 살펴보자.

그 첫 번째는, 하곡이 인간의 본성을 양지의 체(體)와 연결시키면서도, 그것을 단지 언설(言說)로만 표현 가능한 것이 아닌 실제 감지되는 것으로 묘사하였다는 것이다. 그는 「양지도(良知圖)」라는 그림을 설명하는 과정에서, 체용합일(體用合一)의 전제 위에 양지의 체는 '마음의 본성'-'마음의 본연'이라고 풀이하였으며, 양지의 용은 '마음의 정(情)'-'마음의 발동'이라고 풀이하였다. 그가 양지의 지를 지각·지식의 지와 구분하는 '양'에 대해, "그 양(良)이라고 이르는 것은 곧 본성일 따름인데, 어찌 다만 실마리[端]를 구하기 위해 만든 설명이요 본령은 아니라고 말하는가? 분명 이것은 그 성체(性體)일 따름이다."22)라고 언급했던 것은, 양지의 참뜻이

'지' 자에 담긴 것이 아니라 '양' 자에 담겼다는 것을 분명히 하는 것임과 동시에, 인간의 본성이 바로 양지의 체가 됨을 강조한 것이다.23) 하지만 이 양지의 체로서의 본성은 언설로만 말하고 그치는 추상적인 개념이 아니라, 구체적으로 감지되는 것이라는 점에 유의해야 한다. 즉, 인간의 본성은 실제적인 의미를 지닌다는 것이다. 하곡은 『중용(中庸)』의 '미발의 중(中)'과 '중절의 화(和)'에 대해 다음과 같이 말하였다.

> 희노애락이 발하지 아니한 것은 본성의 본연으로 그 체가 이와 같으니, 체가 하나인 까닭이다. 치우치고 의지하는 바가 없기에 중(中)이라고 이른다. 발하여 모두 절도에 맞는다는 것은 본성의 발한 바가 그 바름이 이와 같으니, 하나[一]가 행하는 바이다. 어긋난 것이 없다고 해서 화(和)라고 이른다. 천명(天命)의 본체인 까닭에 천하의 대본이라고 이르고, 본체의 행하는 바이기에 천하의 달도라고 이른다. 이것은 '사람 마음의 성정(性情)의 덕'이요 '천명의 본체'이니, 그 덕을 다하여 본체를 회복하면 곧 그 본성을 따르는 것이 되는 것이다.24)

다시 말해, 인간의 본성이란 그 위상을 표현하자면 '인간의 마음에 품부된 하늘'이자 '천명의 본체'라고 할 수 있을 정도로 중요한 것이지만, 그 실체를 논하자면 '우리 마음의 성정을 관통하는 덕'이자 '사람됨의 이유'라고 할 수 있을 만큼 실제적이라는 것이다. 이런 본성의 참모습을 깨닫게 되면 그것은 인간에게 너무나 친숙하고 자연스러운 것임과 동시에, 우리의 일상과 멀지 않은 가까운[卑近] 것이 된다. 그래서 하곡은 "천하의 본성을 말하는 것은 모두 이미 그러한 자취일 따름이어서 무엇을 위하는 바가 없이 그러한 것이다. 가령 어린 아이가 우물에 들어가려는 것을 보면 측은한 마음으로 인해 자연히 깜짝 놀라고, 부모의 장례를 제대로 치루지 않으면 수오(羞惡)하는 마음으로 인해 저절로 이마에 땀이 솟는 것과 같은 것 등이다."25)라고 말함으로써, 인간 본성의 자연스러움을 논의하였다. 그리고 "인의(仁義)의 도는 그 작용이 지극히 넓으나, 실상은 부모를 섬기고 형을 따르는 사이에 지나지 않는다."26)라고 말함으로써, 본성의 실제 일인 도가 우리와 동떨어진 것이 아닌 일상적인 것임을 밝히고 있다. 이 같은 자연스럽고 일상적인 덕으로서의 본성을 포착하지 못하는 원인이 곧 사사로운 욕구로 인한 가림인 것이다. 아래의 언급에는 하곡이 말하고자 하는 인간 본성의 위상과 실제가 모두 잘 나타난다.

> 하늘이다, 본성이다, 마음이다 하는 것으로서, 그 소재처가 본성이 된다. {마음은 명덕이다.} 마음이다, 본성이다, 하늘이다 하는 것으로서, 그 소유가 덕이 있는 것이 본성이다. {본성은 양지이다.} 인의예지의 선으로서, 그 소유가 본성이 되고 리가 된다. {선은 지선이다.}27)

이어서 하곡이 제시하는 인간 본성의 두 번째 특징은, 그것이 인간이라면 결코 떠날 수 없는 본체이자 인의예지의 사덕을 주된 요소로 하며, 내 마음의 양지가 사물(物)에 대해 마땅하면서도 타당한 조리를 발출할 수 있도록 하는 근원이라는 것이다. 달리 표현하면 본성은 원래 우리와 분리될 수 없는 것인데, 사람들이 잘 살펴보지 않는 까닭에 여기에 말미암으면서도 모르고, 익히면서도 깨닫지 못하며, 날마다 쓰면서도 알지 못한다는 것이다.

'주체-안'과 '대상-밖'의 관계에서 심학이 절대적인 강조점을 둔 곳이 전자라는 것은 주지의 사실이다. 하지만 '안에서 구한다.'는 것이 반관내성(反觀內省)만 하여 외물을 전적으로 끊어버린다는 의미는 아니다. 하곡의 언급에 비추어보자면, 이것은 "오직 내 마음에서 스스로 만족함을 찾아 다시 밖의 득실에서 일삼지 않는다는 것이고, 오직 내 마음의 옳고 그름을 다하여 다시 다른 사람의 시비에 따르지 않는다는 것이며, 사물의 근본에서 그 실지를 이루어 다시 일함[事爲]의 자취에 구속되지 않는다는 것이다."28) 즉, 확고한 도덕적 주체를 수립하겠다는 것이지, 대상을 밖이라고 하여 무시하는 것이 아니라는 말이다. 그리고 그 근본에 하곡이 제시하는 인간 본성이 자리하고 있다. 그는 본성에 대한 기존의 학자들과 왕수인(王守仁)의 견해 차이에 대해 다음과 같이 지적했다.

> 선유들은 모두 사물의 본성을 리라고 하였으니, 천지의 사물과 내가 타고난 품성이 이것이다. {나의 본성은 사물의 본성 가운데 통한다.} 양명은 오로지 나의 본성에 대해서 리라고 말하는 것이니, 인의예지의 덕이 이것이다. {사물의 본성은 곧 나의 본성에서 합친다.} 이것이 그가 리를 말하는 것이 선유와 다른 점이다.29)

요컨대 하곡은 사물의 본성이라는 것도 나의 본성이 전제되지 않으면 그것이 무슨 의미가 있는지 의문을 제기하는 것이다. 그가 "말과 소, 닭과 개의 리와 노인·아이·친구의 도리도 비록 그 사물은 각각 있지만, 법칙의 밝게 드러남은 마음의 본연한 것이 아님이 없으니 이것이 그 법칙인 것이다."30)라고 말할 때, 그 마음의 본연한 것이자 법칙이 곧 인간의 본성이 된다. 그리고 이 본성이 바로 서면, 생각하지 않고 억지로 애쓰지 않아도 조용히 도에 부합하게 되는 것이다. 그 덕이 신명하여 만 가지 이치가 이로부터 발출된다는 '밝은 덕[明德]' 역시 인간의 본성을 가리킨다.

격물치지(格物致知)에 대해, 주희는 『대학장구(大學章句)』「보망장(補亡章)」을 통해 "대개 사람 마음의 신령함은 앎[知]을 가지지 않음이 없고, 천하의 사물은 리가 있지 않음이 없다. 단지 그 사물의 리에 궁구하지 못한 것이 있기에, 앎이 다하지 못함이 있다."31)라고 하였다. 하지만 하곡은 "대개 사람 마음의 신령함은 앎을 가지지 않음이 없고, 천하의 사물에도 리가 있지 않음이 없다. 단지 내 마음의 앎을 다하지 못함이 있기에, 그 리가 다하지 못함이 있다."32)라고 말함으로써, 주희의 설명을 뒤집어 버린다.33) 주희가 말하는 앎이 지식이라면 하곡이 말하는 앎은 양지이며, 주희가 대상에 초점을 두고 있다면 하곡은 주체에 중심을 두고 있는 것이다. 그리고 이런 비교와 함께 다음의 언급을 통하여, 그가 말하는 마땅한 조리의 발출 근원으로서의 인간 본성에 대해 다시 한번 확인할 수 있다.

본원에서 보자면 뭇 사물이 나뉘어 다른 것과 일을 제어하는 조리 절목이 모두 나의 성체(性體) 가운데의 한 가지요, 각각의 사물은 아니다. 어느 사물이 이 체의 조리가 아닌 것이 있으며, 이 체의 소유가 아닌 것이 있겠는가? 그러므로 이 체를 세울 수 있으면 이른바 '세우면 이에 서고 인도하면 이에 따르는' 것이니, 어찌 사물과 예절에 통달하지 못할 것이 있겠는가?34)

본 절에서 마지막으로 살펴볼 내용이자 하곡이 제시하는 인간 본성의 세 번째 특징은, 그것이 정(靜)과 동(動), 미발(未發)과 이발(已發)의 구분에서 정이나 미발과 직결되는 개념이 아니라는 것이다. 당시의 정주학자들은 정을 리라고 하고 동을 기라고 하며, 미발을 본성이라고 하고 이발을 마음이라고 하여 둘로 나누는[二元化] 경향이 있었다. 그런데 하곡은 이런 경향을 비판하면서, 왕수인의 견해를 긍정적으로 받아들인다.

그(왕수인)에게 있어서는 미발은 발하는 가운데[發中]에 있고 적연은 감통에 있으며, 본성과 체는 정(情)과 용에 있고 대본은 달도에서 행해지는 것이지, 별도로 적연하여 본성이 되고 고요하여 체가 되는 때에 있어서 그것으로써 대본을 삼는 것이 아니다. 그러므로 고요함이니 움직임이니 하는 것은 때에 불과하다. 이른바 대본이란 것은 고요함과 움직임에 사이를 두지 않는다. 적(寂)이요, 감(感)이요, 본성이요, 정이요 하는 것은 곧 본체와 묘용이 잠시도 떨어지지 못하는 것이다. 대본은 털끝만한 사이도 달도에서 갈라지지 못하며, 본성과 체는 털끝만한 사이도 정과 용에서 갈라지지 못한다. … 단지 그 정과 용의 발함이 과연 본성과 체에 순수한지 그렇지 않은지를 보아야 하는 것일 따름이다. 과연 순수하게 성체에서 나왔다면 그것이 바로 본성이요 대본이라는 것이다. 내가 얻은 견해도 여기에 있다. 이것이 바로 선유와 다른 곳이며, 양명이 천리를 성체라 이르고, 그치지 않으며 둘이 없는 것이라고 이르는 까닭이다.35)

이학에서 본성을 리와 미발, 정(靜) 등으로 연결시키고, 마음을 기와 이발, 동(動) 등으로 연결시켰던 것은, 앞의 것들에 대해서는 절대순선(絶對純善)을, 뒤의 것들에 대해서는 가선가악(可善可惡)을 논하기 위해서였다. 그러나 하곡의 사상에서는 이 같은 이분법이야말로 잘못된 것으로, 순수한 이체(理體)란 동정(動靜)에 상관없이 선이고, 사욕에 의해 그것이 가린다면 이런 경우에는 정이니 동이니 할 것 없이 악이다. 다시 말해 선과 악이란 그 원체(元體)가 어떠한가에 달린 것이지, 정과 동 혹은 미발과 이발을 가지고 억지로 나누어 붙일 수는 없다는 것이다. 그래서 그는 본성이란 별도의 고요하고 조용한[靜寂] 체 혹은 감응하여 움직인[感動] 용의 구별 없이 하나인 것이며, 정적의 체와 감동의 용이 나누어질 수 없는 것은 본래 체용이 하나의 근원이기 때문이라고 말한다.36)

여기까지 오면, 하곡이 말하려는 인간 본성의 의미가 보다 확실히 드러난다. 그것은 우리의 마음이 사욕에 의해 가리지 않은 도덕적 상태를 뜻하는 것이다. 그의 사상에서 마음은 분명 만사만물에 시의적절한 조리를 발출하는 근원처(根源處)가 된다. 그리고 본성은 마음 안에서 가장 근본적인 '도덕심'을 가리키는 표현이다. 이런 까닭에 하곡은 이 '본성을 높이는 것'이 본체요, 그 '본성의 용을 사사물물에 도달하게 하는 것'이 공부의 참뜻이라고 보았다. 또 여기에 더해 "이 본성을 높인다는 것은 심체요, 본성의 용을 사사물물에 도달하게 하는 것은 물리이니, 물리가 곧 내 마음이다."37)라고 함으로써, 마음의 체가 곧 본성이며 이 본성으로부터 발출되는 물리는 마땅하지 않음이 없다는 것을 거듭 강조하였다. 이 마음의 체는 사사로운 뜻이 없는 순수한 천리의 체로서, 결함도 없고 전후도 없다. 하지만 이것은 하곡이 '실리(實理)' 내지는 '생리'라고 표현할 만큼 실제적이고 생동적이며 활발한 것이다. 그가 "참된 체는 언제나 넓게 비어 있고 크게 공정[廓然大公]하다. 지극히 고요해서 하는 바가 없고 적연하여 아직 발하지 않았는데도, 또한 그 감응하여 통하는 바가 끝이 없다."[38]라고 말했던 것은, 인간 본성의 신묘함을 언설을 통해 최대한 표현한 것이라고 하겠다.

결론적으로 인간의 본성이란 우리 마음의 순선함이자 양지의 본체이며 명덕이다. 그리고 그것은 마음에 대한 관심과 믿음을 전제로 한 계속된 성찰을 통해 자각할 수 있는 것이지, 사물이나 바깥에 집착하여 파악하려고 해서는 도저히 알 수 없는 것이다. 이처럼 인간 본성에 대한 탐구를 성즉리의 전제에서 시작하지 않고 생동적인 도덕심으로부터 출발함으로써, 하곡의 사유는 도덕적 의지를 갖추고 문제 사태에 대해 올바르면서도 민감하게 반응하는 치양지(致良知)의 인간상을 구현할 수 있는 것이다. 그리고 이것이 그가 그려내는 인간 본성의 개요를 교육적으로 변용해야 할 이유이다. 지금까지 본 절에서는 '인간의 도덕심에 대한 신념'이 담긴 하곡의 인성론을 살펴보았다. 그렇다면 이러한 내용들이 반영된 하곡의 교육철학과 교육방법론은 무엇일까? 이어지는 절에서는 이 물음에 답변을 시도할 것이다.

2. 하곡의 교육론: 교육철학과 교육방법론을 중심으로

본 절에서는 하곡의 교육론 일반을 크게 두 가지로 나누어 개괄할 것인데, 그 첫째는 '교육철학'에 대한 것이고, 둘째는 '교육방법론'에 대한 것이다. 실제 하곡은 기능과 기예(技藝) 관련 교육을 무시하지는 않았다. 그래서 명물(名物), 도수(度數), 율력(律曆), 상수(象數)와 예악(禮樂), 형정(刑政) 등도 배우고 학습해야 제대로 알 수 있다고 한 것이다.39) 그럼에도 하곡이 강조하는 것이 도덕심과 양지, 그리고 그 핵심이 되는 인간 본성으로 수렴된다는 사실을 감안할 때, 그의 교육론은 기능·기예를 강조하는 교육보다는 더 근본적이고 통합적인 성격을 가진다는 것을 짐작할 수 있다. 그리고 현재 우리 교육이 지향해야 할 '인성교육', '가치교육', '도덕교육'의 방향 역시 그러해야 한다는 점에서, 하곡의 교육론 일반이 가지는 의의는 적지 않다. 향후에 보다 실천적인 성격의 연구를 진행하기 위해서라도 교육철학과 교육방법론을 중심으로 그의 교육론 일반을 검토해 볼 필요성이 있으며, 본 절에서 그것을 시도할 것이다.

하곡은 배움을 시작하고 자신의 학문을 정립하는 과정에서, 명재(明齋) 윤증(尹拯)과 남계(南溪) 박세채(朴世采) 등으로부터 주자학 중심의 이학을 배웠다. 그러나 학문의 지향점이 왕수인에 근거한 심학에 있음이 드러난 이후, 그는 스승과 동학들로부터 끊임없는 회유와 질타를 받았다.40) 이 같은 사정에서 하곡이 제자를 기르며 교육에 힘을 쏟기란 쉽지 않았을 것이고, 따라서 문집에서도 교육에 대한 언급은 잘 나타나지 않는다. 하곡의 문인이었던 노술(盧述)이 "선생은 근원도 있으시고 근본도 있으셨건만, 문호(門戶)를 세우지는 않으셨다."41)라고 말한 것도 이런 맥락 위에 있는 것이다. 하지만 이 사실이 그가 교육에 관심이 없었다는 것을 의미하지는 않기에, 그의 교육철학이 지니는 특징을 추출, 제시하자면 다음과 같다.

그 첫 번째는, 하곡이 공부의 과정에서 무엇보다 중요하게 여긴 것이 본령(本領)을 세우는 일이었다는 점이다. 이미 본인의 삶에서 잘 나타나지만, 그는 스승에게 묻고 책으로 말미암아 배우는 공부를 결코 소홀히 여기지 않았다. 그래서 "학문을 하는 자가 만일 독서하며 묻고 배우지 않으면, 또한 어찌 그 방면을 통달할 수가 있겠는가? 그러므로 배움의 핵심이 글을 읽는 데 있는 것은 아니지만 학문을 하는 자가 역시 글을 읽지 않을

수 없는 것이다."42)라고 하였으며, 하학(下學)-상달(上達), 도문학(道問學)-
존덕성(尊德性)에 대해 말할 때도 별도의 상달과 존덕성이 있는 것이 아니
라 하학과 도문학이 행해지는 가운데 그것들이 성취된다고 하였다. 그럼
에도 불구하고 하곡의 입장에서 상달과 존덕성을 공부의 최종 목적으로
설정하는 것은 무엇보다 중요한 일이다. 왜냐하면 그렇게 해야만 비로소
공부의 방향이 바르게 설정되는 '실법(實法)'이 가능하기 때문이다.

> 그 덕성을 높이면 성(誠)이 보존되어 묻고 배움의 본체가 되니, 도의 근본이
> 되는 것이다. 묻고 배움에서 말미암으면 선이 밝아져 덕성의 공부가 되니, 도의
> 용이 되는 것이다. 먼저 덕에 들어가는 공부를 이와 같이 말하였으니, 이것은
> 덕을 닦아 도를 이루는 '실법(實法)'이다.43)

이 공부의 실법에서는 내 마음의 양지가 중심이 된다. 그리고 여기에
대한 깨달음과 확신이 있다면, 이 지점으로부터 확장 및 적용되는 이치는
시의적절하지 않음이 없는 것이다. 그래서 하곡은 그 양지에서 발출되는
리에 대해 말하기를, "그것을 널리 사용함에 있어, 문학(文處)·정사(政事)·
사사물물에 미루어 쓴다면 리가 도달하지 않는 데가 없을 것이니, 대저
사람의 일로 할 수 있는 것이라면 모두 얻지 못함이 없을 것이다."44)라고
하였다.

앞 절에서도 지적했던 바와 같이, 그에게는 인간의 도덕심에 대한 확고
한 신념이 있었다. 인간이라면 누구나 지니고 있는 도덕심과 양지에 대한
신념이 없을 경우, 천지의 이치가 다 밝혀진다고 해도 그것이 삶의 주체인
'나(I)'와 무슨 관계가 있단 말인가? 바로 이것이 그의 도덕적 주체로서의
인간에 대한 신념이었던 것이다. 그러므로 이 내용을 먼저 깨달은 스승이
교육을 통해 후학(後學)과 제자들에게 해야 할 일이란, 바깥의 사물[外物]이
아닌 자기 자신에게 도덕심과 양지가 이미 존재하고 있음을 자각하게 하

는 것이 전부이다. 이런 까닭에 하곡은 다음과 같이 말했던 것이다.

마음과 본성이 자연스럽게 그 몸에 있다는 것을 학습자 자신[吾]이 다만 깨닫
게 해 줄 따름이요, 밖에서 구하여 얻게 하는 것이 아니다. 소위 도란 것은 각기
자신의 몸과 마음에 있는 것일 뿐이다. 주자(朱子)가 말하기를 '깨닫는다는 것은
그 이치의 소이연(所以然)을 깨닫게 하는 것이다.'라고 하였는데, 그러한 것을
깨닫기만 해서야 무슨 소득이 있겠는가?45)

이어지는 맥락에서 하곡의 교육철학이 지니는 두 번째 특징은, 행위로
인해 발생한 결과에 초점을 맞추었다기보다는 행위자 내면의 마음 상태
에 중점을 두었다는 것이다. 이것은 하곡이 행위자 내면의 도덕적 성품에
초점을 맞추었다는 것으로, 가령 그는 "인은 마음의 본연에서 나오는 것
이니, 바깥에서 강제하여 행하지 않는 것은 인이 아니다. 마땅히 마음에
서 인을 구해야 할 것이요 행위에서 인을 구해서는 안 되니, 말단이 있는
자가 반드시 근본이 있는 것은 아니다."46)라고 하였다. 다시 말해, 겉으
로 드러나는 행위는 말단이요, 그 행위를 구현한 행위자의 성품이 근본이
라는 것이다. 그리고 이는 하곡이 일종의 '동기주의'를 강조하였음을 보
여준다.47) 그래서 "사람의 과실은 각기 그 속해 있는 바대로 하기에, 과실
을 보면 인(仁)한지 그렇지 않은지를 알 수 있다."48)라는 공자의 언급에 대
해 그는 다음과 같이 풀이한다.

인은 행위의 과실이 없는 데 있는 것이 아니라, 마음의 온전함에 있는 것이
다. 행위에 비록 과실이 있더라도 마음이 온전하면 곧 인이라는 것을 알 수 있
다. 이것은 곧 군자의 과실은 각기 그 속해 있는 바대로 하기에, 행위의 과실에
서 그 마음을 볼 수가 있다는 것이다.49)

하곡은 또한 "곧음[直]이란 그 마음에 있는 것이다. 곧음은 일에 있지 않고 마음에 있는 것이기에, 일이 비록 곧지 아니해도 마음은 곧은 것이다."50)라고도 하였다. 실제 삶을 돌아보면, 내 마음의 선한 의도와는 달리 행위의 결과가 불선함으로 나타나는 경우가 적지 않다. 그렇다고 그 결과만을 미루어 내 마음도 불선하다고 말할 수는 없는 것이다. 요컨대 그는 겉으로 드러난 행위 내지 결과는 말단에 불과하며, 행위자의 동기와 마음, 그리고 이것이 반영된 성품이 근본이라는 점을 지적하고자 한 것이다. 이 부분에서도 하곡이 인간의 도덕심에 대한 신념을 가지고 있었다는 사실을 거듭 확인할 수 있다.

마지막으로 하곡의 교육철학이 지니는 세 번째 특징은, 그가 가르치고 배우는[敎學] 과정에서 투철한 비판의식을 견지하면서도, 수용적이며 편견 없는 태도를 함께 강조했다는 것이다. 이것은 하곡이 어떠한 내용이든 무조건 받아들였음을 의미하는 것이 아니다. 그는 분명 우리 마음의 양지에 대한 신뢰를 확립하고 있었다. 그리고 여기에 근거하여 사물을 처리함에 있어 항상 선(善)과 의(義)를 지향하고자 하는 순수 의식을 독실하게 간직하되, 미리 사물이나 사태를 처리하는 원칙을 세워 거기에 집착해서는 안 된다고 보았다.51) 즉, 내 마음의 양지를 거스르지 않고, 진작(振作) 및 고양(高揚)할 수 있는 범위 내에서 수용과 반(反)편견을 강조했다는 것이다.52) 이런 점은 문인들이 사표(師表)로서의 하곡을 회상하는 내용에서 잘 나타난다. 일례로 항재(恒齋) 이광신(李匡臣)은 다음과 같이 언급했다.

선생의 문하에 찾아든 이가 만약에 (주희의)『장구(章句)』와 『집주(集註)』를 배우려고 하면 역시 그에게는 『장구』와 『집주』를 가르쳤으며 반드시 양명의 학설로 유인하지는 않았는데, 대개 선생의 독실한 공부[用功]를 말한다면 이것과 저것이 서로 해치지 아니하고 같은 곳으로 돌아가서 일치되는 것이었기 때문이다. 그러나 만약에 양명의 학설을 청하여 묻는 이가 있으면 또한 반드시 그가 묻는 바에 따라서 양단을 다 들어서 힘써 가르쳤는데, 이것은 선생이 학문을 하는데 있어서 시종 주장하던 뜻이었다.53)

하곡은 자신의 학문이 심학에 기초한다고 할지라도 이학에서 배울 수 있는 점을 결코 무시하지 않았으며, 종국에는 이 두 가지 사유 방식이 '성인되는 학문[聖學]'을 지향한다는 점을 알고 있었던 것이다. 그는 심학에 대해서도, "저들도 공자를 배운 자들이 아니겠는가? 진실로 취할 수 있으면 취할 것이고 취할 수 없으면 취하지 않을 것이니, 오직 나의 권도(權度)에 있을 따름이다. 어찌 근본과 말단을 묻지 않고 세상을 따라서 뇌동하겠는가? 주희 역시 육구연(陸九淵)에 대해 칭하기를 '좋은 곳은 저절로 감출 수가 없다.'라고 했던 것은 대체로 이러한 뜻이다."54)라고 하였다. 즉, 심학의 종지(宗旨)를 모르는 이들이 그것을 마냥 배척하는 것도 잘못이지만, 심학에서도 잘못된 내용이 발견되면 그 부분은 받아들이지 않겠다는 것이다.55) 뿐만 아니라 그는 이학과 심학을 제외한 제가(諸家)의 여러 설에 대해서도 단지 애증으로만 무작정 받들거나 폄하하지 않았다는 기록이 전한다. 이 같은 내용을 통해서도 하곡이 가르치고 배우는 교학의 과정에서, 확고한 도덕적 주체를 설정한 그 위에서 중도(中道)에 부합하는 태도를 강조했음을 확인할 수 있다.

이상에서 제시한 몇 가지 특징들은 하곡의 사상과 일맥상통하는 것이지만, 특히 교육과 연관성이 있다고 판단되어 그의 교육철학으로 정리하였다. 보다 현대적으로 표현하자면, 하곡의 교육철학은 리를 암기시키거나 주입하는 타율적이고 수동적인 방식이 아닌, 학습자 각자가 자신이 처한 위치에서 본령인 양지를 깨닫고 적극 발휘함으로써 능동적이고 주체적으로 문제를 해결하고 삶의 방향을 결정하게끔 해야 한다는 바로 그것이다. 이렇게 볼 때, 그의 교육철학은 학습자들이 자신의 비전을 스스로 창출해 갈 수 있다는 희망적이고 낙관적인 성격의 것이라고 규정할 수 있다.56) 그렇다면 이하에서는 하곡의 교육철학이 반영된 교육방법론은 어떠한 특징을 지니고 있는지 살펴보자.

교육방법론은 본래 교육철학과 분리해서 생각할 수 없는 것으로, 하곡의 교육방법론은 '마음의 수렴과 마음의 발산'의 통합이라는 말로 압축해서 표현할 수 있다. 이 중 마음의 수렴이란, 널리 공부함과 동시에 그 공부를 내면으로 요약하여 양지의 존재를 자각하고 실덕(實德)과 실리(實理)를 쌓아나가는 것을 말한다. 그리고 마음의 발산이란, 도덕적 고양감(高揚感)이라고도 할 수 있는 생동함으로서의 양지, 곧 생의(生意)의 분출을 가리킨다.57) 본 절에서는 하곡의 교육방법론이 보여주는 특징으로 두 가지를 제시할 것인데, 한 가지는 마음의 수렴과 관련이 있고, 다른 한 가지는 마음의 발산과 관련이 있다.

그 첫 번째는, 하곡이 '덕의 성취'야말로 교육에 있어 가장 중요한 목표라는 점을 강조하되, 가르치고 배우는 과정에 있어서는 상황과 내용, 학습자의 재질 등에 따라 차등을 둘 수 있음을 강조했다는 것이다.

> 군자의 가르치는 방법이 다섯 가지이지만 기실은 다 덕을 성취하게 하는 바인데, 그 근본과 말단, 어렵고 쉬운 것에 따라 말한 것이다. '성덕(成德)'은 덕을 좇아 성취시키고, '달재(達才)'는 재질에 따라서 성취시키고, '답문(答問)'은 묻는 데에 답하여 성취시키는 것이니 모두 덕을 이루는 바이다.58)

군자의 다섯 가지 사람 가르치는 방법이란 원래 『맹자』의 「진심(盡心)」 편에 등장하는 것으로, 그 내용의 첫째는 때에 알맞은 비가 작물을 변화시키듯 하는 것이고, 둘째는 덕을 이루게 하는 것이며, 셋째는 재주를 통달하게 하는 것이고, 넷째는 묻는 것에 답을 해주는 것이며, 다섯째는 시간과 공간의 차이로 인해 군자의 문하에서 배우지 못할 경우 그 도를 들어서 스스로 몸을 착하게 하는 것이다.59) 그런데 위 인용문에서 나타나듯이, 하곡은 덕을 추구한다는 전제 아래, 그 다섯 가지 방법이 '상황적 방편'으로 사용될 수 있음을 언급하고 있다.

또한 같은 맥락에서 그는 '도덕적 모범(moral model)'의 방법도 강조하였다. 내 마음의 양지이자 인간 본성의 참모습인 성체가 무엇인지 정확히 설명할 수 없기에, 요(堯)나 순(舜) 같은 모두에게 인정된 도덕적 모범의 역할은 대단히 중요하다는 것이다. 그래서 그는 "사람의 마음 가운데 성체(性體)가 존재한다. 그런데 그 인성의 본체는 사람에게 보여주기가 어렵다. 다만 요·순은 그 인성의 본체를 다한 사람으로서 누구나 볼 수가 있으므로, 요·순의 일을 인용하여 그 본체를 밝히며 그 이치를 밝힌 것이다."60)라고 말하였다.

이어서 하곡의 교육방법론이 지니는 두 번째 특징은, 그가 왕수인의 교육방법에 대해 매우 긍정적이었다는 것이다.61) 가령 그는 주돈이(周敦頤)와 정호(程顥) 이후로는 오직 왕수인의 학문이 거의 성인의 참됨을 얻었다고 지적하면서 다음과 같이 말했다.

'양지의 학'은 바로 진실한 것이니, 오직 나의 본성은 한 개의 천리일 따름이다. 그러므로 문구에 구애되거나 언어에 좇아서 논변하는 자료로 삼아서는 안 된다. 모름지기 지극한 뜻의 중심[腦]이 되는 바를 알아서 깨달아야 하는데, 사람 마음의 양지가 스스로 알지 못함이 없는 것이 이것이다. 오직 진실로 이를 다할 뿐인 것이며, 또한 반드시 세속과 더불어 서로 표방하며 끝머리에서 다투어 변론하거나 밖으로 들떠서 어름거릴 것은 아니니, 오직 스스로 익숙하고 성실하게 이를 행해야 한다.62)

하곡은 특히 왕수인의 「훈몽대의(訓蒙大意)」를 높이 평가하였는데, 그중에서도 '정신적 역량의 여유'를 중요한 내용으로 꼽았다. 앞서 언급하였듯이, 하곡의 관점에서 먼저 깨달은 자[先覺者]가 할 수 있는 교육적 노력의 의

미란, 학습자로 하여금 공부의 본령을 자각할 수 있도록 도와주는 것이 전부이다. 사실 내 마음의 양지에 대한 자득(自得)이란 구체적인 내용이 무엇인지 알려주기도 어렵거니와, 알려줄 수 있다고 할지라도 그 과정이 자발적으로 진행될 수 있도록 해야 하기 때문이다. 이런 까닭에 하곡은 "오직 고무시키고 잘못된 곳을 고치도록 도와주어 학습자로 하여금 그 심성에서 스스로 얻을 수 있도록 해야 한다."63)라고 하였던 것이다. 그리고 이 목적을 위해서는 학습자가 양지의 본체를 자각할 수 있도록 하는 이른바 '정신적 역량의 여유'가 필요하다. 관련하여 왕수인은 다음과 같이 말했다.

> 대저 글을 가르칠 때는 쓸데없이 많이 가르치는 것이 중요한 것이 아니라, 다만 정밀하게 익히는 것을 귀하게 여겨야 한다. 학습자의 바탕과 자질을 헤아려 이백 글자를 능히 할 수 있는 학습자에게는 단지 일백 글자만 가르쳐주어야 한다. 항상 정신의 역량에 여유가 있게 한다면, 공부에 대해 싫증내거나 고생하는 근심이 없어지고 자득하는 아름다움이 있을 것이다.64)

하곡 역시 이 점을 수용하고 있는데, "대개 사람을 가르치는 방법에 있어 그 가르칠 수 있는 것이란 대략적일 따름이다. 능하고 능하지 못함은 그 사람의 마음에 있는 것이지, 일에 있는 것이 아니다."65)라는 언급을 통해 그것을 확인할 수 있다. 학습자에게 자신이 속한 사회의 핵심적인 가치와 덕목을 가르치고, 그 기반 위에서 비판적인 사고 내지는 추론을 통해 도덕적 판단을 내리도록 하며, 나아가 도덕적 행위의 적용 범위를 확장하도록 하려면, 이런 방향을 위한 마음의 바로 세움[立志·正心]이 전제되어야 함과 동시에 정신적 역량의 여유가 필요하다. 그렇지 않고 만일 '어떤 상황에서는 이렇게 하는 것만이 옳다.'라는 규칙들로 내용이 채워진 채 나열 형태로 주입된다면, 급변하는 시대에 발생할 수 있는 예상하지 못한 도덕적 사태들에 대해 유연하면서도 적절하게 대처하기가 어려운 것이다.

　본 장에서 지속적으로 강조하는 것처럼, 하곡은 인간 본성을 우리 마음의 순선함이자 양지의 본체이며 명덕이라고 해석하였다. 이것은 당대의 학자들과 달리 심성을 우회적이거나 환원적인 방식이 아닌 보다 직접적인 방식으로 고찰하였다는 점에서, 적지 않은 학문적 의의를 지닌다. 이런 점에 근거하여, 본 절에서는 '인간의 도덕심에 대한 신념'이 전제된 하곡의 교육철학과 교육방법론을 개략적으로 정리, 제시하였다. 이 내용들은 향후 우리가 시행해야 할 인성교육, 가치교육, 도덕교육과 같은 실천 중심 교육의 방향을 정립하는 데 일정 이상 기여할 수 있을 것으로 기대된다. 이어지는 절에서는 본 장의 내용과 연결되는 후속 과제의 방향을 제안하면서 글을 마무리할 것이다.

3. 남은 과제들

　지금까지 이 장에서는 하곡 정제두의 인간 본성에 대한 견해와 이 견해가 반영된 그의 교육철학 및 교육방법론을 살펴보았다. 궁극적으로 하곡 사상의 이면에는 도덕심으로서의 양지와 인간 본성에 대한 확고한 신념이 자리하고 있었던 것이다. 또한 그 도덕심을 중심으로 만사만물을 통합하고 포용하려는 정신 역시 발견할 수 있었는데, 일례로 다음과 같은 하곡의 언급을 꼽을 수 있다

　　천하를 다스리는 것은 진실로 크고, 사물을 다스리는 것은 진실로 작다. 그러나 이 마음을 가지고 (천하든 사물이든) 처리한다는 점에서 하나인 것이다. … 이 마음 밖에는 천하도 없고 사물도 없다. 따라서 마음이 그 마음 본체를 온전히 한다면, 사물을 다스리고 천하를 다스려서 만물의 화육을 돕기에 이르는 것

은 일부로 뜻하지 않아도 되는 것이다. 일에는 크고 작음이 있으나 마음에는 크고 작음의 구별이 없기 때문이 아니겠는가? 그런즉 천하 국가도 없고 크고 작은 일도 없으며, 이 마음이 있으면 다스려지는 것이요 이 마음이 없으면 다스려지지 않는 것이다.[66]

위의 인용문을 통해 그가 얼마나 진지한 자세로 학문에 임했는지 짐작할 수 있다. 이런 그의 학문에 대해 강화학파의 마지막 학자인 위당(爲堂) 정인보(鄭寅普)는 "양명의 대표적 제자인 왕간(王艮)과 같이 마음의 본체를 중시하면서도, 전덕홍(錢德洪)이 중시한 법도를 함께 가지고 있었으며, 왕기(王畿)와 같이 깨달음을 강조하면서도, 나홍선(羅洪先)이 중시한 차근차근하고 단속하는 공부를 더하고 있다. 이렇게 볼 때 정제두는 단지 조선 양명학파만의 대종사가 아니다."[67]라고 평가하였다. 성인되는 학문[聖學]을 향한 자신의 참뜻을 알아주지 않았던 시대를 살다간 하곡이, 과연 인간 본성에 관하여 어떤 견해를 가지고 있었으며 또 어떤 교육철학과 교육방법론을 가지고 있었기에, 후학으로부터 이와 같은 평가를 받을 수 있었을까? 그리고 그 내용들을 현대적으로 풀이한다면 어떤 교육적 의의를 발견할 수 있을까? 본 장은 이상의 물음들로부터 출발하였다. 이 연구를 통하여 하곡의 인성론과 교육론 일반에 대한 개략을 밝혔다고 할지라도, 여전히 많은 후속 과제들이 남아 있다.

그 첫째는, 하곡이라는 인물에 관해 보다 상세하게 이해할 필요가 있다는 것이다. 특정한 사상가의 교육철학과 교육방법론을 제대로 이해하기 위해서는, 그 인물을 해석학적으로 다루어야만 한다. 또 이 작업을 위해서는 서간문이나 일기류에 대한 구체적인 연구가 필요하다. 본 연구의 경우 하곡의 교육론에 대한 출발선상의 연구일 뿐만 아니라, 연구의 분량도 고려해야 했기에 이 지점까지는 진행하지 못하였다. 그러나 그의 문집인 『하곡집』에도 미국역된 다량의 서간문이 남아 있으므로, 여기에 대한 구체적인 분석을 통해 하곡이라는 인물의 인격과 성품을 보다 온전하게 되살릴 필요가 있다.

둘째는, 하곡의 사상을 잇는 강화학파에게로 연구의 범위를 확대하는 것이다. 이른바 실심(實心)과 실학(實學)을 중심으로 하는 강화학파 학자들의 인간 본성에 대한 견해와 교육철학, 교육방법론 등을 살펴봄으로써, 도덕심·양지를 중심으로 하는 우리 전통의 또 다른 교육적 맥락을 짚어낼 수 있을 것으로 기대된다.

셋째는, 같은 맥락에서 하곡을 비롯한 강화학파 학자들의 사상을 여러 교과교육의 관점에서 해석하고 활용하려는 노력이 요청된다는 것이다. 강화학파에 속하는 학자들은 서예(이광사), 국어학(정동유), 사학(이건창), 교육(이건방) 등 많은 분야에서 왕성하게 활동하였으며, 적지 않은 업적을 남겼다. 따라서 현대의 다양한 교과교육의 관점에서 그 필요에 맞게 재해석하고 수용할 수 있는 가능성이 충분하다고 판단된다.

미주

1) 김병환, 「생명공학시대의 유가 인성론」, 『중국학보』 제53집, 한국중국학회, 2006; 권상우, 「유학과 사회생물학의 대화」, 『동양철학연구』 제59집, 동양철학연구회, 2009.

2) 김민재, 「정제두의 양지가 지니는 직관적 성격에 대한 일고」, 『철학논총』 제74집, 새한철학회, 2013c; 「한국양명학의 '도덕과 내용 요소' 탐색과 수용 방안 연구」, 『윤리교육연구』 제34집, 한국윤리교육학회, 2014e.

3) 진성수, 「양명학으로 본 가정교육」, 『양명학』 제39호, 한국양명학회, 2014; 진성수, 「하곡 정제두의 자녀교육」, 『양명학』 제50호, 한국양명학회, 2018. ; 여기서 한 가지 지적해 두어야 할 사항은 하곡 사상에 대한 교육학적 관점의 연구가 점차 활발해질 조짐을 보이고 있다는 것이다. 최근 하곡과 관련된 두 편의 박사학위논문이 교육학 분야에서 나왔다는 사실이 이것을 뒷받침하고 있다. 두 편의 박사학위논문명을 소개하자면, 첫 번째는 김민재의 「하곡 정제두의 양지 개념에 대한 도덕교육론적 해석」(한국교원대학교 대학원, 2013a)이고, 두 번째는 김미령의 「하곡 정제두의 실천적 마음공부론 연구」(이화여자대학교 대학원, 2015)이다. 제목에서 나타나는 것처럼 두 논문의 초점에는 차이가 있지만, 하곡의 사상이 현대 교육에 제공하는 시사점을 '구체적으로' 밝히고자 시도했다는 점에서는 공통적이다.

4) 조지선, 「하곡 정제두 철학의 인성교육적 연구의 필요성과 의의」, 『유학연구』 제41집, 충남대학교 유학연구소, 2017.

5) 본 장의 내용은 이 같은 문제의식에 의거하여, 필자의 박사학위논문 중 관련된 제Ⅴ장 1절의 내용을 보강하고 심화시킨 것임을 밝혀둔다.

6) 『論語』「陽貨」: 性相近也, 習相遠也.; Forke, A., 양재혁·최해숙 역, 『중국고대철학사』, 소명출판, 2004, 203~204쪽.

7) 蒙培元, 홍원식 외 역, 『성리학의 개념들』, 예문서원, 2008, 31~57쪽.

8) 이 말이 조선의 학자들이 정주 중심의 리학을 답습만 했다는 것은 아니다. 특히 '사단칠정논변(四端七情論辨)'이나 '인심도심논변(人心道心論辨)' 등은 정주학 내에서는 심화되지 않았던 조선 리학의 독보적인 부분이라는 점에 필자는 아무런 이의도 없다. 그러나 이런 논변들 내부를 들여다보면, 논변의 상대가 정주학의 상징들[理, 氣]을 바르게 이해하고 있는지 그렇지 않은지가 주된 기준으로 작동한다. 그리고 이것은 조선의 유자들이 말하는 '마음'을 해석하는 과정에도 그대로 적용된다.

9) 장승희, 『다산 윤리사상 연구』, 경인문화사, 2006, 125~131쪽.; 『與猶堂全書』 第2集 經集 第6卷 『孟子要義』: 余嘗以性爲心之嗜好. 人皆疑之, 今其證在此矣. 欲樂性三字, 孟子分作三層, 最淺者欲也, 其次樂也, 其最深而逐爲本人之癖好者性也.君子所性, 猶言君子所嗜好也. 但嗜好猶淺, 而性則自然之名也.若云性非嗜

好之類, 則所性二字, 不能成文.欲樂性三字, 旣爲同類, 則性者嗜好也.

10) 『退溪先生續集』 卷8 「天命圖說」: 凡物受陰陽五行之氣以爲形者, 莫不具元亨利貞之理以爲性. 其性之目有五, 曰仁義禮智信, 故四德五常, 上下一理.

11) 이완재, 「퇴계의 인간관」, 예문동양사상연구원·윤사순 편, 『퇴계 이황』, 예문서원, 2008, 135~136쪽.

12) 『退溪先生續集』 卷8 「天命圖說」: 天之降命于人也, 非此氣, 無以寓此理也, 非此心, 無以寓此理氣也. 故吾人之心, 虛 {理.} 而且靈, {氣.} 爲理氣之舍. 故其理卽四德之理而爲五常, 其氣卽二五之氣而爲氣質, 此人心所具, 皆本乎天者也. 然而所謂五常者, 純善而無惡, 故其所發之四端, 亦無有不善, 所謂氣質者, 非本然之性, 故其所發之七情, 易流於邪惡. 然則性情之名雖一, 而性情之用, 則不得不異矣. 至於曰性曰情之所以該具運用者, 莫非此心之妙, 故心爲主宰, 而常統其性情. 此人心之大槩也.

13) 황의동, 「율곡의 리기론」, 예문동양사상연구원·황의동 편, 『율곡 이이』, 예문서원, 2006b, 143쪽.

14) 『栗谷全書』 卷10 '答成浩原 壬申': 夫理者氣之主宰也, 氣者理之所乘也. 非理則氣無所根柢, 非氣則理無所依著. 旣非二物, 又非一物.非一物, 故一而二. 非二物, 故二而一也. 非一物者, 何謂也. 理氣雖相離不得, 而妙合之中, 理自理氣自氣, 不相挾雜. 故非一物也.非二物者, 何謂也. 雖曰理自理氣自氣, 而渾淪無間, 無先後無離, 不見其爲二物. 故非二物也.

15) 이이는 「인심도심설(人心道心說)」에서 본성과 마음에 대해 다음과 같이 언급하였다. "천리가 사람에게 품부된 것을 '본성'이라고 하고, 본성과 기를 합하여 한 몸의 주재가 된 것을 '마음'이라고 이르며, 마음이 사물에 감응하여 밖으로 발동하는 것을 '정(情)'이라고 이른다. 본성은 마음의 본체이고, 정은 마음의 작용이며, 마음은 미발과 이발의 함께 말하는 것이므로, 마음은 성과 정을 통섭한다."(『栗谷全書』 卷14 「人心道心說」: 天理之賦於人者, 謂之性, 合性與氣而爲主宰於一身者, 謂之心, 心應事物而發於外者, 謂之情. 性是心之體, 情是心之用, 心是未發已發之摠名, 故曰心統性情.) 「인심도심설」의 나머지에서는 이이가 생각하는 사단과 칠정의 관계, 도심과 인심의 관계, 사단·칠정과 도심·인심의 관계 등이 차례로 전개된다. 그런데 이것을 관통하는 원칙은 리기지묘, 기발리승임을 여기에서도 확인할 수 있다.

16) 이황과 고봉(高峯) 기대승(奇大升)의 '사단칠정논변'이나, 이이와 우계(牛溪) 성혼(成渾)의 '인심도심논변' 역시 그들의 리기론에 대한 관점 차이 위에서 전개되었다는 사실에 유의해야 한다.

17) 김교빈, 「하곡철학사상에 관한 연구」, 성균관대학교 대학원 박사학위논문, 1992, 15~37쪽; 이상호, 『양명우파와 정제두의 양명학』, 혜안, 2008, 135~200쪽. ; 하곡의 리의 삼중 구조에 관한 해설 내지는 관련된 비판에 대해서는, 김민재, 앞의 글, 2013a, 71~72쪽을 참조할 수 있다.

18) 『霞谷集』卷9「存言 中」: 心理也性亦理也, 不可以心性歧貳矣.

19) 『霞谷集』卷2 '答朴大叔論天命圖書 鐔 丙子': 性之不外於心體.

20) 김용재, 「하곡 정제두의 사서 경설 연구」, 성균관대학교 대학원 박사학위논문, 2002, 157쪽.

21) 『霞谷集』卷9「存言 下」: 心者性之器, {氣顯.} 性者心之道, {理微.} 語其全體則 曰心, 言其本然則曰性. 言心, 性在焉, 言性, 心本焉.

22) 『霞谷集』卷1 '答閔彦暉書': 其謂之良者, 卽性耳, 何謂只爲求端之設而非本領也 歟. 明是言其性體耳.

23) 김교빈, 「조선 후기 주자학과 양명학의 논쟁」, 『시대와 철학』 제10권 제2호, 1999, 218쪽.

24) 『霞谷集』卷12「中庸 (3)」: 喜怒哀樂之未發者, 性之本然, 其體如此, 軆之所以 一也. 以無所偏倚, 故謂之中. 發而皆中節者, 性之所發, 其正如此, 一之所行也. 以 無所乖戾, 故謂之和. 天命之本體, 故曰天下之大本, 本體之所行, 故曰天下之達 道. 此人心性情之德, 天命之本體也, 能盡其德而復其本體則是率性之爲也.

25) 『霞谷集』卷15「孟子說」: 天下之言性, 皆以其已然之迹已, 無所爲而然者. 如惻 隱羞惡之怵惕賴泚者也.

26) 『霞谷集』卷15「諸章雜解」: 仁義之道, 其用至廣, 而其實不越於事親從兄之間.

27) 『霞谷集』卷9「存言 中」: 以天也性也心也, 其所在處爲性. {心也明德.} 以心也性 也天也, 其所有而乃有是德者是性. {性也良知.} 以仁義禮智之善, 其所有者爲性爲 理. {善也至善.}

28) 『霞谷集』卷9「存言 下」: 惟求其自慊於內, 不復事於外之得失, 惟盡其心之是非, 不復徇於人之是非, 致其實於事物之本, 不復拘於事爲之迹也.

29) 『霞谷集』卷1 '答閔彦暉書': 先儒總以物之性謂之理, 如天地物我之稟是也. {吾 性通同於物性中.} 陽明專就吾之性謂之理, 如仁義禮智之德是也. {物性卽統於吾 性內.} 此卽其言理之不同者也.

30) 『霞谷集』卷1 '答閔彦暉書': 然則馬牛鷄犬之理, 老少朋友之道, 雖各有其物, 若 其則之昭著焉則無非心之本然, 是其則耳.

31) 『大學章句』: 蓋人心之靈, 莫不有知, 而天下之物, 莫不有理. 惟於理有未窮, 故其 知有不盡也.

32) 『霞谷集』卷13「大學說」: 蓋人心之靈, 莫不有知, 於天下之物, 莫不有理. 惟其知 有未盡, 故其理有未窮也.

33) 하곡이 주희의 격물치지를 공격한 대표적인 언급으로는, "천지 사이에 하나의 허 공에 매달린 도리로써 천지만물의 규칙을 개괄한 것이요, 마음은 이를 수섭(受攝)

하는 장소와 운행(運行)하는 자료가 되는데 불과하다."(『霞谷集』卷8「學辨」: 天地間一箇懸空道理, 該括天地萬物之則, 而心者不過爲受攝之地運行之資耳.) 같은 구절을 꼽을 수 있다.

34) 『霞谷集』卷15「告子雜解」: 以不於其本源也, 原其衆物之分殊, 制事之條節, 皆吾性體中一件, 非各物也. 則何事物之有非此體條理者乎, 有不是此體所有者乎. 故能立得此體則其立之斯立, 道之斯行, 何事物禮節之有不達者乎.

35) 『霞谷集』卷1 '答閔彦暉書': 其未發在於發中, 寂然在於感通, 性體存於情用, 大本行於達道, 非別有寂而爲性, 靜而爲體之時, 以爲其大本者也. 故其靜也動也者, 不過其時也. 所謂大本者, 無間於動靜. 其寂也感也性也情也, 則其本體妙用之不可以暫離者也. 而大本不得毫忽分於達道矣, 性體不得毫忽分於情用矣. … 只看其情其用之發, 果能純乎其體乎否耳. 其果能純乎出於性體, 則正是其性也大本者也. 弟見所入亦在此耳. 此正其與異於先儒處, 而陽明之所以謂天理謂性體, 謂不息而無二者此也.

36) 『霞谷集』卷9「存言 中」: 其體無靜寂 {體.} 感動 {用.} 而一焉, 不可得而分者, 是體用之一原者也.

37) 『霞谷集』卷2 '答朴大叔論天命圖書 鐔 丙子': 尊此性者心體是也, 達此用者物理是也, 物理卽吾心.

38) 『霞谷集』卷8「存言 上」: 其眞體也常廓然大公, 至靜無爲, 寂然未發, 而其感通不窮.

39) 김우형,「하곡 정제두의 지각론과 윤리학」,『양명학』제20호, 한국양명학회, 2008, 14쪽.

40) 이 부분에 대한 상세한 안내로는, 금장태,『한국양명학의 쟁점』, 서울대학교 출판부, 2008의 제1장과 2장을 참조할 수 있다.

41) 『霞谷集』卷11「祭文」: 先生有始有本, 弗立門戶.

42) 『霞谷集』卷14「論語」: 爲學者如不讀書問學, 亦何所通其方也. 故學之頭腦則不在乎讀書, 而爲學者則亦不能以不讀書也.

43) 『霞谷集』卷12「中庸 (4)」: 尊其德性則存誠而爲問學之本體也, 所以爲道之本. 由於問學則明善而爲德性之功夫也, 所以爲道之用. 首言入德之功如此, 是爲修德而凝道之實法也.

44) 『霞谷集』卷9「存言 中」: 其施用則推之於文處政事事物用之, 理無所不達, 凡人事之所可爲者, 皆無有不可得者.

45) 『霞谷集』卷15「孟子說」: 其心性之自有其身者, 吾但覺之而已, 非有所使求得於外也. 所謂道者, 各在其身心者是也. 朱子言覺謂悟其理之所以然, 只悟其然, 有何所得.

46) 『霞谷集』卷14「論語」: 仁出於心之本然, 外面强制不行者非仁也. 當求仁於心, 不當求仁於行. 有末者未能必有本.

47) 박연수(「하곡 정제두의 도덕철학」,『양명학』제13호, 한국양명학회, 2005, 13쪽) 역시 하곡의 사상에서 행위의 옳고 그름이란 그 행위가 추구하는 사물에 의존하는 것이 아니라, 그 사물을 처리하는 주체의 행위의 동기에 따라 결정된다고 보면서, 그의 주장이 동기주의 입장에 있음을 강조하였다. 그러나 여기서의 동기주의가 동기=의무의 정식으로 나타낼 수 있는 엄격한 동기주의를 가리키는 것은 아니다. 엄격한 동기주의의 대표적인 한 예로 칸트(I. Kant)는, 실천이성에 의해 추론된 보편타당한 의무만이 동기화되며, 주관적 동기를 구성하고 있는 존경 이외의 다양한 감정들은 도덕 담론에서 배제해야 한다고 보았던 것이다(정용환,「맹자 권도론의 덕 윤리학적 함축」,『동양철학연구』제72집, 동양철학연구회, 2012, 83쪽). 하지만 본 연구에서 가리키는 동기란 내 마음의 양지로부터 직관적으로 인식되는 권도(權道)에 가까운 것임을 유의해야 한다.

48)『論語』「里仁」: 人之過也, 各於其黨, 觀過, 斯知仁矣.

49)『霞谷集』卷14「論語」: 仁不在於行之無過, 在於心之全也. 行之雖過, 而心之全則仁可知矣. 此則君子之過也, 各於其黨者也, 於行之過, 可以見其心矣.

50)『霞谷集』卷14「論語」: 直在其中矣.直不在於事而在於心, 事雖不直, 心則直矣.

51) 박연수,『하곡 정제두의 사상』, 한국학술정보, 2007, 58쪽.

52) 이것을 거스를 경우에 하곡이 보여주는 비판 의식은 매우 날카롭다. 가령 그는 왜곡된 정주학에 대해 "사물과 이치가 떨어지고, 안과 밖이 둘이 되며, 가지를 먼저하고 뿌리를 뒤로 하는 것이다."(『霞谷集』卷8「學辨」: 物理離而內外貳, 枝條先而根本後.)라고 하면서 리가 마음을 규제한다는 주장은 결국 안과 밖, 마음과 육체, 앎과 행동을 둘로 나누는 결과를 낳았다고 밝힌다.

53)『霞谷集』卷11「門人語錄」: 及門者, 如欲以章句集註學之, 則亦授之以章句集註, 不必以陽明說引誘, 蓋以其篤實用工, 則以彼此不害爲同歸一致故也. 然而若有請問陽明說者, 則亦隨其所叩, 竭兩端而亹亹, 此先生爲學之始終主意也.

54)『霞谷集』卷10「年譜」: 彼獨非學孔子者耶. 苟可取則取之, 不可取則不取, 惟在我之權度而已. 豈可以不問顚末而隨世雷同也. 朱子於陸象山, 亦稱好處自不可掩, 蓋此意也.

55) 실제로 하곡은 신해년(辛亥年) 6월 동호(東湖)에서 꾼 꿈을 소개하며, "홀연 양명의 치양지의 학문이 매우 정미롭지만, 대체로 그 폐단은 혹 '정을 내버려 두고 욕을 멋대로 할[任情縱欲] 우려'가 있다는 것을 생각하게 되었다. {이 네 글자는 참으로 왕학의 병을 지적한 것이다.}"(『霞谷集』卷9「存言 下」: 忽思得王氏致良知之學甚精, 抑其弊或有任情縱欲之患. {此四字眞得王學之病.})라고 하였다. 신해년을 하곡의 나이 23세로 볼 것인지(최일범,「하곡 정제두의 공부론에 관한 연구」,『동양철학연구』제30집, 동양철학연구회, 2002, 73쪽), 83세로 볼 것인지(정인재,『양명학의 정신』, 세창출판사, 2014, 412쪽)에 대해서는 학자들 사이에 견해 차이가 있지만, 일반적으로 83세로 보고 있다.

56) 최재목,『양명학과 공생·동심·교육의 이념』, 영남대학교 출판부, 1999, 138쪽.

57) 김민재, 앞의 글, 2014e, 91~92쪽.

58) 『霞谷集』卷15「孟子說」: 君子所以敎者五, 其實皆所以成德, 從其本末難易而言也. 成德從德而就, 達材仍材而就, 答問答問而就, 皆所以成德也.

59) 『孟子』「盡心」: 有如時雨化之者, 有成德者, 有達財者, 有答問者, 有私淑艾者.

60) 『霞谷集』卷15「孟子說」: 人心之中而性體存焉. 人性之體, 難以示人. 惟堯舜盡其性之體者也, 人可以見之, 故引堯舜之事, 以明其體, 以實其理.

61) 정인재는 왕수인의 교육철학과 교육방법론에 대해 "왕양명의 교육철학은 어떤 고정된 틀[定理]에 학생들을 묶어 놓지 않고 심미적 정서와 도덕적 습관을 길러주고 지성적 독서를 통하여 창의적인 생각을 하도록 한다. 이 점에서 주자학의 어떤 고정된 틀[定理]을 가지고 학생들을 지도하는 계율적 교육방식과 다르다."(정인재, 앞의 책, 2014, 339쪽)라고 하면서, 상세히 고찰한 바 있다. 실제로 왕수인의 교육사상에 대한 연구는 꾸준하게 이루어지고 있다. 이에 반해 하곡을 필두로 한 강화학파에 대한 교육적 접근은 거의 이루어지지 않았다는 사실은 분명 반성해야 할 일이라고 판단된다.

62) 『霞谷集』卷7「雜著 拾遺 壬戌遺敎」: 良志之學, 直是眞實, 只惟吾性一箇天理而已. 不是拘於文句, 逐於言語, 以爲論辨之資而已也. 須是知得至意所腦而領會之耳, 是人心良知之無不自知得者是耳. 惟實致之而已, 且不必與世俗相爲標榜, 而於末梢上爭辨而外面浮汎, 惟自老實爲之.

63) 『霞谷集』卷15「孟子說」: 惟鼓動匡翼, 而使自得之於其心性.

64) 『傳習錄』卷中: 凡授書不在徒多, 但貴精熟. 量其資稟, 能二百字者, 止可授以一百字. 常使精神力量有餘, 則無厭苦之患, 而有自得之美.

65) 『霞谷集』卷15「孟子說」: 蓋敎人之道, 其可敎者大略而已. 若其能與不能, 在乎其人之心, 非在於事上. 이 내용은 본래『맹자』「등문공(滕文公)」편의 일부에 대한 하곡의 추가 설명이다. 등문공의 명으로 필전(畢戰)이 정전제(井田制)에 대해 묻자, 맹자는 그것을 설명해 준 뒤 "이것은 그 대략이니, 윤택하게 하는 것은 군주와 그대에게 달려 있다."(『孟子』「滕文公」: 此其大略也, 若夫潤澤之, 則在君與子矣.)라고 덧붙였다. 그런데 하곡은 여기에 추가 설명을 달아서, '교수자가 학습자에게 가르칠 수 있는 내용의 범위'와 '본령인 마음의 중요성'을 함께 언급하고 있는 것이다.

66) 『霞谷集』卷7 '雜著 拾遺': 夫治天下固大, 治事物固小. 然其以此心制之則一也. … 此心之外無天下, 此心之外無事物也. 故其心克全其體, 則治事物治天下, 以至於參贊化育而無意也. 豈非事有大小而心無分於大小故耶. 然則無天下國家, 無大事小事, 有是心則治, 無是心則不治也.

67) 정인보, 홍원식·이상호 역,『위당 정인보의 양명학연론』, 한국국학진흥원, 2005, 216쪽.

제10장

백암 박은식의 양명학과 도덕교육
- 『왕양명선생실기(王陽明先生實記)』를 중심으로 -

　이 장에서는 백암(白巖) 박은식(朴殷植, 1859~1925)의 주요 저술 중 하나인 『왕양명선생실기(王陽明先生實記)』를 중심으로 그의 사상에서 엿볼 수 있는 양명학적 특징들을 제시하고, 이로부터 도덕교육적 함의를 도출할 것이다. 이 장의 집필은 필자의 두 가지 문제의식에서 비롯되었다.

　첫 번째는, 백암의 사상이 지니는 도덕교육적 함의에 대한 연구의 필요성이다. 널리 알려진 바와 같이, 백암은 일제강점기에 민족을 위하여 학문과 실천 운동을 병진한 지사(志士)였다. 그는 유학자이자 언론인이었고 교육자이자 사학자였으며, 애국계몽운동과 독립운동에 헌신하여 상해 임시정부의 제2대 대통령으로 추대된 인물이기도 하였다.[1] 백암은 자신의 여러 논설들에서 교육의 중요성과 필요성을 강조하였고, 당시의 혼란상을 극복하려면 근본적으로 '마음[心]의 수양'이 절실하게 요청된다고 주장하였다. 또한 『왕양명선생실기』나 『몽배금태조(夢拜金太祖)』 등의 저술에서 밝히기를, 마음이란 선함과 악함을 가려주는 공정한 '감찰관'이요 나 자신의 '주인옹(主人翁)'이라고 하였다. 이 같은 측면들은 현대 '도덕과(道德科)' 교육에도 시사하는 바가 적지 않은데, 실상 도덕과 교육학계에서 백암 사상에 대해 연구한 사례는 거의 없다. 이에 필자는 본 장을 통해 그의 사상에서 발견되는 양명학적 특징들로부터 도덕교육적 함의를 이끌어내고자 하는 것이다.

문제의식의 두 번째는, 우리 전통에서 발견되는 양지(良知) 중심의 학문적 갈래에서 도출할 수 있는 교육적 맥락과 시사점들을 좀 더 명료하게 파악하기 위해서이다. 선행 연구들에 따르면, 조선 최대의 양명학자로 평가받는 하곡(霞谷) 정제두(鄭齊斗)의 사상에서 나타나는 양지의 구현 과정은 반성적 성찰[誠意]로부터 시작되어 도덕적 충만감[自謙]을 거쳐 도덕적 열정과 의지[至聖·至誠]의 형태로 해석할 수 있다. 이것은 일반적으로 인지, 정서, 행동을 분리해서 다루는 서구 도덕 심리학에 대한 하나의 대안이 된다.[2] 또한 강화학파(江華學派)를 계승한 위당(爲堂) 정인보(鄭寅普) 역시 옳은 것을 옳다고 하고 그른 것을 그르다고 하는 마음의 본체인 양지를 강조하였는데, 그는 '본밑 마음'이라는 표현을 통해 양지의 작용을 한층 생생하게 묘사하기도 하였다. 이런 위당의 양지론은 학교 도덕교육의 출발점이자 도착점인 '도덕적 주체' 개념을 더욱 깊이 있게 다룰 수 있는 계기를 제공한다.[3] 하지만 하곡과 위당의 사이에는 150년이 넘는 시간 격차가 있고, 이 격차 사이에는 두 사람을 연결하는 여러 학자들이 있었다. 본 연구는 그런 학자들 가운데 특히 백암에 초점을 맞춘 것으로, 실제 위당은 『양명학연론(陽明學演論)』의 후기에서 "구천에 계신 겸곡(謙谷) 박은식 선생님께 이 글을 드리지 못한 것에 대해서 안타까워하는 마음을 덧붙인다."[4]라고 언급함으로써, 스승이었던 난곡(蘭谷) 이건방(李建芳)과 함께 백암에 대해서도 존경의 마음을 드러내고 있다.

이상에서 밝힌 연구 목적의 달성 및 문제의식의 해소를 위해, 본 장은 다음의 순서로 전개된다. 우선 제1절에서는 백암의 교육관에 나타나는 양명학의 위상에 대해 살펴본다. 이어서 제2절에서는 ⓐ '민족주의적 관점에서 양명학 보기', ⓑ '공부 중심의 양명우파적 특징', ⓒ '양지 개념의 종교적 측면 부각' 등으로 나누어 백암 사상이 지니는 양명학적 특징들을 논의한 뒤, 제3절에서는 이런 특징들로부터 도출할 수 있는 도덕교육적 함의에 대해 고찰한다.

1. 백암의 교육관에 나타나는 양명학의 위상

백암의 사상은 몇 차례의 변전(變轉)을 겪었는데, 이를 주자학 수학기(1859~1897), 동도서기론기(1898~1905), 자강론기(1906~1910), 독립운동기(1911~1925) 등으로 구분하는 경우도 있고,[5] 보다 세분화하여 주자학 수학기(1859~1898), 다산학으로의 사상 전환기(1898~1905), 자강운동기(1905~1908), 대동교의 창설 및 양명학 수용기(1908~1910), 국권피탈 이후 양명학과 민족주의를 결합한 독립운동기(1910~1917), 유교적 민족주의에 기반한 독립운동기(1917~1925) 등으로 구분하는 경우도 있다.[6] 이 과정에서 연구자에 따라 년도를 중첩시키기도 하고 그렇지 않기도 하는 등의 모습을 보여준다. 그런데 백암의 사상이 변전하는 동안 그의 교육관 역시 조금씩 달라지는 양상을 드러내는데, 이 과정에서 양명학은 어느 시기에 본격적으로 등장하였으며 위상을 확립하게 되었는지 살펴보자.

흔히 '주자학 수학기'라고 명명되는 1898년(40세) 이전에는 백암의 교육관을 엿볼 수 있는 저술이 없는 관계로, 필자는 그 이후를 대상 시기로 설정하였다. 그렇다면 가장 먼저 주목해야 할 저술은 1904년에 발간된 『학규신론(學規新論)』이다. 「논학요활법(論學要活法)」에서부터 「논유지종교(論維持宗敎)」에 이르기까지 전체 13편으로 구성된 『학규신론』에서, 백암은 유교적 근거를 활용하여 논의를 진행하면서도 기존의 유교적 가르침의 폐단이 무엇인지 지적하는 데 힘쓰고 있다. 그리고 당시 대한제국이

처한 상황에 대해 앞서 발전하거나 퇴보한 국가들과 비교하면서 매우 비판적으로 언급하고 있다.[7] 예를 들어 그는 억지로 책을 읽게 하고 글자를 베껴 쓰게 하는 것 등은 진정한 유교적 가르침의 방법론이 아니며, 자연스러움을 추구하는 인간의 천성(天性)에도 부합하지 않는다고 보았다. 또한 실무적인 기술 교육을 위해 한글을 보급해야 하고, 국가가 강성해지려면 서구의 학문을 수용·교육해야 하며, 이 과정에서 올바르게 해석된 유교야말로 국가의 강성을 위한 민족의 의지를 하나로 집중시키는 데 중추적인 역할을 할 수 있다고 하였다.[8]

근세에 이르러 유가의 법도가 편벽되고 침체되는 병통을 면치 못하고 있는 것만 같다. … 오늘의 오활(迂闊)한 선비들은 눈을 감고 단정히 앉아 성정(性情)을 함양시키는 일을 철두철미한 공부로 여기고 사물을 도외시하며, 그 몸은 소상(塑像)처럼 만들고 마음은 시들어 마른 나뭇등걸이나 식은 재처럼 만들어서, 마치 불(佛)·노(老)의 법문(法門)과도 같으니 이러고서야 또한 무엇을 할 것인가? … 시대의 학자들로 하여금 고금의 변역을 밝게 살피고, 시대에 맞는 조치를 깊이 강구하고서, 유교의 원리에 따라 마르고 새롭게 한다면, 정치가 어찌 밝아지고 여유 있지 않겠는가? 어려서 기르고 자라서 익히는 것이 모두 침체하고 활동적이 아닌 것이기 때문에, 세상이 필요로 하는 현명한 인재가 많이 나타나는 것을 볼 수 없는 것이다. 어찌 애석한 일이 아니겠는가?[9]

이처럼 구태의연한 주자학 중심의 유교는 변혁을 꾀해야만 제 역할을 할 수 있다는 것이 1904년 전후에 백암의 관점이자 교육관의 핵심이었다. 이렇게 보자면 『학규신론』에 양명학이 본격적으로 등장한 것은 아니지만, 대한제국이 부딪힌 난관들을 해결하기 위한 적절한 방법론으로 유교를 탈바꿈시키기 위해 양명학이 수용될 수 있는 여지는 이미 이 책 안에서 충분히 나타나고 있는 것이다.

이어서 1905년 일본에게 외교권이 빼앗기는 사건[乙巳勒約]을 겪으면서 적자생존과 우승열패의 기치를 내세우는 '사회 진화론'을 수용했던 시기의 백암은 유교에 대한 비판의 강도를 한층 높인다. 일례로 그는 자신이 주필(主筆)로 활동했던 서우학회의 학회지인 『서우(西友)』 제1호(1906)에 게재한 「논설」에서, 교육이 흥하지 않으면 국가와 민족이 생존할 수 없는데, 그 성쇠와 흥망은 결국 지식의 밝고 어두움 및 세력의 강하고 약함 때문이라고 밝혔다. 그러면서 "지식이 개명하고 세력이 팽창한 자는 우등인종이라 칭하고, 지식이 어둡고 세력이 축소한 자는 열등인종이라 이르는데, 우등인종이 열등인종을 야만인으로 대하고 희생시키며 몰아서 쫓아내고 잡아 죽이는 것을 거리낌 없이 하고 있다."[10]라고 한탄하였다. 그렇다면 대한제국이 이 같은 위기를 맞은 이유는 무엇인가? 그것이 곧 구학문(舊學問)으로서의 유교 때문이었던 것이다. 이런 비판은 백암이 서북학회에서 발간하는 『서북학회월보(西北學會月報)』 제10호(1909)에 게재한 「유교구신론(儒教求新論)」에서 더 정교해진다.

　겸곡생(謙谷生)이라는 필명으로 작성한 「유교구신론」에서 백암은, 수천 년 동안 동양의 여러 성인(聖人)들이 전수하고 많은 현인(賢人)들이 연구하여 밝혔던 유교가 결국에는 불교나 기독교와 같이 크게 발전하지 못한 이유는 무엇이며, 근세에 이르러 침체와 부진이 극도에 달하여 다시 부흥할 수 있는 희망이 거의 없게 된 까닭은 무엇인지에 대해 묻는 것으로 논설을 시작한다. 그는 유교에 세 가지에 달하는 큰 문제가 있다고 지적하는 바, ⓐ 첫째는 유교 정신이 오로지 제왕 쪽에 있고 인민 사회에 보급할 정신이 부족하다는 것이요, ⓑ 둘째는 여러 나라를 돌아다니며 천하를 바꾸겠다는 방침을 익히지 않고 내가 학생을 찾는 것이 아니라 학생이 나를 찾는 것이라는 방침만 고수한다는 것이요, ⓒ 셋째는 간이(簡易)하고 직절(直切)한 가르침을 무시한다는 것이다.

　특히 세 번째의 문제와 관련해 백암은 직접 양명학을 언급하고 있는데,

그는 이 학문에 종사하는 것이야말로 실로 간단하면서도 절실하게 요청되는 공부라고 보았다.

대개 근본을 아는 것이 요점을 알게 되는 까닭이요, 요점을 아는 것이 넓음을 다하게 되는 까닭이다. … 하물며 오늘날은 각종 과학이 날로 복잡해지고 인생 사업이 날로 빠르게 변화하는 시대이다. 본령의 학문에 있어서도 간이하고 직절한 가르침을 찾지 않고 지루하고 한만한 공부에 종사하게끔 한다면 후진 청년들이 모두 그 난해함을 힘들어하고 그 괴로움을 싫증내어 손조차 대려 하지 않을 것이니, 이것은 우리 유교계의 실로 중요한 문제이다. … 그런즉 지금의 유자(儒者)들이 각종 과학 이외에도 본령의 학문을 구하려고 한다면 양명학에 종사하는 것이 실로 간단하면서도 절실한 가르침이다.11)

백암이 생각하기에, 양명학의 '치양지(致良知)' 공부는 우리의 본심(本心)을 직접 가리키고 있는 까닭에, 범인(凡人)을 뛰어넘어 성현(聖賢)에 도달하는 경로가 된다. 또한 '지행합일(知行合一)'은 마음을 성찰하는 방법이 될 수 있기에, 이것을 갖추면 사사물물에 응하고 활용함에 있어 과단성이 제대로 발휘된다. 백암은 이 같은 내용을 주축으로 하는 양명학의 수용이야말로 당대 유교가 맞이한 시대적 사명을 다하기 위해서 반드시 필요한 일이라고 여겼던 것이다.

그리고 이러한 생각이 극대화되고 집중적으로 표출된 것이 본 연구의 분석 대상이자 1910년에 발간된 『왕양명선생실기』이다. 이하의 제2절과 3절에서 더 상세하게 드러나겠지만, 백암은 이 책에서 주희(朱熹)의 학문 방식 및 조선 성리학을 발전시키거나 퇴보시킨 결정적 원인이 되었던 이기(理氣)·심성(心性)·예설(禮說) 논쟁 등에 대해 가감 없이 비판했다. 가령 주희의 『대학(大學)』 해석과 관련해서는 『중용(中庸)』은 잘못된 부분이 없는데 『대학』만 왜 그렇게 잘못된 부분이 많으며, 「보망장(補亡章)」의 내용이나 「청송장(聽訟章)」의 해석 등에 있어서도 의심스러운 부분이 적지 않다고 지적했다. 또한 예설 논쟁과 관련해서는 다음과 같이 언급하였다.

송나라와 명나라의 유학자들은 이런 예의 문제를 국가의 대사건으로 여겨 논쟁을 일삼아 여력이 없었다. … 우리 조선에서 그런 증거를 대면, 기해예송(己亥禮訟)으로 사림이 서로 싸워 당쟁이 더욱 치열했다. 그리하여 조정에서는 하루도 편안한 날이 없었고, 국정의 부패상이 날로 심했다. 이와 같이 예송은 비록 망국의 지름길이라 해도 지나치지 않으니, … 아아! 유학자의 폐단 가운데 하나는 심성과 이기의 논쟁이요, 또 하나는 예설 논쟁이다. 싸우는 마음을 거두지 못하면 예의 근본을 어떻게 회복할까?12)

그러면서 백암은 『왕양명선생실기』의 말미에서, 우리가 학문을 해야 하는 이유는 자신의 몸을 닦아 세상에 보탬이 되기 위해서이고, 이 목적을 달성하려면 공부가 간단하고 배우기 쉬우며 그 뜻이 진실하고 절실한 양명학[王學]에 종사하는 것이 바람직하다고 강조한다. 이렇게 보자면, 1905년에서 1910년에 이르는 시기의 백암은 구학문으로서의 유교가 가져온 폐단을 바로잡고 이를 기반으로 대한제국이 자강을 하려면, 유교의 또 다른 갈래인 양명학을 적극적으로 수용해 학문과 교육의 중심으로 삼아야 한다고 판단했던 것이다.13)

그러나 이 시기까지 활발하게 엿보였던 양명학이 1910년의 국권피탈[庚戌國恥] 및 1911년 만주 서간도로의 망명 이후에 발간된 서적들에서는 그다지 자주 나타나지 않는 것으로 판단된다. 예를 들어 1915년에 발간된 『한국통사(韓國痛史)』나 1920년에 발간된 『한국독립운동지혈사(韓國獨立運動之血史)』 등은 그 성격도 『왕양명선생실기』 같은 책과는 다르거니와, 양명학이 직접적으로 거론되지도 않는다. 하지만 『한국통사』와 『한국독립운동지혈사』를 관통하는 백암의 '국혼(國魂)' 사상에 양명학이 녹아 있다는 점을 예측하기란 어렵지 않다.14) 후술하겠지만, 그는 1911년에 발간된 『몽배금태조』에서 주인공 무치생(無恥生)이 꿈에서 만난 금태조의 입을 빌려 도덕심[양지]을 강조하고 있으며, 이 마음의 확립이야말로 자강의 핵심이라는 점을 거듭 밝힌다. 더하여 사망하는 해(1925)에 『동아일보』에 게재한 「배움의 참된 모습은 의심함으로 좇아 구하라」는 논설에서는, 자신이 주희와 왕수인(王守仁) 사상의 다른 점과 같은 점에 대해 계속해서 고민해 왔으며, 양지의 자득(自得)에 있어서는 미진한 부분이 있었다고 고백한다. 그러면서 다음과 같이 말한다.

> 사람이 아득한 자기 한 몸으로써 복잡하고 변환하는 사물의 가운데에 처하여 꼬임을 당하지 않고 부림을 당하지 않은 채 능히 모든 것을 명령하고 제재하려면, 양지의 본능으로써 주재(主宰)를 삼는 것이 근본 상의 요령이라고 할 수 있을 것이다.15)

이처럼 백암은 물질이 중시되고 경쟁 원리가 지배하는 시대에서 살아남기 위한 과학 연구도 중요하지만, 더 근본적으로는 주체적으로 삶의 방향을 선택하고 살아가는 인격 수립이 요청된다고 보았다.16) 이 지점에서 그가 여전히 양명학을 중시하고 있었던 것을 알 수 있다. 이렇게 보자면, 1911년 이후에 백암이 전개했던 독립운동과 민족운동의 기저에도 양명학이 깊숙하게 자리하고 있었으며, 이 시기에 그가 주창했던 교육철학의 측면에 있어서도 양명학이 반영되어 있었다고 할 수 있다.

이상으로 본 절에서는 백암의 사상 변전 과정에서 양명학이 어느 시기에 등장하였으며 그 위상은 어떠하였는지 개략적으로 살펴보았다. 1905년 이후에야 비로소 그의 사상 체계에 본격적으로 등장한 양명학은 『왕양명선생실기』가 발간된 1910년을 전후로 한층 심화되었으며, 이후에도 직·간접적인 영향력을 발휘하였음을 확인할 수 있었다. 이제 이어지는 절에서는 『왕양명선생실기』를 중심으로, 그의 사상에서 도출할 수 있는 양명학적 특징들을 살펴볼 것이다.

2. 백암 사상의 양명학적 특징

오랜 기간 주자학도로 살아온 백암이 편견 없이 양명학을 이해하는 데 절대적으로 많은 시간을 보낸 것은 아니었다. 또한 다단했던 그의 인생역정(歷程)을 돌아볼 때 양명학에 천착하는 시간을 많이 가지기도 어려웠을 것이다. 그럼에도 백암은 양지 개념에서 엿볼 수 있는 주체성의 의미를 포착하였으며, 대외적으로는 제국주의가 만연하고 대내적으로는 그 영향하에 국권이 침탈되는 상황에서, 세상을 정확히 파악하는 눈과 실천할 수 있는 힘의 근원으로서 양명학의 자리를 설정하였다.[17] 이 같은 전제 아래, 본 절에서는 세 가지 관점으로 구분하여 그의 사상에서 나타나는 양명학적 특징들에 대해 살펴볼 것이다.

1) 민족주의적 관점에서 양명학 보기

백암의 사상에서 나타나는 양명학적 특징의 첫 번째로 제시할 수 있는 것은, 민족주의적 관점에서 양명학을 바라보았다는 점이다. 여기서 민족주의란 매우 다양한 방식으로 정의(定義)되기에 합의가 어려운 개념이지만, '근대' 시기의 민족주의에는 최소한 두 가지 부류가 있을 수 있다. 하나는 열강의 민족주의로서, 근대에 촉발된 제국주의(帝國主義)와 결합하여 다른 국가를 침략하고 착취했던 형태의 민족주의이다. 그리고 다른 하나는 자기 조국의 자주와 독립을 지키기 위해 투쟁하고, 이것이 실패할 경우 (반)식민지 상태에서 외세와 제국주의로부터 자국과 민족의 해방 및 독립을 성취할 목적으로 싸웠던 형태의 민족주의이다.18) 이 같은 두 가지 부류의 민족주의에서 백암이 취했던 것이 후자임은 두말할 필요가 없다. 그런데 백암은 당시 대한제국이 처했던 상황은 조선과 대한제국이 자초한 것이 많았다는 점을 숨기지 않는 비판적 민족주의 입장을 드러낸다. 그가 특히 지적했던 부분은 결국 국가를 뒤처지게 만들 수밖에 없었던 학문 풍토의 폐쇄성과 융통성 없음이었다.

세계의 바람과 조수는 이같이 흘러넘치고 학계의 빛나는 흐름이 저 같이 발달하는데, 옛 학문을 지키는 것을 숭상하여 새로운 변화를 막고 거부하더니, 마침내 결과가 여기에 이르렀다. 이는 그 해로움이 진시황(秦始皇)의 분서갱유(焚書坑儒)보다 더욱 심하다. '학술로써 천하를 죽였다.'라는 육상산(陸象山)의 말이 바로 이를 뜻함이 아니겠는가?19)

백암이 육왕 심학(心學)의 선구였던 육구연(陸九淵)의 말을 끌어들여서까지 비판한 '옛 학문'이 바로 주자학이다. 사실 문제는 주자학 그 자체가 아니라 주자학에 대한 맹종에 있었다. 그래서 백암은 "우리나라 유학의 유래를 보면, 가장 유력한 학파가 송나라 유학자의 충실한 노예가 되어 무단(武斷)의 악습을 행사하는데, 학계에 새로운 학설을 내는 자가 있으면 사문난적(斯門亂賊)이라는 죄명으로 내몰아 인간 사상을 속박하고 조그만 자유도 허락하지 않았다."20)라고 언급했던 것이다. 그리고 그 결과가 대한제국이 직면했던 국가의 후진화(後進化)였다. 그렇다면 이런 상황을 타개하기 위해 그는 양명학의 어떤 부분에 주목하였는가? 그것이 곧 양지의 활동이 보여주는 시의성과 변통성이었다.

선생(왕수인)이 논한 학문은 대부분 때에 따라 변하는 뜻이 있다. 예를 들어 '양지는 바뀌는 것이다. 이 양지의 진리성은 자주 변하고 움직여서 한 곳에 머물지 않고, 우주에 두루 흘러 위아래에 고정된 위치가 없으며, 정해진 규범이나 법칙이 될 수도 없고, 오직 마땅함을 따라 변한다.'고 말한 것과 같다.21)

물론 양명학에서 말하는 양지의 시의성과 변통성이 중(中)의 부정을 가리키는 것은 아니다. 그러나 이 중이란 시대가 요구하는 마땅함[義理]에 따라 바뀔 수 있고 바뀌어야만 하는 것인데, 주자학을 맹종하던 기존의 학문 태도는 그 점을 간과했다는 것이다. 그래서 백암은 양명학을 받아들임으로써 인간이 선천적으로 지니고 있는 도덕적인 측면을 놓치지 않으면서도, 양지가 지닌 시의성과 변통성을 통해 국가의 발전을 위한 신문물까지 수용하려고 했던 것이다.

이러한 백암의 비판적 민족주의는『몽배금태조』에 가면 한층 더 강화됨과 동시에 민족의 외연까지 확대되는 양상으로 나타난다. 그는 "아! 우리 조선족과 만주족은 다 같은 단군대황조의 자손으로 오랜 옛날에 남북을 차지하여 서로 경쟁을 했고 또 서로 통하기도 했다."22)라고 하면서 민족 개념이 지닌 순혈성을 파괴한다.『몽배금태조』에서 주인공 무치생에게 조언을 하는 이가 금나라의 태조인 까닭도, 민족의 외연을 확대했기 때문에 가능한 것이다.23) 그런데 금태조는 "오늘날에 이르러 '양반' 두 글자가 뇌수 속에 박혀 있는 자나 '유생' 두 글자가 뇌수 속에 박혀 있는 자 모두 신사상과 신지식이 들어가지 않으니, 이는 하늘이 그 혼을 빼앗아 열등한 인류로 떨어지게 하는 것이다."24)라고 통렬하게 비판하기도 하였다. 이에 무치생이 국가의 앞날을 위해 청년들을 교육하여 새국민으로 양성하려면 어떻게 해야 하느냐고 묻자, 금태조는 우리의 '마음'에 주목하였다. 금태조는 다음과 같이 말한다.

무릇 이것(마음, 양지)은 우리의 신성한 주인옹이고 공정한 감찰관이다. 생각의 옳고 그름과 행함의 시비를 대할 때, 이 주인옹과 감찰관을 속이지 마라. 이 주인옹과 감찰관이 허용해 주지 않고 명령하지 않는 일은 즉시 그만두고, 허용해 주고 명령한 일이면 남이 헐뜯거나 칭찬하는 것에 개의치 말라. 또 일이 어려운가 쉬운가를 헤아리지 말고 자신의 화와 복도 돌보지 말며, 칼끝이라도 밟고, 끓는 물과 타는 불 속이라도 뛰어 들어가 반드시 행하여 결과를 얻게 되면 이것이 바로 '과감성'과 '자신력'이다.[25]

위 인용문에 나타난 '과감성'과 '자신력'의 배양이야말로 마음에 대한 자각 및 교육을 통해 국가가 자강을 성취할 수 있는 근간이다. 이렇게 보자면, 『왕양명실기』에서 발견되는 비판적 민족주의는 『몽배금태조』에서 한층 심화되고 확장되었으며, 이 두 저술을 관통하는 국가와 민족 발전 방향의 핵심이 곧 양명학이었던 것이다.[26] 이처럼 양명학을 민족주의적 관점에서 바라보고 수용했다는 점이 백암의 사상에서 나타나는 첫 번째 양명학적 특징이다.

2) 공부[修養] 중심의 양명우파적 특징

이어서 백암의 사상에서 나타나는 양명학적 특징의 두 번째로 제시할 수 있는 것은, 공부 중심의 양명우파적(陽明右派的) 경향이 강하다는 점이다. 여기서 양명우파란 양명학의 창시자인 왕수인이 강조했던 본체와 공부의 두 축 가운데 상대적으로 후자에 초점을 맞춘 학풍을 가리킨다. 그렇다고 해서 양명우파로 분류되는 학자들이 본체의 자득을 소홀히 했던 것은 아니다. 그러나 본체를 자득하는 과정에서 어떠한 형태로든 공부가 반드시 요청된다는 것이 양명우파적 관점의 중핵이다.[27]

실제 백암은 『왕양명선생실기』에서 양명학의 간이직절함이 가져올 수 있는 폐단에 대해 지적한 바 있다. 왕수인이 배우는 사람들에게 진리의 핵심을 너무나 쉽고 간단하게 제시했기 때문에, 그들이 진리를 깨닫기 위한 공부의 과정을 생략한 채 지나치게 높은 경지만을 추구했다는 것이다. 또한 백암은 현성양지(現成良知)를 주장했던 왕기(王畿)나 태주학파의 시조인 왕간(王艮)보다는, 수련과 실천의 노력을 게을리하지 않았던 섭표(聶豹)나 나홍선(羅洪先)을 더 긍정적으로 평가하기도 하였다. 치양지에 대해서도 백암은 다음과 같이 해석함으로써 본체 자득을 위한 공부야말로 양명학에서 중시했던 부분임을 강조한다.

> 대개 양명학이 치양지 세 글자를 핵심으로 삼았는데, 양지는 본체이며 '치 (致)' 자는 공부이다. 그러므로 말하기를, '본체가 공부요 공부가 본체라' 하니, 아는 것과 실천하는 일이 한 가지 일이라는 것과 사물에서 연마하는 것이 모두 이 치 자와 관련된 공부이다. 양명학의 진수를 여기서 엿볼 수 있다. 양명학이 오로지 본체만 제시했다면 다만 양지 하나만 종지로 삼았을 것이니, 무엇 때문에 치 자를 첨가했으며, 무엇 때문에 아는 것과 실천하는 일이 한 가지 일이라는 것과 사물에서 연마하는 것을 말했겠는가?28)

백암은 치양지의 '치'를 공부로 해석하여 치양지가 결국은 양지의 자각을 위한 공부법임을 이해해야만, 아는 것과 실천하는 일이 한 가지인 '지행합일' 및 일상에서의 공부를 추구하는 '사상마련(事上磨鍊)'을 제대로 이행할 수 있다고 보았다. 그리고 치양지를 이렇게 해독해야 양명학의 지향점이 선불교(禪佛敎)의 돈오(頓悟)와 동일하게 취급당하지 않을 것이라고도 하였다. 그렇다면 왜 이렇게 공부해야 할까? 그것은 우리의 의념(意念)이 발동한 곳에 불선한 싹이 있을 수 있고, 이것을 내버려 두면 인간의 본체인 양지를 가리기 때문이다. 따라서 공부를 통해 철저하게 그 불선의 싹을 제거해야만 한다. 백암은 다음과 같이 말한다.

이 세상에 태어난 이래로 사회의 잘못된 습속에 빠지고, 물욕의 마수에 탐닉하여, 많은 병의 뿌리가 마음과 골수에 달라붙었다. 그것이 얽혀 이어진 것이 아교로 붙인 것처럼 단단하여, 오직 막고 보호하고 감춘 것을 뒤집는 기량으로 밖으로 크게 드러내지는 않았다. 또 옛 성현의 말을 빌려 자기가 글을 지은 척하니 남이 혹 알아차리지 못하여 속고, 자신 또한 이것을 가지고 스스로 편안히 여겼다. 이것은 이른바 가슴속에 간흉이 숨어 있는데 스스로 알지 못한다는 것이다. 명성과 이익이 관계되는 곳에 한 번 접하게 되면, 금수의 지경에 빠져 되돌아올 줄 모르니 참으로 안타까운 일이 아닌가?[29]

그릇된 습관과 우리를 이끄는 많은 유혹들에 한 번 빠지게 되면 밝은 양지가 가려져 본모습을 회복하기가 쉽지 않다. 그래서 마침내 금수의 지경에 이르러도 자신이 잘못된 줄 모르게 되는 것이다. 이 같은 병폐에 대해 백암은 가슴속에 간흉[姦兇]이 숨어 있다고 표현하였다. 따라서 불선의 싹이 자라서 간흉이 되기 전에 없애는 것이 마땅하고, 그 맹아(萌芽)를 제거하려면 강렬한 의지가 필요한데, 이와 관련하여 백암은 "병을 치료하는 자가 병의 뿌리를 뽑지 않으면 곧장 자라지 않더라도 필경 크게 자랄 것이다. … 마치 사람을 죽일 때 목에다 칼날을 꽂아야 하는 것과 같다."[30]라고 언급하였다. 이것은 마음속에 남아 있는 사욕을 완전하고 깔끔하며 정확하게 제거한다는 의미의 '발본색원(拔本塞源)'과 상통하는 것이다.[31]

정리하자면, 백암은 일상의 구체적인 일 위에서 공부해야 한다는 사상 마련의 방법을 강조하였고, 여기에는 발본색원의 의지가 반드시 요청된다고 보았으며, 이렇게 할 때에야 비로소 진정한 지행합일이 가능하다고 생각했던 것이다. 이처럼 양명우파적 성격을 받아들이고 전파했다는 점이 백암의 사상에서 나타나는 두 번째 양명학적 특징이다.

3) 양지 개념의 종교적 측면 부각

백암의 사상에서 나타나는 양명학적 특징의 마지막이자 세 번째로 제시할 수 있는 것은, 양지 개념의 종교적 측면이 부각되었다는 점이다. 근대 지식인들은 저마다 종교를 이해하는 방식이 상이하였음에도 불구하고, 교육과 계몽, 자강이라는 측면에서 종교의 역할이 중요하다는 사실에는 공감대를 가지고 있었던 것으로 보인다. 특히 동도서기(東道西器)를 주장했던 지식인들은 유교의 개혁을 종교와 연결시키는 경우가 많았는데, 그중 하나의 사례가 백암의 '대동교(大同教)' 설립이었다. 그는 서구의 선진국들이 대체로 기독교를 신봉하였다는 점에 착안하여, 당시 위기에 처한 대한제국을 구하려면 국민이 일치단결해야 하고 이를 위해 국가적 종교가 필요하다고 보았던 것이다. 그리고 여기서 국가적 종교, 즉 국교(國教)가 바로 유교였다. 대동교는 1909년 9월에 시작되어 교세를 펼쳐보지도 못한 채 국권피탈을 맞이해 해산되었지만, 이 사건을 통해 백암이 종교에 적지 않은 관심을 두었음을 확인할 수 있다.[32]

유교의 종교화에 대한 백암의 관심이 양명학과 접점을 가지게 된 것은 자연스럽다. 왜냐하면 종교의 교리는 쉽고 간단해야만 하고, 그러면서도 들었을 때 충분히 감화가 될 수 있을 만큼의 진리가 담겨 있어야 하기 때문이다.[33] 또한 앞서 지적했던 것처럼, 백암은 우승열패와 적자생존의 시대에 살아남는 것만큼이나 도덕적 방향성을 가지는 것이 중요하다고 보았다. 이 모든 요소들을 충족시킬 수 있는 유교의 갈래가 양명학이라는 점을 고려한다면, 주자학도로 성장한 그가 어떠한 연유에서 양명학으로 눈을 돌렸는지를 이해할 수 있다. 『왕양명선생실기』에서도 이런 양상이 잘 나타나는데, 백암은 왕수인을 다음과 같이 묘사한다.

선생(왕수인)이 수천 명의 오합지졸을 거느리고 그토록 짧은 시간에 막 10만 군사로 불어난 도적 무리를 토벌했다. 사태에 따라 지휘하고 변화에 대응하는 것이 신(神)과 같아 열흘이 채 못 되어 대란을 평정한 것은 더 이상 논할 필요가 없다. 더욱이 간신들이 번갈아 참소하고 중앙에서 파견된 군대까지 가세해 헤아릴 수 없는 화가 일시에 미쳤으나, 선생이 태연하게 대처하고 거침없이 대응했다. 그리하여 마치 하늘을 가득 메운 큰 그물이 손이 닿자마자 풀리듯 하여, 어두웠던 공공(公共)한 이치가 다시 밝아졌고 끊어졌던 국맥(國脈)이 다시 이어지니, 이는 어찌 기질의 작용이 가능한 것이겠는가?[34]

이것은 왕수인이 영왕(寧王) 신호(宸濠)의 난을 제압하는 과정에 대한 백암의 감상인데, 왕수인의 비범한 능력을 찬탄하고 있는 것이다. 물론 이런 능력을 발휘하게 되기까지 왕수인이 아무런 어려움을 겪지 않았던 것은 아니다. 대표적인 사례가 환관(宦官) 유근(劉瑾)의 정치적 보복으로 인해 왕수인이 용장(龍場)으로 귀양을 가서 겪은 고초인데, 이와 관련해서도 백암은 깨달음의 과정에서 경험하는 고난의 행보 역시 여타 종교의 교조(教祖)나 위인들이 겪은 내용들과 유사하다고 견해를 밝혔다. 이외에도 그는 『왕양명선생실기』의 곳곳에서 왕수인이 보여준 선지자(先知者) 같은 모습들을 부각시킨다.

그런데 왕수인이 이런 모습을 보일 수 있었던 까닭은 무엇일까? 그것은 바로 양명학의 종지인 양지가 제대로 발휘되었기 때문이다. 백암은 『왕양명선생실기』에서 양지에 대해 언급하기를 "사람의 마음에 생각이 일어날 때 그것이 선하고 악한지를 양지가 스스로 알 수 있으니, 이 양지는 나의 신성한 주인이요, 공정한 감찰관이다."[35]라고 하였는데, 그는 이미 『서북학회월보』 제10호(1909)에 「유교구신론」과 함께 게재한 「나의 학생 제군들에게 고한다」는 논설을 통해 양지를 기독교의 '성령(聖靈)'과 동일한 선상에 배치한 적이 있다.

오늘날 우리 동포가 맞이한 어려운 정황은 단순한 병통에 그치지 않는다. 이런 상황을 구제할 자가 누구인가 하면, 다른 곳에 있지 않고 오직 우리 머릿속에 있는 신성한 주인이 이것이다. 이 신성한 주인은 내 삶의 처음에 하늘의 명령으로 부여받아 지극히 귀중하고 지극히 영명(靈明)하다. … 대개 이 신성한 주인은 제순(帝舜)이 말한 도심(道心)이요, 성탕(成湯)이 말한 상제(上帝) 강충(降衷)이요, 공자가 말한 인(仁)이요, 맹자(孟子)가 말한 양지요, 석가(釋迦)가 말한 화두(話頭)요, 예수[耶蘇]가 말한 영혼(靈魂)이다.36)

위 내용에 이어 백암은, 이 신성한 주인인 양지가 청명하고 공고하면 시비(是非)와 선악(善惡), 공사(公私)와 사정(邪正)을 밝게 판단할 수 있고 이해(利害)와 화복(禍福), 사생(死生)과 영욕(榮辱)에도 동요가 없지만, 그렇지 않으면 진실한 사람으로 살지 못하고 꼭두각시[假儡]나 나무인형[木偶]이 되어 술에 취한 듯 살다가 꿈을 꾸듯이 죽을[醉生夢死] 것이라고 경고하였다. 이처럼 양지를 다양한 방식으로 설명하면서 성령과의 유사성을 지적하였는데, 이 같은 경향은 『왕양명선생실기』에서 한층 뚜렷해진다. 그는 다음과 같이 말한다.

유람할 때 감화된 같은 뜻에는 오직 스승의 가르침뿐만 아니라 실은 천기(天機)의 감화시킴도 있었다. … 공자가 시냇가에서 "가는 것이 이와 같구나."라고 말하고, 예수가 사마리아 우물가에서 여인에게 생명수[活水]로써 가르침을 삼으며, 왕양명이 우물 속의 생의(生意)를 지적하여 문인을 가르치시니, 이는 또 천기를 가지고 도(道)의 오묘함을 보인 것이다.37)

위 인용문의 맥락은, 왕수인이 그의 나이 42세에 문인들과 유람하는 과정에서 얻은 감화에는 직접적 가르침의 영향도 있지만 천지자연[天機]의 영향도 크다는 것이다. 그런데 백암은 이 천지자연의 감화를 통한 양지의 깨달음을 자신의 방식으로 설명하면서, 공자, 예수, 왕수인 세 사람의 '물[水]'에 대한 언급을 인용한다. 먼저 물에 대한 각각의 설명을 살펴보면, 공자는 『논어(論語)』「자한(子罕)」편 제17장에서 연속성을 가진 물을 제시하였고,38) 예수는 『신약성서』「요한복음」제4장에서 사마리아 여인과의 대화를 통해 성령이자 생명성을 가진 물을 제시하였으며,39) 왕수인은 『전습록(傳習錄)』 상권(上卷) 제68조에서 무궁한 생의(生意)를 엿볼 수 있는 우물물로 대변되는 생명성을 가진 물을 제시하였다.40) 공자, 예수, 왕수인의 물에 대한 언급을 같이 배치함으로써 백암은 세 사람의 견해가 서로 통하는 지점이 있고, 특히 물의 연속성과 생명성은 성령으로 연결될 수 있음을 보여준 것이다.41)

여기서 좀 더 유의해야 할 측면은 물의 비유가 가리키고 있는 바가 단순히 물 혹은 범위를 좀 더 넓힌 천지자연이 아니라는 점이다. 물의 비유를 통해 세 사람이 말하고자 했던 것은, ⓐ 결코 멈추지 않는 도(道)의 운행(공자), ⓑ 영원히 목마르지 않게끔 해주는 성령(예수), ⓒ 약동하는 근원으로서의 심체(心體)인 양지(왕수인)였다. 결국 백암은 도와 성령, 그리고 양지가 같은 선상에 있음을 드러내고자 했던 것이다. 요컨대, 백암은 국민의 단합을 위한 국교가 요청된다고 생각하였고, 이 과정에서 간이직절한 양명학이 도움이 된다고 판단하였으며, 양지를 성령으로 풀이하는 것도 가능하다고 보았던 것이다. 이처럼 왕수인의 선지자적인 모습을 강조하면서 양지 개념의 종교적 측면을 부각시켰다는 점이 백암의 사상에서 나타나는 세 번째 양명학적 특징이다.

이상으로 본 절에서는 백암의 사상에서 나타나는 양명학적 특징들에 대해 살펴보았다. 그가 양명학을 민족주의적 관점에서 바라보았고, 공부를 중시한 학풍으로 이해하였으며, 종교적 측면과 긴밀하게 연결시켜 해석했던 것은, 모두 당시의 대한제국이 처한 위기 상황의 극복과 관련이 있음을 확인할 수 있었다. 이제 이어지는 절에서는 이러한 양명학적 특징들이 종합되어 도출된 백암의 양지 개념이 지니는 도덕교육적 함의에 대해 고찰할 것이다.

3. 백암 사상의 양명학적 특징이 지니는 도덕교육적 함의

서론에서 밝혔던 것처럼 백암의 사상을 주제로 한 도덕과 교육학계 내부의 전문 연구물은 부재한 상황이지만, 흥미롭게도 고등학교 「윤리와 사상」 과목의 교과서에는 그의 사상이 수록되어 있다. 필자의 검토에 따르면, 지난 「2009 도덕과 교육과정」에 근거해 간행된 총 5종의 『윤리와 사상』 검정 교과서들 가운데 4종에서 백암과 그의 사상을 다루고 있다. 대체로 ⓐ 대한제국의 부강을 위해 노력한 애국계몽운동가, ⓑ 양명학에 입각해 유교의 변혁을 추구한 학자, ⓒ 만인의 평화가 구현된 대동 사회를 이상으로 삼은 개혁가 등으로 그를 짧게 소개하는데, 한 종에서는 보다 구체적으로 언급하고 있다.

> 박은식은 애국계몽운동을 이끈 대표적인 학자로, 유교의 개혁을 통해 국권 회복을 꾀했다. 그는 스스로의 힘을 기르기 위해서 개화가 필요하다는 것을 인식하고 서양의 과학과 산업 기술을 배울 것을 주장하였다. 하지만 그는 과학이나 산업 기술과 같은 물질문명 못지않게 도덕성의 함양이 중요하다고 보았다. 그래서 성리학의 현실 대응 논리를 비판하면서도 전통적 문화와 학문을 다 버릴 것이 아니라 현실에 맞게 취사선택해야 한다고 주장했다. 이를 위해 그는 양명학에 입각하여 유교를 개혁함으로써 유교 문화의 긍정적 요소를 국권 회복에 활용해야 한다는 유교구신론(儒敎求新論)을 제시하였다.42)

백암을 소개함에 있어 다루어야 할 기본적인 내용은 거의 다 들어가 있다고 평가할 수 있으나, 그가 양명학의 어떤 요소를 활용해 유교를 개혁하려 했는지, 그의 양명학이 도덕교육적으로는 무슨 의미가 있는지 등은 생략되어 있다. 실제 백암은 지식을 잘 발휘하는 것도 중요하지만, 그 과정에서 도덕이 배제된다면 이것만큼 위험한 것은 없다고 보았다. 그래서 역사적인 예들을 거론하면서, "재주가 있으면서 덕이 없는 것은 실제로 상서롭지 못한 것이니, 이는 믿을 수 없을 뿐만 아니라 실로 두려운 것이다."43)라고 했던 것이다. 교육의 시행 목적을 크게 두 가지로 설정하자면, 하나는 살아남기 위한 생존 능력을 기르는 것이고, 다른 하나는 타인을 배척하지 않으면서 더불어 살아가는 능력을 기르는 것이라고 할 수 있다.44) 이 중 전자가 '재주'의 배양과 연관된 것이라면 후자는 백암이 강조한 '덕'의 함양과 연관된 것으로, 학교 도덕교육의 초점 역시 후자에 있다. 이렇게 보자면, 그의 사상에 대한 도덕교육적 해석은 충분히 가능한 작업인데 많이 미루어져 온 것이다.

그렇다면 백암 사상의 양명학적 특징이 지니는 도덕교육적 함의를 밝히려는 본 장의 논의는 어디에 초점을 맞추어야 할까? 그것이 곧 양명학의 종지인 양지이다. 백암은 『왕양명선생실기』에서 양지 개념이 지니는 특징들에 대해 다음과 같이 집중적으로 표현한 바 있다.

① 양지는 자연히 밝게 깨닫는 앎이요, ② 순수하고 거짓이 없는 앎이요, ③ 유행하여 멈추지 않는 앎이요, ④ 두루 응하여 막히지 않는 앎이요, ⑤ 성인(聖人)과 어리석은 사람 모두에게 있는 앎이요, ⑥ 하늘과 사람이 하나 되는 앎이니, 신비하고 묘하구나! 누가 거기에 더 보탤 수 있겠는가?45)(원문자 처리는 필자가 함.)

백암이 사용한 용어를 빌려 표현하자면, ①은 자연명각(自然明覺)의 앎이고, ②는 순일무위(純一無僞)의 앎이며, ③은 유행불식(流行不息)의 앎이고,

④는 범응불체(泛應不滯)의 앎이며, ⑤는 성우무간(聖愚無間)의 앎이고, ⑥은 천인합일(天人合一)의 앎이다. 『왕양명선생실기』는 이러한 양지 개념의 특징들을 왕수인의 언행에 비추어 총체적으로 설명하고 있는 저술이라고 보아도 무방하다. 이제 본 절의 이하에서는 여섯 가지 특징들을 ①-②, ③-④, ⑤-⑥의 세 묶음으로 구분하여 관련된 도덕교육적 함의를 제시할 것이다.

1) 도덕적 주체에 대한 신념

백암 사상의 양명학적 특징이 지니는 첫 번째 도덕교육적 함의는 '나' 자신이 도덕적 주체라는 사실에 대한 신념을 제공한다는 것이다. 여기서 '도덕적 주체'란 학교 도덕교육을 통해 구현하고자 하는 목표로서 현행 「2015 도덕과 교육과정」에서는 다음과 같이 제시하고 있다.

> 도덕과는 기본적으로 성실, 배려, 정의, 책임 등 21세기 한국인으로서 갖추고 있어야 하는 인성의 기본 요소를 핵심 가치로 설정하여 내면화하는 것을 일차적 목표로 삼는다. 이를 토대로 자신의 삶의 의미를 자율적으로 찾아갈 수 있는 도덕적 탐구 및 윤리적 성찰, 실천 과정으로 이어지는 도덕함의 능력을 길러 도덕적인 인간과 정의로운 시민으로 살아갈 수 있도록 돕는 것을 목표로 한다.46)

「2015 도덕과 교육과정」을 전체적으로 살펴보면 '도덕적 주체'가 무엇인지를 명확하게 설명하고 있지는 않다. 그러나 위의 인용문에 나타난 도덕과 교육의 총괄 목표를 통해 도덕적 주체가 무엇인지 간접적으로 추론할 수 있는 바, 도덕적 주체는 ⓐ 첫째, 성실·배려·정의·책임으로 대표되는 영역별 '핵심 가치'를 함양하기 위해 노력해야 하고, ⓑ 둘째, 도덕적 탐구·윤리적 성찰·실천을 구성 요소로 설정하고 있는 '도덕함'의 능력도 갖출 수 있도록 노력해야 한다.

그런데 이런 핵심 가치의 함양이나 도덕함의 능력을 지니기에 앞서 요구되는 전제가 있다. 그것은 바로 '나' 자신은 도덕적 주체가 될 수 있는 요건을 가지고 있고, 따라서 도덕적 주체가 될 수 있으며, 되어야만 한다는 믿음(=신념)이다. 이런 까닭에 「2015 도덕과 교육과정」에서도 "자신과의 관계 영역에서는 자신에 대한 존중을 바탕으로 진정성을 추구하는 성실을 내면화"[47]해야 한다고 기술하고 있는 것이다. 그러나 도덕과 교육과정에는 '자신에 대한 존중'을 바탕으로 해야 한다는 짧고 막연한 내용만 있을 뿐, 관련된 학문적 근거는 무엇인지, 도덕적 주체로서의 자신을 존중한다는 것은 무슨 의미인지에 대한 설명은 발견할 수 없다. 그리고 이 지점에서 백암의 양지 개념이 지니는 도덕교육적 함의를 찾을 수 있다.

백암은 양지 개념의 여섯 가지 특징들 가운데 최초 두 가지를 '자연히 밝게 깨닫는 앎'과 '순수하고 거짓이 없는 앎'이라고 표현했다. 그런데 이같은 특징의 양지를 자각하려면, 저 자연명각의 앎과 순일무위의 앎에 대한 신념이 요청된다. 그래서 백암은 다음과 같이 말한다.

"이 마음이 빛처럼 밝은데 다시 무슨 말이 필요한가."라고 한 말은 선생(왕수인)의 정신을 남긴 것이니, 선생의 학문에 뜻을 둔 자는 늘 마음에 간직하여 정성스럽게 지키지 않겠는가? … 단지 사람이 이 세상에 살면서 세속의 습속에 물들고, 허다한 물욕에 가려져 본래면목을 잃고 어두운 지경에 떨어져 한평생을 의미 없이 흐리멍덩하게 살면서 깨닫지 못한다. 학문을 닦는 데 성찰하고 극기하는 노력을 하며 습속에 물들어 가려진 것을 떨쳐 없애면, 본체의 빛처럼 밝은 것이 스스로 회복될 것이다. 이 밝음은 애초부터 인간의 밖에서 오는 것이 아니니, 이러한 실제 노력을 버리고 어찌 다시 다른 데서 구할 것인가?[48]

이처럼 백암은 왕수인이 사망하기 직전에 남긴 말을 해석하면서, 결국

양명학에 뜻을 둔 사람은 양지의 정체와 그 밝음을 믿고, 양지의 회복을 위한 뜻 세움을 학문의 시작으로 삼아야 한다고 보고 있다. 물론 믿고 지키기만 한다고 해서 양지의 정체를 깨닫고 밝음을 회복할 수 있는 것은 아니다. 여기에는 '성찰을 통한 극기(克己)에의 의지'와 '습속에 물들어 가린 것을 떨쳐 없애려는 치열한 노력'이 요구된다. 이 중 성찰을 통한 극기에의 의지는 「2015 도덕과 교육과정」에 제시된 '윤리적 성찰'과, 습속에 물들어 가린 것을 떨쳐 없애려는 치열한 노력은 '도덕적 탐구'와 연결시켜 풀이할 수 있다. '실천'은 양지의 자각 이후에는 자연스러운 현상이다. 그런데 이 모든 것의 전제가 '나' 자신이 도덕적 주체라는 신념을 가지는 일이다. 현재의 학교 도덕교육과 그 근간이 되는 도덕과 교육과정에는 바로 이 부분이 간과되어 있다는 점을 미루어볼 때, 백암의 양지 개념이 지니는 도덕교육적 가치를 확인할 수 있다.

2) 일상적 마음공부의 중요성

백암 사상의 양명학적 특징이 지니는 두 번째 도덕교육적 함의는 일상적 마음공부의 중요성을 일깨워 준다는 것이다. 이것은 앞 소절에서 살펴본 도덕적 주체의 실질적인 모습이자 도덕과 교육의 정당성 문제와도 연관된 것으로, 두 가지는 긴밀한 관계에 놓여 있다.

먼저 학교 도덕교육을 통해 구현하려는 도덕적 주체의 '기본적인 모습[原型]'에 대해 생각해 보자. 「2015 도덕과 교육과정」에 따르면, 도덕적 주체는 "자신을 둘러싸고 전개되고 있는 삶의 상황 속에 어떻게 살아야 할 것인가라는 물음을 근간으로 삼는 가치의 차원이 있음을 인식하고, 그것을 현실 속에서 어떻게 구현할 것인지를 고민"해야 한다. 또한 "자신을 둘러싼 도덕 현상에 대한 탐구와 내면의 도덕성에 대한 윤리적 성찰과 일상적 실천을 포함하는 도덕함의 능력"을 갖추어야 한다.49) 하지만 이러저러한 단어들로 표현한다고 해도, 도덕적 주체가 보여주어야만 하는 가장 기본적인 모습은 일상에서의 자연스러운 도덕적 실천[知行合一], 바로 그것이다. 여전히 존재하는 도덕과 교육의 정당성에 대한 의심은, 학교 도덕교육을 받고 자란 청소년과 사회인들이 이 기본적인 모습을 보여주지 못하기 때문이다.50) 좀 더 비판적으로 말하자면, 그간의 학교 도덕교육은 너무나 많은 것들을 끌어안고 가려는 바람에 기본을 소홀히 하는 결과를 초래한 것이다. 이를 만회하려면 도덕과 교육이 할 수 있는 일과 할 수 없는 일, 해야 할 일과 할 필요가 없는 일을 구분하고, 할 수 있는 일과 해야 할 일에 전념해야 한다.51) 그리고 이 지점에서도 백암의 양지 개념이 지니는 도덕교육적 함의를 찾을 수 있다.

백암은 양지 개념의 여섯 가지 특징들 가운데 자연명각의 앎과 순일무위의 앎에 이어지는 두 가지를 '유행하여 멈추지 않는 앎'과 '두루 응하여 막히지 않는 앎'이라고 표현했다. 그런데 저 유행불식의 앎과 범응불체의 앎이란, 양지가 끊임없이 유행하면서 일상과 현실의 문제들을 만나고 그러한 문제들 속에서도 막힘이 없는 모습을 나타낸 것이다. 다시 말해, 양지는 고정적이지 않으며 시간이나 장소에 따라 유행하면서 관련 상황에 맞추어 유연하게 대처한다는 것이다.52) 하지만 이 같은 속성의 양지를 활용하려면 '일상적 마음공부'를 충실히 해야 한다. 그래서 백암은 다음과 같이 말한다.

배우는 사람 또한 바람이 불고 파도가 치닫는 세파 가운데서 노력해야 비로소 안정된 힘을 얻을 수 있는 것이다. 그러므로 선생(왕수인)이 언젠가 말했다. "단지 정좌하는 수양만 알고 극기 공부를 모르면, 일을 할 때 잘못에 치우칠 수 있다. 모름지기 일을 하는 가운데 연마해야 자립하여 살 수 있고, 고요할 때도 안정감이 있으며, 움직일 때도 안정감이 있다."53)

이것은 왕수인이 강조했던 '사상마련(事上磨鍊)'의 방법을 백암 역시 긍정하는 것으로, 양지의 자각을 위해 별도의 공부를 하는 것보다는 일상적 마음공부가 훨씬 중요하다는 의미이다. 또 이런 일상적 마음공부가 되어 있을 때에야 비로소 큰일을 만나도 흔들림 없이 대처할 수 있다. 그래서 백암은 왕수인이 영왕 신호의 난을 제압하는 과정을 평가하는 말미에, 왕수인이 평소에 마음을 단련하여 요령(要領)을 얻었기에 마치 배에 키[舵]가 있어 거센 바람이나 높은 풍랑도 배를 뒤집지 못하는 것처럼 신호의 난에 대응했다고 밝힌다. 그런데 이 같은 유행불식의 앎과 범응불체의 앎의 핵심은 견문지(見聞知)가 아닌 '본체지(本體知)'이다.

> 대개 선생(왕수인)의 학문이 본체의 도덕적인 앎을 얻는 것이므로, 눈과 귀로 얻는 앎을 확충할 겨를이 없다. 그러면 당연히 실용과는 좀 멀어질 것이다. 그러나 사물에 임하고 변화에 대처하는 것을 항상 헤아리되, 한층 어려운 일을 만날 때마다 더욱 정신을 쏟는다. 예컨대 좋은 쇠가 불에 들어가면 더욱 광채를 내는 것과 같다.54)

여기서 본체지란 견문지와 대응되는 '도덕지(道德知)'를 가리키는 표현이다. 물론 양지는 견문지와 도덕지를 모두 관통하는 것이다. 그럼에도 그 무게 중심은 도덕지에 있다는 것이 백암의 해석이다. 그렇다면 왜 도덕지가 견문지에 비해 중요한가? 이 물음에 대해 백암은 도덕지라는 근본이 굳건하게 서 있어야만 이해득실 따위에 마음이 흔들리지 않으며, 도덕적 주체로서의 자신을 믿고 제대로 실천할 수 있다고 대답한다.

> 대개 선비라 일컫는 자들의 듣고 보고 안 것은, 겉돌고 넘치며 절실하지 못하여 말로 설명하는 것을 떠나지 못한다. 선생(왕수인)의 본체 공부는 실제 사물에서 앎을 갈고 닦아[事上磨鍊] 정밀하고 밝음을 이루어 철저하게 깨달은 것이

다. 그러므로 그 구별하는 앎이 천하의 시비에 어둡지 않고, 스스로 믿는 힘이 천하의 이해관계에 빼앗기지 않으며, 믿고 실천함에 힘차게 아무 일 없는 듯이 행동한다.55)

위의 인용문은 견문지에 천착했을 때 발생하는 병폐가 무엇인지, 일상적 마음공부는 어디에 초점을 맞추어야 하는지 압축적으로 보여준다. 이렇게 보자면, 학교 도덕교육을 통해 양성해야 하는 도덕적 주체란 정보과학기술로 대변되는 견문지가 난무하는 현대 사회에서 그 중심을 도덕지에 둘 수 있는 사람이며, 이를 목표로 일상적 마음공부를 실천하는 사람이다. 그리고 이 목표를 성공적으로 달성한다면, 도덕과 교육에 대한 정당성 논의는 더 이상 거론조차 할 필요가 없는 문제가 될 것이다.

3) 타자(他者)를 바라보는 관점

백암 사상의 양명학적 특징이 지니는 세 번째 도덕교육적 함의는 타자(他者)를 바라보는 따뜻한 시각을 가질 수 있도록 도움을 제공한다는 것이다. 주지하는 것처럼, 도덕과 교육에서는 주체가 타인·공동체로 대변되는 타자와 올바르게 관계 맺어야 한다는 점을 강조하고 있다. 예를 들어 「2015 도덕과 교육과정」에 수록되어 있는 6개의 '도덕과 역량'들 중 최소한 3개(도덕적 대인 관계 능력, 도덕적 정서 능력, 도덕적 공동체 의식 등)는 주체와 타인·공동체의 관계맺음과 직접적으로 관련된 것이다.56) 또한 「2007 도덕과 교육과정」 이후 도덕과 교육의 내용 구성 원리로 기능하고 있는 '가치관계 확장법'의 4개의 영역 가운데 제Ⅱ영역과 제Ⅲ영역은 주체가 타인 내지는 공동체와 맺는 관계 영역으로 규정된다. 관련하여 「2015 도덕과 교육과정」에서는 "타인과의 관계에서는 타자에 대한 존중을 토대로 바람직한 관계 설정을 지향하는 배려를 중심에 두며, 사회 및 공동체와의 관계에서는 공정성을 토대로 바람직한 사회를 추구하는 정의를 중심에 둔다."57)라고 기술하고 있다. 그런데 왜 우리는 숨 가쁜 현실 속에서 타인 혹은 공동체와 도덕적인 관계를 맺으려고 노력해야 하는가? 아쉽게도 이 물음에 대한 설득력 있는 대답은 도덕과 교육과정에서 발견하기 어렵다. 그리고 이 지점에서 백암의 양지 개념이 지니는 마지막 도덕교육적 함의를 찾을 수 있다.

백암은 양지 개념의 여섯 가지 특징들 가운데 끝의 두 가지를 '성인(聖人)과 어리석은 사람 모두에게 있는 앎'과 '하늘과 사람이 하나 되는 앎'이라고 표현했다. 그런데 이러한 성우무간의 앎과 천인합일의 앎이 가능한 이유는 누구나 양지를 가지고 있기 때문이다. 그래서 백암은 "누구에겐들 이 양지의 밝음이 없겠는가? … 이 양지는 선천적으로 타고난 성품에 근거하는 것이므로, 비록 마음이 어둡고 생각이 꽉 막힌 사람이라 할지라도 이것이 전혀 없을 수 없다."58)라고 언급했던 것이다. 물론 양지의 가림에는 유무나 정도의 차이가 있을 수 있다. 그럼에도 영명한 양지 자체는 시간과 공간, 성인과 어리석은 사람 같은 구분과는 별개로 누구나 갖추고 있는 것이다. 만일 이 사실을 믿고 받아들인다면, 우리는 자신과의 친소(親疏) 여부와는 상관없이 사람을 함부로 대할 수 없다. 뿐만 아니라, 사람들의 집합인 공동체(사회, 국가, 지구공동체)도 함부로 대할 수 없다. 즉, 양지의 존재를 인정함으로써 주체가 타자를 배려하고 공정하게 대해야 하는 까닭을 발견하게 되는 것이다. 그리고 이렇게 할 때에야 비로소 참되고 진실한 관계가 형성될 수 있다.

선생(왕수인)의 학문은 본심의 양지를 확충하여 '만물이 한 몸인 것'을 인(仁)으로 삼는 것이다. 그렇게 하면 임금과 신하, 아버지와 자식, 친구 사이 등의 사회관계에서 참되고 진실됨을 이룬다. 그래서 평상시나 변고에서도 실로 신비한 대응 방법이 있게 된다. … 이것이 이른바 측은지심(惻隱之心)이 충만하면 인을 이루 다 쓸 수 없다는 것이니, 누가 양지의 학문이 도에 충분하지 않다고 말했는가?[59]

이처럼 백암은 양지를 확충함으로써 '만물일체[同體萬物]'를 달성하는 것이야말로 인의 완성이라고 보았으며, '측은지심'을 통해 그 정서적 기반까지 밝히고 있다. 이렇게 보자면, 백암의 양지 개념은 도덕과 교육에서 강조는 하지만 설명은 소략한 주체와 타자가 관계 맺는 방식의 근간 및 지향점을 보여주는 설득력 있는 방법론인 것이다.[60]

이상으로 본 절에서는 백암이 집중적으로 표현했던 양지 개념의 여섯 가지 특징들을 살펴보고, 순차적으로 관련 도덕교육적 함의에 대해 고찰하였다. 요컨대 그의 사상에서 나타나는 양명학적 특징들로부터 도출 가능한 도덕교육적 함의는, 나 자신이 도덕적 주체라는 사실에 대한 신념을 제공하고, 일상적 마음공부의 중요성을 일깨워 주며, 타자를 바라보는 따스한 시각을 가질 수 있도록 도움을 제시한다는 것이다. 이제 이어지는 절에서는 본 연구에서 미처 다루지 못한 한두 가지 후속 과제들을 제언하면서 글을 마칠 것이다.

4. 남은 과제들

지금까지 이 장에서는 『왕양명선생실기』를 중심으로 백암의 사상에서 엿볼 수 있는 양명학적 특징들을 제시하고, 이로부터 도덕교육적 함의를 도출한다는 목적 아래 논의를 진행하였다.

이 목적을 위해 본 장에서는 먼저 백암의 사상 변전 과정에서 양명학이 어느 시기에 등장하였으며 그 위상은 어떠하였는지 살펴보았다. 이를 통해 그의 사상 체계에 1905년 이후 등장한 양명학은 『왕양명선생실기』가 발간된 1910년을 전후로 한층 심화되었으며, 꾸준히 그 영향력을 행사하였다는 점을 확인하였다. 이어서 본 장에서는 백암의 사상에 나타나는 양명학적 특징들을 논의하였다. 그는 양명학을 민족주의적 관점에서 바라보았고, 공부를 중시한 학풍으로 이해하였으며, 종교적 측면과 긴밀하게 연결시켜 해석하였는데, 이는 모두 당시 대한제국이 처한 위기 상황 극복과 관련이 있음을 알 수 있었다. 끝으로 본 장에서는 백암의 양명학적 특징들이 집약된 양지 개념을 중심으로 관련 도덕교육적 함의들을 고찰하였다. 그의 양명학과 양지 개념은 도덕과 교육과 관련해 바로 '나' 자신이 도덕적 주체라는 사실에 대한 신념을 제공하고, 일상적 마음공부의 중요성을 일깨워 주며, 주체와 타자가 관계 맺는 데 있어 근간과 지향점을 제시한다.

본 연구가 백암의 사상에 대한 도덕교육적 함의를 밝힌 드문 논의라는 점에서는 어느 정도 학문적 의의를 지닐 수 있을 것이라고 기대하지만, 이 글이 더욱 가치를 가지려면 다음과 같은 후속 과제들이 뒤따라야만 한다. 그 첫 번째는, 백암 사상의 양명학적 특징들을 더욱 엄밀하게 추출하는 것이다. 이 장에서도 이러한 시도를 하였고 일정 이상 성과를 거두었으나, 주요한 분석 대상은『왕양명선생실기』로 한정되었다. 따라서 향후에는 살펴보는 저술 대상들의 범위를 확장하여 전체적으로 조망함으로써, 그의 사상이 지니는 양명학적 특징들을 좀 더 명료하게 수립할 필요가 있다. 다음으로 두 번째는, 하곡(정제두), 백암(박은식), 위당(정인보)의 사상에서 나타나는 양명학 및 도덕교육적 함의의 같고 다른 점[同異點]들을 한층 명확하게 파악하는 것이다. 이 작업이 이루어진다면 각각의 학자들이 가지는 학문적 위상이 더욱 뚜렷해짐과 동시에, 그들의 사상을 오늘날에도 충분히 검토하고 되살릴 필요가 있다는 사실을 드러낼 수 있을 것이다. 또한 여전히 미개척지로 남아 있는 '도덕심[良知]' 중심의 전통교육적 맥락도 구축할 수 있을 것이다.

미주

1) 朴殷植,『백암 박은식 전집 제3권』, 동방미디어, 2002, 5쪽(해제).

2) 김민재,「정제두의 양지가 지니는 특징과 구현 과정에 대한 일고」,『철학논총』제 78집 제4권, 새한철학회, 2014d, 44~45쪽.

3) 김민재,「위당 정인보 사상의 양명학적 특징과 도덕교육적 함의」,『유학연구』제 37집, 충남대학교 유학연구소, 2016c, 103, 116쪽.

4) 鄭寅普, 홍원식·이상호 역,『위당 정인보의 양명학연론』, 한국국학진흥원, 2005, 250쪽.

5) 이재일,「박은식의 종교관과 교육관」,『인격교육』제6권 제2호, 한국인격교육학회, 2012, 7~20쪽.

6) 김현우,「박은식의 사상 전환 속에 나타난 양명학의 성립 배경과 전개 양상」,『국학연구』제24집, 한국국학진흥원, 2014a, 160쪽.

7) 발전한 국가의 경우로는 일본을 비롯한 영국·프랑스·독일·미국 등을, 퇴보한 국가의 경우로는 식민지가 된 인도·이란·터키·스페인 등을 꼽았다.

8) 김현우,「박은식과『학규신론』」,『인문학연구』제24집, 인천대학교 인문학연구소, 2015a, 82~99쪽. ; 이외에도『학규신론』에 대한 연구 성과로는, 신창호,「개화기 교육에서 유학은 어떤 위상을 지니는가」,『동양고전연구』제26집, 동양고전학회, 2007 및 김현우,「『학규신론』에 나타난 박은식의 경학관 연구」,『민족문화』제43 집, 한국고전번역원, 2014b 등을 참조할 수 있다.

9) 金玉均 외, 이민수 외 역,『한국의 근대사상』, 삼성출판사, 1990, 135~136쪽.

10) 朴殷植,「論說」,『西友』제1호, 西友學會, 1906, 9쪽(智識이 開明ᄒ고 勢力이 膨脹ᄒ 者ᄂ 優等人種이라 稱ᄒ고 智識이 闇昧ᄒ고 勢力이 縮少ᄒ 者ᄂ 劣等 人種이라 謂ᄒᄂᄃ 優等人種이 劣等人種을 對ᄒ야 目之以野蠻ᄒ며 認之以犧牲 ᄒ야 驅逐과 宰殺을 惟意所欲에 略無顧忌라).

11) 朴殷植,「儒敎求新論」,『西北學會月報』제10호, 西北學會, 1909, 16~17쪽(蓋 知本이 所以知要오 知要가 所以盡博이라 … 而況 今日은 各種 科學이 日以複雜 ᄒ고 人生事業이 日趨靈捷ᄒᄂ 時代라. 至於本領學問에도 簡易直切ᄒ 法門을 不要ᄒ고 支離汗漫ᄒ 工夫에 從事ᄒ라 ᄒ면 後進 靑年이 皆苦其難而厭其煩ᄒ 야 下手을 不肯ᄒ지니 此ᄂ 吾儒敎界에 實노 重要ᄒ 問題라 … 然則 今之儒者가 各種 科學 外에 本領學問을 求ᄒ고져 ᄒ진ᄃ 陽明學에 從事ᄒᄂ 것이 實노 簡 單切要ᄒ 法門이라).

12) 朴殷植, 이종란 역,『왕양명실기』, 한길사, 2010, 271~272쪽. ;『왕양명선생실 기』의 번역본으로는 이종란 역 이외에도, 최재목·김용구 역,『한글 주해 왕양명선

생실기』, 선인, 2011이 있다. 이종란 역은 번역 부분과 원문이 분리되어 있어 가독성이 좀 더 높다. 최재목·김용구 역은 번역 부분과 해당 원문이 붙어 있어 서로 대조하면서 읽을 수 있다. 두 번역본은 모두 나름의 장점들을 가지고 있으나, 본 장에서는 주로 이종란 역을 참조 또는 인용하였다. 다만 번역상에 어색함이 발견되는 경우에 한해, 최재목·김용구 역을 참조하거나 원문을 대조하여 인용문을 수정하였음을 밝혀둔다.

13) 백암이 양명학을 수용했던 근본적인 이유는 유학자로서 견문지(見聞知)에 대한 본연지(本然知, 德性知)의 상대적 중요성을 인정하였기 때문이다. 그는 적자생존과 우승열패의 시대에 민족적 생존을 도모하려면, 견문지의 확장을 통해 서구 문명을 적극 수용해야 한다고 주장하였다. 그러나 경쟁 원리나 과학 기술이 인간의 윤리적 측면까지 해명하지는 못한다고 보았다. 이 문제를 해소하는 과정에서 그에게는 시대 상황에 부합하는 유학의 변용이 필요하였고, 여기에서 양명학을 수용했던 것이다. 관련하여 박정심(「박은식 격물치지설의 근대적 함의」, 『양명학』 제21호, 한국양명학회, 2008, 9~16쪽)은, 백암이 과학 기술과 도덕 철학의 괴리를 매개할 수 있는 기제로 양명학의 견문지와 덕성지의 관계를 활용하였다고 보았다. 다시 말해, 견문지로 대변되는 사실판단 영역을 인정하면서도 양명학의 종지인 양지 개념을 활용하여 덕성지로 대변되는 가치판단 영역을 부각시킴으로써, 문명화와 국권 회복 및 민족 발전을 달성함과 동시에 이런 것들의 도덕적 방향성을 설정하고자 했다는 것이다.

14) 백암이 『한국통사』에서 혼(魂)과 백(魄)을 구분하고, 특히 혼에 중점을 두었음은 주지의 사실이다. 그는 이 책의 결론에서 "국교·국학·국어·국문·국사는 혼에 속하는 것이요, 전곡·군대·성지·함선·기계 등은 백에 속하는 것으로, 혼의 됨됨은 백에 따라서 죽고 사는 것이 아니다."(朴殷植, 『백암 박은식 전집 제1권』, 동방미디어, 2002, 1080쪽)라는 점을 분명하게 밝혔다.

15) 朴殷植, '學의 眞相은 疑로 쫏차 求하라', 『東亞日報』, 1925.04.06. 5쪽(人이 渺然一身으로써 複雜하고 變幻하는 事物의 中에 處하야 능히 引誘가 되지 않고 使役이 되지 안하 모든 것을 命令하고 制裁하자면 良知의 本能으로써 主宰를 삼는 것이 根本上要領이라).

16) 이재일, 앞의 글, 2012, 20쪽.

17) 이혜경, 「박은식의 양명학 해석」, 『철학사상』 제55호, 서울대학교 철학사상연구소, 2015b, 26쪽.

18) 신용하, 『한국근대민족주의의 형성과 전개』, 서울대학교 출판부, 1989, 2쪽.

19) 朴殷植, 이종란 역, 앞의 책, 2010, 71쪽.

20) 위의 책, 같은 면.

21) 위의 책, 69쪽.

22) 朴殷植, 조준희 역, 『대통령이 들려주는 우리 역사』, 박문사, 2011, 229쪽.

23) 송명진, 「구성된 민족 개념과 역사·전기소설의 전개」, 『현대문학의 연구』 제46호, 한국문학연구학회, 2012, 215, 224쪽.

24) 朴殷植, 조준희 역, 앞의 책, 2011, 262쪽.

25) 위의 책, 274쪽.

26) 『몽배금태조』의 말미에서 금태조는, 열강의 제국주의적 민족주의와 이로부터 압제를 당하는 국가들의 민족주의가 충돌하는 상황의 끝에는 '평등주의'가 등장할 것이고, 이 시기에 평화의 기치를 높이 들 사람들은 대동 민족일 것이라고 예상한다. 이는 『몽배금태조』의 저술 목적이 단순한 민족주의의 고취를 넘어서고 있다는 점을 보여주는 것이다. 이에 대해 이혜경(「박은식의 사상전변」, 『철학사상』 제58호, 서울대학교 철학사상연구소, 2015a, 54쪽)은, 백암이 민족의 분발을 염원하면서도, 그 분발의 결과로 제국주의와는 상이한 방식의 역사를 열어가야 한다고 보았다고 평가하였다. 필자의 관점에서 보자면, 백암은 제국주의적 민족주의와는 다른 방식으로 역사를 전개해 가는 사상적 뿌리로 양명학을 설정했던 것이다.

27) 관련하여 최재목(이우진 역, 『동아시아 양명학의 전개』, 정병규 에디션, 2016, 142~143쪽)은, 양명학에 내재된 두 가지 측면에 초점을 맞추어 각각의 성격을 정리한 바 있다. 그는 본체 중시의 적극적 측면(양명좌파)을 향외적·동적·행위적 성격의 사상으로, 공부 중시의 소극적 측면(양명우파)을 향내적·정적·성찰적 성격의 사상으로 분류하였다. 이러한 두 측면이 두드러지게 된 사건이 왕기(王畿)와 전덕홍(錢德洪)의 사구교(四句敎) 논쟁이었다.

28) 朴殷植, 이종란 역, 앞의 책, 2010, 308~309쪽.

29) 위의 책, 292쪽.

30) 위의 책, 같은 면.

31) 김민재, 「왕수인이 제시한 마음공부의 도덕교육적 해석」, 『철학논총』 제90집 제4권, 새한철학회, 2017b, 87쪽.

32) 김순석, 「근대 유교계의 지각변동」, 『종교문화비평』 제22호, 종교문화비평학회, 2012, 97~106쪽; 김순석, 『박은식-불멸의 민족혼 되살려 낸 역사가』, 역사공간, 2013, 50~55쪽.

33) 황종원, 「최제우와 박은식의 유교개혁 방향, 평등관, 서구 근대문명에 대한 태도」, 『영남학』 제49호, 경북대학교 퇴계연구소, 2011, 335~336쪽.

34) 朴殷植, 이종란 역, 앞의 책, 2010, 229~230쪽.

35) 위의 책, 87쪽.

36) 朴殷植, 「告我學生諸君」, 『西北學會月報』 제10호, 西北學會, 1909, 1~2쪽(今日 我 同胞의 沈淪혼 情況은 但히 疾痛에 不止혼지라. 此를 救濟홀 者가 誰오

ᄒ면 他處에 不在ᄒ고 惟是吾人腦髓中에 在ᄒ 神聖ᄒ 主人이 是라. 此神聖ᄒ 主人은 我生之初에 天의 明命으로 賦予ᄒ야 至極히 尊重ᄒ고 至極히 靈明ᄒ니 … 蓋 此 神聖ᄒ 主人은 帝舜 所謂 道心이오. 成湯 所謂 上帝 降衷이오 孔子 所謂 仁이오 孟子 所謂 良知오 釋迦 所謂 話頭오 耶蘇 所謂 靈魂이라).

37) 朴殷植, 이종란 역, 앞의 책, 2010, 107쪽.

38) 『論語』「子罕」: 子在川上曰, 逝者如斯夫. 不舍晝夜.

39) http://www.godpia.com/

40) 『傳習錄』卷上: 與其爲數頃無源之塘水, 不若爲數尺有源之井水, 生意不窮. 時先生在塘邊坐, 傍有井, 故以之喩學云.

41) 김현우, 「박은식의 기독교 수용과 양지론」, 『양명학』 제42호, 한국양명학회, 2015b, 94~96쪽.

42) 정창우 외, 『윤리와 사상』, 미래엔, 2014, 65쪽. ; 이 교과서에서는 하단의 '탐구 활동'에서도 백암의 사상을 수록하였다. 이렇게 「2009 도덕과 교육과정」에 근거해 간행된 『윤리와 사상』 교과서들에서 백암을 다룰 수 있었던 이유는, 교육과정에서 '애국계몽운동'을 직접 언급하고 있었기 때문으로 보인다(교육과학기술부, 『교육과학기술부 고시 제2012-14호[별책 1] 도덕과 교육과정』, 교육과학기술부, 2012, 51쪽). 하지만 「2015 도덕과 교육과정」에 근거해 간행된 『윤리와 사상』 검정 교과서들에서는 총 5종 가운데 2종(박찬구 외, 『윤리와 사상』, 씨마스, 2019, 87쪽; 황인표 외, 『윤리와 사상』, 교학사, 2019, 86쪽)에서만 백암을 언급하고 있으며, 읽기 자료는 보강되었지만 설명은 소략해졌다.

43) 朴殷植, 이종란 역, 앞의 책, 2010, 168~169쪽.

44) 박병기, 『동양도덕교육론의 현대적 해석』, 인간사랑, 2009, 23쪽.

45) 朴殷植, 이종란 역, 앞의 책, 2010, 63쪽. ; 양지 개념에 대한 백암의 설명을 해석하는 입장은 두 가지로 나뉘는데, 하나는 백암의 양지 개념에 대한 설명이 왕수인과 유사하다는 입장이고, 다른 하나는 그렇지 않다는 입장이다. 후자를 대표하는 김현우(앞의 글, 2015b, 91~97쪽)는 양지를 '유행불식'의 앎과 '범응불체'의 앎으로 설명하는 것이 백암의 양명학에서 나타나는 독창성이라고 규정하고 있다. 필자는 김현우의 해석이 학술적으로 큰 가치를 지니고 있다고 생각하지만, 유행불식과 범응불체는 표현상의 차이는 있을지언정 왕수인의 양지 설명에서도 발견할 수 있는 속성이라고 보고 있다. 그러나 이 부분에 대해서는 『왕양명전집(王陽明全集)』에 수록된 내용과의 비교 및 분석을 통한 상세한 고찰이 요구되는 바, 다른 지면으로 논의를 미룬다.

46) 교육부, 앞의 책, 2015b, 4쪽. ; 도덕적 주체는 「2007 도덕과 교육과정」에서 처음으로 설정된 개념(영역)으로서, 이전에는 '개인 생활' 영역이 관련 내용을 다루었다. 이후 「2009 도덕과 교육과정」에서도 '도덕적 주체'라는 용어로 해당 영역

을 표현하다가, 「2015 도덕과 교육과정」에 들어와 '자신과의 관계'로 수정하였다 (강두호, 『도덕 교과교육의 논점들』, 교육과학사, 2017, 55쪽).

47) 교육부, 앞의 책, 2015b, 3쪽.

48) 朴殷植, 이종란 역, 앞의 책, 2010, 335~336쪽.

49) 교육부, 앞의 책, 2015b, 5쪽.

50) 도덕과 교육의 정당성 문제에 대한 더 상세한 안내는, 정창우, 『도덕과 교육의 이론과 쟁점』, 울력, 2013, 17~21쪽을 참조할 수 있다.

51) 길병휘, 『도덕교육의 비판적 성찰』, 교육과학사, 2013, 265쪽. ; 필자는 길병휘와 달리 '습득적 도덕교육'이나 '덕목 중심 도덕교육'도 도덕과 교육의 목표로서 중요하다고 생각하지만, 이는 본 장에서 논의할 주제가 아니기에 생략한다.

52) 이상호, 「한국 근대 양명학의 철학적 특징」, 『양명학』 제20호, 한국양명학회, 2008, 11쪽.

53) 朴殷植, 이종란 역, 앞의 책, 2010, 324~325쪽.

54) 위의 책, 250쪽.

55) 위의 책, 250~251쪽.

56) 여기서 '도덕적 대인 관계 능력'이란 의사소통 과정에서 타인의 도덕적 요구 인식 및 수용과 이상적인 의사소통 공동체를 지향하면서 타인과 더불어 살아갈 수 있는 능력이고, '도덕적 정서 능력'이란 도덕성을 전제로 자신 및 타인의 감정을 인식하고 배려할 수 있는 능력이며, '도덕적 공동체 의식'이란 도덕규범과 정서 및 유대감을 근간으로 자신이 속한 다양한 공동체의 구성원으로서의 소속감을 갖고 살아갈 수 있는 능력이다(교육부, 앞의 책, 2015b, 3쪽). ; 도덕과 역량들은 교육과정 총론에 수록된 '핵심 역량'과의 공조 속에서 등장한 것으로, 총론에서 제시한 핵심 역량이란 "교과와 창의적 체험활동을 포함한 학교에서 이루어지는 모든 교육 활동을 통해 중점적으로 기르고자 하는 능력"(교육부, 『2015 개정 교육과정 총론 해설(초등학교)』, 교육부, 2016, 39쪽)을 말한다. 중·고등학교용 교육과정 총론 해설서에도 동일하게 기술되어 있다.

57) 교육부, 앞의 책, 2015b, 3쪽.

58) 朴殷植, 이종란 역, 앞의 책, 2010, 65쪽.

59) 위의 책, 94~95쪽.

60) 그러나 백암은 왕수인의 만물일체 사상을 알고 있었음에도 불구하고, 『왕양명선생실기』 내에서는 타자의 범위에 '자연'까지 포함시키지는 않았던 것으로 판단된다. 이것은 한계라기보다는, 제1절에서 살펴본 것처럼 백암이 양명학을 해석함에 있어 주로 당시의 대한제국이 처했던 상황을 투영해 바라보았기 때문이라고 추측된다.

제11장

위당 정인보의 양명학과 도덕교육
- 『양명학연론(陽明學演論)』를 중심으로 -

이 장에서는 『양명학연론(陽明學演論)』을 중심으로 위당(爲堂) 정인보(鄭寅普, 1893~1950) 사상의 양명학적 특징들을 살펴보고, 이로부터 도덕교육적 함의를 도출할 것이다. 잘 알려진 것처럼, 위당은 1930년대 전후의 일제강점기에 민족정신을 고취하면서 양명학을 표방했던 인물이다. 그는 난곡(蘭谷) 이건방(李建芳)에게서 수학하여 강화학파(江華學派)의 학맥을 이어받았으며, 동아일보에 『양명학연론』을 66회에 걸쳐 연재함으로써 조금 앞선 시기에 활동했던 백암(白巖) 박은식(朴殷植)과 더불어 20세기 초 양명학을 공개적으로 선포하고 주창한 두 축이라고 평가받는다.[1]

이런 위당은 『양명학연론』의 제1장 「글을 쓰게 된 까닭」에서 '텅 빈 학문[虛學]'과 '거짓된 행동[假行]'에 대해 통렬하게 비판하면서, 공부의 핵심은 '실심(實心)'의 힘을 빌려 자기만을 생각하는 편협한 마음을 누르는 것이라고 분명히 지적하고 있다.[2] 이것은 당대의 스승이었던 위당 역시 교육에 적지 않은 관심을 가졌다는 증거라고 할 수 있다. 그러나 그의 사상을 교육학적으로 풀이한 연구는 전무하다고 해도 과언이 아니다. 이에 필자는 본 장을 통해 위당의 사상에서 엿볼 수 있는 양명학적 특징들을 고찰한 뒤, 여기에서 관련 도덕교육적 함의들을 추출해 보고자 한다. 이 장의 집필은 필자의 두 가지 문제의식에서 비롯되었다.

첫 번째는, 학교 도덕교육, 소위 '도덕과(道德科)' 교육에 대한 원론적인 측면들의 논의 약화 현상과 관련이 있다. 1973~1974년에 공포된 「제3차 교육과정」 시기에 정식교과로 인정받은 이후 상당한 시간이 흐르면서, 학교 도덕교육은 최소한 교육과정이나 교수·학습 방법적인 측면에서는 많은 성과들을 거두었다. 따라서 현재의 연구 경향은 도덕교육이 지향해야 할 방향 내지는 목표에 대한 논의보다는, 관련 콘텐츠들의 도덕교육적 변용 연구가 주(主)를 이루고 있는 실정이다. 그러나 "사물에는 근본과 말단이 있고 일에는 마침과 시작이 있으니, 우선해야 할 것과 나중에 해야 할 것을 알면 도리에 가까울 것"[3]이라는 『대학(大學)』의 내용과도 같이, 교육에서 원론적인 측면들에 대한 논의는 그 어느 때라도 소홀히 해서는 안 될 것들이다. 그리고 이는 학교 도덕교육 역시 예외일 수 없다. 그런데 허실론과 양지론, 감통론으로 요약되는 위당의 양명학은 학교 도덕교육의 본령(本領)과 관련해 몇 가지 중요한 함의를 지니고 있는 것으로 판단된다.

이어서 두 번째는, 제9장과 10장에서도 언급하였듯이, 한국양명학[江華學派]에 대한 교육학적 해석 연구물들이 그리 많지 않다는 사실과 관련이 있다. 한국양명학과 관련된 교육학적 해석 연구물들은 2010년 이후에야 비로소 등장하기 시작하였는데, 그것도 조선 최대의 양명학자로 꼽히는 하곡(霞谷) 정제두(鄭齊斗)와 관련해 약간의 연구물이 있는 실정이다.[4] 하지만 실심과 실학(實學)을 내세우는 한국양명학자들의 인간 본성에 대한 견해 및 교육철학과 방법론 등을 조명해 봄으로써, 도덕심과 양지(良知)를 중심으로 하는 우리 전통의 또 다른 교육적 맥락을 짚어낼 수 있을 것으로 기대된다.[5] 그리고 이 부분에 있어서도 위당의 양명학은 상당한 함의를 지니고 있는 것으로 판단된다.

이상의 연구 목적과 문제의식에 기초하여 본 장은 다음과 같은 순서로 진행된다. 우선 제1절에서는 위당 사상의 양명학적 특징들 중 첫째로 '허실론(虛實論)'을 살펴보고, 이를 가르침과 배움[敎學]의 본령 및 전통도덕교육론의 수립 필요성과 관련지어 논의한다. 이어서 제2절에서는 '본밀 마음'이라고도 표현되는 위당의 '양지론(良知論)'을 살펴보고, 이를 학교 도덕교육의 출발점이자 도착점인 도덕적 주체와 관련지어 논의한다. 그리고 제3절에서는 양지의 발현과 확장으로 풀이할 수 있는 위당의 '감통론(感通論)'을 살펴보고, 이를 성숙한 시민 및 학교 도덕교육의 내용 구성 원리인 '가치관계 확장법'과 관련지어 논의한다.6)

1. 허실론(虛實論)과 '교학의 본령'

위당의 양명학은 근대기의 한국에서 엿볼 수 있는 독자적이면서도 가장 완성도 높은 수준의 것이라고 평가받는다.7) 그리고 그의 양명학이 압축된 서적이 바로 『양명학연론』이다. 그래서 위당 사상의 양명학적 특징들을 밝히려고 시도했던 선행 연구들도 대부분 이 책을 중심으로 논의를 전개하고 있다.8) 위당이 자신의 양명학을 논의하는 방식을 요약하자면, '허학(虛學)과 가행(假行)에 대한 비판에 근거하여 양지(=본심=실심), 독지(獨知), 감통(感通) 등의 몇 가지 핵심 개념을 위주로 논의를 전개하였다.'라고 표현할 수 있다. 이런 까닭에 많지 않은 선행 연구들 역시 유사한 내용을 반복하는 경우가 적지 않다. 본 장에서 필자는 선행 연구의 성과들에 기초해 위당 사상의 양명학적 특징들을 허실론, 양지론, 감통론으로 재정리하고, 각각의 논의들이 지니는 도덕교육적 함의를 도출할 것이다. 본 절에서는 첫 번째로 허실론과 그 도덕교육적 함의에 대해 살펴보자.

본 절에서 말하는 위당의 허실론이란, 텅 빈 학문과 거짓된 행동을 송두리째 제거하고[拔本塞源], 참된[實] 학문과 진실한[眞] 행동을 추구하는 일체의 정신 상태 혹은 공부를 말한다. 실제로 위당이 생각했던 모든 문제의 발단은 결국 허학이었다.[9] 그래서 그는 "수백 년간 조선 사람들의 실심과 실행(實行)은 학문영역 이외에서 간간이 남아있을 뿐, 온 세상에 가득찬 것은 오직 가행과 허학이었다."[10]라고 통렬히 비판한다. 그렇다면 이러한 가행과 허학으로부터 발생한 폐단은 무엇일까? 그것은 다름 아닌 '주체성의 상실'이다. 그런데 주체성의 상실은 두 가지 양상으로 나타났던 바, 하나는 주자학(朱子學)에 대한 신봉이요, 다른 하나는 당시 유입된 서구 학문들을 향한 추앙이다. 우선 전자와 관련해 위당은 다음과 같이 말한다.

조선 수백 년간의 학문이라고는 오직 유학뿐이요, 유학이라고는 오로지 주자학만을 신봉하였으되, 이 신봉의 폐단은 대개 두 갈래로 나뉘었다. 하나는 그 학설을 배워서 자신과 가족의 편의나 도모하려는 '사영파(私營派)'요, 다른 하나는 그 학설을 배워서 중화(中華)의 문화로 이 나라를 덮어 버리려는 '존화파(尊華派)'이다. 그러므로 평생을 몰두하여 심성(心性) 문제를 강론하였지만 '실제적인 마음[實心]'과는 얼러볼 생각이 적었고, 한 세상을 뒤흔들 듯 도의를 표방하되 자신밖에는 그 무엇도 보이지 않았다.[11]

조선의 수많은 유학자들이 주자학에 천착하여 인간의 마음과 본성 문제에 대한 탐구를 시도하였지만, 실심과 실학에 근거하지 못했던 까닭에 그 결과는 자신이나 가족의 영달을 꾀하려는 사영파 및 중국의 문화로 조선을 덮어 버리려는 존화파의 양산이었다는 것이 위당의 문제의식이다. 물론 주자학이 전적으로 잘못된 것은 아니다. 만일 주희(朱熹)가 강조했던 격물치지(格物致知)의 방법을 사물을 연구하는 분석 정신으로 활용했다면,

물질적 수준이 서구와 어깨를 나란히 할 정도로 발달할 수도 있었을 것이다. 그런데 그렇게 하지 못하고 그것을 마음과 본성의 수양 문제로 그릇되게 적용시켜 버림으로써, 실상은 수양과는 정반대의 방향으로 나아가게 되었던 것이다.12) 그리고 조선의 역사에서 나타났던 당쟁과 살육, 세도정치는 바로 여기에서 연유했다는 것이 위당의 지적이다.

이어서 당시 유입되었던 서구 학문들을 향한 무비판적인 추앙에 대해 그는 다음과 같이 말한다.

> 학문함에 있어 책 속에서만 진리를 구하려는 태도는 예전보다 더 한층 심해져서, 때로는 영국, 때로는 프랑스, 때로는 독일, 때로는 러시아로 시끌벅적하게 뛰어다니지만, 대개 좀 똑똑하다는 자라 할지라도 몇몇 서양학자들의 말과 학설만을 표준으로 삼아 어떻다느니 무엇이라느니 하고 만다. 이것은 무릇 그들의 '말과 학설'을 그대로 옮겨온 것이지 실심에 비추어 보아 합당한지를 헤아린 것은 아니니, 오늘날의 이러한 모습을 예전과 비교한들 과연 무슨 차이가 있겠는가. … 영국의 어느 학자, 프랑스의 어느 대가, 독일의 어느 박사, 러시아의 어느 동무의 말과 학설에 비추어 볼 때는 그렇지 않다. 꼭 이래야 옳고 꼭 저렇게는 아니해야겠다. 이 '마음'이야 그까짓 것 우스운 것이지만 저 '말씀'이야 세계적인 대학문이다.13)

위당이 보기에, 서구의 학문들을 향한 추앙은 조선의 유학자들이 보여준 주자학에 대한 신봉의 다른 형태에 불과하다. 다시 말해 서구의 학자들이 제출한 학설들을 마치 앵무새처럼 따라하고 있는 것은, 우리의 마음[實心]에 비추어 허실 여부를 따져본 것이 아니라는 점에서 조선의 유학자들이 보여준 주자학에 대한 무조건적인 신봉과 별 차이가 없다는 것이다. 그래서 그는 "심지어 우리의 감정으로는 차마 할 수 없는 것과 우리의 마음 어디에 비추어 봐도 옳다고 할 수 없는 것도 한번 저 먼 외국에서 떠들어대는 것이 있기만 하면, 그 말이 자신의 마음속으로는 분명하게 반대하는 것이라도 그것을 당연히 해야 할 일이라고 말하고, 또 당연히 옳은 일이라고 말하지 않는가."[14]라고 하면서 당시의 학풍에 대해 날카롭게 비판했던 것이다. 이것은 결국 자신의 마음속에서는 분명히 반대하고 있다는 것을 인지하고 느끼면서도 입으로는 찬성하는 꼴이니, 위당이 추구했던 참된 학문 및 진실한 행동과는 거리가 먼 것이다.

그런데 실심 및 진학(眞學)과는 구분되는 허학이 일으키는 폐단은 주체성의 상실이라는 관념적 수준에 머무르는 것이 아니다. 만일 허학을 익힌 자가 그 텅 빈대로 가만히 있기만 한다면 오히려 아무런 일도 없을 것이다. 그러나 이런 사람은 학문이 텅 비어있기 때문에 그 틈을 타 이리 뛰고 저리 뛰면서 온갖 나쁜 짓을 일삼는다고 위당은 말한다.[15] 즉, 실심으로 들어차 있어야 할 곳이 텅 비어 있는 까닭에 그 곳에 자기만을 생각하는 마음, 이른바 '자사념(自私念)'이 들어차 날로 융성하게 되고, 결국은 거짓된 행동을 통하여 자신을 포함한 국가와 사회에 막대한 피해를 입힌다는 것이다. 그의 다음과 같은 언급에는 허학에 대한 경계가 잘 나타나 있다.

이미 문자상 공부에만 노력을 기울이는 것이 이러한즉 자연히 사사로운 생각의 싹이 점점 자라나게 되고, 이로 인해 자만과 남에 대한 배척이 날로 성행하게 되었다. 그러면서도 경전의 문자에 끼워 맞추기는 점점 더 교묘해져 갔으니, 온갖 재앙과 분란이 여기에서 비롯된 것이다. 알라! '텅 빔[虛]'은 모든 '거짓[假]'의 바탕이 되는 것임을.[16](밑줄 처리는 필자가 함.)

그렇다면 허학 및 가행과는 반대되는 참된 학문, 진실한 행동의 핵심은 무엇일까? 그것은 첫째, 우리의 마음에 어긋남이 없다는 것이요, 둘째, 그러므로 복잡하지 않고 간이직절(簡易直切)하다는 것이다. 위당은 동양 학문의 진수는 간단하고 쉬운[簡易] 것에 있지, 번다하고 넓게[繁博] 추구하는 데 있지 않음을 분명히 하였다. 그리고 이렇게 간단하고 쉬운 이유는 "실제[實]와 참됨[眞]을 추구하는 일체의 공부를 모두 본래의 마음에서만 하면 되기 때문"[17)]이라고 하였다. 그런데 주자학 혹은 서구 학문들을 일 방적으로 존숭하는 허학도(虛學徒)들은 "마음속으로 좁혀 들어가야 할 학문의 중심을 산만하게 마음 밖의 사물로 향하게 하고, 자연세계에 관심을 두거나 두루두루 널리 탐구하게 함으로써 맨 먼저 의지해야 할 양지를 멀고도 먼 곳으로 내보내고 말았다."[18)] 또한 실심으로서의 양지를 잊어버림으로써, 학문의 근본을 상실하고 널리 탐구하는 것만을 중요하게 여기게 되었다. 하지만 일생에 걸쳐 지식 탐구에 몰두하여 그 학문이 동서양을 관통한다고 스스로 생각하고 또 재능 역시 매우 뛰어나다고 자부할지라도, '혼자만이 아는 그 곳[獨知]'에서 실질적인 공부를 하지 않으면 머릿속에는 창피스러운 겉껍데기 생각만이 자리를 차지할 따름이다.[19)] 요컨대 무슨 일이든지 우리의 양지(=본심=실심)에 비추고 감응(感應)하지 않는다면 그것이 곧 허학이자 가행의 원천이요, 이와 반대로 한다면 어떠한 텅빔[虛]이나 거짓[假]도 있을 수 없다는 것이 위당 양명학의 첫 번째 특징인 허실론의 요체인 것이다.

지금까지 본 절에서는 허실론의 내용에 대해 살펴보았다. 이제 이하에서는 이 같은 허실론이 지니는 도덕교육적 함의에 대해 고찰해 보자. 우선 첫 번째로 제시할 수 있는 것은, 실심과 참된 학문, 진실한 행동을 강조하는 위당의 허실론이 가르침과 배움[敎學]의 본령과 직결한다는 것이다. 시장 지향적 사고가 주를 이루는 현대 자본주의 사회에서 교학의 본령은 무엇일까? 그것은 나를 '진정한 나'로 거듭나게 할 주체성의 확인이라고 할 수 있다. 이는 학교에서 가르치는 모든 교과들에서 강조하는 것이지만, 도덕 교과에서는 더욱 그러하다. 그래서 현행 「2015 도덕과 교육과정」에서도 "도덕과는 … (학생들이) 자신의 삶의 의미를 자율적으로 찾아갈 수 있는 도덕적 탐구 및 윤리적 성찰, 실천 과정으로 이어지는 도덕함의 능력을 길러 도덕적인 인간과 정의로운 시민으로 살아갈 수 있도록 돕는 것을 목표로 한다."20)라고 기술함으로써, 이 점을 특히 강조하고 있는 것이다.21)

사실 비(非)시장 규범이 지배하던 삶의 영역에까지 시장 지향적 사고가 침투한지는 이미 오랜 시간이 흘렀다.22) 이런 까닭에 과거에는 가격 책정의 대상으로 인식될 수 없었던 인간의 삶과 죽음, 교육, 환경 등의 영역에서도 사고파는 일이 일상화되었다. 시장이 현대 사회의 발전과 번영에 미친 영향이나 긍정적인 측면들을 간단히 폄하해서는 안 되겠지만, 도덕적 가치를 대신해 시장 가치가 평가의 핵심이 되고 이 시장 가치를 위해서라면 다른 것들은 쉽게 무시해 버리는 현대 사회의 풍토를 바람직하다고는 할 수 없다.23) 왜냐하면 이러한 현상이 지속될 경우 가르침과 배움은 학생들의 본래적 욕구나 소질과는 아무런 관련이 없어지고, 오직 시장 가치와 직결되는 사회적 요구·선호만이 강조됨으로써 종국에는 주체성의 상실을 야기할 것이기 때문이다. 그리고 현재 우리 사회가 처한 상황이 그렇다. 교육의 중심에 생존 방법의 습득을 놓고 보니, 실심으로 대변되는 자기는 어디로 갔는지 알지 못한 채 타자가 요구하고 사회가 길들인 대로의 거짓 자아로 나의 주체성을 대신하고 있다.24) 즉, 주체성의 핵심인 실심을 상실하고 그 중요성조차 잊어버린 것이다. 위당의 입장에서 보자면, 이 같은 가르침과 배움은 허학의 강요요 가행의 요구일 따름이다. 그런데 문제는 여기서 그치지 않는다.

실심을 만만히 보는 그 속에는 자기만 생각하는 마음이 쉽사리 들어서게 되고 그럴수록 실심에 대한 경시는 더해지며, 실심으로써 자세히 살펴보지 아니한 다른 사람의 학설이기 때문에 어느덧 자기만 생각하는 마음에 의해서 이용당하게 된다.25)

실심의 경시는, 언급했던 자사념의 개입을 불러옴으로써 주체성의 상실을 더욱 가속화시킨다. 물론 실심이 어디로 간 것은 아니다. 그러나 실심은 누구 하나 돌아보는 사람이 없이, "의복은 남루하고 얼굴은 꾀죄죄한 채 죄 없이 비실비실 대며 골목길 으슥한 데로 넋 잃은 듯이 떠돌아다닌다."[26] 이것은 참된 학문과 진실한 행동의 근본인 실심에 대한 강조이자, 실심을 경시했던 당시 세태에 대한 비판이다. 위당의 언급이 비록 현대 자본주의 사회에 만연한 주체성의 상실을 꼬집은 것은 아니라고 할지라도, 과도한 성과주의로 인해 등장한 마음의 질병과 병리 현상들이 어디에서 연유하는지 보여주고 있으며, 그렇다면 교학의 본령을 어느 지점에 둠으로써 이 문제를 해소할 수 있는지 그 방향성을 제시하고 있다는 점에서 시사하는 바가 적지 않다.

이어서 위당의 허실론이 지니는 두 번째 도덕교육적 함의는, 전통도덕교육론 수립의 필요성에 대한 강조이다. 물론 기존의 교육이론들 혹은 도덕교육론들 가운데 전통도덕과 관련된 내용이 없었던 것은 아니다. 가령 현행 「2015 도덕과 교육과정」에서 제시하고 있는 핵심 가치인 성실, 배려, 정의, 책임 중 앞의 두 가지는 전통도덕을 반영하여 수록된 것으로 보인다.[27] 또한 일군의 학자들 역시 전통도덕교육론에 대해 활발히 논의하고 있다.[28] 그럼에도 우리 도덕교육론의 주요 맥락은 여전히 자유주의적 도덕교육론, 공동체주의적 도덕교육론, 인격교육론, 덕교육론, 배려교육론 같은 서구 이론들이며, 이런 틀을 중심으로 전통도덕 관련 내용들이 해석되고 있는 상황임을 부인하기 어렵다. 이 이론들이 도덕과 교육의 정립과 발전에 미친 영향을 과소평가해서는 안 되지만, 우리의 상황과 맞지 않아 발생한 부작용이 적지 않았다는 사실도 간과해서는 안 된다.[29] 그리고 이 지점에서 다음과 같은 위당의 언급은 전통도덕교육론의 수립이 어떤 맥락에서 요청되는지 중요한 메시지를 남긴다.

저 먼 서구의 학문들이 들어온 후 그 가운데 어떤 것은 원래의 병폐가 깊어져

벌써 곪아 터져 버린 것도 있고, 또 그 가운데 어떤 것은 이상하게도 주자학처럼 '참된 마음 밖의 사물에 대한 탐구'와 같아서 다시 그 병폐의 뿌리를 북돋아 점점 더 마음 밖으로 향하게 되니 참으로 슬픈 일이 아닐 수 없다. 한 번이라도 마음 속 진실한 곳을 향하게 되면 비로소 새로운 것을 깨달아 우리 민족의 복리를 도모할 수 있을 것이고, 또한 비로소 옛 것을 정돈하여 우리 민중의 복리를 꾀할 수 있을 것이다. 이렇듯 우리 민중의 복리를 꾀하는 데에 우리의 참된 마음의 실제 모습이 있다는 사실을 모름지기 알라.30)(밑줄 처리는 필자가 함.)

이 장의 서두에서 밝혔던 것처럼, 우리 전통에서 발견할 수 있는 교육적 맥락의 한 부분에는 도덕심과 양지를 중심으로 하는 흐름이 있었다. 또한 현재의 우리 도덕과 교육학계는 서구 이론들을 받아들일 때 일정한 현실적 기준을 통해 재해석하고, 그 이론들에 내재한 문제점들을 파악하여 비판과 관련 대안을 동시에 내놓을 수 있는 수준에 이르렀다.31) 따라서 지금이야말로 전통도덕교육론에 대한 깊은 탐구와 성찰에 근거하여 참된 의미의 '주체적 도덕교육론'을 수립해야 될 시기라고 필자는 판단한다. 그리고 이렇게 해야만 비로소 민족 차원을 넘어서 세계와 만물의 복리 추구[萬物化育]에도 기여할 수 있는 도덕교육론이 탄생할 것이다.

이상으로 본 절에서는 위당 사상의 양명학적 특징들 가운데 허실론에 대해 논의하고, 관련 도덕교육적 함의들을 고찰하였다.

2. 양지론(良知論)과 '도덕적 주체'

본 절에서 말하는 위당의 양지론이란, 옳은 것을 옳다 하고 그른 것을 그르다 하는 마음의 본체이자 사람이라면 누구나 본래부터 가지고 있는 영명함, 곧 양명학의 종지(宗旨)인 양지에 대한 강조를 가리킨다. 그는 "양지는 언제나 평형을 유지하고 있으므로 치우침과 기울어지는 것을 스스로 비출 수 있으니, 비추는 그 자체가 곧 지극한 선이요, 여기를 통과하지 못하는 것이 악이다."32)라고 말하면서, 『양명학연론』 전체에서 시비선악의 기준이 되는 양지를 강조한다. 하지만 위당은 이 양지에 대한 뿌리 깊은 의심이 존재하고 있다고 본다. 그래서 다음과 같은 언급을 통해 양지를 깨닫지 못한 것이 허학과 가행이 만연한 진정한 이유임을 지적하였다.33)

오호라, 내 마음과 사물을 떨어뜨려 놓고 학문을 말한 지 오래이다. 이제 양지에 대한 학문을 들을 때에도 양지만으로 어떻게 수많은 일들과 사물들을 처리할 수 있는가 하는, 이 의심의 뿌리 역시 오래된 것일 줄 알라. '텅 빔'을 들은 지 오래되매 실질[實]적인 것에 대해서도 '사사로운 생각[想]'을 하게 되고, '거짓'을 익힌 지 오래되매 진실함[眞]에 대해서도 자신의 '사사로운 생각'을 하게 된다.34)

인용문에 나타난 '텅 빔'과 '거짓'이 끼친 해악은 위당이 살던 당대의 잘못만이 아니라 역사적으로 연원이 아주 오래된 것이다. 그렇다면 어떻게 해야만 이미 생긴 해악들을 바로 잡을 수 있을까? 이 물음에 대해 위당은, 남은 모르고 나만 홀로 아는 내 마음의 양지에서 의로움과 사사로움, 선과 악의 경계가 생겨나는 바, 여기에서 스스로 놀라 자기의 본마음을 드러내게 되면 그때서야 비로소 참된 생활이 시작될 수 있다고 밝힌다. 다시 말해, '한결같이 참되고 조금의 거짓도 없어야 한다.'는 일진무가(一眞無假)의 정신을 깨우치고, 양지에 근거해 행동해야만 한다는 것이다.35) 양지는 어떤 재주나 계교(計巧)로도 기만할 수 없으며, 오직 혼자만이 아는 것이어서 소리와 냄새조차 없다. 즉, 가장 참되고도 절실하여 본성[性]과 천명[命]이 머물러 있는 곳이어서, 이 양지를 제쳐두고는 옳고 그름에 대한 표준을 삼을 만한 곳이 없는 것이다.36) 그래서 위당은 다음과 같이 언급함으로써 양지야말로 우리 삶의 핵심이라는 점을 거듭 강조한다.

> 이 앎을 놔둔 채 무엇을 가지고 그것과 감응할 수 있을 것이며, 이 앎을 놔둔 채 무엇을 가지고 만물과 감응할 수 있을 것이며, 이 앎을 놔둔 채 무엇을 가지고 옳은 것을 취하고 그른 것을 버릴 수 있을 것이며, 또 이 앎을 놔둔 채 어느 누가 나와 내 집안을 대신해버릴 수 있는 선택을 할 수 있고 자신의 생명을 아끼지 않는 결정을 할 수 있겠는가?[37]

그런데 위당은 '본밑 마음'이라는 표현을 사용해 양지를 더욱 생생하게 묘사한다. 여기서 본밑이란 우리의 마음이 타고난 원래 모습을 가리키는 수식어이고, 본밑 마음이란 갖가지 생각을 내면서도 그르다고 생각되는 것을 보면 즉시 그르다고 판단을 내리는 곳이다.[38] 그가 이 용어를 통해 주장하고 싶었던 내용은 크게 두 가지로서, 하나는 본밑 마음은 속일 수 없다는 것이고, 다른 하나는 본밑 마음은 보편타당하다는 것이다. 전자에 대해 위당은 다음과 같이 말한다.

> 어떤 것이 본밑 마음인가? 다른 사람은 속일 수 있어도 자신을 속일 수는 없나니, 이때 속일 수 있는 마음을 사념(邪念)이라 하고, 속일 수 없는 마음을 본심(本心)이라 한다. 그러므로 엄격하게 마음을 말하면, 본밑 마음만 마음이고 그 외의 마음은 모두 마음의 적(賊)인 것이다.[39]

그가 보기에, 마땅히 해야 할 행동을 하고 마음에 거리낌이 발생하는 행동을 하지 않는 것은 너무나 당연한 것이어서, 복잡한 이론 체계가 필요 없다. 또한 내가 나의 마음을 속이지 못한다는 사실 역시 너무나 자명한 것이어서, 증명을 요구하지 않는다. 한 순간의 생각 속에 나타나는 부끄러워하는 마음을 가지고서 부끄러운 생각을 누르는 것이, 긴 시간을 두고 마음을 연구하는 것보다 훨씬 효과가 있다는 것이다.40) 사실 우리의 일상을 되돌아보면, 나의 행위에 대해서는 내가 가장 잘 알고 있다. 그러므로 거짓 없고 선한 행위가 무엇인지에 대해서는 결국 자신의 내면을 속이지 않고 돌아볼 때 확인할 수 있는 것이다.41) 그리고 위당의 사상에서는 본밑 마음으로서의 양지가 그 기준점 역할을 하고 있다.

다음으로 본밑 마음의 보편타당함에 대해 그는 다음과 같이 말한다.

생각을 살리면 그것이 선일 때도 있으되 또 악일 때도 있고, 생각을 죽이어 그것이 악일 때도 있으되 또 선일 때도 있어서, 얼른 보면 정해지지 않은 듯하지만 내 '본밑 마음'이 옳다 하는 것과 그르다고 하는 것을 표준으로 삼아서 선과 악의 경계를 정하는 것은 결코 바뀌어서는 안 되는 것이다. 그러므로 시대에 따라서 변한다거나 처지에 따라서 바뀌었다고 해 보아라. 하지만 내 본밑 마음에 비추어서 옳다 그르다 하는 이 둘을 가지고 선과 악의 경계를 정하는 것도 변화하거나 바뀐 적이 있을까.42)

무엇이 선하고 악한지, 무엇이 좋고 나쁜지에 대한 구체적인 내용은 시간과 공간에 따라 달라질 수도 있다. 그러나 "표준을 내 마음의 옳고 그름에 두고 선과 악을 정하는"43) 것은 바뀔 수 없는 것이다. 가령 자녀를 위하는 어머니의 마음을 생각해 보자. 어머니의 마음이 구현되는 방법이나 형태는 시간 혹은 공간의 차이에 따라 얼마든지 달라질 수 있다. 하지만 자녀를 위해 결단을 내리는 어머니의 본밑 마음이 시·공간의 차이에 따라 바뀔 수 있을까? 이런 까닭에 위당은 "양지의 밝은 깨달음을 따라서 만사와 만물이 순식간에 스스로 이루어지고 마땅해지며 질서가 생기고 반듯해지는 것이 아니라, 양지의 밝은 깨달음에 의거하지 않고는 스스로 이루어지고 마땅해지며 질서가 생기고 반듯해지는 곳으로 인도할 지침이 없다."44)라고 말했던 것이다.

물론 이 같은 강조에도 불구하고 옳고 그름을 판단하는 본밀 마음, 즉 양지에 대해 사람들은 쉽게 의심을 거두지 못한다. 그래서 어떤 사람들은 옳고 그름에 대한 판단이 '습관'에서 나오는 것이라고 규정한다. 여기에 대해 위당은 "습관에는 자신의 명예와 이익을 좇는 그림자가 은근히 한 구석에 자리 잡고 있다. 또 습관으로는 일체의 명예와 이익을 초월해서 판단을 할 수 없다."45)라고 언급함으로써, 습관에 의한 판단을 양지에 의한 판단과 분명히 구분하고 있다. 주체로서의 내가 보기에 어느 것이 옳고 그른지 분명하지 않은 것은 양지에 의한 판단이 아니다. "그 가운데 분명한 것, 자신 스스로에게 한편으로는 가책과 불안이 생기고 다른 한편으로는 긍정과 복종하려는 마음이 생기는 것, 이것이 바로 자신의 본마음으로 아는 것이다."46) 그리고 이처럼 나의 본밀 마음에 의한 판단을 신뢰하면서 행동으로 옮기고자 적극 노력해야만[知行合一], 가릴 수 없는 그 본래적인 앎[良知]에 거리낌 없이 살 수 있고,47) 거의 사라져 없어져가는 마음의 혼[心魂]도 불러일으킬 수 있으며,48) 앞서 언급했던 한결같이 참되고 조금도 거짓이 없는 일진무가의 삶을 영위할 수 있다는 것이 위당 양명학의 두 번째 특징인 양지론의 요체인 것이다.

지금까지 본 절에서는 양지론의 내용에 대해 살펴보았다. 이제 이하에서는 이 같은 양지론이 지니는 도덕교육적 함의에 대해 고찰해 보자. 결론부터 제시하자면, 위당의 양지론은 학교 도덕교육의 출발점이자 도착점인 '도덕적 주체' 개념의 정체에 대해 더 깊이 생각해 볼 수 있는 계기를 제공한다는 것이다.49)

주지하는 것처럼, 현재 학교 도덕교육의 내용 구성 원리는 '가치관계 확장법'이다.50) 이것은 도덕적 주체로서의 '나'가 자신, 타인, 사회 및 공동체, 자연 및 초월과 맺는 관계의 확장을 중심으로 학교 도덕교육의 내용을 구성하는 것이다. 특히 도덕적 주체와 대상 사이에 맺는 관계는 성실, 배려, 정의, 책임이라는 핵심 가치를 비롯한 여러 가치·덕목들에 의해 규정되며, 이 관계가 도덕적 주체에서 자연 및 초월로 확장됨에 따라 주체인 나의 성찰 범위도 확장되어간다는 것이 요지이다. 그리고 학교 도덕교육에서 '자신과의 관계' 영역의 내용 구성 방향은, "자신에 대한 존중을 바탕으로 진정성을 추구하는 성실을 내면화"[51]할 수 있는 내용들로 구성한다는 것이다. 현행 「2015 도덕과 교육과정」 및 도덕 교과 관련 교과서들에서 '자신과의 관계' 영역의 내용 구성은 바로 여기에 기초한다.

하지만 도덕과 교육과정이나 교과서들을 살펴보면, 도덕적 주체가 무엇이고 어떤 속성들을 지녀야 하는지 분명하지 않다는 사실을 어렵지 않게 확인할 수 있다. 가령 「2015 도덕과 교육과정」에서 제시하는 '자신과의 관계' 영역의 성취 기준에는 많은 내용들이 수록되어 있지만, 그것들이 도덕적 주체와 어떤 상관이 있는지에 대한 설명은 소략하다. 일례로 중학교 1~3학년의 '자신과의 관계' 영역에 해당하는 성취 기준들을 살펴보면, 도덕적 주체는 도덕이 필요한 이유 및 왜 도덕적이어야 하는지 그 근거를 제시할 수 있어야 하고, 자신의 삶을 도덕적으로 성찰하는 태도를 기를 수 있어야 한다. 그리고 자기 자신을 도덕적 관점에서 인식하고 존중하며 조절할 수 있어야 하고, 내 삶의 목적을 도덕적 이야기로 구성할 수 있어야 한다. 나아가 행복한 삶을 영위하기 위해 좋은 습관과 건강의 필요성을 설명하고, 정서적·사회적 건강을 가꾸기 위한 방안을 제시하며, 관련된 실천 의지를 함양할 수 있어야 한다.[52] 이것은 성취 기준의 개략일 뿐, 각각의 하위 요소들은 별도로 준비되어 있다. 그렇다면 이런 수많은 항목들이 학교 도덕교육을 통해 길러야 할 도덕적 주체의 실질적인 모습을 제대로 보여주고 있는가? 혹은 그 항목들을 가르치기만 하면 학생들이 자발적으로 도덕적인 행동을 실천한다는 것인가? 지금의 학교 도덕교육에는 이런 질문들에 대한 깊이 있는 고민이 부족하다. 바로 여기에서 위당의 양지론이 지니는 도덕교육적 함의를 발견할 수 있다. 그는 다음과 같이 언급했다.

그렇다. 양지가 곧 글씨를 쓸 줄 알게 하고, 그림을 그릴 줄 알게 하며, 밥을 지을 줄 알게 하고, 옷을 만들 줄 알게 하며, 과학자들로 하여금 발명을 하게 하고, 정치가들로 하여금 방략을 내게 한다는 것은 아니다. 해야 하는 것일진대 배우는 것이 양지요, 마음 깊이 참담함을 느껴야 하는 일일진대 마음 깊이 참담함을 느끼게 하는 것이 양지이다. 이것만으로는 별 수 없을 것 같은가? 그러나 쓸 줄 모르는 글씨를 가장 잘 쓰는 체하여서 분명히 배워야 될 줄 알지만 창피하게 생각해서 배우지 않고 그대로 밀고 나간다고 하면, 배워야 될 줄 안 그 양지를 저버림이 아닌가?53)(밑줄 처리는 필자가 함.)

위당이 보기에 양명학에서 강조하는 양지에 대한 오해들은, 이 양지를 자각하기만 하면 도덕적인 삶과 모든 기예(技藝)들을 잘 할 수 있다고 생각하는 지점에서 나오는 것이다. 그러나 양지는 반성과 성찰, 그에 따른 노력 등이 전혀 요구되지 않는 개념이 결코 아니다. 이것은 마땅히 해야 할 행동은 하고 마음에 거리낌이 발생하는 행동은 하지 않는 도덕적 주체로서의 내 삶을 이끄는 원동력일 따름이다. 따라서 이 양지의 비춤을 속이지 않고 그것에 따라 살기 위해 노력해야만 올바른 삶을 살 수 있다. 다시 말해, 남은 모르고 나만 홀로 아는 양지를 거스르지 않고, 사물/사태에 대한 양지의 감응에 집중해야만 올바르게 살 수 있는 것이다. 이러한 주체적 삶의 중심에서 작동하는 양지의 모습과 그 효과에 대해 위당은 다음과 같이 묘사하였다.

복잡하면 복잡할수록 다단하면 다단할수록 일단 자신을 속이지 않는 그 자체를 가리지 아니하면 세밀한 길이나 복잡한 선도 비추지 않는 곳이 없어서, 혹 바로 뚫게 하거나 혹 돌아가게 하며, 혹 바로 깨뜨리거나 혹 돌아서 깨뜨리게 하며, 깨닫지 못한 곳은 깨닫게 하고 풀지 못한 곳은 풀리게 하며, 옳을진대 바로 행동하게 하고 그르다면 바로 버리게 하며, 옳은 것도 같고 그른 것도 같다면 더욱 천천히 살펴서 깊이 숙고하게 하니, 이 모든 것이 '태어나면서도 가진 앎', 즉 양지의 광명한 모습이다.54)

이와 같은 위당의 양지론은, '도덕적 주체'라는 개념을 강조하면서도 동시에 소홀하게 다루고 있는 학교 도덕교육에 시사하는 바가 적지 않다. '어려운 여건에 처해 있는 사람이 자신의 삶에서 마주한 또 다른 문제 사태들에 대해 도덕적인 결단을 내릴 수 있는 이유는 무엇일까?' 다르게 표현하자면, '인간으로 하여금 도덕적 주체를 경외하고 지향하도록 하는 이유는 무엇일까?' 이런 근본적인 질문들에 대해 학교 도덕교육을 구성하고 있는 현재의 서구 중심적 도덕교육론들은 제대로 된 답변을 하지 못한다. 왜냐하면 자유주의적 도덕교육론과 공동체주의적 도덕교육론을 위시한 대부분의 현대 도덕교육론들은 도덕적 주체의 중심이 되어야 하는 인간의 심성(心性) 문제에 큰 관심을 두고 있지 않을 뿐 아니라, 관심을 가진다 해도 중립적이거나 부정적인 견해를 고수하기 때문이다.55)

그러나 위당의 양지론은 이 양지(본밑 마음)를 중심으로 의미 있는 답변을 제시할 수 있는 가능성이 있다. 즉, '인간의 도덕적 가능성[良知]에 대한 신념'을 전제로 도덕적 주체의 정체에 대해 숙고해 볼 수 있는 계기를 제공한다는 것이다. 위당은, 인간이라면 자신의 마음에 비추어보았을 때 어떤 선택이 당연한지 불가한지 자연스럽게 깨달을 수 있다고 말한다. 그러나 '당연해도 그렇게 하면 나에게 불리하니 어떻게 해야 하는가?', '불가해도 그렇게 하면 나에게 유익하니 어떻게 해야 하는가?'라는 물음들이 우리의 삶을 지배하는 까닭에, 도덕적 주체로서의 삶을 제대로 영위하지 못한다고 보았다.56) 그 '당연한지 불가한지에 대한 깨달음'과 '어떻게 해야 하는가에 대한 고민' 사이의 간격이 도덕적 주체로서의 삶을 결정하는 경계라고 할 수 있다. 또한 그 간격을 줄이는 것이야말로 학교 도덕교육에서 진정으로 관심을 가져야 할 핵심인 것이다.

이상으로 본 절에서는 위당 사상의 양명학적 특징들 가운데 양지론에 대해 논의하고, 관련 도덕교육적 함의를 고찰하였다. 이어지는 절에서는 본 장의 마지막 내용으로 그의 감통론과 도덕교육적 함의에 대해 살펴보자.

3. 감통론(感通論)과 '성숙한 시민'

일반적으로 양명학의 핵심은 심즉리(心卽理), 지행합일(知行合一), 치양지(致良知)의 논리로 이해되며, 위당 또한 이 점을 잘 알고 있었다. 그런데 그는 이러한 양명학의 특징을 당시의 시대적 상황과 연결해 '감통'과 '간격'이라고 하는 독특한 용어로 재설명하고 있다. 본 절에서 말하는 위당의 감통론은 '감통'에 대한 강조와 '간격'에 대한 배격을 의미하는 것으로, 이 중 감통은 인간에게 부여된 선천적인 사랑[仁]에 입각해 나와 대상이 감응하여 통함으로써 하나가 되는 과정을 말하고, 간격은 나와 대상이 하나 되지 못하고 다양한 방식으로 분리되어 있는 상태와 이유를 말한다.57) 사실 표현 방식만 다를 뿐 감통은 양지 그 자체이자 양지의 발현을 뜻한다. 그래서 위당은 "감통을 따로 말하랴, 양지가 곧 감통이요, 간격을 따로 말하랴, 자신의 사사로움이 곧 간격이다."58)라고 말했으며, 구체적으로는 다음과 같이 언급하였다.

> 누구든지 '나의 본심이 선천적으로 가지고 있는 그 앎'을 찾으려고 하면, 스스로 속일 수 없는 그곳을 조용하게 살펴보라. 스스로 속일 수 없는 그곳의 진실한 모습을 찾으려면, 백성과 감통되는지 아니면 간격이 있는지를 살펴보라.59)

인용문에서 '나의 본심이 선천적으로 가지고 있는 그 앎'이 바로 본심이자 실심으로서의 양지이다. 그런데 위당은 이 양지의 '진실한' 모습을 감통이 되는지의 여부에서 찾고 있다. 이것은 결국 감응하여 통하는 주체가 양지요, 감통은 양지가 활동하고 있는 모습을 형용하고 있다는 것을 의미한다. 이 같은 감통에 대해 위당은 신민(新民)과 친민(親民)을 비교함으로써 더 상세하게 설명한다.

> 명덕(明德)을 밝히는 것과 백성을 친애하는 것은 한 가지 일이다. 만일 백성과 간격이 있어서 백성의 이해(利害)와 안위(安危)가 내 자신의 고통처럼 감통되지 않는다면 명덕의 본체가 어떻게 밝아졌다고 할 수 있겠는가! 그러므로 백성을 친애하는 것을 제쳐 두고서 명덕을 밝히는 것이 없고, 명덕을 밝히지 못하면 백성을 친애할 수 없다. 백성을 친애하는 것이 곧 내 마음을 밝히는 것이요, 내 마음을 밝히는 것이 곧 백성을 친애하는 것이다.60)

위당은 주희가 말하는 '신(新)'이라는 글자는 마음 밖의 일이라고 보았으며, 왕수인(王守仁)이 말하는 '친(親)'이라는 글자는 마음이 감응해 서로 통하는 것이므로 마음 안의 일이자 명덕 자체라고 보았다. 물론 백성을 새롭게 하는 것[新民]도 백성을 위하는 것이다. 그렇지만 이 말에는 마음을 밝히는 명덕과 백성을 가르쳐 새롭게 하는 신민이 별개의 것이라는 인식이 자리하고 있다. 하지만 백성을 친애한다는 친민은 그렇지 않다. 명덕과 친민은 마음 안의 일로서 다른 것이 될 수 없다.61) 굳이 구분하자면, 명덕이 적용되어야 할 곳이 친민일 따름이다. 이런 까닭에 내 마음속의 양지[明德]를 밝힌 사람은 다른 사람들의 마음과 자연스럽게 감응하여 통하게 되므로, 그들의 이해와 안위가 마치 내 자신의 고통처럼 느껴지게 되는 것이다.62)

그런데 다른 사람들의 이해와 안위가 내 자신의 고통처럼 느껴진다는 것은 도대체 어떻게 느껴진다는 것일까? 이 물음에 대해 위당은 '애틋함'이라고 답변한다. 그는 이 애틋함이야말로 궁극적으로는 천지만물을 내

몸으로 여길 수 있게 하는 근원적 느낌이라고 보았다.

　무릇 '백성[民]'은 '자기[己]'와 대칭되는 말이니 백성을 친애한다는 말에서의 친(親)은 밝은 덕을 밝힌다는 말에서의 명(明)과 같다. 쉽게 말하면 <u>내 마음이 선천적으로 가지고 있는 '밝음'을 밝히는 것과 가정[家]·국가[國]·천하(天下)에 대해 '애틋한 마음'을 가지는 것이 다르지 않다는 말이다.</u> 이 밝음이 아니면 애틋함도 없고 이 애틋함이 없으면 그것은 밝음이 아니다. 학문의 골자는 바로 이 한 곳에 있으니, 한 순간이라도 백성 및 사물과 내가 일체라는 감통이 없으면 내 마음의 본체 역시 없어진 것이다. … 천지와 만물이 한 몸이라 하는 말은 억지로 만들거나 빈 말이 아니다. 이것은 본심과 감통되는 그 한 곳을 따라 본심에는 피차의 간격이 없음을 실제로 보고 한 말이다.63)(밑줄 처리는 필자가 함.)

위당은 다른 사람들의 아픔, 고통, 힘겨움이 곧 자신의 아픔, 고통, 힘겨움으로 감통되는 데 있어 간격이 없는 것이야말로 본심의 진정한 모습이라고 보았으며, "본심에서 우러나는 애틋함이 아니라면 그것은 이미 사사로운 생각"64)일 따름이라고 하였다. 이런 본심에서 우러나는 애틋함이 특별한 것은 아니다. 왜냐하면 사사로운 계산에 몰두해 있는 사람이라고 할지라도 상관도 없는 남의 일에 마음이 찡해지는 경우가 분명히 있고, 그것을 당연하게 여길 때 역시 있기 때문이다. 그래서 위당은 간격만 없다면 감통이 가능하다고 보았다. 그의 언급을 빌리면, "옳다 그르다 하는 그 자체가 곧 백성들과 더불어 같은 통 속에 들어 있는 것이니, 이것을 따라서 비추는 것이 아니면 이는 양지가 아니다."65) 그리고 양지가 가진 그 애틋함이 나로 하여금 다른 존재들과 자연스럽게 감통하게끔 하는 것이다.66)
　그렇다면 이 같은 감통을 방해하는 결정적인 요인은 무엇일까? 그것이 본 절에서 계속하여 언급했던 '간격'이다. 간격이란 개인의 사사로움이

자 제1절에서 언급했던 '자사념'으로, 우리의 본심은 감통에 의해 살고 이 간격에 의해 죽는다. 위당은 감통은 언제 어디서든지 하나[良知]이므로 이것을 따라가면 희노애락의 감정이 다른 사람들과 합치될 수 있지만, 간격은 수만 가지로 구별되는 까닭에 이것이 있으면 부자형제지간일지라도 쇠로 된 성곽과 철벽에 의해 가려진 것처럼 합치될 수 없다고 말한다.67) 또한 어지러운 사회의 형성 원인에 대해서도 그는 이 간격을 지목하였다.

> 이 한 곳을 제외하고 무엇이 어떠니 어떠니 하는 것들은 모두 한심한 말들이요, 또 간격으로 인해 생겨난 피해와 독소들이 얼마의 세월을 뻗어왔는가, 역대의 정치는 이러한 간격만을 심어왔고, 수많은 학문들이 이 하나만을 달성하고 말았다. 지금도 자꾸자꾸 간격만을 더욱 성하게 하고 깊어지게만 할 뿐이라서, 공공에 대해서 말하지만 그 속은 자신의 사사로움이요, 의로움을 말하지만 그 속은 또한 자신의 사사로움이다. 이러니 저러니 말은 참 좋다. 좋을수록 자신의 사사로움을 싸고도는 것은 더 심하다. 그러므로 이 뿌리를 뽑고 이 근원을 틀어막지 않고서는 사람 삶의 진정한 생명을 찾아낼 수가 없다.68)

그러나 인용문과 같은 상황이라고 하여 그것을 타개할 수 없는 것은 결코 아니다. 바로 이 지점에서 양명학에 담겨 있는 '인간의 도덕적 가능성에 대한 신념'을 다시 한번 확인할 수 있다. 위당은 감통하는 본체를 따라서 스스로 세우는 것이 있으면 간격이 붕괴하게 되고, 이렇게 되자마자 자신의 사사로움이 떨어져 나갈 것이라고 보았다. 다시 말해, 짧은 순간의 사사로운 생각이 가지고 있는 독과 해로움이 아주 오랜 기간[千古] 지속될 수도 있지만, 동시에 오랜 기간 지속되어 온 독과 해로움이 손가락을 한 번 퉁기는 짧은 순간에도 완전히 없어져 버릴 수 있다는 것이다. 그는 이것을 "감통에서 살고 간격에서 죽고 감통에서 본체요 간격에서 자신의 사사로움임을 한 번 깨닫게 되었다면, 곧 잘못된 뿌리를 뽑아내고 옳지 않은 샘을 막아버리게 되는 넓은 깨달음을 보게 될 것이다."69)라고 표현하였다. 그리고 이러한 위당의 언급에 그의 양명학의 세 번째 특징인 감통론의 요체가 담겨 있는 것이다.

지금까지 본 절에서는 감통론의 내용에 대해 살펴보았다. 이제 이하에서는 이 같은 감통론이 지니는 도덕교육적 함의에 대해 고찰해 보자. 우선 첫 번째로 제시할 수 있는 것은, 위당의 감통론이 학교 도덕교육에서 지향하는 성숙한 시민의 모습을 그리는 데 도움을 제공한다는 것이다. 일반적으로 시민(市民, citizen)이란 '속한 공동체의 관심사를 공유하고, 자유롭고 평등한 주체로 상호 관계를 맺으며, 공동의 문제를 함께 고민하고 해결하는 사람'을 말한다. 또한 시민은 '자유를 사랑하고, 타인의 존엄과 자유를 존중하며, 평등한 관계 속에서 더불어 살아가는 삶을 구현하기 위해 공동의 가치와 행동 방안을 창출하는 사람'을 가리킨다.70) 그러나 이 시민이라는 개념은 고정된 것이 아니어서 역사에 따라 역동적으로 변화하고 있으며, 최근에는 세계시민주의를 넘어 자연자원과 모든 살아 있는 존재의 상호 의존에 관심을 보이는 '생태적 세계시민주의(ecological cosmopolitanism)'가 등장하기도 하였다.71)

이처럼 시민의 개념이 강조, 발전되는 상황에서, 우리나라 교육에서도 '추구하는 인간상'에 이 시민 개념을 반영하고 있다. 가령 "공동체 의식을 가지고 세계와 소통하는 민주 시민으로서 배려와 나눔을 실천하는 더불어 사는 사람"72)과 같은 문구에서 이 사실을 발견할 수 있다. 그리고 학교 도덕교육에서도 시민은 다양한 형태로 강조되고 있는 바, 현행 「2015 도덕과 교육과정」에 따르면 초등학교·중학교 도덕교육에서는 '사회·공동체 속에서 정의를 지향하는 성숙한 도덕적 시민'이, 고등학교 도덕교육에서는 초등학교와 중학교 도덕교육의 내용을 포함해 '국가와 시민의 윤리', '다문화적 시민의식'(『생활과 윤리』) 및 '동양의 이상적 인간상과 시민',

'시민적 자유와 권리의 근거·시민적 덕성', '세계시민윤리'(『윤리와 사상』) 등이 수록되어 있다.[73]

그런데 이 지점에서 한 가지 물음을 제기할 수 있다. 점점 더 빠르게 지구촌 사회, 다문화 사회로 변하고 있는 현 상황에서 시민은 무슨 이유로 세계시민의식과 다문화적 시민의식 같은 것을 추구해야 할까? 서구적인 개념인 시민은 본래 개인의 이기성과 고립성을 전제로 하여 '합리적인' 이익 고려의 원칙 정도를 요구받을 따름이다.[74] 이것은 시민이 염두에 두어야 할 도덕적 실천의 범위가 최소 도덕을 넘지 않는다는 의미이기도 하다. 일례로 '이방인들의 세계를 위한 윤리학'이라는 부제를 달고 있는 『세계시민주의』에서, 저자인 애피아(K. A. Appiah)는 보편성에 대한 의무와 특수성에 대한 존중을 강조하고 있을 따름이다.[75] 물론 혈족의 유대 및 시민적 유대를 넘어서는 것으로서의 '확장된 의무'와 특정한 사회의 관행과 믿음에 관심을 기울이는 '존중'은 중요한 것이다. 그럼에도 성숙한 시민이라면 왜 그런 두 가지 도덕을 넘어서기 위해 노력해야 하는가? 여기에서 다음과 같은 위당의 언급은 시사하는 바가 있다.

> 감통의 중단은 양지의 막힘이요, 양지의 막힘은 곧 생명이 끊어지는 것이니, 언제든지 한 점 양지가 잠깐이라도 반짝하는 곳에는 백성과 사물을 한 몸으로 여기는 감통이 의연히 존재한다. … 백성들의 고통과 힘겨움이 간격 없이 감통되면 잠시라도 바쁘게 남을 돕지 않고는 스스로 편안하지 못할 것이요, 이렇듯 스스로 편안하지 못하다면 어떻게 해서라도 편안한 상태를 달성하고야 마니 이것이 바로 물이 낮은 데로 흐르고 불이 위로 타오르는 듯한 지성(至誠)으로, 신묘함이 여기에서 생긴다. 이러한 곳 앞에서는 명예욕이나 이기심과 같은 것이 간여하여 어지럽힐 수 없으니, 이러한 갈림길에서 참된 핏줄이 터진 이후에 비로소 학문과 사람의 삶이 따로 돌지 아니할 것이다.[76]

위당이 인용문의 내용을 통해 직접적으로 성숙한 시민의 모습을 설명하고 있는 것은 아니다. 하지만 본 절의 맥락에서 보자면, 내 마음의 양지가 소유하고 있는 애틋한 느낌에 기초한 감통이야말로 성숙한 시민이 지녀야 할 마음가짐과 자세를 보여주고 있다. 뿐만 아니라 학교 도덕교육에서는, 학생들이 스스로의 삶 속에서 실천해야 할 시민적 행동이 수업 시간에 가르치는 내용과 괴리되지 않을 수 있도록 끊임없이 노력해야 한다는 점도 보여주고 있다. 그렇게 할 때에야 비로소 위당이 언급한 지성(至誠)이자 현대적인 표현으로는 성숙한 시민을 양성할 수 있는 것이다.

이어서 위당의 감통론이 지니는 두 번째 도덕교육적 함의는, 학교 도덕교육의 내용 구성 원리인 '가치관계 확장법'의 이론적 근거로 기능할 수 있다는 것이다. 가치관계 확장법은 「2007 도덕과 교육과정」 이후 학교 도덕교육의 핵심 원리로 기능하고 있는데, 여기서 '가치관계'란 도덕적 주체와 사고 대상(객체) 간의 관계를 뜻하며, 도덕적 주체와 사고 대상 간의 관계는 핵심 가치를 비롯한 도덕적 가치·덕목들에 의해 규정되고 이를 통해 상호 연결된다. 따라서 가치관계 확장법은 이 가치관계 속에서 도덕적 주체가 성찰하는 대상의 범위가 점차적으로 확장되어가는 방식을 의미한다.[77] 이런 가치관계의 확장은 자신과의 관계[제Ⅰ영역] → 타인과의 관계[제Ⅱ영역] → 사회 및 공동체와의 관계[제Ⅲ영역] → 자연 및 초월과의 관계[제Ⅳ영역]의 형태로 이루어지는데, 여기서 유념해야 할 부분은 각 영역들이 모두 '관계'로 구성된다는 것이다.[78] 즉, '도덕적 주체로서의 나'는 제Ⅰ영역에서 '자신'과 맺는 관계를 성찰하고, 제Ⅱ영역에서 '타인'과 맺는 관계를 성찰하며, 제Ⅲ영역에서 '사회·공동체'와 맺는 관계를 성찰하고, 제Ⅳ영역에서 '자연·초월'과 맺는 관계를 성찰한다는 것이다.[79]

하지만 이 가치관계 확장법에는 중요한 이론적 공백이 있다. 그것은 '우리가 왜 이 같은 방식으로 가치관계를 확장해 나가야 하는지', 그리고 '어떻게 확장해 나갈 수 있는지'에 대한 설명이 거의 없다는 것이다. 이 사실은 「2007 도덕과 교육과정」 이전의 내용 구성 원리였던 '생활영역 확대법'으로부터 이후의 내용 구성 원리인 '가치관계 확장법'으로 변환되는 과정에 작성된 여러 도덕과 교육과정 관련 문서들 및 서적들을 통해 확인할 수 있다.[80] 정리하자면, 이 문서들과 서적들은 학교 도덕교육을 구성하던 이전 원리의 한계들을 밝히고 새로운 원리의 개략적인 내용을 소개하고는 있지만, 삶의 주체인 내가 무슨 이유에서 관계를 확장해 나가야 하고, 또 어떤 방식으로 그 관계를 확장해 나갈 수 있는지에 대한 설명을 제대로 담고 있지 못하다는 것이다. 그런데 위당의 감통론은 이 부분에서 시사하는 바가 크다.

위당은 내 마음의 양지가 지닌 애틋함이 천지만물을 한 몸으로 여기게끔 만드는 원동력이지만, 그것이 드러남에 있어서는 먼저 해야 할 것이나 나중에 해도 되는 것, 중요하게 여겨야 할 것이나 가벼이 여겨도 되는 것과 같은 절도가 있다고 하였다. 그러면서 그가 예로 드는 것이 나의 부모·친족에 대한 감정이다. 만일 나의 부모·친족을 다른 사람의 부모·친족이나 세상 사람들과 똑같이 대한다고 말한다면, 그것은 고상한 것 같지만 마땅하지는 않다는 것이다. 이는 결국 나의 부모·친족들을 다른 먼 관계의 사람들처럼 소원하게 대하는 것일 따름이다.[81] 이런 까닭에 위당은 애틋함이라는 정(情)의 본질을 깨달음과 동시에 절도에 맞추어 그 범위를 확장해 나가야 한다고 보았다. 그러면서도 그는 "감통, 이 하나의 문이 곧 천지와 만물을 한 몸으로 하는 인(仁)의 원천인 동시에 '우주'와 '내'가 둘이 아닌 하나가 되는 대원리"[82]라는 점을 분명히 하였다. 이것은 도덕적 주체가 본유한 양지의 애틋함에 근거하여 절도에 맞추어 그 적용 범위를 확장시켜 나갈 것을 강조한다는 점에서, 가치관계 확장법의 이론적 근거로 기능할 수 있는 것이다.

이상으로 본 절에서는 위당 사상의 양명학적 특징들 가운데 감통론에 대해 논의하고, 관련 도덕교육적 함의들을 고찰하였다. 이어지는 절에서는 본 장의 내용을 요약하고, 후속 과제들에 대한 제언을 하면서 글을 마무리할 것이다.

4. 남은 과제들

지금까지 이 장에서는 『양명학연론』을 중심으로 위당 사상의 양명학적 특징들을 살펴보고, 이로부터 도덕교육적 함의를 도출한다는 목적 아래 논의를 전개하였다.

위당 사상의 양명학적 특징들은 크게 세 가지로 정리되는 바, ⓐ '허실론'은 텅 빈 학문과 거짓된 행동을 제거하고, 참된 학문과 진실한 행동을 추구하는 일체의 정신 상태 혹은 공부를 말한다. ⓑ 또한 '양지론'은 옳은 것을 옳다 하고 그른 것을 그르다 하는 마음의 본체이자, 사람이라면 누구나 가지고 있는 양지에 대한 강조를 가리킨다. ⓒ 그리고 '감통론'은 인간에게 부여된 선천적인 사랑[仁]에 입각해 나와 대상이 감응하고 통하여 하나 되는 감통에 대한 강조 및 나와 대상이 하나 되지 못하고 여러 가지 방식으로 분리되어 있는 상태와 그 이유인 간격에 대한 배격을 뜻한다.

이 같은 위당의 양명학적 특징들은 각각의 도덕교육적 함의들을 지니는데, ⓐ´ 허실론은 가르침과 배움[敎學]의 본령이 무엇이며, 전통도덕교육론의 수립이 왜 필요한지에 대한 시사점을 제공한다. ⓑ´ 이어서 양지론은 학교 도덕교육의 출발점이자 도착점인 '도덕적 주체' 개념의 정체에 대해 더 심도 있게 생각해 볼 수 있는 계기를 제공한다. ⓒ´ 끝으로 감통론은 학교 도덕교육에서 지향하는 성숙한 시민의 모습을 묘사하는 데 도움을 제공하며, 나아가 학교 도덕교육의 내용 구성 원리인 '가치관계확장법'의 이론적 근거가 될 수 있다.

그러나 본 장의 내용은 몇 가지 후속 과제들을 통해 보완되어야 하는 것도 사실이다. 먼저 첫 번째로 제시할 수 있는 것은, 본 연구에서 살펴본 내용들이 위당 사상 전반에 적용될 수 있는지의 여부이다. 필자는 위당 사상의 양명학적 특징들을 살펴보는 과정에서 『양명학연론』을 주된 분석의 대상으로 삼았다. 이런 까닭에 본 연구에서 도출한 도덕교육적 함의들이 그의 사상 전반에 적용될 수 있는지는 후속 연구가 필요하다.[83] 만일 이 부분에 대한 긍정적인 결론이 도출된다면, 이것은 위당 사상에 근거한 전통도덕교육론의 수립이 가능함을 뜻하는 것이다. 또한 머리말에서 언급했던 바와 같이, 도덕심과 양지를 중심으로 하는 우리 전통의 또 다른 교육적 맥락을 보다 정확히 짚어내는 데도 기여할 수 있을 것이다.

다음으로 두 번째로 제시할 수 있는 것은, 위당 사상에 대한 교육학계의 관심을 촉발시킬 수 있는 계기를 마련해야 한다는 것이다. 사실 그의 사상에 대한 교육학적 해석 연구물은 거의 없다고 해도 과언이 아니다. 여기에는 크게 두 가지 이유가 있는 것으로 보이는데, 하나는 위당이 교육과 '직접적으로' 연관되는 언급을 그리 많이 하지 않았다는 것이고,[84] 다른 하나는 그의 사상에 대한 교육학계의 관심이 실제로 부족했다는 것이다. 하지만 교육에 대한 직접적인 언급이 많지 않다는 사실이, 한 학자의 사상과 교육이 서로 무관하다는 것을 의미하지는 않는다. 따라서 그간의 관심 부족에 대한 반성과 더불어 향후 위당 사상에 대한 교육학계의 관심이 보다 확대되어야 할 것으로 판단된다.

미주

1) 금장태, 『한국양명학의 쟁점』, 서울대학교 출판부, 2008, 232~233쪽.

2) 鄭寅普, 홍원식·이상호 역, 『위당 정인보의 양명학연론』, 한국국학진흥원, 2005, 43~48쪽. ; 본 장에서는 『양명학연론』의 내용을 발췌·인용할 경우 이 책을 주로 사용하였고, 필요한 경우에 한해 원문 기사를 참조하였음을 밝혀둔다.

3) 『大學』: 物有本末, 事有終始, 知所先後, 則近道矣.

4) 본서의 제9장 미주 2~4번을 참고하시오.

5) 김민재, 「하곡 정제두의 인성론과 교육론에 대한 일고찰」, 『양명학』 제40호, 한국양명학회, 2015, 145쪽. ; 관련하여 김세정(「실심과 감통의 한국양명학」, 『유학연구』 제36집, 충남대학교 유학연구소, 2016)의 연구 역시 주목할 만한 학술적 가치가 있다.

6) 본 장의 내용은 도덕과 교육에 대한 필자의 문제의식들을 위당 사상의 양명학적 특징들에 투영, 해소하는 까닭에, 도덕과 교육에 대한 필자의 선행 연구들과 깊은 상관성이 있다.

7) 최재목, 「정인보 '양명학' 형성의 지형도」, 『동방학지』 제143집, 연세대학교 국학연구원, 2008, 26쪽.

8) 위당 사상의 양명학적 특징에 대해 한정길(「정인보의 양명학관에 대한 연구」, 『동방학지』 제141집, 연세대학교 국학연구원, 2008)은 본심(本心), 양지, 친민(親民), 만물일체, 치양지(致良知) 등 양명학에서 강조하는 주요 개념들을 위당이 어떤 방식으로 이해하였는지 분석하고, 그의 이해가 지니는 문제점에 대해서 밝혔다. 이어서 이상호(「한국 근대 양명학의 철학적 특징」, 『양명학』 제20호, 한국양명학회, 2008)는 위당 사상의 양명학적 특징을 양명좌파(陽明左派)로 규정하고, 백암과 위당 사상에서 나타나는 공통적인 양명학적 특징으로서 '정신'을 강조하기 위해 양명학을 선택했다는 점, 양명학을 '간이직절'한 학문으로 이해하였다는 점, 양지 그 자체보다는 치양지를 통한 적용과 확대에 더 큰 관심을 보였다는 점 등을 언급하였다. 또한 김윤경(「담원 정인보의 주체적 실심론」, 『유교사상문화연구』 제48호, 한국유교학회, 2012)은 실심이야말로 위당이 강조했던 핵심 개념이라고 확정하고, 이것을 중심으로 몰주체적인 허(虛)와 가(假)에 대한 비판 및 주체성의 확립과 확장이 위당의 사상에서 도출할 수 있는 양명학적 특징이라고 보았다. 그리고 송석준(「정인보의 양명학」, 『양명학』 제36호, 한국양명학회, 2013)은 위당이 인간의 주체 속에 내재한 양지를 통하여 감통하는 만물일체의 세계를 이룩하고자 하였으며, 이러한 양명학적 관점을 중심으로 종국에는 당시 점점 시들어져가는 민족의 얼을 되찾고 국가와 민족의 번영을 꾀하려 했다고 지적하였다. 본 연구는 선행 연구들과 맥락을 같이하면서도, 위당 사상의 양명학적 특징들에 대한 교육학

적 해석을 시도한다는 점에서 차별화된다.

9) 김윤경, 앞의 글 2012, 72쪽. ; 위당의 학문 활동을 지켜보았던 백낙준(白樂濬)이 그의 학문에 대해 "민족적 위기의식을 통절히 느끼면서 민족적 자아실현을 위하여 지성(至誠)에 기(基)하고, 양지에 치(致)한 진성(盡性)의 학을 선창(宣暢)하고, 민족의 본심환기(本心喚起)를 위하여 위(僞), 허(虛), 사(詐), 사(邪)의 고맹(膏盲)의 질(疾)을 치유하고, 진(眞), 실(實), 성(誠), 정(正)이 주발(主發)하는 실심의 학을 전독(專篤)하여 실학의 본의를 구명(究明)하였다."(鄭寅普, 정양완 역, 『담원문록 하』, 태학사, 2006, 476~477쪽; 김영, 「위당 정인보론」, 『민족문학사연구』 제38집, 민족문학사학회, 2008, 408쪽)라고 평가한 부분에서도 이 점을 잘 엿볼 수 있다.

10) 鄭寅普, 홍원식·이상호 역, 앞의 책, 45쪽.

11) 위의 책, 44~45쪽.

12) 위의 책, 57~58쪽.

13) 위의 책, 47~48쪽.

14) 위의 책, 59쪽.

15) 위의 책, 45쪽.

16) 위의 책, 58쪽.

17) 위의 책, 57쪽.

18) 위의 책, 57쪽.

19) 위의 책, 244쪽.

20) 교육부, 『교육부 고시 제2015-74호[별책 6] 도덕과 교육과정』, 교육부, 2015b, 4쪽.

21) 주체성과 관련하여 본 절에서는 가르침과 배움[敎學]의 본령이라는 '광의의 측면'에서 논의한다. 학교 도덕교육이라는 '협의의 측면'과 직접적으로 연결되는 더 구체적인 내용들은 위당의 양지론과 관련된 도덕교육적 함의를 고찰하는 제2절에서 보다 상세하게 다루어질 것이다.

22) Sandel. M. J., 안기순 역, 『돈으로 살 수 없는 것들』, 와이즈베리, 2012, 77쪽.

23) 김민재, 「도덕과 교육 내 '한국양명학'의 실제와 강화 방안 연구」, 『윤리교육연구』 제30집, 한국윤리교육학회, 2013b, 90쪽.

24) 길병휘, 『도덕교육의 비판적 성찰』, 교육과학사, 2013, 97쪽.

25) 鄭寅普, 홍원식·이상호 역, 앞의 책, 48쪽.

26) 위의 책, 47쪽.

27) 교육부, 앞의 책, 2015b, 5쪽.

28) 대표적인 학자들로 강봉수, 서은숙, 박병기, 장승희 등을 꼽을 수 있다. 그들의 주 저에 대해서는, 김민재, 「전통도덕교육론 연구의 분석 및 방향 탐색」, 『학습자중 심교과교육연구』 제16권 제11호, 학습자중심교과교육학회, 2016d를 참조할 수 있다.

29) 위의 글, 138쪽.

30) 鄭寅普, 홍원식·이상호 역, 앞의 책, 50쪽.

31) 박병기·추병완, 『윤리학과 도덕교육 1』, 인간사랑, 2007, 44쪽.

32) 鄭寅普, 홍원식·이상호 역, 앞의 책, 119쪽.

33) 위당이 제시한 양지의 성격이 양명좌파에 가까운지 그렇지 않은지에 대해서는 더 연구가 필요하다. 가령 이상호(「일제강점기 정인보 실심론의 주체성과 창조적 정 신」, 『유학연구』 제14집, 충남대학교 유학연구소, 2006, 154쪽)는 위당이 객관 적 수양론을 강조하기보다는 도덕정감에 충실하여 그것을 바로 행동에 옮기라고 주문했다고 본다. 즉, '양지현성론(良知現成論)'의 입장에서 양지를 해석하였다는 것이다. 반면 한정길(앞의 글, 2008, 110~112쪽)은 위당이 '치양지' 공부를 강조 하고 있음을 지적하면서, 그의 양명학관이 양명좌파적 성격을 지녔다고 보기에는 무리가 있다고 본다. 필자 역시 『양명학연론』의 제5장 「양명 문도와 그 이후에 일 어났던 양명학의 성현들」에 수록된 언급들을 고려할 때, 위당의 양지가 양명좌파 적 성격을 지녔다고 보기에는 어렵다고 판단한다. 그러나 이 부분에 대한 보다 상 세한 논의는 후속 과제로 남겨둔다.

34) 鄭寅普, 홍원식·이상호 역, 앞의 책, 136쪽.

35) 위의 책, 72~73쪽.

36) 위의 책, 242~243쪽.

37) 위의 책, 243쪽.

38) 위의 책, 61쪽.

39) 위의 책, 61쪽.

40) 위의 책, 61~62쪽.

41) 신창호, 『수기, 유가 교육철학의 핵심』, 원미사, 2005, 95쪽.

42) 鄭寅普, 홍원식·이상호 역, 앞의 책, 120쪽.

43) 위의 책, 120쪽.

44) 위의 책, 137쪽.

45) 위의 책, 74~75쪽.

46) 위의 책, 75쪽.

47) 위의 책, 242쪽.

48) 위의 책, 62쪽.

49) 본 절의 이하 내용들 가운데 학교 도덕교육에서 다루는 '도덕적 주체'에 대한 비판 부분은, 유사한 문제의식하에 작성된 필자의 다른 글과 중복되는 부분이 있음을 밝혀둔다(김민재, 「남명 사상의 '도덕과 내용 요소' 탐색을 통한 수용 방안 연구」, 『남명학보』 제12권, 남명학회, 2013d, 125~126쪽).

50) 위당 사상의 양명학적 특징이 '가치관계 확장법'과 어떤 지점에서 유기적으로 연결될 수 있는지와 관련해서는 그의 감통론과 관련 도덕교육적 함의들을 살펴보는 제3절에서 추가적으로 다루어질 것이다. 본 절에서는 가치관계 확장법의 여러 측면들 가운데 '도덕적 주체'에 집중하여 논의를 전개한다.

51) 교육부, 앞의 책, 2015b, 3쪽.

52) 위의 책, 17~18쪽.

53) 鄭寅普, 홍원식·이상호 역, 앞의 책, 135쪽.

54) 위의 책, 136쪽.

55) 이런 경향은 뇌 과학과 신경윤리학의 발전에 따라 더욱 공고해지고 있는 실정이다. 가령 로랑 베그(Begue. L., 이세진 역, 『도덕적 인간은 왜 나쁜 사회를 만드는가』, 부키, 2013, 30~46쪽)는 도덕적 주체에 대한 낙관적인 신념이 용인되지 않는 이유들을 밝히고 있는데, 몇 가지 예를 들면, 인간은 스스로에게 특별한 관심을 쏟으며, 자신에게 유리하게 정보를 선별하여 도식화하는 경향이 있다는 것, 인간은 자신의 도덕성을 과대평가하는 성향이 있다는 것 등이다. 하지만 '도덕적 주체'라는 개념을 규정할 때 인간 존재의 사실적인(physical, psychologic) 측면만으로 한정한다는 것은, 이 개념이 내포한 가치 지향적인 측면을 간과한 것이다. 그리고 학교 도덕교육에서 강조하는 도덕적 주체는 바로 이 가치 지향적인 측면이 우선한다는 점을 고려할 때, 위당의 양지론이 지니는 도덕교육적 함의 역시 여기에서 발견할 수 있다.

56) 鄭寅普, 홍원식·이상호 역, 앞의 책, 249쪽.

57) 송석준, 앞의 글, 2013, 237쪽, 239쪽.

58) 鄭寅普, 홍원식·이상호 역, 앞의 책, 143쪽.

59) 위의 책, 244쪽.

60) 위의 책, 55쪽.

61) 위의 책, 55~56쪽.

62) 위당은 명덕이 중요한지 친민이 중요한지 억지로 밝히자면 친민이 더 중요하다고

보았다. 왜냐하면 명덕을 모르더라도 백성들을 친애하기만 하면 명덕은 마음 안에 있으면서 없어지지 않기 때문이다. 그러나 만일 친민을 신민으로 바꾸어 버린다면, 명덕을 밝히는 일이 적용될 수 있는 곳이 없어 마침내 공부가 방황하게 되는 것이다(鄭寅普, 홍원식·이상호 역, 앞의 책, 141쪽).

63) 위의 책, 139~140쪽.

64) 위의 책, 71쪽.

65) 위의 책, 141쪽.

66) 위의 책, 72쪽.

67) 위의 책, 141~142쪽.

68) 위의 책, 143~144쪽.

69) 위의 책, 153쪽.

70) 신진욱,『시민』, 책세상, 2008, 15~16쪽.

71) Noddings. N., 심성보 역,『21세기 교육과 민주주의』, 살림터, 2016, 221쪽.

72) 교육부,『교육부 고시 제2015-74호[별책 1] 초·중등학교 교육과정 총론』, 교육부, 2015a, 1쪽.

73) 교육부, 앞의 책, 2015b, 13~14쪽, 21~22쪽, 41쪽, 44쪽, 59쪽.

74) 박병기,『동양도덕교육론의 현대적 해석』, 인간사랑, 2009, 37쪽.

75) Appiah. K. A., 실천철학연구회 역,『세계시민주의』, 바이북스, 2008, 22쪽.

76) 鄭寅普, 홍원식·이상호 역, 앞의 책, 142~143쪽.

77) 오기성 외,『2011 도덕과 교육과정 개정 시안 연구 개발』, 교육과학기술부, 2011, 86쪽.

78) 가치관계 확장법의 영역별 명칭은 조금씩 변화가 있었는데, 최근「2015 도덕과 교육과정」에서는 각 영역의 명칭이 자신과의 관계[제Ⅰ영역], 타인과의 관계[제Ⅱ영역], 사회·공동체와의 관계[제Ⅲ영역], 자연·초월과의 관계[제Ⅳ영역]로 변경되었으며, 영역별 주요 가치·덕목들은 '성실', '배려', '정의', '책임' 등으로 축소, 조정되었다(교육부,『교육부 고시 제2015-74호[별책 6] 도덕과 교육과정』, 교육부, 2015b, 3~4쪽).

79) 김민재,「공감 능력의 향상을 위한 '웹툰' 활용의 도덕과 수업방법 연구」,『학습자중심교과교육연구』제16권 제3호, 학습자중심교과교육학회, 2016a, 71~72쪽.

80) 차우규 외,『도덕과 교육과정 내용체계와 지도방법 개선』, 한국교육과정평가원, 2005; 조난심 외,『도덕과 교육과정 개선 방안 연구』, 한국교육과정평가원, 2005; 오기성 외,『2011 도덕과 교육과정 개정 시안 연구 개발』, 교육과학기술

부, 2011; 정창우,『도덕과 교육의 이론과 쟁점』, 울력, 2013, 426~452쪽.

81) 鄭寅普, 홍원식·이상호 역, 앞의 책, 69~70쪽.

82) 위의 책, 142쪽.

83) 최근에 이루어진 김윤경(「정인보의 교육사상과 민족교육」,『교육철학연구』제42권 제1호, 한국교육철학학회, 2020)의 연구가 이러한 시도의 일환이다.

84) 그렇다고 전혀 없는 것은 결코 아니다. '교육이념개의(教育理念槪議)'가 그 예이다. 이 짧은 글에서 위당은 '민족의식의 강화와 진작'을 교육이념의 중심으로 삼아, 자립정신, 고유한 윤리와 공적인 도덕, 민주주의, 실천과 지식 공부, 세계 문화와 우리 문화의 조화 등을 논하고 있다(鄭寅普,『담원 정인보전집 2』, 연세대학교 출판부, 1983, 378~379쪽).

보 론

동학의 '시천주(侍天主)'와 '불연기연(不然其然)'의 도덕교육적 시사점
- '도덕과 교육과정'의 목표와 원리를 중심으로 -

    이 장에서는 수운(水雲) 최제우(崔濟愚, 1824~1864)가 창시한 동학(東學) 사상에서 발견할 수 있는 학교 도덕교육에 대한 시사점을 제시할 것이다. 그리고 이를 통해 궁극적으로는 우리 고유의 사상에 기초한 '전통도덕교육론'의 정립 필요성과 가능성 모색에 기여하려는 것이다. 이 장의 집필은 필자의 두 가지 문제의식에서 비롯되었다.

    첫 번째는, 수운이 보여주었던 시대의식이 인간소외 현상이 만연한 현대에도 대단히 유의미하고, 청소년들의 올바른 인성 함양과 가치 학습에 초점을 맞춘 학교 도덕교육에도 시사하는 바가 큰데, 이러한 부분이 그동안 간과되었다는 것이다. 현대 사회를 돌아보면, 개인에서부터 세계에 이르기까지 다양한 종류의 갈등들로 인해 소통과 화합을 이루지 못하는 경우를 어렵지 않게 발견할 수 있다. 갈등으로 인한 대립과 분열은 때로는 인간의 생명을 경시하고 생태계의 중요성까지 깡그리 무시하는 현상을 유발한다. 이런 일들이 발생하는 표면적인 이유는 상대방과 충돌하는 이념·종교·인종 등의 차이겠지만, 더 근본적인 이유는 인간의 탐욕과 무지 때문이라고 할 수 있다.1) 이 지점에서 수운의 다음과 같은 지적은 여전히 유효하다고 평가할 수 있다.

① 또한 최근에 이르러 세상 사람들이 '자기만을 생각하고 위하느라[各自爲心]' 천리(天理)를 따르지 않고 천명(天命)도 돌아보지 않으므로, 마음이 항시 두려워서 지향해야 할 곳을 알지 못하였다.2)

② 가련하다, 이 세상 사람. '각자위심'하단 말가? 한울님을 공경하며, 한울님을 따르소서. 아무리 이 세상이 어지럽고 각박하다[淸薄] 하더라도 그 근본은 잊지 마소.3)

위의 인용문들에서 등장하는 '각자위심'이란 자기만을 생각하고 위하는 마음, 다른 말로 '이기심(利己心)'이다. 이 용어는 '나-너'의 통합[通]은 배제한 채 분리[離]에 천착하는 분별 지향적 경향의 현대 사회에서 수없이 발생하는 갈등의 원인이 근원적으로 어디에 있는지 잘 보여준다.4) 후술하겠지만, 수운은 당대에 발생했던 대·내외 혼란의 원인이 이 각자위심에 있다고 단언함과 동시에, 내면에 한울을 모시고 있는 그 누구라도 평등하고 존귀한 대우를 받아야 한다는 사실을 깨닫는 것이 곧 혼란 해결의 방법이라고 강조했다. 이 내용은 학생들로 하여금 "독립된 인격체로서의 개인이 시민 사회와 국가, 지구 공동체를 어떻게 인식하고 받아들일 것인가의 문제"5)를 고민하도록 유도하는 학교 도덕교육, 즉 도덕과(道德科) 교육에서도 활용이 가능할 터인데, 동학과 도덕교육을 구체적으로 연결한 연구는 많지 않은 상황이다.6)

다음으로 문제의식의 두 번째는, 동학사상을 소개하는 고등학교 도덕과 교과서, 즉『윤리와 사상』에서 이 사상에 대한 오해의 소지 내지는 비균질성 문제가 발견된다는 것이다. 현행『윤리와 사상』검정 교과서는 총 5종으로, "근대 격변기의 상황에 대처해 나타난 한국 전통윤리사상들

의 다양한 대응 노력을 탐구하여 그 의의와 한계를 설명할 수"7) 있다는
「2015 도덕과 교육과정」의 성취 기준에 근거해, 모두 동학사상을 주요
한 내용 요소로 수록하고 있다. 동학사상에 대해『윤리와 사상』교과서
들에서 공통적으로 발견되는 용어들은 보국안민(輔國安民), 시천주(侍天主),
사인여천(事人如天), 인내천(人乃天), 후천개벽(後天開闢) 등인데, 5종 가운데 2
종만 인용하여 살펴보면 다음과 같다.

> ① 최제우가 제창한 동학은 "나라를 돕고 백성을 편안하게 한다[輔國安民]."라
> 는 기치를 내걸면서 출발하였고, 백성에게 '새로운 세상이 반드시 올 것이라는
> [後天開闢]' 희망을 심어 주었다. 특히 "사람은 모두 한울님을 모시고 있다[侍天
> 主].", "사람을 하늘처럼 섬겨라[事人如天].", "사람이 곧 하늘이다[人乃天]."라는
> 동학의 가르침은 인간 존엄 사상과 평등 의식을 고취하였다.8)
> ② 동학은 서학에 대응하는 입장을 견지하며 모든 사람에게 한울님의 지기
> (至氣)가 내재되어 있어 사람이 곧 하늘이라는 인내천(人乃天) 사상을 제시했다.
> 이러한 사상은 '나의 마음이 곧 너의 마음[吾心卽汝心]'이라는 생각과 사람 섬기
> 기를 하늘과 같이 하라[事人如天]는 가르침으로 심화되었다. … 이를 통해 평등
> 과 인도주의 및 사해동포주의를 현세에서 실현하고자 하였으며, 그들이 강조
> 한 수양법은 성(誠), 경(敬), 신(信)이다. 또한 서구 열강의 침략에 대항하여 보국
> 안민(輔國安民)을 주장하기도 하였다.9)

위의 인용문들에서 공통적으로 등장하는 문제점은 수운의 '시천주',
해월(海月) 최시형(崔時亨, 1827~1898)의 '사인여천', 의암(義菴) 손병희(孫秉熙,
1861~1922)의 '인내천' 등이 모두 유사한 것처럼 기술되어 있다는 것이다.
그리고 설명도 매우 소략하여 각각의 용어들이 지니는 사상적 발전 과정
에서의 상징성이 거의 나타나지 않는다.10) 더 큰 문제점은 인용문 ②에서
발견되는데, 먼저 동학을 대표하는 시천주가 생략된 채 인내천이 가장 먼

저 등장하였으며, 오히려 이것이 수운이 한울에게 들었다는 오심즉여심과 최시형의 사인여천으로 심화되었다고 거꾸로 기술하였다. 또한 '지기'나 '성·경·신' 등 다른 『윤리와 사상』 교과서에는 수록되지 않은 용어들이 등장함으로써, 동일 과목의 교과서임에도 내용이 상당히 비균질적이라는 문제를 보이고 있다.11) 이 같은 부분들을 보완하려면, 학교 도덕교육에서 동학의 어떤 부분을 수용할 수 있고 또 수용해야 하는지에 대한 보다 적극적인 논의가 필요하다.

이상과 같은 문제의식하에, 본 장은 다음의 순서로 전개된다. 우선 제1절에서는 수운이 제창한 시천주(侍天主)가 「2015 도덕과 교육과정」에 기술된 도덕교육의 '목표'에 대해 어떠한 시사점을 제시하는지 살펴본다. 다음으로 제2절에서는 수운 사상의 특이점 중 하나인 불연기연(不然其然)의 사유가 도덕교육의 내용 구성 원리인 '가치관계 확장법'을 어떻게 보완할 수 있는지에 대해 논의한다. 마지막으로 제3절에서는 동학사상을 도덕 수업에서 활용할 수 있는 방안과 관련된 후속 과제의 '방향'을 한두 가지 제언한다.

1. 시천주와 '도덕교육의 목표'

1) '시천주(侍天主)' 해석

1860년[庚申] 4월에 이루어진 종교 체험을 통해 수운은 한울로부터 '나의 마음이 곧 너의 마음[吾心卽汝心]'이라는 심법(心法)을 받는다. 이처럼 수운은 한울로부터 받은 심법을 근간으로 한울이라는 존재가 특정한 초월적 공간에 있는 것이 아니라, 우주에 두루 퍼져 있음과 동시에 나 자신이 모시고 있음을 자각하게 된다.12) 이 자각이 '시천주'라는 용어로 압축되면서 동학사상의 요체가 되는 것이다.

수운은 언급한 종교 체험에서 한울로부터 두 가지를 받는데, 하나는 사람들을 질병으로부터 구제하는 '영부(靈符)'이고, 다른 하나는 사람들을 가르치는 데 사용하는 '주문(呪文)'이다. 시천주라는 용어는 두 가지 중 후자의 주문에 포함되어 있는데, 이 주문은 '지기금지 원위대강 시천주 조화정 영세불망 만사지(至氣今至 願爲大降 侍天主 造化定 永世不忘 萬事知)'라는 전체 21글자로 구성되어 있다. 여기서 '지극한 기운이 지금 이르러 크게 내리기를 원한다.'라고 풀이되는 전반부 8글자는 강령주문(降靈呪文)으로서, 한울의 다른 표현인 지극한 기운[至氣]에 접합을 간청하는 것이다. 그리고 '천주를 모시니 조화로 정해지고, 언제나 잊지 않으니 만사를 다 알게 된다.'라고 풀이되는 후반부 13글자는 본주문(本呪文)으로서, 동학이 지향하는 인간-한울의 관계를 표현한 것이다. 즉, 주체로서의 내가 한울을 적극적으로 모시면, 무위이화(無爲而化)로 조화를 나타내는 한울이 내 마음에 자리를 잡으며, 이 과정을 거쳐 종국에는 '내가 다름 아닌 한울'이라는 사실을 깨닫게 된다는 것이다.[13] 이렇게 보면, 시천주는 고귀한 존재로서의 자신을 자각하는 출발점이 된다. 이는 수운이 『동경대전』의 「논학문(論學文)」에서 해설하고 있는 본주문에 대한 글자별 풀이에서도 여실히 나타난다.

'시(侍)'는 안으로는 신령(神靈)이 있고 밖으로는 기화(氣化)가 있어서 세상의 사람들이 각기 옮기지 못할 것을 아는 것이고, '주(主)'는 높여 부르는 것으로 부모와도 같이 섬기는 것이다. '조화(造化)'는 특별히 함이 없어도 저절로 되는 것이고, '정(定)'은 그 덕에 합하여 그 마음을 정하는 것이다. '영세(永世)'는 사람의 일생이고, '불망(不忘)'은 (한울을) 항상 생각하고 있다는 것이다. '만사(萬事)'는 수의 많음이고, '지(知)'는 그 도(道)를 알고 그 가르침을 받는다는 것이다.[14] (밑줄 처리는 필자가 함.)

그런데 위의 인용문에서 주목해야 할 부분은 '시'를 풀이함에 있어 "안으로는 신령이 있고 밖으로는 기화가 있어서 세상의 사람들이 각기 옮기지 못할 것을 아는 것"이라고 한 대목이다. 이 말은 모심에 있어 안과 밖의 구별이 있다는 뜻인가? 만일 안팎의 구별이 있다면, 나와 한울은 별개의 것으로 인식될 수도 있다.

그러나 이런 우려와 관련해, 제2대 교조인 최시형은 "안으로 신령이 있다는 것은 세상에 태어날 때 갓난아기의 마음이고, 밖으로 기화가 있다는 것은 임신할[胞胎] 때 이치와 기운이 바탕에 응해 체(體)를 이룬 것이다."[15] 라고 주석함으로써, '내유신령(內有神靈), 외유기화(外有氣化)'가 신령과 기화의 전적인 구별을 의미하는 것이 아니라는 점을 암시하고 있다. 이것을 보다 현대적으로 표현하면, 갓난아기의 마음으로 설명된 '신령'은 한울의 마음이자 나의 본성이다. 그리고 임신할 때 이치와 기운이 바탕에 응하여 체를 이룬다고 설명된 '기화'는 신령이 우주에 편만(遍滿)한 한울과 융화 일체되는 과정을 신비스럽게 묘사한 것이다. 결국 신령은 기화를 통해 활동하며 또 기화로 이룩되는 것이 신령의 활동이기에, '내가 단순한 하나의 개체가 아니라 우주 전체와 같은 기운으로 관통하고 있다는 사실을 깨달아, 자신의 삶 속에서 변치 말고 꿋꿋이 실천해야 한다.'라는 것이 수운이 '시'자를 통해 드러내고자 했던 참뜻이라고 할 수 있다.[16]

하지만 이렇게 본다고 할지라도, 여전히 '한울'이 무엇인가에 대해서는 의문이 남는다. 한울의 개념 규정 여하에 따라 시천주가 가지는 도덕교육적 시사점의 내용이 완전히 달라질 수 있다는 점에서, 이 부분은 대단히 중요하다. 한편으로 수운이 경험했다는 종교 체험이나 『도원기서(道源記書)』에 수록되어 있는 그의 이적(異蹟) 및 상제(上帝, 한울)와의 교감 등을 고려한다면,[17] 한울은 유일한 인격신처럼 보인다. 하지만 다른 한편으로 "먼 옛날부터 지금까지 봄, 가을이 서로 바꾸어 대신하는 것과 사계절[四時]이 성하거나 쇠퇴하는 것은 바뀌는 일이 없었으니, 이 또한 천주

조화의 자취가 천하에 환하기 때문이다."18)라거나, "한울은 선과 악을 가리지 않는다."19)라는 등의 언급은 한울에 대한 상이한 해석의 가능성도 열어 놓고 있다.

이에 본 절에서는 한울을 유일적이라거나 인격적이라고 보는 관점을 지양하고, 좁게는 지구의 생명체계요 넓게는 우주의 질서체계가 곧 한울이라는 관점을 선택할 것이다. 여기에 경우에 따라 유일성이나 인격성이 부여된 것이 수운이 경험하고 동학의 경전에 묘사된 한울이라는 것이다.20) 이것은 또한 나와 한울이 본래는 둘인데 나중에 하나가 된다는 것이 아니라, 시종 하나라는 의미이기도 하다.21) 한울을 이처럼 해석하는 것은, 학교 도덕교육의 입장에서 동학사상을 바라봄으로써 관련 시사점을 도출한다는 본 장의 방법론에 부합하기도 하지만, 나아가 이 사상의 현대성을 보다 합리적으로 끌어낼 수 있는 방편이 되기도 한다.22)

정리하면, '한울'은 수운이 만물 중에 가장 신령한 존재라고 규정했던 인간,23) 바로 이 인간이 지니는 수렴적 측면[神靈]과 발산적 측면[氣化]을 모두 함의하는 개념인 것이다. 이것은 인간을 도덕적 주체로 확립하는 데 기여하며, 주체의 실천 영역을 영적인(spiritual) 부분까지 확장할 수 있도록 만들어주는 바탕이 된다. 이러한 한울과 나의 관계를 이원적인 방식으로 파악할 경우(나/한울), 시천주는 결국 한울의 모심으로 귀결될 수밖에 없다. 반면 일원적인 방식으로 파악할 경우(나-한울), 시천주는 도덕적 주체로서의 인간을 모심에 초점을 맞추게 된다. 두 가지의 방식 중 필자는 후자를 통해 나와 한울의 관계를 설정하였다. 그렇다면 이렇게 규정된 시천주는 '도덕교육의 목표'라는 측면에서 어떤 시사점을 제시할 수 있을까? 이하에서는 이 물음에 대한 개략적인 답을 논의할 것이다.

2) '시천주'의 도덕교육적 시사점

현재 학교 도덕교육에서 지향하는 목표는, 도덕과 교육과정에서 인성의 기본 요소로 채택한 성실, 배려, 정의, 책임의 4가지 '핵심 가치'들을 내면화하고, 여기에 기초해 도덕적 탐구, 윤리적 성찰, 실천으로 구성된 '도덕함'의 능력을 함양하는 것이다.24) 그리고 이 목표를 달성하기 위해, 자기 존중 및 관리 능력을 필두로 하는 6가지 '도덕과 역량' 및 도덕교육의 내용 구성 원리로 '가치관계 확장법'을 설정하였다.25) 이 같은 도덕교육의 목표와 관련된 내용들에 대해 동학사상의 시천주가 제시하는 첫 번째 시사점은, 도덕과 역량 혹은 우리가 맺는 가치관계의 시작이 바로 '나'라는 사실에 대한 이론적 근거를 제공한다는 점이다.

「2015 도덕과 교육과정」에서는 도덕과 역량의 첫째 요소로 "자신을 존중하고 사랑하는 토대 위에서 자주적인 삶을 살고 자신의 욕구나 감정을 조절하며 이겨낼 수 있는" 자기 존중 및 관리 능력을 제시하고 있다. 또한 '가치관계 확장법'의 제Ⅰ영역으로 "자신에 대한 존중을 바탕으로 진정성을 추구하는 성실을 내면화"하는 자신과의 관계 영역을 언급하고 있다.26) 이러한 자기 존중 및 관리 능력, 자신과의 관계 영역으로부터 여타의 도덕과 역량이나 가치관계 영역으로 범위가 점차 확장되어 간다는 것이다. 그러나 범위의 확장에 앞서 먼저 해소해야 할 의문은, '우리는 왜 나 자신을 존중하고 사랑해야 하며, 이를 바탕으로 진정성을 추구해야 하는가?'라는 것이다. 이 의문에 대해 현행 도덕과 교육과정에서는 아무런 단서도 제공하지 않는다. 그런데 시천주라는 창을 통해 본다면, 나는 내 안에 한울을 모시고 있는 도덕적이고 실천적이며 능동적인 주체이다. 동학사상에서는 이 점을 전적으로 '신뢰[信]'해야 한다는 것을 다음과 같이 강조하고 있다.

(한울의) 도를 이루고 (한울의) 덕을 세우는 것은, 정성에 있으며 사람에게 있다. 그런데 많은 이들이 떠도는 말을 듣고 수행하며, 또 많은 이들이 떠도는 주문을 듣고 암송하니, 어찌 잘못이 아니며 감히 민망한 일이 아니하겠는가. 안타까운 나(수운)의 생각이 간절하지 않은 날이 없다. 아름다우며 성령스러운 덕을 혹 그르치게 될까 두렵다. … 대저 이 도는 마음으로 믿되 정성을 다해 하는 것이다. '믿을 신(信)'이라는 글자를 풀어보면, '사람[人]'과 '말[言]'이다. 말 중에는 옳은 것과 그렇지 않은 것이 있는데, 옳은 것을 취하고 그렇지 않은 것은 물리치되 거듭거듭 생각하여 마음을 정하라. 마음을 정한 이후에는 다른 것을 믿지 않는 것이 참된 믿음이다. 이렇게 하여 수행하면 마침내 정성됨을 이룰 것이니, 정성과 믿음이라는 것이 도를 이룸에서 멀지 않은 것이다.[27]

위의 인용문에 나타난 것처럼, 동학사상에서 가리키는 신뢰란 수행의 전제요 시천주로 압축되는 동학의 가르침을 믿는 것으로, 요체는 한울로 표상된 도덕적 주체로서의 자신을 신뢰하는 것이다. 자기 자신과의 관계가 신뢰로 다져지지 못한 사람이 타인을 자신과 동등한 도덕적 주체로 대하고 신뢰한다는 것은 어불성설이다. 이렇게 학생들에게 자기 신뢰를 경험하고 형성하도록 하는 것은 도덕교육에서 매우 중요한 목표이자 과제인데, 그간 이에 대한 중요성이나 당위성만 강조해 왔을 뿐 이론적 근거를 마련하려는 노력은 부족하였다.[28] 바로 이 지점에서 동학사상의 시천주는 훌륭한 전통적 기반으로 작동할 수 있다.

이어서 도덕교육의 목표라는 측면에서 동학사상의 시천주가 제시하는 두 번째 시사점은, 시천주가 서두에서 밝혔던 "독립된 인격체로서의 개인이 시민 사회와 국가, 지구 공동체를 어떻게 인식하고 받아들일 것인가의 문제"[29]에 대해 직관과 체험의 실마리를 제공한다는 점이다. 실제 「2015 도덕과 교육과정」에는, 인류애나 세계 시민으로서의 도덕적 과제, 지구촌 평화, 인간과 자연의 올바른 관계 등에 대한 내용이 곳곳에 등장한다.30) 하지만 대부분의 경우 교실에서 교과서를 통해 학습하는 학생들에게 있어, 이 내용은 머리로는 이해된다고 할지라도 직관적이고 체험적으로는 잘 다가오지 않는 것이 사실이다. 그런데 여기에서 시천주의 발산적 측면을 드러내는 '동귀일체(同歸一體)'는 시사하는 바가 크다. 『용담유사』에는 이 용어가 세 차례 등장하는데, 다음과 같다.

① 너 역시 사람이니 무엇을 알겠으며, 억조창생(億兆蒼生)한 많은 사람 동귀일체하는 줄을 사십 평생 살았어도 네 어찌 알겠느냐?31)

② 시운을 말하자면 한 번 성하면 한 번 쇠하는 것이 당연하지 않겠는가? 쇠운(衰運)이 지극하면 성운(盛運)이 오겠지만, 현숙한 모든 군자 동귀일체 하였던가?32)

③ 그러나 한울님은 지극히 공정하고 사사로움 없는 마음으로 선악을 가리지 않으시니, 각박한 이 세상을 동귀일체하려 하면 어찌해야 될 것인가.33)

첫째 인용문은 한울이 수운에게 말하는 형식이고, 나머지 인용문들은 동귀일체를 파악한 수운이 대중과 문도들에게 말하는 형식이다. 직역하면 '하나로 돌아가 일체를 이룬다.'라는 의미의 동귀일체는 앞서 한 차례 언급했던 분별 지향적 이기심인 '각자위심'의 반대말로, 나-한울의 관점이 비단 나에게서 머무는 것이 아니라 폭발적으로 확장된 것이다. 다시 말해, 동귀일체는 나라는 '개체'를 뛰어넘어 '우리'라는 공동의 장(場)으로 사회를 바라보고 인식하며 체험하는 것이다.34) 그런데 여기서 가리키는 '우리'란 이미 한울 개념에 내포된 지구의 생명체계와 우주의 질서체계까지 반영한다. 요컨대 동귀일체는 나(사람)-한울, 그리고 모든 존재가 하나임을 직관하고 체험함으로써, 다시 이 진리로 돌아가 만물이 상호 의존하면서 하나로 통합될 수 있음을 용어 자체에서 드러내는 것이다.35) 이렇게 보면, 동귀일체로 달성된 세상은 동학사상에서 지향하는 '후천(後天)'으로서, 다툼과 분열, 부조리가 없는 세상이다. 최시형의 다음과 같은 표현은 시천주를 통해 동귀일체의 세상이 어떻게 이루어지는지 잘 보여준다.

몸에 맑고 밝음[淸明]이 있으면 그 아는 것이 신(神)과 같으리니, 몸에 있는 맑고 밝음의 근본 마음은 곧 도를 지극히 함에 진력하는 데 있다. 일용행사가 도(道) 아닌 것이 없다. 한 사람이 선하게 됨에 천하가 선하게 되고, 한 사람이 화(和)하게 됨에 일가가 화하게 되며, 일가가 화하게 됨에 일국이 화하게 되고, 일국이 화하게 됨에 천하가 동일하게 화하게 되니, 비가 내리듯이 하는 것을 누가 막을 수 있겠는가?[36]

이상으로 본 절에서는, 동학사상의 요체인 시천주에 대해 '나-한울'의 일원적 관계를 중심으로 하여 도덕적 주체로서의 인간을 모시는 것이라고 규정한 다음, 도덕교육의 목표라는 측면에서 관련 시사점들을 도출하였다. 시사점의 첫 번째는 도덕과 역량 내지는 우리가 맺는 가치관계의 시작이 바로 '나'라는 사실에 대한 이론적 근거를 시천주가 제공한다는 것이고, 두 번째는 개인이 시민 사회, 국가, 지구 등과 같은 대상들을 어떻게 인식하고 받아들여야 하는가에 대한 직관적이고 체험적인 실마리를 제공한다는 것이다. 이제 이어지는 절에서는 수운 사상의 특이점 중 하나인 '불연기연'이 학교 도덕교육의 내용 구성 원리인 '가치관계 확장법'에 대해 어떤 시사점을 드러내는지와 관련하여, 특히 마지막 영역에 해당하는 '자연·초월과의 관계'에 초점을 맞춰 논의하고자 한다.

2. 불연기연과 '가치관계 확장법'

1) '불연기연(不然其然)' 해석

직역하면 '그렇지 아니함'이라는 불연(不然)과 '그러함'이라는 기연(其然)에 대해서는 다양한 관점의 선행 연구들이 있었다. 몇 가지 예를 들면, 최민자는 수운이 인간의 지식이나 경험으로는 분명히 인지할 수 없는 세상일에 대해서는 불연이라는 표현을 사용했는데 이것은 사물의 근본 이치와 관련된 '초논리·초이성·직관의 영역'이고, 상식적인 추론 범위 내의 사실에 대해서는 기연이라는 표현을 사용했는데 이것은 사물의 현상적 측면과 관련된 '감각적·지각적·경험적 판단의 영역'이라고 설명하였다.37) 그리고 최천식은 눈으로 확인할 수 없고 확신할 수 없는 것이 불연이라면, 눈으로 확인할 수 있고 확신할 수 있는 것이 기연으로, 리(理)나 신비를 강조한 주자학이나 기독교·불교·도교 등이 모두 불연을 앞세우는데 반해 수운은 기연을 힘써 말함으로써 지식과 도덕성의 주체를 엘리트 계층인 사대부로부터 민중으로 바꾸어 놓았다고 보았다.38) 반면 오구라 기조(小倉紀藏)는 기연이야말로 주자학적 리에 의해 의미와 가치가 부여된 자연·도덕의 세계로 당시 조선인들에게 자명한 세계였다면, 수운은 불연의 세계까지 언급하여 기연을 향한 매몰을 넘어 개벽할 것을 주장하였고, 이것이야말로 수운이 진정으로 말하고 싶었던 바라고 해석하였다.39)

이같이 때로는 상이한 방식으로 풀이되는 불연과 기연에 대해 수운은 직접 다음과 같이 말하였다.

천고의 만물이여. 각자 완성됨이 있고 각자 형상이 있다. 보는 바로써 그것을 논한다면, 그러함이요 그러할 것 같다. 근원에서 헤아려본다면, 그 멀기가 매우 먼데 이 또한 아득한 일이요 추측하기가 어려운 말이다. 내가 나를 생각하면 부모가 여기에 있고, 뒤로 후세를 생각하면 자손들은 (나로부터 하여) 저기에 있다. 오는 세상과 견주어보면 이치가 내가 나를 생각하는 것과 다름이 없어 보이는데, 지나간 세상을 탐구해 보면 사람이 사람으로 된 점에 있어 의혹이 잘 풀리지 않는다. 아아! 이와 같이 미루어 헤아려 봄이여. 그러함[其然]에 말미암아 보면 그러함이 그러한 것 같고, 그렇지 아니함[不然]을 탐구하여 생각해 보면 그렇지 않으면서도 그렇지 아니하다. … 이런 까닭에 꼭 그렇다고 하기 어려운 것은 '불연'이라고 하고, 단언하기 쉬운 것은 '기연'이라고 한다. 그 먼 것을 궁구하는 데서 견주어보면 불연이고 불연이며 또 불연의 일이지만, 조물자(한울)에 부쳐 생각해 보면 기연이고 기연이며 또 기연의 이치이다.40)

위의 인용문에 따르면, '불연'이란 근본적이고 원인적인 것이며, '기연'이란 경험적이고 현상적인 것이다. 수운은 이러한 불연의 예로 삼황(三皇) 중 하나인 천황씨(天皇氏)를 꼽으면서, 그 이전의 사람이나 그에게 왕위를 물려준 선왕(先王)에 대한 기록도 없는데 어떻게 최초의 사람, 최초의 임금이 되었는가를 묻는다. 그리고 기연의 예로는 세상에 부모 없는 사람은 있을 수 없다는 점을 들면서, 나의 부모는 조부모가, 조부모는 고조부모가 있었기에 그 결과로 지금 내가 존재하는 것임을 언급한다.41)

그렇다면 근본적·원인적 성격의 '불연'과 경험적·현상적 성격의 '기연'은 구별되는 것인가? 이 물음과 관련해 수운은 『용담유사』의 마지막에서, "이러 저러한 말을 모두 다 하자니 말도 많고 글도 많아 약간 기록한 것이 이와 같은 것들이네. 이 글 보고 저 글 보고 무궁한 한울의 이치 불연 기연 살펴내어 부(賦)와 흥(興)을 비해 보면, 글도 역시 끝이 없고 말도 역시 끝이 없네. 무궁히 살펴내어 무궁히 알았으면 무궁한 이 울 속에 무궁한 내 아닌가."42)라고 말함으로써, 불연과 기연은 플라톤(Plato)이 주장했던 이데아(idea)/현상계(phenomenon)의 관계처럼 이항 대립으로 구별되는 것이 아니라고 밝혔다. 즉, 우리가 사는 세계는 알 수 있는 것[其然]이자, 동시

에 알 수 없는 것[不然]이기도 하다는 것이다.43)

여기서 주목해야 할 부분은 이런 불연기연의 논리가 세계를 '인식'하는 차원에만 적용되는 것이 아니라, 인식하는 주체인 '존재'의 차원에도 동일하게 적용된다는 것이다. 보다 구체적으로 말해, 경험적이고 현상적인 삶을 중심으로 살아가는 '내'가 지구의 생명체계이자 우주의 질서체계로서의 '한울'과 다르지 않음을 불연기연으로 살펴내면, 한정되고 유한하게 보이던 내 삶을 더 깊이 있고 폭넓은 관점으로 새로이 인식할 수 있게 된다는 것이다.44) 바로 이것이 수운이 불연기연을 통해 주장하고 싶었던 핵심이자, 인용했던 『용담유사』의 끝 구절에 내재된 참된 의미라고 할 수 있다.

이렇게 보면, 불연기연은 나-한울의 관계를 압축적으로 표현한 시천주를 존재론적으로 정당화하는 과정이요, 이를 거쳐 나와 한울이 다르지 않다는 진리를 자각한 도덕적 주체가 세계를 어떻게 바라봐야 하는가에 대한 인식론적 설명 방식이라고 할 수 있다. 그렇다면 이상에서 살펴본 불연기연은 학교 도덕교육의 내용 구성 원리로 기능하는 '가치관계 확장법', 그 안에서도 특히 '자연·초월과의 관계[제IV영역]'에 어떤 시사점을 제시할 수 있을까?

2) '불연기연'의 도덕교육적 시사점

교육과정 개정이 '전면개정' 체제에서 '수시개정' 체제로 바뀐 「2007 도덕과 교육과정」을 기점으로 그 이전의 '생활영역 확대법'을 대체하게 된 '가치관계 확장법'의 요지는, "도덕적 주체인 '나'를 중심으로 점차 확장되고 고양되는 가치관계를 포섭하는"45) 것이다.46) 학계 및 많은 교사의 의견을 반영해서 만들어진 이후, 확장되는 '영역'들과 도덕적 주체로서의 '내'가 어떤 상관관계를 맺는지 강조하는 방향으로 성격이 재규정되기도 하였다. 다시 말해, 도덕적 주체인 내가 다른 영역들과 맺는 관계 속에서 요구되는 가치들을 학교 도덕교육의 내용으로 삼는다는 점을 중심으로 하되(순방향), 그 영역들이 도덕적 주체로서의 나를 형성하는 데도 큰 영향을 미친다는 점도 강조함으로써(역방향), '자율적 도덕성'의 함양과 '도덕 사회화'의 영향 모두를 중시했다는 것이다.47)

영역들의 명칭도 몇 번의 변화를 거쳐 현행「2015 도덕과 교육과정」에 따르면, '가치관계 확장법'은 자신과의 관계[제Ⅰ영역] → 타인과의 관계[제Ⅱ영역] → 사회·공동체와의 관계[제Ⅲ영역] → 자연·초월과의 관계[제Ⅳ영역]로 구성되어 있다.48) 그런데 다른 영역들과는 달리 개념 규정도 모호하고, 영역으로서의 타당성 역시 의심받는 영역이 본 절에서 살펴보려는 제Ⅳ영역이다.49) '가치관계 확장법'이 처음으로 소개된「2007 도덕과 교육과정」의 해설서에는 다음과 같이 제Ⅳ영역을 언급하고 있다.

이 영역에서는 인간과 인간 사이의 개인적인 또는 공동체적인 관계에서 빚어지는 도덕적 문제를 넘어서, 자연과 우주, 초월자 혹은 신, 미적 가치, 학문적 진리 등을 지향하는 인간의 심성과 활동을 도덕적 관점에서 검토해 본다. 참된 진리를 추구하는 학문과 인간을 구원하는 성스러움을 추구하는 종교와 아름다움을 추구하는 예술은 인간의 현실을 초극하려는 지향을 갖는다. 그리고 인간 삶의 터전이자 세계의 존재적 기반인 우주적 자연 또한 인간의 초월적 지향 작용에서 그 숭고한 위상을 드러내는 것이다. 인간의 자기 초월적 세계, 초월적 지향 작용은 얼핏 보아 도덕과 무관한 것이라고 생각할 수도 있을지 모르겠으나, 바로 이러한 형이상학적인 지평이 도덕적인 문제에서 보편적 척도를 탐색하고 구현하는 데 있어 결정적으로 중요한 것이기 때문에, 오히려 도덕적 탐구의 초석이 된다고 할 수 있다.50)

개인 생활에서 시작해 국가·민족 생활로 마무리되는 '생활영역 확대법'과 달리, '가치관계 확장법'에서는 제Ⅳ영역을 도입함으로써 도덕교육 내용의 범위를 확장하고 깊이는 심화할 수 있는 계기를 마련했다고 평가할 수 있다. 하지만 교육과정의 의도와는 다르게, 위의 인용문에 나타난 초극·초월이라는 용어의 뜻이 불분명하고, 이로 인해 학교 도덕교육을 구성하는 특정 영역이 우리가 마주한 현실로부터 초탈한 내용을 다루려는 것처럼 보인다.

이러한 경향은 「2015 도덕과 교육과정」에서도 유사하게 발견되는데, 영역의 명칭은 '자연·초월적 존재와의 관계'에서 '자연·초월과의 관계'로 변경되었으며, 이 영역에서는 "자신의 행위에 대한 인과적 책임과 삶의 의미 물음에 대한 존재적 책임을 포용하는 포괄적인 의미의 책임을 지향"51)하고 있다고 안내한다. 비판적으로 보면, ⓐ 영역의 명칭 중 일부가 '초월적 존재'에서 '초월'로 바뀌면서 영역의 뜻이 한층 모호해졌고,52) ⓑ '삶의 의미 물음에 대한 존재적 책임'이라는 말도 그리 정확하게 다가오지 않는다. 그럼에도 이 같은 모호함들에 대한 해석의 여지는 교육과정에서 거의 찾아볼 수 없다. 바로 이 지점에서 동학의 '불연기연' 사유가 지니는 도덕교육적 시사점을 발견할 수 있다.

먼저 첫 번째 시사점은, '자연·초월과의 관계' 영역의 성격을 보다 분명하게 함으로써 이 영역을 학교 도덕교육에서 가르쳐야 하는 타당성을 제공한다는 점이다. 이미 「2007 도덕과 교육과정」에서 만들어졌을 때부터 미학, 종교학, 사회철학, 과학철학 등 여러 학문 분야와 연결되어 있다고 평가받던 이 영역은 지금도 이런 기조를 유지하고 있어서, 현행 「2015 도덕과 교육과정」에서 '자연·초월과의 관계' 영역의 요지는 '자연과 생명에 대한 외경심' 및 '초월적 관점에서 인간과 사회에 대해 도덕적으로 성찰하는 태도'를 함양한다는 것이다. 같은 맥락에서 영역의 주요 내용 요소로는, 생명 존중, 자연애, 아름다움에 대한 사랑, 자아 존중, 긍정적 태도, 윤리적 성찰, 자연관, 과학과 윤리, 삶의 소중함, 마음의 평화 등이 있다.53)

하지만 거창하게 이야기하지 않더라도, 기능 교육 중심의 '도구 교과'와는 달리 ⓐ 삶의 의미 물음에 대한 천착, ⓑ 인간으로서의 품격[人格]을 높이기 위한 노력, ⓒ 당위와 가치의 문제에 대한 고민 등이 도덕교육의 본질이자 성격임을 인정한다면,54) 학생들로 하여금 '지금·여기'[기연]로 요약되는 현상에만 집착하게 해서는 안 된다. 즉, 도덕교육에는 '그 너머'[불연]에 대한 성찰이 반드시 담겨야 하고, 이를 통해서야 비로소 '기연이 머금고 있는 불연'과 '불연이 드러난 기연'을 상호적으로 이해할 수 있게 된다는 것이다. 그렇지 않으면 어느 한쪽에 매몰될 수밖에 없는데, 수운은 이에 대해 다음과 같이 경계한다.

> 기연에 말미암아 보면 기연이 기연 같고, 불연을 탐구하여 생각해 보면 불연하고 불연하다. … 대저 이와 같은즉, 불연은 알 수 없는 까닭에 그것을 말하지 않고, 기연은 알 수 있는 까닭에 기연에 의지한다. (허나) 이에 그 말단을 헤아리고 근본을 탐구해 보니, 사물은 사물이 되고 이치는 이치가 되는 큰 사업이 대단히 멀구나.55)

기연을 쉽게 알 수 있다고 하여 거기에만 의지하는 것도 문제지만, 불연을 알기 어렵다고 하여 내팽개치거나 혹은 불연하고 불연함으로 빠져드는 것도 문제이다. 종국에는 불연과 기연이 상통함[會通]을 자각하는 것이야말로 우리 삶을 풍성하게 만드는 것인데, 학교 도덕교육에서 그 역할을 하는 것이 곧 '자연·초월과의 관계' 영역이 될 수 있다. 가령 인간의 몸을 해부하면 '신체의 구조와 기능'[기연]을 소상하게 밝힐 수는 있겠지만, 이것으로 인간을 온전히 이해했다고 볼 수는 없다. 왜냐하면 여기에는 '마음과 그 마음이 바라보는 너머의 세계'[불연]가 결여되어 있기 때문이다.56) 이렇게 불연기연이라는 우리 전통의 사유 방식은 도덕교육을 구성하는 '자연·초월과의 관계' 영역이 어떤 성격의 것이고 왜 가르쳐야만 하는지, 그 타당성을 설명하는 데 적지 않은 시사점을 제공한다.

이어서 도덕교육의 내용 구성 원리에 대한 함의라는 측면에서 동학사상의 불연기연이 제시하는 두 번째 시사점은, 결국 자연·초월의 영역과 관계를 맺고 거기에 의미를 부여하는 것은 그 무엇도 아닌 '도덕적 주체로서의 자신'이라는 사실을 여실하게 보여준다는 점이다. 앞서 언급했던 것처럼 '도덕적 주체로서의 자신'이 성숙하는 과정에서 여타 영역들이 영향을 미치는 것은 분명하나, 그럼에도 가치관계의 확장을 실질적으로 주도하는 것은 '도덕적 주체로서의 자신'이다. 이 점은 수운이 문도들에게 하는 다음의 당부에서 잘 나타난다.

> 내 마음의 줏대[心柱]를 굳게 해야 이에 도(道)의 맛을 알게 되고, 일념이 여기에 있어야 모든 일이 뜻과 같이 된다. … 마음은 본래 비어 있어 사물에 응해도 자취가 없다. 그래도 마음을 닦아야 덕(德)을 알게 되고, 덕을 오직 밝히는 것은 도이다. 덕에 있지 사람에게 있는 것이 아니고, 믿음에 있지 공부에 있는 것이 아니며, 가까운 데 있지 먼 데 있는 것이 아니고, 정성[誠]에 있지 구하는 데 있는 것이 아니다. 불연이고 기연이며, 먼 것 같지만 멀지 않다.57)

불연기연의 사유에서 마음은 불연인가, 기연인가? 매일같이 경험하는 현상이라는 의미에서는 기연이지만, 지구의 생명체계이자 우주의 질서 체계로서의 한울과 직결되어 있는 것이 곧 이 마음이라는 점에서는 불연이다. 그래서 위의 인용문에서도, "마음은 본래 비어 있어 사물에 응해도 자취가 없다."라고 했던 것이다. 하지만 결국에는 도덕적 주체요 한울을 상징하는 이 마음을 굳게 하고 믿으며 정성스럽게 대할 때에야말로, '기연'의 불연적 측면과 '불연'의 기연적 측면을 모두 자연스럽게 깨닫게 된다. 이렇게 되면, 우리의 마음은 축소된 소우주에 머물지 않고 그 자체로 생동하는 무궁한 대우주로서 활동한다.58) 이는 도덕적 주체인 내가 관계를 맺는 영역이 그대로 '자연·초월'과 일치하는 상태이다.

이상으로 본 절에서는, 수운 사상의 특이점인 불연기연에 대해 나-한울의 관계를 압축한 시천주를 존재론적으로 정당화하는 과정이요 나와 한울이 다르지 않다는 진리를 자각한 도덕적 주체가 세계를 바라보는 인식론적 설명 방식이라고 규정한 다음, 학교 도덕교육의 내용 구성 원리 (가치관계 확장법)에 대한 함의라는 측면에서 관련 시사점들을 도출하였다. 시사점의 첫 번째는 '자연·초월과의 관계' 영역의 성격을 한층 분명하게 함으로써 이 영역을 학교 도덕교육에서 가르쳐야 하는 타당성을 제공한 다는 것이고, 두 번째는 결국 자연·초월의 영역과 관계를 맺고 거기에 의미를 부여하는 것은 바로 '도덕적 주체로서의 자신'이라는 사실을 여실하게 보여준다는 것이다. 이제 이어지는 절에서는 동학사상을 현장 도덕 수업에서 활용하기 위한 거시적인 방안에 대해 한두 가지 제언을 하면서 연구를 맺을 것이다.

3. 남은 과제들

지금까지 이 장에서는 수운 최제우가 창시한 동학사상에서 발견할 수 있는 학교 도덕교육에 대한 시사점을 제시한다는 목적 아래 논의를 진행하였다. 이를 위해 먼저 '한울'을 유일적·인격적으로 정의(定義)하는 관점이 아닌, 지구의 생명체계이자 우주의 질서체계로 바라보는 관점을 선택하였다. 이를 전제로 '시천주'에 대해서는 '나-한울'의 일원적 관계를 중심으로 하여 도덕적 주체로서의 인간을 모시는 것이라고 규정한 다음, 도덕교육의 목표라는 측면에 비추어 시사점들을 도출하였다. 첫째는 시천주가 도덕과 역량 내지는 우리가 맺는 가치관계의 시작이 바로 '나'라는 사실에 대한 이론적 근거를 제공한다는 것이고, 둘째는 개인이 시민 사회, 국가, 지구 등과 같은 대상들을 어떻게 인식하고 받아들여야 하는가에 대한 직관적이고 체험적인 실마리를 제공한다는 것이다.

이어서 '불연기연'에 대해서는, 나-한울의 관계를 압축적으로 표현한 시천주를 존재론적으로 정당화하는 과정이자 이를 거쳐 나와 한울이 다르지 않다는 진리를 자각한 도덕적 주체가 세계를 어떻게 바라봐야 하는가에 관한 인식론적 설명 방식이라고 규정한 다음, 도덕교육의 내용 구성 원리, 즉 '가치관계 확장법'에 비추어 시사점들을 도출하였다. 첫째는 불연기연의 사유가 '가치관계 확장법'의 제Ⅳ영역에 해당하는 '자연·초월과의 관계' 영역의 성격을 한층 분명하게 함으로써 이 영역을 학교 도덕교육에서 가르쳐야 하는 타당성을 제공한다는 것이고, 둘째는 자연·초월이라는 영역과 관계를 맺고 거기에 의미를 부여하는 것은 다름 아닌 '도덕적 주체로서의 자신'이라는 사실을 잘 보여준다는 것이다.

동학사상을 학교 도덕교육의 목표 내지는 내용 구성의 원리와 연결한 연구가 거의 없다는 점에서 본 연구의 학술적 가치를 일정 이상은 찾을 수 있다고 판단되지만, 이 같은 시도가 더 큰 의미를 지니기 위해서는 한 걸음 더 나아가 동학사상을 현장의 교수·학습 방법 및 평가 방법 등의 관점에서 재해석할 필요가 있다. 이런 성격의 후속 과제가 이루어지기 위한 한두 가지 제언을 하는 것으로 본 장을 마친다.

우선 첫 번째는, 동학사상에 대한 도덕과 교육학계의 관심을 끌어올려야 한다는 것이다. 가르쳐야 하고 배워야 한다는 교수·학습에 대한 압박감을 '심리적 비중'이라고 표현할 때, 동학사상이 차지하는 교수·학습의 심리적 비중은 퇴계(退溪) 이황(李滉)이나 율곡(栗谷) 이이(李珥), 다산(茶山) 정약용(丁若鏞) 등의 그것과 비교할 때 현저하게 낮다고 해도 과언이 아니다. 여기에는 여러 가지 이유가 있겠지만, 필자는 도덕교육 전반에서 동학사상에 대해 크게 관심을 두지 않기 때문이라고 생각한다. 그 단적인 예가 서두에서 잠시 밝혔던 바와 같이, 도덕과 교육학계에서 내놓은 동학사상

관련 연구물이 없지는 않으나 매우 적다는 사실이다. 따라서 향후에는 동학사상을 학교 도덕교육의 내포 내지는 외연과 엮어 다양한 방식으로 조명한 연구가 꾸준히 나와야 할 것으로 판단된다.

　다음으로 두 번째는, 수심정기(守心正氣) 혹은 성(誠), 경(敬), 신(信) 등 동학사상에서 강조하는 수행법들을 도덕 수업에서 활용할 수 있는 방안을 적극적으로 모색해야 한다는 것이다. 물론 이것은 녹록하지 않은 과제이다. 왜냐하면 유일하고 인격적인 신을 상정하는 여타의 종교와는 차이가 있다고 할지라도, 동학사상 역시 종교의 외피를 두르고 있는 까닭이다.59) 하지만 본 연구에서 살펴본 것처럼 한울은 지구의 생명체계요 우주의 질서체계로도 풀이가 가능하거니와, 이는 현대 사회에서 발생하는 수많은 갈등을 해소할 수 있는 방안 중 하나로 평가받는 생태학적(生態學的, ecological) 사유와도 통한다. 이렇게 보면 마음을 지키고 기운을 바르게 하는 수심정기의 상태란 "마음에 맺히고 억압받고 상처받은 것이 다 풀리고 정화되어 원만한 인격으로 변화된"60) 모습으로, 이런 상태는 학교에서 이루어지는 인성교육의 중핵 교과인 도덕교육의 지향과도 맥락을 같이 한다.

미주

1) 김용휘, 『우리 학문으로서의 동학』, 책세상, 2012a, 69~71쪽.

2) 『東經大全』「布德門」: 又此挽近以來, 一世之人, 各自爲心, 不順天理, 不顧天命, 心常悚然, 莫知所向矣. ; 본 장에서는 『동경대전』의 국역본으로, 김용휘, 『최제우의 철학』, 이화여자대학교 출판부, 2012b 및 윤석산 역, 『동경대전』, 모시는 사람들, 2014 등을 포함해 몇 종을 참조하였다.

3) 『용담유사』「권학가」: 가련ᄒ 세상ᄉ람 ○ 각ᄌ위심ᄒ단 말가 경텬순텬 ᄒ엿스라 ○ 효박ᄒ 이 세상의 불망기본 ᄒ엿스라 ; 본 장에서는 『용담유사』의 국역본으로, 양윤석 역, 『용담유사』, 모시는 사람들, 2013을 참조하였다.

4) 한자경, 「각자위심에서 일원일심으로」, 『원불교사상과 종교문화』 제68집, 원광대학교 원불교사상연구원, 2016, 8, 10~11쪽.

5) 교육부, 『교육부 고시 제2015-74호[별책 6] 도덕과 교육과정』, 교육부, 2015b, 5쪽.

6) 동학을 교육적인 측면으로 해석한 연구물은 적지 않다. 몇 가지 예를 들면, 장열이(「동학 시천주 사상의 교육적 함의」, 『교육사상연구』 제21권 제1호, 한국교육사상학회, 2007a; 「동학 '동귀일체' 통합사상의 교육적 함의」, 『교육철학』 제32집, 한국교육철학회, 2007b)는 동학의 시천주 사상이 자아 각성·인격 형성·수행 교육이라는 차원에서 유의미할 수 있음을 제시하였고, 동귀일체(同歸一體) 사상에서 나타나는 통합적 성격이 생명 존중이나 상생의 교육과도 연결될 수 있음을 밝혔다. 또한 정혜정(「동학의 종교경험과 '마음 살핌'의 자기교육」, 『교육철학연구』 제34집, 한국교육철학회, 2005; 「민주 사회를 위한 시민교육과 한국적 인문학」, 『Oughtopia』 제32권 제1호, 인류사회재건연구원, 2017a; 「뇌과학과 동학의 마음교육」, 『종교교육학연구』 제55권, 한국종교교육학회, 2017b)은 수운이 경험한 종교 체험이 전일체적 세계관의 자각 및 마음 살핌의 자기교육으로 해석될 수 있음을 제안하였고, 동학사상이 시민교육과 한국적 인문학 교육의 정립·발전에도 기여하는 바가 크다는 점을 논의하였으며, 동학의 마음교육에 대한 이돈화(李敦化, 1884~1950)식 해석이 현대의 뇌과학의 어떠한 점이 같고 다른지에 대해서도 고찰하였다. 그러나 이상의 연구물들은 일반교육적인 차원에서 동학을 다루었을 뿐, 이러한 내용들이 학교 도덕교육에 어떤 시사점을 제공하는지에 대해서는 거의 언급하지 않는다는 점에서 본 장에서 내세우는 문제의식과는 차이가 있다. 물론 도덕과 교육학계에서도 동학을 전혀 연구하지 않은 것은 아니다. 배문규(「고등학교 윤리 교과서와 대학수학능력시험에 서술된 동학윤리사상 검토」, 『윤리교육연구』 제31집, 한국윤리교육학회, 2013)는 이전 교육과정들에서 발간된 고등학교 『윤리』·『윤리와 사상』 교과서 및 대학수학능력시험에서 동학을 어떻게 서술하였는지 비판적인 시각으로 검토하였고, 김대훈(「동학에

나타난 고유사상 연구」, 『윤리교육연구』 제37집, 한국윤리교육학회, 2015)은 동학의 사상적 기저가 유불도 삼교(三敎)가 아닌 단군신화와 풍류도에 있음을 제시하였으며, 전광수(「도덕교육과 동학의 윤리관」, 『동학학보』 제47호, 동학학회, 2018)는 동학사상의 보편적 윤리관이 민족 통합, 지구촌 평화와 어떻게 연결될 수 있는지에 대해 고등학교「생활과 윤리」과목의 내용에 비추어 제안하고 있다. 본 장의 내용도 이상의 연구물들의 연장선에 있는 한편, 동학사상이 학교 도덕교육의 '뼈대'가 되는 도덕과 교육과정(목표 및 내용 구성의 원리)에 있어 어떠한 시사점을 가지는지 논의하고, 나아가 교수·학습 및 평가 방법의 측면에서 어떻게 활용될 수 있는지에 대한 초석을 다지고자 한다는 점에서 차이가 있다.

7) 교육부, 앞의 책, 2015b, 56쪽.

8) 변순용 외, 『윤리와 사상』, 천재교과서, 2019, 82쪽.

9) 황인표 외, 『윤리와 사상』, 교학사, 2019, 87쪽.

10) 본문에서 인용하지 않은, 정창우 외, 『윤리와 사상』, 미래엔, 2019, 89쪽; 류지한 외, 『윤리와 사상』, 비상교육, 2019, 85쪽; 박찬구 외, 『윤리와 사상』, 씨마스, 2019, 89쪽 등에서도 유사한 성격의 문제가 나타난다.

11) 지기나 성·경·신과 같은 용어들이 특정『윤리와 사상』교과서에만 수록되었다는 사실 자체가 문제되는 것은 아니다. 하지만 '지기'가 무엇인지, 동학의 '성·경·신'이 유교의 그것과는 어떤 차이가 있는지 등의 설명이 전혀 없는 까닭에, 학생들이 동학을 이해하는 데 오히려 어려움을 제공한다는 점이 문제인 것이다.

12) 윤석산·홍성엽, 『경전으로 본 세계종교 천도교』, 전통문화연구회, 2016, 37~38쪽.

13) 김용휘, 앞의 책, 2012b, 98, 145쪽; 오문환, 「'시천주' 주문을 통해서 본 수운의 인간관」, 예문동양사상연구원·오문환 편, 『수운 최제우』, 예문서원, 2005, 131~136쪽.

14) 『東經大全』「論學文」: 侍者, 內有神靈, 外有氣化, 一世之人, 各知不移者也, 主者, 稱其尊而與父母同事者也. 造化者, 無爲而化也, 定者, 合其德定其心也. 永世者, 人之平生也, 不忘者, 存想之意也. 萬事者, 數之多也, 知者, 知其道而受其知也.

15) 『海月神師法說』「靈符呪文」: 內有神靈者, 落地初赤子之心也, 外有氣化者, 胞胎時, 理氣應質而成體也.

16) 윤석산, 『동학교조 수운 최제우』, 모시는 사람들, 2019, 217~220쪽.

17) 동학의 역사를 기술한 작자 미상의 서적인『도원기서』에는, 빨래하던 여인들이 수운에게서 상서로운 기운을 느껴 그를 바라본 일화나, 수운이 한울과 화답하면서 화결시(和訣詩)를 남긴 정황 등이 남아 있다(윤석산 역, 『도원기서』, 모시는 사람들, 2012, 36~42쪽).

18) 『東經大全』「布德門」: 盖自上古以來, 春秋迭代, 四時盛衰, 不遷不易, 是亦天主造化之迹, 昭然于天下也.

19) 『東經大全』「論學文」: 曰, 不擇善惡也.

20) 표영삼, 『수운의 삶과 생각 동학 1』, 통나무, 2004, 120쪽.

21) 물론 본 연구와는 다른 방식을 취할 수도 있다. 가령 성해영(『수운 최제우의 종교체험과 신비주의』, 서울대학교 출판문화원, 2018, 178~180쪽)은 동학사상이 여러 차원에서 등장하고 있는 사상 내 이원적 관계에 대해 매우 예민한 감수성을 보인다고 지적하면서, 이런 이원적 관계들이 궁극적으로는 일원성의 역설적인 표현이자 근원적으로는 하나로 통합될 수 있는 가능성을 내포하고 있다고 설명한다. 예를 들어 인격적인 상제를 정성으로 공경하고 모시라는 말은, 나와 상제라는 존재의 이원성을 전제로 하는 것이다. 하지만 '지극한 기운이 지금 이르러 크게 내리기를 원한다.'라는 8글자의 강령주문에 나타난 청원처럼, 한울이 내려와 오심즉여심을 체험하게 되면 나와 상제는 동일한 그 무엇으로 변모한다는 것이다. 매우 설득력 있는 설명이지만, 교육의 실제라는 차원에서 보자면 이와 같은 방식은 채택하기가 어렵다. 과연 이 내용을 동학을 가르치는 교사 또는 배우는 학생들이 이해하거나 체험할 수 있을까? 이러한 까닭에 본 연구에서는 한울을 지구의 생명체계혹은 우주의 질서체계로 해석해 나와 한울의 일원성을 부각시킴으로써, 도덕교육적 시사점을 이끌어내고자 하는 것이다.

22) 동학사상의 종교성을 부각시키는 것도 이 사상을 해석하고 이해, 활용하는 중요한 방법이다. 다만 종교에는 훌륭한 순기능들도 있으나, ⓐ 기존 체제의 합리화, ⓑ 특정 종파에 대한 편파성·교조성·경직성, ⓒ 이로 인해 발생하는 배타성이나 불관용성의 역기능도 분명히 존재한다는 사실을 고려해야 한다(윤영돈, 「도덕교육에서 도덕신학의 정초와 종교 관련 내용의 집필 방향」, 『도덕윤리과교육학회』, 제25호, 한국도덕윤리과교육학회, 2007, 86~87쪽). 이런 까닭에, 그리스도교와 불교 및 동학을 비롯한 여러 근대 종교 사상들이 『윤리와 사상』 교과서에 수록되어 있지만, 종교성보다는 등장 배경이나 사상의 변천, 학문성 등을 부각시키는 것이다. 따라서 본 장에서는 동학사상에 내재된 도덕교육적 시사점들을 도출하고 교수·학습과 관련된 활용 방안을 고민하는 과정에서, 이 사상이 가진 종교성은 가급적 배제하는 방향을 취하였다. 이는 특정 사상(학파)의 입장에서 도덕교육을 바라보는 것이 아니라 거꾸로 도덕교육의 입장에서 특정 사상(학파)을 바라보는 방식이라는 점에서, 기존의 연구들과는 차별되는 지점이다.

23) 『東經大全』「論學文」: 陰陽相均, 雖百千萬物, 化出於其中, 獨惟人, 最靈者也.; 『용담유사』「안심가」: ○ 디져 싱령 초목군싱 ㅅ싱ㅈ천 안일넌ㄱ ○ ㅎ믈며 만물지간 유인이 최령일네

24) 교육부, 앞의 책, 2015b, 4쪽.

25) 다른 5개 도덕과 역량의 명칭은, '도덕적 사고 능력', '도덕적 대인 관계 능력', '도덕적 정서 능력', '도덕적 공동체 의식', '윤리적 성찰 및 실천 성향' 등이다. 이 '가

치관계 확장법'에 대해서는 다음 절에서 다룰 예정이다.

26) 교육부, 앞의 책, 2015b, 3쪽.

27)『東經大全』「修德門」: 道成德立, 在誠在人. 或聞流言而修之, 或聞流呪而誦焉, 豈不非哉, 敢不憫然. 憧憧我思, 靡日不切. 彬彬聖德, 或恐有誤. … 大抵此道, 心信爲誠. 以信爲幻(誠), 人而言之. 言之其中, 曰可曰否, 取可退否, 再思心定. 定之後言, 不信曰信. 如斯修之, 乃成其誠, 誠與信兮, 其則不遠.

28) 관련 연구가 전무한 것은 아니다. 일례로 장승희(『전환기의 미래세대를 위한 동양윤리와 도덕교육』, 제주대학교 출판부, 2017, 84~102쪽)는 우리 사회에서 나타나는 심각한 불신 현상에 대해 '신뢰 생태계'의 작동이 필요한 시점임을 지적하면서, 『논어(論語)』와 『대학(大學)』, 중용(中庸) 등을 분석해 신(信)이 곧 성(誠)임을 보여주고 있다. 즉, 신뢰의 기본은 성선(性善)에 대한 지향이기에, 자신에게 성실히 하는 것에서 출발하는 것이 신뢰 생태계 구축의 시작이라는 것이다. 자기 신뢰와 관련해 도덕교육적 시사점을 밝힌 훌륭한 연구 성과라고 판단되나, 본 연구와는 논의의 대상이나 방법상에서 차이가 있다.

29) 교육부, 앞의 책, 2015b, 5쪽.

30) 위의 책, 14쪽, 21쪽, 23쪽, 43쪽, 45쪽, 59쪽.

31)『용담유사』「교훈가」: 너도 역시 ᄉ람이라 ○ 무어슬 알아스며 억조창ᄉᆡᆼ 마는 ᄉ람 ○ 동귀일체ᄒᄂᆞ 줄을 ᄉ십 평ᄉᆡᆼ 아라써냐

32)『용담유사』「권학가」: ○ 시운을 의논ᄒᆡ도 일성일쇠 안일년가 ○ 쇠운이 지극ᄒ면 성운이 오지마ᄂ ○ 현숙ᄒᆫ 모든 군ᄌ 동귀일톄 ᄒ엿던가

33)『용담유사』「도덕가」: 그러ᄂ ᄒᄂᆞᆯ님은 ○ 지공무ᄉᄒ신 마음 불ᄐᆡᆨ선악 ᄒᄉᆡ ᄂ니 ○ 효박ᄒᆫ 이 세상을 동귀일톄 ᄒ단 말가

34) 윤석산,『용담유사 연구』, 모시는 사람들, 2006, 184쪽.

35) 장열이, 앞의 글, 2007b, 220쪽. ; 주의해야 할 점은 동귀일체에 내재된 정치적 해석의 가능성이다. 이러한 측면은 일찍이 해방 시기에 활동했던 천도교 기반 정치세력인 청우당(靑友黨)에 의해서도 주목받았는데, 김병제(金秉濟, 1894~?)가 대표 집필하여 1947년에 발간된『천도교의 정치이념』에서는 동귀일체의 철리적(哲理的) 의의에 대해 "동귀일체의 원리에서는 인간사회를 한 개의 인체와 같이 본다. 그리하여 육체 전체는 모든 기관을 꾸준히 조절하여 세포의 균형적 발육을 도모하고, 세포 각개는 각자 본능을 완전히 발휘하여 전체의 계속적 건전을 도모함과 같이, 인간사회도 이 원리에 맞도록 조직하여 사회와 개성의 쌍전적 발전을 도모하자는 것이다."(김병제·이돈화 외,『천도교의 정치이념』, 모시는 사람들, 2015, 23쪽)라고 풀이하고 있다. 이러한 해석은 대한민국이 처한 당시의 상황, 즉 국내적으로는 해방을 맞이했고, 국외적으로는 미·소가 냉전하면서 자국의 영향을 키우려던 배경과 밀접한 연관성이 있기에, 나름의 시대적 의의를 가진다. 그

러나 본 연구에서는 동귀일체를 세포(개인)-인체(사회)와 같은 형태로 보지 않고, 적용 가능성 역시 도덕교육으로 제한하고 있다는 점에서 해석의 차이를 지닌다. 오히려 필자는 수운의 동귀일체는 한울과 사람을 공경하는 것을 넘어 사물까지 공경하는 최시형의 '삼경(三敬, 敬天·敬人·敬物)' 사상과 연결된다고 본다는 점에서, 정치적 해석보다는 동귀일체의 통합적 성격에 집중하였다.

36) 『海月神師法說』「待人接物」: 淸明在躬其知如神, 淸明在躬之本心, 卽道至而盡矣. 日用行事, 莫非道也. 一人善之天下善之, 一人和之一家和之, 一家和之一國和之, 一國和之天下同和矣, 沛然孰能御之.

37) 최민자, 「수운과 원효의 존재론적 통일사상」, 예문동양사상연구원·오문환 편, 『수운 최제우』, 예문서원, 2005, 267쪽.

38) 최천식, 「최제우가 제시하는 유학 극복의 논리」, 『태동고전연구』 제38집, 한림대학교 태동고전연구소, 2017, 67~72쪽.

39) 小倉紀藏, 『朝鮮思想全史』, 筑摩書房, 2017, 260쪽.

40) 『東經大全』「不然其然」: 千古之萬物兮. 各有成, 各有形. 所見以論之, 則其然而似然. 所自以度之, 則其遠而甚遠, 是亦杳然之事, 難測之言. 我思我, 則父母在玆, 後思後, 則子孫存彼. 來世而比之, 則理無異於我思我, 去世而尋之, 則或難分於人爲人. 噫. 如斯之忖度兮. 由其然而看之, 則其然如其然, 探不然而思之, 則不然于不然. … 是故, 難必者, 不然, 易斷者, 其然. 比之於究其遠, 則不然不然, 又不然之事, 付之於造物者, 則其然其然, 又其然之理哉.

41) 『東經大全』「不然其然」: 太古兮, 天皇氏, 豈爲人豈爲王. 斯人之無根兮. 胡不曰不然也. 世間, 孰能無父母之人. 考其先, 則其然其然, 又其然之故也.

42) 『용담유사』「흥비가」: ○ 그 말 져 말 다 ᄒᆞᄌᆞ니 말도 만코 글도 만아 ○ 약간 약간 긔록ᄒᆞ니 여ᄎ여ᄎ우여ᄎ라 ○ 이 글 보고 져 글 보고 무궁ᄒᆞᆫ 그 니치를 ○ 불연기연 살펴ᄂᆡ야 부야 흥야 비히 보면 ○ 글도 역시 무궁ᄒᆞ고 말도 역시 무궁이라 ○ 무궁이 살펴ᄂᆡ야 무궁이 아라쓰면 ○ 무궁ᄒᆞᆫ 이 울 속의 무궁ᄒᆞᆫ ᄂᆡ 아닌가

43) 이한영, 「불연기연과 이천식천의 신학적 이해」, 『신학사상』 제186집, 한신대학교 신학사상연구소, 2019, 397쪽.

44) 조극훈, 「동학의 불연기연과 변증법」, 『동학연구』 제29집, 한국동학학회, 2010, 32~33쪽; 윤석산, 앞의 책, 2019, 245~246쪽.

45) 교육과학기술부, 『중학교 교육과정 해설 II 국어, 도덕, 사회』, 교육과학기술부, 2009, 177쪽.

46) '가치관계 확장법'이 만들어지게 된 배경과 관련 단체들의 상세한 논의에 대해서는, 차우규 외, 『도덕과 교육과정 내용체계와 지도방법 개선』, 한국교육과정평가원, 2005를 참조할 수 있다. '가치관계 확장법'도 ⓐ 이전 생활영역 확대법과의 차이점이 모호하다는 점, ⓑ 가치관계의 영역별 구분이 작위적이라는 점, ⓒ 영역

과 해당 영역에 속하는 가치·덕목들의 배분이 맞지 않다는 점 등을 이유로 다양한 비판에 직면하고 있다(진의남 외,『교과 교육과정의 쟁점 및 개선 방향』, 한국교육과정평가원, 2014, 80~81쪽). 그러나 본 장의 목적은 '가치관계 확장법' 자체를 비판하는 것이 아니므로 이 부분은 생략한다.

47) 윤현진 외,『도덕과 교육 내용 개선 방안 연구』, 한국교육과정평가원, 2009, 106~107쪽; 오기성 외,『2011 도덕과 교육과정 개정 시안 연구 개발』, 교육과학기술부, 2011, 86~87쪽.

48) 전면 개정 체제에서 활용되었던 '생활영역 확대법' 및 수시 개정 체제에서 활용 중인 '가치관계 확장법'의 영역별 명칭 변천사에 대해서는, 김민재,「고등학교 도덕과 교육과정에 나타난 전통 가치의 수용 양상」,『학습자중심교과교육연구』제18권 제5호, 학습자중심교과교육학회, 2018, 285~287쪽을 참조할 수 있다.

49) 진의남 외, 앞의 책, 2014, 82~83쪽.

50) 교육과학기술부, 앞의 책, 2009, 194쪽.

51) 교육부, 앞의 책, 2015b, 3~4쪽.

52) 사실 '자연·초월과의 관계'에서 문제가 되는 것은 '자연'이 아니라 '초월'이다. '자연'의 경우에는 교육의 대상을 규정할 수 있으나 '초월'은 대상 자체를 규정하기도 어렵거니와, 기존에 쓰이던 '초월적 존재'와 개정된 이후의 '초월'은 어떤 동이점이 있는지도 불명확하기 때문이다.

53) 장승희,「도덕과 내용체계에서 제4영역 '자연·초월적 존재와의 관계' 분석」,『윤리연구』제80호, 한국윤리학회, 2011, 126쪽; 교육부, 앞의 책, 2015b, 7~8쪽, 15~16쪽, 23~24쪽, 74~75쪽. ; 소개한 요소들이 '자연·초월과의 관계'에 정확히 부합하는 내용인지도 검토가 필요한 것이 사실이다(곽영근,「초등학교 도덕과 '자연·초월과의 관계' 영역의 가치·덕목에 대한 이해」,『초등도덕교육』제58집, 한국초등도덕교육학회, 2017, 315~316쪽).

54) 강두호,『도덕 교과교육의 논점들』, 교육과학사, 2017, 39~45쪽; 박병기·추병완,『윤리학과 도덕교육 1』, 인간사랑, 2017, 75~82쪽; 정창우,『도덕과 교육의 이론과 쟁점』, 울력, 2013, 22~23쪽.

55)『東經大全』「不然其然」: 由其然而看之, 則其然如其然, 探不然而思之, 則不然于不然. … 夫如是則不知不然故, 不曰不然, 乃知其然故, 乃恃其然者也. 於是, 而揣其末究其本, 則物爲物理爲理之大業, 幾遠矣哉.

56) 오문환,『다시개벽의 심학』, 모시는 사람들, 2006, 143쪽.

57)『東經大全』「歎道儒心急」: 固我心柱, 乃知道味, 一念在玆, 萬事如意. … 心兮本虛, 應物無迹. 心修來而知德, 德惟明而是道. 在德不在於人, 在信不在於工, 在近不在於遠, 在誠不在於求. 不然而其然, 似遠而非遠.

58) 김지하,『생명학 1』, 화남, 2008, 153쪽.

59) 한국철학사상연구회, 『처음 읽는 한국 현대철학』, 동녘, 2016, 98~99쪽.
60) 김용휘, 앞의 책, 2012b, 92쪽.

보론 2

유교적 가치의 올바른 교수·학습을 위한 제언
- 「고전과 윤리」 과목의 '입지'와 '청렴'을 중심으로 -

이 장에서는 고등학교 「고전과 윤리」 과목에 수록된 '입지(立志)'와 '청렴(淸廉)'을 보다 올바르고 효과적으로 가르치기 위한 교수·학습 관련 제언을 시도할 것이다. 그리고 이를 통해 우리 삶을 정신적으로 더 윤택하게 해 줄 수 있는 유교적 가치를 발굴·재조명하고, 그 미래적 필요성까지 논의하기 위한 기반을 다지는 것이 본 장의 궁극적인 목적이다. 이 장의 집필은 필자의 두 가지 문제의식에서 비롯되었다.

첫 번째는, 여러 조사들에서 유사하게 발견되는 청소년·성인들의 행복지수 하락과 윤리의식 결여이다. 한두 가지 예를 들어보자. 2019년 12월에 발표된 「OECD 국제 학업성취도 비교 연구(PISA 2018)」에 따르면, 우리나라 학생들은 읽기, 수학, 과학의 지적 소양 분야에서 상위 수준의 성취를 보이고 있다. 그러나 이와는 달리 정의적 특성에 해당하는 삶의 만족도 부분에서는 OECD 평균(7.04)보다 낮은 만족도 지수(6.52)를 보여주고 있다. 79개의 참여국 중 조사가 제대로 이루어지지 않은 8개 국가를 제외하면, 우리나라보다 지수가 낮은 국가는 겨우 6개에 불과하다는 점에서 매우 유의해야 할 결과이다.[1] 또한 『2019년 대한민국 청소년 및 성인(직장인) 정직지수 조사 결과보고서』에 따르면, 청소년 정직지수(77.3)가 성인(60.2)보다 훨씬 높으며, 청소년들 중에서도 초등학생(87.8) 〉 중학생(76.9) 〉 고등학생(72.2) 순으로 정직지수가 높은 것으로 나타났다. 다르게 표현하면, 나이가 들수록 정직지수가 점점 더 낮아진다는 것이다. 정직지수는 19~29세에서 최저점(51.8)을 나타내면서 상승 추세로 돌아서지만, 고등학생 수준으로도 회복하지 못한다.[2] 그렇다면 왜 이렇게 청소년·성인들의 행복지수가 하락하고, 윤리의식까지 동반해 낮아지는 것일까? 이 질문에는 다양한 답변들이 가능하겠지만, 필자는 지금의 우리 사회에는 삶을 살아가면서 고수해야만 하는 가치·덕목이 부재하기 때문이라고 판단하였다.

그렇다면 우리 청소년들은 자기 인생에서 어기지 않으려고 노력하는 가치·덕목을 자발적으로 숙고, 선택하는 과정을 학교 교육을 통해 경험하고 있을까? 이것이 본 연구의 두 번째 문제의식이다. 학교 교육에서 이 부분을 담당하는 대표적인 교과는 도덕과(道德科)이고, 다음과 같은 도덕과 교육의 성격과 목표를 고려할 때 일정 수준은 긍정적 평가를 내릴 수 있다.

① 도덕과는 학교 인성 교육의 핵심 교과이다. 도덕적인 인간과 정의로운 시민이라는 중첩된 인간상을 지향점으로 삼아 21세기 한국인으로서 갖추고 있어야 할 인성의 기본 요소인 핵심 가치를 확고하게 내면화하고, 학생의 경험 세계에서 출발하여 자신을 둘러싼 현상을 탐구하고 내면의 도덕성을 성찰함과 동시에 스스로의 삶 속에서 실천하는 과정을 추구하는 '도덕함'의 시간과 공간을 제공하는 교과이다.[3]

② 자신을 둘러싸고 전개되고 있는 삶의 상황 속에 어떻게 살아야 할 것인가라는 물음을 근간으로 삼는 가치의 차원이 있음을 인식하고, 그것을 현실 속에

서 어떻게 구현해 갈 것인가를 고민할 수 있는 실천적인 시간과 공간을 제공하는 것을 목표로 한다. 이러한 목표는 자신을 둘러싼 도덕 현상에 대한 탐구와 내면의 도덕성에 대한 윤리적 성찰과 일상적 실천을 포함하는 도덕함의 능력을 길러주는 것으로 구체화된다.[4]

다소 불명료한 부분도 있지만, 내가 직면한 삶의 문제 상황에 대해 도덕적 주체로서 탐구하고 성찰하며 그것을 실천으로 옮기기 위해 노력하는 인간상을 지향하는 도덕과 교육의 성격과 목표에 대해서는 긍정적 평가를 내릴 만하다. 하지만 추구하는 이념(idea)과 실제 사이에는 항상 간극이 존재한다는 점을 고려할 때, 도덕과 교육의 성격과 목표가 얼마만큼 제대로 구현되고 있는가를 살펴봐야 할 것이다. 이 같은 이유로 본 연구에서는 고등학교 도덕과 과목에 속하는 「고전과 윤리」를 논의의 대상으로 선정하였으며, 그 내용들 중에서는 다시 『격몽요결(擊蒙要訣)』을 통해 수업하는 '입지'와 『목민심서(牧民心書)』를 통해 수업하는 '청렴'을 선택하였다. 왜냐하면 입지는 도덕적 주체로 살아가기 위해 내가 지향하는 가치·덕목을 세우는 과정을 강조하는 유교적 가치이고, 청렴은 고금을 막론하고 직업인으로서 언제나 염두에 두어야 하는 유교적 가치이기 때문이다.[5]

이상의 문제의식 아래 본 장은 다음과 같은 순서로 전개된다. 우선 제1절에서는 「고전과 윤리」과목의 교육과정 및 교과서에서 발견할 수 있는 교육적 의의와 한계에 대해 살펴본다. 이에 대한 안내가 있어야만, 이어지는 절들의 중점이 더 분명해지는 까닭이다. 그리고 제2절에서는 율곡(栗谷) 이이(李珥, 1536~1584)의 『격몽요결』에서 발췌한 내용을 중심으로 수업이 진행되는 '입지'에 대해 논의하는데, 『고전과 윤리』교과서의 해당 장에서 보완해야 할 사항들을 지적하고 어떻게 보충할 것인가에 대해서도 고찰한다. 또한 제3절에서는 다산(茶山) 정약용(丁若鏞, 1762~1836)의 『목민심서』에서 발췌한 내용을 중심으로 수업이 진행되는 '청렴'에 대해 논의하는데, 전개 방식은 제2절과 동일하다.

1. 「고전과 윤리」 과목의 교육적 의의와 한계

전면개정 체제와 수시개정 체제의 분기점이 된 2007년 이후, 대한민국 교육과정의 역사에서 가장 최근에 해당하는 '2015 개정 시기'에 탄생한 과목이 「고전과 윤리」이다.6) 「2015 개정 교육과정」의 화두는, "학교교육을 통해 모든 학생들이 인문·사회·과학기술에 대한 기초 소양을 함양하여, 인문학적 상상력과 과학기술 창조력을 갖춘 창의 융합형 인재로 성장할 수 있도록"7) 돕는 것이었다. 이런 까닭에 「2015 개정 교육과정」의 다른 명칭은 '문·이과 통합형 교육과정'이었는데, 여기서 인문·사회적 소양 함양의 대표적 방법이 「통합사회」 과목의 신설이었고, 과학기술 소양 함양의 대표적 방법이 「통합과학」 과목의 신설이었다. 그리고 또 하나의 시도가 고등학교 단계의 선택 과목들을 세분화하여, 대학수학능력시험과 결부된 '일반선택 과목'과 그렇지 않은 '진로선택 과목'으로 구분하는 것이었다. 이 중 후자에서는 교과 융합, 진로 안내, 교과별 심화학습 등을 적극 권장하였는데, 「고전과 윤리」가 바로 도덕과의 진로선택 과목에 속한다.8) 이 과목의 목표가 다음과 같이 기술되어 있는 것도 이러한 이유에서이다.

고등학교 「고전과 윤리」에서는 생활 세계에서 발생하는 문제들을 동·서양의 고전들과 직접 마주하게 함으로써 '삶의 의미' 또는 '더 나은 삶'에 대해 도덕적으로 탐구하고 성찰하는 기회를 갖는다. 이 과정을 통해 도덕적 가치관과 판단력, 그리고 도덕적 상상력을 함양하고, 도덕적 앎을 행동으로 옮길 수 있는

실천 동기와 능력을 기른다.[9]

후술하겠지만, 동·서양의 고전들을 '직접', 그리고 좀 더 '깊이 있게' 다루게 된 계기가 「고전과 윤리」를 통해 마련되었다는 점에서, 이 과목이 가지는 교육적 의의는 적지 않다. 그렇다면 과목의 구성은 어떻게 이루어져 있을까? 「고전과 윤리」 과목의 최초 개발 단계에서는 동양, 한국, 서양, 응용윤리의 고전이라는 구분법에 따라 서적들을 배치하여, 전체 4개 대단원, 12개 중단원, 총 24권의 고전으로 구조화되었다.[10] 그러다가 몇 차례의 수정, 보완을 거쳐 현재는 도덕과의 내용 구성 원리인 '가치관계 확장법'에 따라 영역이 구분되어, 최종적으로 전체 4개 대단원, 12개 중단원, 총 15권의 고전으로 구조화되었다. 이를 간략하게 표로 나타내면, 다음과 같다.[11]

〈표 보론 2-1〉 「고전과 윤리」 교육과정의 내용 체계표

영역	핵심 가치	배치된 고전	주제
자신과의 관계	성실	『격몽요결』	뜻 세움과 나의 삶
		『수심결』	진정한 나 찾기와 마음공부
타인과의 관계		『윤리형이상학 정초』	도덕법칙과 인간의 존엄성
		『니코마코스 윤리학』	삶의 목적으로서의 행복과 덕
	배려	『논어』	인간다움으로서의 인의 마음과 실천
사회·공동체와의 관계		『금강경』	관계 속에서 존재하는 나와 베푸는 삶
	정의	『국가』	조화로운 영혼과 정의로운 국가
		『목민심서』	공직자의 자세로서 청렴과 애민
		『정의론』	정의로운 사회를 위한 정의의 원칙
자연·초월과의 관계	책임	『공리주의』, 『동물해방』	최대 다수의 최대 행복과 도덕적 고려 범위의 확대
		『노자』, 『장자』	자연의 이치에서 배우는 삶의 지혜, 편견과 선입견에서 벗어난 진정한 자유
		『신약』, 『꾸란』	인간의 삶에서 종교의 의미와 종교에 대한 자세

〈표 보론 2-1〉에 의하면, 본 연구의 논의 대상인『격몽요결』은 도덕적 주체로서의 내가 확립되는 출발점인 '자신과의 관계'에 속해 있고,『목민심서』는 개인과 집단의 연결 속에서 책임, 의무, 사회 정의 등의 가치를 숙고할 수 있는 '사회·공동체와의 관계'에 속해 있음을 확인할 수 있다.12) 두 고전에서 엿보이는 '입지'와 '청렴'의 올바른 교수·학습을 위한 상세한 제언을 하기에 앞서, 본 절의 이하에서는「고전과 윤리」교육과정 및 교과서에서 발견되는 교육적 의의와 한계를 지적하고자 한다. 이 과목의 교육적 의의와 한계는, 의의를 구현하는 과정에서 한계가 나타난다는 점이 특징이다.

먼저「고전과 윤리」교육과정 및 교과서에서 발견할 수 있는 교육적 의의는 크게 두 가지이다. 첫째는 생존에 대한 욕구가 점점 더 과장된 모습으로 다가오고, 이와 반비례해 인간을 다른 존재들과 구분시켜 주는 삶의 의미 물음에 대해서는 갈수록 무관심해지는 이때, '고전 읽기'라는 방식으로 우리 청소년들이 자신에게 삶의 의미 물음을 던져볼 수 있는 계기를 제공한다는 것이다. 그리고 둘째는 개인화가 극단적인 방향으로 치달림으로써 인간의 실존이 위협받는 상황에서, '가치관계'의 회복을 목적으로 동서고금의 여러 고전들을 배치하였다는 것이다.13) 이런 의의는「고전과 윤리」교육과정의 시작에서 이미 잘 드러나고 있다.

(「고전과 윤리」는) 고전의 원문을 직접 읽고 그 의미를 탐구하는 과정을 통하여 도덕적 주체로서 자신에 대해 성찰하고, 타인과의 관계가 인간의 삶에 주는 의미를 깨달아 도덕적 자세로 타인과 관계를 맺으며, 사회·공동체 속에서 정의를 지향하는 성숙한 도덕적 시민의 자질을 갖추고, 자연·초월과의 관계 속에서 인간 삶의 의미와 생명의 가치, 그리고 초월과의 관계에 대해 탐구하고 도덕적 실천을 할 수 있는 자세와 태도를 기르기 위한 과목이다.14)

이 같은 교육적 의의들은 '자신과의 관계' → '타인과의 관계' → '사회·공동체와의 관계' → '자연·초월과의 관계'로 내용 체계를 구성하는 이른바 '가치관계 확장법'이, 초등학교 3학년으로부터 중학교 3학년까지에 해당하는 '공통 교육과정'(「도덕」)을 넘어서, 고등학교 이후의 '선택 중심 교육과정'(「고전과 윤리」)에도 적용되는 실질적인 효과를 거두었다. 즉, '가치관계 확장법'이 명실상부한 학교 도덕교육[道德科]의 내용 구성 원리로 기능하게 되었다는 것이다.15)

그럼에도 「고전과 윤리」 교육과정 및 교과서에는 몇 가지 한계도 나타나는데, 첫째는 학생들로 하여금 고전을 직접 마주하게끔 하는 방식을 제안하였지만, 어떻게 마주해야 하는지에 대한 안내는 제대로 이루어지지 않았다는 것이다. 교육과정의 '교수·학습 및 평가의 방향' 부분에 묵독(默讀), 통독(通讀), 윤독(輪讀), 삼독(三讀) 등 몇 가지 읽기 방식이 명칭 중심으로 간략히 소개되어 있기는 하나, 이조차도 교사나 학생 모두에게 불친절하다. 그리고 둘째는 가치관계를 중심으로 고전들을 배치한 의도는 긍정적이나, 특정 영역에 특정 고전을 배치하는 방식이 과연 바람직한가에 대해 의문이 든다는 것이다. 일례로 〈표 보론 2-1〉을 보면 『논어(論語)』는 '타인과의 관계' 영역에 속해 있지만, 『논어』의 내용이 가치관계의 전(全) 영역을 관통하고 있음은 주지의 사실이다. 이로 인해 영역별 고전의 배치가 자의적이라는 비판을 면하기 어렵다.16) 이어서 셋째는 교육과정이 교과서로 구현되는 과정에서 단원별 서술 형식과 내용 수준이 일관적이지 못하다는 것이다.17) 가장 두드러진 부분은 동양과 서양 고전의 기술 방식 차이인데, 동양 쪽 기술은 원전과 해설을 섞어 놓았다면, 서양 쪽 기술은 본문의 대부분을 원전으로만 채우고 있다. 이렇게 되면 보조단의 '더 생각해 보기'나 '더 알아보기'의 활용 방식도 달라지는 까닭에 교수·학습 과정에서 혼란이 초래될 우려가 있다.

지금까지 본 절에서는 「고전과 윤리」 교육과정 및 교과서를 중심으로,

이 과목에서 발견할 수 있는 목표와 구성, 교육적 의의와 한계 등에 대해 개략적으로 살펴보았다. 본 장에서 주목한 유교적 가치인 '입지'(『격몽요결』)와 '청렴'(『목민심서』) 모두 고등학교 도덕과 과목인 「고전과 윤리」에 수록되어 있다는 점에서, 본 절의 논의는 필수적으로 거쳐야 하는 작업이었다. 이제 이어지는 절에서는 청소년·성인들의 행복지수 하락과 윤리의식 결여라는 시대적 상황을 맞이하여, 이를 타개하기 위한 시작점으로서의 유교적 가치, 즉 '입지'의 올바른 교수·학습을 위한 제언을 시도하고자 한다.

2. '입지'의 올바른 교수·학습을 위한 제언

「고전과 윤리」 교육과정에서는 입지의 성취기준을 "도덕적 주체로 살아가기 위해서 '뜻 세움'이 중요함을 알고 자신이 세운 뜻을 실현하기 위한 구체적인 계획을 수립하여 이를 실천하기 위한 방법을 제시할 수 있다."[18)]라고 기술하였으며, 관련된 고전으로 『격몽요결』을 제시하고 있다. 이러한 교육과정의 구성을 따라서 『고전과 윤리』 교과서에서는 그 시작에 '뜻 세움과 나의 삶' 단원을 배치하고 있는 바, '생각열기' → '알아보기(이이의 생애와 『격몽요결』의 집필 배경)' → '01 뜻을 세운 사람들은 어떻게 행동할까?' → '02 내가 세운 뜻을 제대로 실천하려면 어떻게 해야 할까?' → '성찰하기 01(경을 통해 나의 내면과 일상생활을 성찰해 보자.)' → '성찰하기 02(나의 오래되고 잘못된 습관에는 어떤 것들이 있을까?)' → '영향(이이의 사상과 후대에 미친 영향)'의 순서로 입지를 서술하고 있다.[19)] 성인(聖人)이 되려는 마음을 세우고 이에 대한 배움의 뜻을 다진다는 의미의 입지는, 공자(孔子) 이래로 유자(儒者)라면 모두 강조했던 개념이다.[20)] 하지만 현대식 교육과정 및 교과서에서 중단원 수준 내지는 이만큼의 분량으로 다루어진 경우는 발견하기 어렵다는 사실을 고려할 때, 「고전과 윤리」 과목의 시도는 나름의 교육적 의의를 지닌다고 평가할 수 있다. 그럼에도 입지라는 유교적 가치를 더 정확하고 올바르게 교수·학습해야 한다는 측면에서 몇 가지 보완해야 할 부분들이 있다.

첫 번째는, 『고전과 윤리』 교과서에 입지가 무엇인지에 대한 설명이 없는 것은 아니지만, 입지에 내포된 전일적(專一的) 성격이나 성현을 향한 강렬한 열망 등을 직관적으로 파악하기는 어렵다는 점이다. 다시 말해, 다소 산만하게 입지를 설명하고 있다는 것이다. 이것은 이 중단원의 주된 고전인 『격몽요결』의 흐름을 따라가다 보니 생긴 결과인데, 입지를 설명하는 다른 고전들을 보완한다면 보다 효과적으로 교수·학습할 수 있을 것으로 기대된다. 일례로 진순(陳淳)의 『북계자의(北溪字義)』에 수록된 다음의 내용을 꼽을 수 있다.

입지의 '지(志)'란 마음이 가는 것인데, 여기서 간다는 것은 마음이 어디로 향한다는 것이다. 즉, 마음이 앞을 향해 오로지 어느 곳으로 나아감을 이르는 것이다. 가령 도에 뜻을 두었다고 하면 이것은 마음이 오로지 도를 향하는 것이고, 배움에 뜻을 두었다고 하면 이것은 마음이 오로지 배움을 향하는 것이다. 곧바로 구하고자 하는 것을 찾아 나아가고, 마음이 향하는 저 대상을 반드시 얻고자 하는 것, 이것이 곧 지이다. 만약 중간에 했다 그만두었다 하거나 뒤로 물러서려는 등의 생각이 있다면, 그것은 지라고 할 수 없다. 이처럼 지에는 대상을 향해 나아가고 반드시 이루겠다는 생각이 있다. 마음이 어느 곳을 향해 나아가고, 어떻게 할 것인지를 정하고 헤아리며, 결연하게 반드시 그것을 획득하겠다고 욕구하는 것이 곧 지이다. 사람이 지를 세우지 않고 다만 세속에 휩쓸려 같아지거나 더러운 세상에 합한다면, 무슨 성취가 있겠는가? 사람이란 모름지기 성현이 되겠다고 스스로 기약함으로써 지를 세워야 한다. 그러면 능히 세속의 가운데에서도 탁연히 비어져 나와, 물결을 좇다가 보잘것없고 어리석은 무리가 되는 상태에 이르지 않게 된다. 만약 자포자기하는 그런 마음이라면, 지를 세울 수 없다. 지를 세우는 것은 모름지기 높고 밝으며 바르고 커야 한다. 사람은 좋은 바탕을 많이 가지고 있으며, 그 바탕은 순수하고 고요하며 맑아 매우 도에 가깝다. 그런데도 도리어 비루한 곳으로 돌아가는 그런 마음이 되어 도에 뜻을 두지 않으려 하는데, 다만 이것은 지를 세우지 못한 것이다. … 학문함에 있어 꼭 필요한 것은 지를 세우는 처음으로, 이때는 마땅히 삼가 살피면서 결정을 해야 한다. 이것이 바로 길이 구분되는 곳이다. 의리(義理)에 뜻을 두는 것으로 결단하면 군자가 되는 길로 들어가고, 이익에 뜻을 두는 것으로 결단하면 소인이 되는 길로 들어갈 것이다. … 지금으로부터 보건대 학문함의 길이 매우 많다. 만약 이 지점에서 지를 세우는 자가 조금이라고 성인이 되는 길로 가는 것에 전념하지 않는다면, 나중에 이른바 삼십에 자립하고, 사십에 미혹하지 않으며, 오십에 천명을 알고, 육십에 귀가 순해지고, 칠십에 마음이 하고 싶은 대로 해도 어긋남이 없는 경지 등 이 하나하나 모두 다 어긋나 다시는 효과를 보지 못하게 될 것이다. 지를 세우는 자가 오로지 가장 처음에 성인의 학문에 전심하고 생각을 기울여야, 나중에 허다한 절목들에서 모두 성과가 있는 곳으로 나아갈 수 있다. 공부에 게으르지 않는 것을 끝까지 해야만, 비록 마음이 하고 싶은 대로 해도 어긋남이 없는 경지가 매우 높다고 해도 또한 성취하고 이를 수 있다.21)

위의 인용문에서는 뜻을 세운다고 할 때의 '뜻[志]'이 과연 무엇인지에 대해 집중적으로 서술하고 있다. 또한 뜻을 제대로 세우지 않는다면 결국 잡된 무리가 될 뿐임을 강조하면서 도덕적 주체로 풀이할 수 있는 성인이 되려는 뜻을 달성하기 위해서는 결코 자신을 포기해서는 안 되며, 오히려 더 강렬히 성인을 열망해야 한다는 점도 제시하고 있다. 그리고 배움의 길은 여러 가지일 수 있지만, 그 출발에서부터 성인이 되려는 배움에 뜻을 두지 않는다면, 종국에는 삶에서 아무것도 이루지 못할 것이라고 경고하고 있다. 이처럼 입지의 특징을 압축적으로 보여주는 고전들을 향후 『고전과 윤리』교과서 개정 때 보완한다면, 교사와 학생 모두 입지에 대해 보다 정확하게 가르치고 배울 수 있을 것으로 예상된다. 뿐만 아니라, 유자들이 성인을 자신들의 삶과 유리된 추상적이고 상징적인 지대(zone)로 생각하지 않았으며, 끊임없이 노력하여 그 궁극적 인격자에 다다르고자 했다는 사실도 설명할 수 있다.22) 이를 통해 결과적으로는 유교가 달성 불가능한 이상을 추구하는 사상이 아니라, 우리가 살아가고 있는 현대에서도 충분히 유의미한 가치를 발휘할 수 있는 학문임을 학생들이 경험하도록 할 수 있다.

다음으로 입지의 올바른 교수·학습을 위해 보완해야 할 부분의 두 번째는, 『고전과 윤리』교과서에 서술된 입지에는 수기(修己)·내성(內聖)과 치인(治人)·외왕(外王)이라는 유교의 두 축 중에서 전자만 두드러질 뿐 후자가 거의 나타나지 않는다는 점이다. 물론 "도덕적인 선택을 해야만 하는 순간에 스스로에게 떳떳한 결단을 내릴 수 있는 성인이 되고자 하는 의지, 바로 이 의지의 세움"23)이 곧 입지라고 규정한 교과서의 서술에 치인·외왕의 측면이 완전히 배제되었다고 할 수는 없다. 그러나 교과서의 내용을 전체적으로 검토해 보면, 대부분 수기·내성의 측면으로 서술이 제한되어 있음을 파악할 수 있다. 특히 '오래되고 잘못된 습관의 혁파[革舊習]', '몸과 마음의 단속[持身]', '독서와 이치의 탐구[讀書]' 등을 강조하는 부분에서 이러한 양상이 잘 드러난다. 이 역시도 중단원의 주된 고전인 『격몽요결』의 흐름을 따라가다 보니 발생한 현상인데, 이이가 입지를 풀이한 다른 두 권의 고전들인 『학교모범(學校模範)』과 『성학집요(聖學輯要)』에는 입지의 치인·외왕적인 측면이 강조되고 있다.

배우는 사람은 우선 뜻을 세워야 하며, 도로써 자신의 임무를 삼아야 한다. 도는 고원한 것이 아닌데 사람이 스스로 행하지 않는다. 온갖 선한 것들이 모두 나에게 갖추어져 있으니, 다른 데서 구할 필요도 없다. 다시 망설이면서 의심하거나 기다릴 것도 없고, 더 이상 두려워하면서 어려워하거나 머뭇거릴 것도 없다. 곧장 천지(天地)를 위하는 것으로써 마음을 세우고, 백성들의 삶을 위하여 표준을 세우며, 옛날의 성인들을 위하여 끊어진 학문을 계승하고, 만세(萬世)를 위하여 태평을 열어주는 것 등으로 목표를 삼아야 한다.[24]

위의 인용문은『학교모범』의「입지」조 중 일부로, 인용문의 앞부분에는 인간의 본성을 선하게 바라보는 유교의 신념이 나타나고 있다. 그리고 뒷부분에는 입지의 본령이 '공(公)'에 있지 '사(私)'에 있는 것이 아님이 잘 드러나고 있다.[25] '천지를 위해 마음을 세우고, 백성들의 삶을 위해 표준을 세우며, 옛날의 성인들을 위해 끊어진 학문을 계승하고, 만세를 위해 태평을 열어주는' 네 가지는 본래 장재(張載)의 말로,[26]『근사록(近思錄)』의「위학(爲學)」편에도 수록되어 있고,『퇴계집(退溪集)』,『서애집(西厓集)』,『송자대전(宋子大全)』등 조선 유자들의 문집에서도 자주 발견된다.[27] 이이 역시『성학집요』에서 이 네 가지가 곧 '입지의 조목들'이라고 언급하면서, 제왕을 포함하여 배우는 사람들에게는 이 네 가지가 절실한 것임을 강조하였다.[28] 즉, 입지는 수기·내성에 머물러서는 안 되며, 여기에 기반해 치인·외왕까지 달성해야만 실질적으로 완성된다는 것이다. 하지만 입지의 이런 측면이 현행『고전과 윤리』교과서에서는 거의 드러나지 않으므로, 교과서 개정 시 적극적으로 보완해야만 입지를 균형감 있게 교수·학습할 수 있다.

끝으로 입지의 올바른 교수·학습을 위해 보완해야 할 부분의 세 번째는,『고전과 윤리』교과서에 나타나는 오해의 소지들을 바로 잡는 것이다. 여기서는 크게 두 가지 사항만 지적하고자 하는데, 하나는 거경(居敬)과 궁리(窮理)의 관계에 대한 것이고, 다른 하나는 입지와 직접적인 관련은 없지만 퇴계(退溪) 이황(李滉, 1501~1570)의 사상에 대한 도식화 부분이다. 먼저 전자와 관련해서『고전과 윤리』교과서에서는 다음과 같이 서술하고 있다.

(도덕적 주체로 살겠다는 뜻을 세우고 그 뜻의 달성을 위해 노력하는 사람은) 거경(居敬)
과 궁리(窮理), 역행(力行)에 힘쓴다. 먼저 '거경'이란 내적으로는 마음을 하나로
집중하고 항상 깨어있어야 하며, 외적으로는 가지런히 정돈하고 엄숙히 해야
한다는 경(敬)을 일상에서 꾸준히 실천하는 것이다. 그리고 '궁리'란 스승에게
배우고 묻거나 독서를 하는 등의 방법을 통해 사물에 내재한 이치와 도덕의 원
리를 탐구하는 것이다. 이어서 '역행'이란 익힌 내용을 행동으로 옮기는 데 전
력하는 것이다.29)

위의 인용문은 『격몽요결』「지신」장의 내용을 해설하는 부분으로, 잘
못되었다고 할 수는 없다. 또한 역행이란 거경과 궁리를 통해 익힌 바의
실천 노력이라는 점에서 교과서 서술이 특별히 문제가 되지 않는다. 그럼
에도 인용문의 내용은 교사와 학생들에게 거경과 궁리가 분리되어 있는
것처럼 보이는 인상을 남길 우려가 있다. 물론 협의적 의미의 거경은 마
음의 미발(未發) 시 공부와 직결되므로, 궁리와 상대되는 것일 수 있다. 그
러나 광의적 의미로 보자면 거경은 궁리의 전제요, 미발과 이발(已發) 시
공부의 전(全) 과정을 관통하며, 격물(格物)로부터 평천하(平天下)에 이르기
까지의 모든 절목을 관철하는 것이다.30) 주희(朱熹)가 다음과 같이 밝혔던
것도 거경과 궁리가 전적으로 분리된 것이 아님을 강조하기 위해서였다.

배우는 사람의 공부는 오로지 거경과 궁리의 두 가지 일에 있는 것이다. 이
두 가지 일은 서로 발전시킨다. 궁리 공부를 잘하면 거경 공부는 매일 점점 더
나아가며, 거경 공부를 잘하면 궁리 공부는 매일 점점 더 치밀해진다. 비유하자
면, 거경과 궁리 공부는 사람의 두 발과 같아서, 왼쪽 발이 움직이면 오른쪽 발
은 정지하고, 오른쪽 발이 움직이면 왼쪽 발은 정지하는 것과 같다. 또 다른 예

를 들자면, 한 물건이 공중에 매달려 있는데, 오른쪽을 당기면 왼쪽이 올라가고, 왼쪽을 당기면 오른쪽이 올라간다. 이렇듯 거경과 궁리 공부는 그 실제는 다만 하나의 일일 뿐이다.31)

위의 인용문 내용처럼, 거경과 궁리의 관계는 사람의 두 발 혹은 공중에 매달려 오른쪽 왼쪽을 당길 수 있는 물건과 같다. 그런데 그 실제를 보자면, 오른쪽 발이 뒤로 가 멈추어야 왼쪽 발이 앞으로 나아갈 수 있고, 왼쪽을 당겨야 공중에 매달린 물건의 오른쪽이 올라갈 수 있는 것처럼, 다른 하나가 제 역할을 해야 다른 하나도 제 역할을 할 수 있다. 이같이 양쪽 모두 제 역할을 할 때에야 비로소 사람은 앞으로 나아가고, 물건은 균형을 유지하며 공중에 매달려 있을 수 있다. 즉, 거경과 궁리 공부는 외견상은 두 개의 공부, 두 개의 방향으로 보이지만, 그 실제는 배움의 완성인 성인에의 도달 하나로 귀결된다는 것이다. 그러나 현행 『고전과 윤리』 교과서에는 거경과 궁리의 이러한 상호적이고 합일적인 측면이 부족하게 서술되어 있다. 따라서 뜻을 세우고 실천하는 데 있어 거경과 궁리 공부가 분리되는 것이 아님을 보여주는 서술 혹은 인용문이 보완될 필요가 있다.

이어서 본 절의 마지막 내용으로, 입지와 직접적인 관련은 없지만 이황의 사상을 도식화한 데서 발견되는 오해의 소지만 지적하도록 하자. 『고전과 윤리』 교과서에서는 이황의 사상에 대해 "성혼은 기발-칠정-인심, 이발-사단-도심이라는 이황의 도식을 수용하면서, 욕구가 섞여 있는 마음인 인심(人心)과 순선한 마음인 도심(道心)에 대한 자신의 견해를 펼쳤다."32)라고 짤막하게 기술하고 있다. 이황에 대한 내용이 군데군데 등장하지만, '사단칠정논쟁(四端七情論爭)'이나 '퇴계학파(退溪學派)'와 같은 명칭들만 나오고 있어, 실질적으로 이황의 사상을 설명한 것은 직전에 인용한 내용이 전부이다. 물론 이것도 틀렸다고 할 수는 없다. 이황은 인심과 도심에 대해 "나누어서 말하면, 인심은 참으로 형기(形氣)에서 발생하고, 도심은 참으로 성명(性命)에 근원을 둔다."33)라고 하였으며, 이이나 정약용 같은 학자들 역시 이황의 인심과 도심의 관계를 기발(氣發)-칠정(七情) 및 이발(理發)-사단(四端)의 도식과 부분적으로 연결지어 해설하고 있기 때문이다.34)

그럼에도 이황이 진정으로 인심과 도심을 이 같은 도식으로 구분했는지에 대해서는 의문을 제기할 수 있다. 그는 "합하여서 말하면, 도심은 인심의 사이에서 뒤섞여 나오니, 실제로는 서로 의뢰하고 서로 발동하기에 명백히 다른 두 사물이 된다고는 말하기 어렵다."35)라고 언급하기도 하였고, 인심/도심과 칠정/사단을 인심-칠정, 도심-사단으로 연결하는 것이 불가능하진 않지만 상세하게 논한다면 인심/도심의 성격과 칠정/사단의 성격은 다른 까닭에 인심-칠정, 도심-사단으로 가리켜 말할 수 없다고 하기도 하였다.36) 요컨대 이황의 사상에서 인심과 도심은 기발-칠정, 이발-사단만큼 관계가 명확해 보이지는 않는다.37) 물론 기발-칠정, 이발-사단도 인간의 도덕적 행위 근거를 명확히 하기 위한 이황의 깊은 고뇌의 산물이니만큼 결코 단순하게 말할 수는 없다. 그러나 인심과 도심의 경우에는 그 근거가 더 불명확하다는 점에서 현행『고전과 윤리』교과서의 서술에는 재고의 여지가 있다.

지금까지 본 절에서는「고전과 윤리」교육과정 및 여기에 근거해 발간된『고전과 윤리』교과서를 탐색하여, 이 시대에 주목해야 할 윤리적 가치로서의 '입지'를 올바르게 교수·학습하기 위한 제언을 시도하였다. 제언은 크게 세 가지로서, 첫 번째는 입지에 내포된 전일적 성격이나 성현을 향한 강렬한 열망 등을 직관적으로 드러내는 내용을 담은 고전 지문을 보완해야 한다는 것이고, 두 번째는 이이의『학교모범』이나『성학집요』등을 활용해 입지의 치인·외왕적 측면을 보강해야 한다는 것이며, 세 번째는 거경과 궁리 및 이황 사상의 도식화 부분에서 발견되는 오해의 소지들을 바로 잡아야 한다는 것이다. 이제 이어지는 절에서는 청소년·성인

들의 행복지수 하락과 윤리의식 결여라는 이 시대적 상황에서 주목해야
할 또 하나의 유교적 가치인 '청렴'의 올바른 교수·학습을 위한 제언을 시
도하고자 한다.

3. '청렴'의 올바른 교수·학습을 위한 제언

「고전과 윤리」 교육과정에서는 청렴의 성취기준을 "공직자의 자세로
서 청렴의 필요성을 탐구하고, 현대 사회에서 올바른 공직자의 '국민을 사
랑하는 마음', 즉 애민의 구체적인 실천 방법을 제시할 수 있다."[38]라고 기
술하였으며, 관련된 고전으로『목민심서』를 언급하고 있다. 청렴은 애민
(愛民)과 함께 중단원을 배분하고 있다는 점에서, 입지와는 분량상 차이가
있다.[39] 이러한 교육과정의 구성을 따라서『고전과 윤리』에서는 '공직자
의 자세로서 청렴과 애민' 단원에서 청렴을 다루고 있는 바, '생각열기' →
'알아보기(정약용의 생애와『목민심서』의 집필 배경)' → '01 공직자는 왜 청렴해
야 할까?' → '02 국민을 사랑하는 마음의 참의미는 무엇일까?' → '탐구하
기(공직자의 존재 의의는 무엇일까?)' → '영향(정약용의 사상과 후대에 미친 영향)'의
순서로 청렴과 애민에 대해 서술하고 있다.[40] 공직자의 자세로서 청렴과
애민이 대단히 밀접한 연관이 있음은 당연하지만, 이 장에서는 청렴이라
는 유교적 가치를 공직자의 자세로만 국한시키지 않기에, 본 절에서는 애
민은 제외하고 청렴에 한정하여 논의할 것이다. 성품이 맑고 사사로운 욕
심이 없음을 의미하는 청렴도 입지와 마찬가지로 유자라면 마땅하게 생
각했던 개념이다. 하나의 예로 조선 중기의 문신이자 청백리(淸白吏)로도
선발되었던 송와(松窩) 이기(李墍, 1522~1600)의 다음과 같은 언급을 꼽을 수
있다.

'청렴'이라는 한 가지 덕목은 다만 작은 선일 따름으로, 군자에게 있어서 진실로 칭찬할 만한 것이 못 된다. 그렇지만 청렴의 덕목에 결함이 있으면 비록 달리 훌륭한 점이 있더라도 마치 서시(西施)라도 더러운 것을 뒤집어쓰면 코를 막지 않을 사람이 적은 경우와 같게 될 것이다. 어두운 밤이라 이르지 말지니, 사지(四知, 하늘·귀신·나·너)가 있어 속이기 어려운 법이다. 대개 또한 자중자애하며 천지의 신명을 두려워해야 할 것이다.41)

본 장의 서두에서 언급했던 것처럼, 청소년과 성인의 정직지수가 모두 낮아지고 있는 지금의 상황에서 청렴은 분명 주목해야 할 유교적 가치이다. 그럼에도 그 중요성에 비해 청렴은 너무 당연하고 익숙한 가치로 간주되어, 가르치고 배우는 차원에서는 종종 진부하게 여겨진다. 바로 이같은 모습들이『고전과 윤리』교과서에서도 발견되기에, 이하에서는 청렴이라는 유교적 가치의 올바른 교수·학습을 위한 몇 가지 보완점을 제시할 것이다.

첫 번째는, 현행『고전과 윤리』교과서에서 완전히 누락되지는 않았지만 다소 불분명하게 서술되었다고 할 수 있는 청렴의 '함양 방법'을 보충해야 한다는 점이다. 전체적으로 보면,『고전과 윤리』교과서의 청렴은『목민심서』의 내용에서 그 '의미'와 '필요성'을 중심으로 발췌, 해설되어 있다. 하지만 청렴의 기본적인 의미와 필요성은 고등학교 수준의 학생들에게는 이미 상식적인 내용일 뿐만 아니라, 함양 방법은 빠진 채 의미와 필요성만 강조하는 것도 체계적이지 못하다. 따라서『목민심서』내지는 이와 유사한 '목민서류(牧民書類)'로부터 선현들이 보여주었던 청렴의 함양 방법에 대한 지문을 추출하여 수업에 활용하는 것이, 청렴을 보다 효과적이고 올바르게 교수·학습할 수 있는 방법이라고 판단된다. 관련하여 다음의 지문들을 예시로 들 수 있다.

① 아직 날이 밝지 않았을 때 일어나 촛불을 밝히고 세수하며, 의복을 가지런히 하고 관을 쓰고 띠를 맨 뒤 묵묵하게 꿇어앉아 정신[神氣]을 함양한다. 잠깐 동안 생각들을 풀어내면서, 오늘 마땅히 진행해야 할 일들을 선택해 우선 처리할 것과 뒤에 처리할 것의 순서를 먼저 결정한다. 가장 먼저 어떤 송사를 처리하며, 이어서 어떤 명령을 내릴 것인가 모두 마음에 뚜렷하게 정해두어야 한다. 그리고 제일 먼저 할 일에 대해 잘 처리할 수 있는 방안을 생각하고, 다음으로 할 일에 대해서도 잘 처리할 수 있는 방안을 생각하면서, 사사로운 욕구를 힘써 끊어 버리고, 항상 천리(天理)를 따르도록 해야 한다.42)

② 관아의 사무가 끝나면 조용한 방으로 물러나 마음을 맑게 하고 일을 줄이며 서책을 깊이 완미함으로써 스스로 개발함에 노력해야 할 것이니, 이른바 벼슬과 학문이 서로 도움이 되고 움직일 때나 고요할 때나 수양한다는 말은 이것을 두고 이르는 말이다. … 더구나 너 편한 대로 방자하게 행동하고 잡객이나 하류들과 친하게 여기며 농지거리나 하면서 이성이 이렇다 저렇다 평가하는 것이 얼마나 수준 낮은 것이며 얼마나 심한 수치이자 모욕인데, 자신을 스스로 그런 곳에 내버려 둔다는 것이냐. 이와 같이 하고서 스스로 이르기를 청결하고 더럽지 않다고 한다면, 어떤 사람이 믿어 주겠느냐. 사람은 반드시 스스로를 업신여긴 뒤에야, 다른 사람이 자기를 업신여기는 것이다. 네가 만약 확실하고 엄하게 정돈하고 꾸밈없이 명백하게 한다면, 어떤 사람이 감히 너를 희롱하고 어떤 사람이 감히 너를 의심하겠느냐. 사람들로 하여금 너를 희롱하게 하고 의심하게 하는 것은, 곧 네가 스스로 그렇게 만든 것이다. 만약 네가 지금부터 근심하고 두려운 마음으로 자책하고 떨쳐 일어나 스스로 분발하여, 옛날의 버릇들을 힘을 다해 고치고 높이 뜻을 세워서 평소의 말과 행동들을 위에서 운운했던 것들처럼 한다면, 내가 오히려 바라는 바가 있을 것이다. 그렇지 않으면 몸을 망치고 이름을 욕되게 하며 가문을 전복시키는 것이 필히 여기에서부터 시작될 터이니, 너는 그것을 알도록 해라.43)

첫째 인용문은『목민심서』「율기(律己)」편 '칙궁(飭躬)'조의 내용이고, 둘째 인용문은 조선 후기의 문신이자 소론(少論)의 영수를 지낸 명재(明齋) 윤증(尹拯, 1629~1714)이 관직에 있던 아들에게 당부한 글이다. 특히 둘째 인용문은 다른 학자가 엮은 '목민서류'의 글에도 전문이 인용되어 있다는 점에서, 아버지가 아들에게 관직 생활에서의 주의 사항을 단순히 열거한 성격의 글이 아니라, 당시의 목민관이나 유자들이 '스스로를 다스릴[自治]' 목적으로 중요하게 참조했던 글임을 짐작할 수 있다.[44]「고전과 윤리」수업 시간에 이런 지문들을 활용하여 수업을 전개한다면, 교사와 학생들은 청렴이 그 의미나 필요성만 알고 있다고 저절로 이행되는 것이 아니라, 실천 주체인 내가 자신의 삶을 치열하게 반성하고 성찰해야만 비로소 청렴의 온전한 구현이 가능하다는 사실을 파악할 수 있을 것이다.

다음으로 청렴의 올바른 교수·학습을 위해 보완해야 할 부분의 두 번째는, 실질적으로 청렴을 수업함에 있어 다양한 교수·학습 기법을 고려하고 활용해야 한다는 점이다. 냉정하게 평가하면, 현행『고전과 윤리』 교과서에 나타난 청렴은『목민심서』에 기술된 청렴의 의미가 무엇이며 필요성은 어떻다는 등으로만 서술되어 있는 까닭에, 학생들이 청렴에 비추어 자신의 삶이나 가치관을 성찰할 수 있도록 유도하기가 쉽지 않다. 바로 이 지점에서 '청렴 개념지도 만들기'나 '사진 뜨개질을 활용한 청렴 수업' 등의 기법을 모색해 볼 수 있다.[45] 이 중 전자가 청렴을 심화적으로 교수·학습하는 기법이라면, 후자는 확장적으로 교수·학습하는 기법이라고 할 수 있다. 먼저 '청렴 개념지도 만들기'에 대해 살펴보자.

현행『고전과 윤리』교과서에는 '자기 단속[飭躬]', '청렴[淸心]', '집안 단속[齊家]', '청탁 거절[屛客]', '근검·절약[節用]', '베풂[樂施]'으로 풀이할 수 있는『목민심서』「율기」편의 6개 조에 대한 내용이 짤막하게 소개되어 있다. 그리고 이 6개 조가 모두 청렴과 연관되어 있음을 암시하고 있다.[46] 이 같은 단서를 활용하여, 교사는 학생들과 함께 청렴이라는 유교적 가치를 어떻게 개념지도화할 수 있는지를 주제로 활동할 수 있다. 교사는 1~2차시 동안 정약용의 생애와 『목민심서』의 집필 배경 및 『고전과 윤리』 교과서에 수록된 청렴의 의미와 필요성을 개략적으로 수업한 다음, 3~5차시에 걸쳐 학생들이 모둠별로 청렴에 대한 개념지도를 제작, 공유할 수 있도록 안내한다. 즉, 청렴에 대한 '이미지'와 '문장' 등을 가지고 개념을 지도화하고(3~4차시), → 이 지도를 교실에 전시하여 모둠별로 발표하면서 다른 모둠들이 했던 고민이나 청렴에 대한 견해를 경청하는 시간을 마련하는 것이다(5차시). 이러한 교수·학습 기법을 통해 학생들은 청렴이 단일 가치·덕목이 아니라, 다양한 층위와 복합적 성격을 가진 가치·덕목임을 파악할 수 있을 것이다. 또한 그 과정에서 유교적 가치로서의 청렴이 여전히 유의미하다는 사실도 자각할 수 있을 것으로 기대된다.

이어서 '사진 뜨개질을 활용한 청렴 수업'에 대해 살펴볼 텐데, 이 기법은 고등학교 도덕과 과목들 가운데 청렴을 소개하는 또 하나의 과목인 「생활과 윤리」와 연계하여 활용할 수 있다. 「생활과 윤리」 교육과정에서는 청렴을 직업윤리와 연결시켜서 다루고 있는 바, 이 과목의 교과서에서도 청렴을 전(全) 직업적이자 사회 전반에 걸쳐 필요한 가치로 확장해서 다루고 있다.47) 만일 「생활과 윤리」와 「고전과 윤리」 과목을 모두 선택해 가르치는 학교라면, 교사는 두 과목의 청렴 관련 내용을 연계시켜 수업을 진행할 수 있다. 「생활과 윤리」 과목을 통해서는 청렴이 직업윤리 자체로 중요함을, 「고전과 윤리」 과목을 통해서는 공직자에게 청렴이 왜 필요하고 이때 유교적 가치로서의 청심(淸心, 청렴)은 어떤 위상을 지니는지를 수업할 수 있다. 여기에서 '사진 뜨개질을 활용한 청렴 수업' 기법의 도입을 모색할 수 있는데, 교사는 1~3차시 동안 이론적인 측면에서의 연계 수업을 마무리한 후, 4~5차시에 걸쳐 학생들이 모둠별로 사진들을 선택하여 청렴과 관련된 이야기를 만들어 가는(뜨개질) 활동을 하도록 유도한다. 즉, 청렴, 부패, 직업윤리, 시민단체·국가·세계의 반부패 활동 등에 대한 여러 가지 사진들을 칠판에 게시하고 모둠별로 4~5장씩의 사진을 선택하게 한 다음(4차시), → 각각의 모둠이 그 사진들을 엮고 꿰어서(뜨개질) 청렴에 대한 하나의 이야기를 완성해 공유할 수 있도록 시간을 제공하는 것이다(5차시). 이러한 교수·학습 기법을 통해 학생들은 청렴이 고리타분한 가치·덕목이 아니라, 자신이 선택한 직업 생활 및 미래에 맞이할 사회에서 반드시 요구되는 가치·덕목이라는 점을 깨달을 수 있을 것이다.

지금까지 본 절에서는 「고전과 윤리」 교육과정 및 여기에 근거해 발간된 『고전과 윤리』 교과서를 탐색하여, 이 시대에 주목해야 할 또 하나의 윤리적 가치인 '청렴'을 올바르게 교수·학습하기 위한 제언을 시도하였다. 제언은 크게 두 가지로서, 첫 번째는 『고전과 윤리』 교과서에 다소 불분명하게 서술되어 있는 청렴의 함양 방법을 보충해야 한다는 것이고, 두 번째는 청렴을 수업함에 있어 다양한 교수·학습 기법을 고려, 활용해야 한다는 것이다. 이제 이어지는 절에서는 후속적으로 이루어져야 할 미시적·거시적 과제들을 한두 가지 언급하면서 글을 마치고자 한다.

4. 남은 과제들

지금까지 이 장에서는 고등학교 「고전과 윤리」 과목에 수록된 '입지'와 '청렴'을 보다 올바르고 효과적으로 가르치기 위한 교수·학습 관련 제언을 시도하고, 나아가 우리 삶을 정신적으로 더 윤택하게 해 줄 수 있는 유교적 가치를 발굴·재조명함으로써 그 미래적 필요성까지 논의하기 위한 기반을 다진다는 목적 아래 논의를 진행하였다. 이 목적을 위해 본 장에서는 먼저 「고전과 윤리」 과목의 목표와 구성 및 교육적 의의와 한계 등에 대해 살펴보았다. 그리고 이를 전제로 청소년·성인들의 행복지수 하락과 윤리의식 결여라는 시대적 상황을 타개하기 위해 절실하게 요구되는 유교적 가치들, 즉 '입지'와 '청렴'을 올바르게 교수·학습하기 위한 제언을 다각적인 측면에서 시도하였다.

2015년에 공포되었던 도덕과 교육과정에서 처음으로 만들어진 「고전과 윤리」 과목에 대해 교육계나 학계에서 관심이 없었던 것은 아니지만, 교수·학습에 대한 구체적인 연구가 많지는 않았다는 사실을 고려할 때, 필자의 제언은 나름의 학술적 가치를 지닌다고 판단된다. 하지만 본 장의 내용이 좀 더 실질적으로 활용되기 위해서는 다음과 같은 후속 과제들이 이어져야 할 것이다.

우선 첫째는 본 장의 내용과 유사한 성격의 시도가 「고전과 윤리」 과목 전체로 확장되어야 한다는 것이다. 〈표 보론 2-1〉에서 밝혔던 것처럼, 이 과목을 구성하고 있는 고전은 총 15권에 달한다. 뿐만 아니라, 이 과목에 나타난 동양과 서양 고전의 기술 방식에는 뚜렷한 차이가 존재한다. 이렇게 보자면, 「고전과 윤리」 과목을 능숙하고 재미있게 가르치고 배우기란 여간 어려운 일이 아니다. 따라서 동양, 서양 혹은 동·서양을 관통하는 핵심 가치들이 학생들에게 정확하고 올바르게 안내될 수 있도록, 이 과목의 교수·학습에 대한 제언은 지속적으로 이루어져야 할 것이다. 이어서 둘째는 고전교육의 활성화를 위한 도덕과 교육학계와 철학계의 협업이 이루어져야 한다는 것이다. 몇 년 전 '고전(古典)'에 대한 대중의 관심이 급속도로 상승하였다가, 최근에는 다시 주춤하고 있는 형편이다. 이는 고전의 가치가 하락했기 때문이 아니라, 고전이란 본디 당대의 시간적·공간적 배경을 모르면 접근하기가 매우 까다로운 대상이기 때문이다. 그러므로 도덕과 교육학계와 철학계가 협업하여 우리 청소년들이 고전을 정확하게 알면서도 친숙하게 여기게끔 하는 데 기여하고, 이런 친숙함을 바탕으로 고등교육(대학교)까지로 고전교육이 연결될 수 있도록 노력해야 할 것이다.

미주

1) 교육부 보도자료, 「OECD 국제 학업성취도 비교 연구 결과 발표」, 교육부, 2019b, 1~12쪽; 한국교육과정평가원, 『「PISA 2018」 결과 발표 별첨 자료』, 한국교육과정평가원, 2019, 57~58쪽. ; 교육부에서는 삶에 대한 만족도 지수에 있어 PISA 2015와 PISA 2018을 비교하여, OECD 평균은 낮아진 데(7.31→7.04) 반해 우리나라는 상승하였음(6.36→6.52)을 강조하고 있다. 하지만 2015년과 2018년은 참가국 숫자도 달랐고, 학생들의 삶의 만족도 지수를 올리고자 시도한 여러 국내 정책들도 있다는 점에서 2018년 결과를 좀 더 냉정하게 평가해야 할 것으로 판단된다.

2) 안종배 외, 『2019년 대한민국 청소년 및 성인(직장인) 정직지수 조사 결과보고서』, 흥사단 투명사회운동본부, 2019, 17~30쪽.

3) 교육부, 『교육부 고시 제2015-74호[별책 6] 도덕과 교육과정』, 교육부, 2015b, 3쪽.

4) 위의 책, 5쪽.

5) 주지하는 바와 같이, 유교적 가치로 꼽을 수 있는 것은 매우 많다. 또한 유교적 가치는 개인적·사회적·정치적·문화적 범주에 따라 채택 내용이 달라질 수도 있다. 다만 본 장에서는 학교 도덕교육, 그 안에서도 「고전과 윤리」라는 과목으로 연구 범위를 제한하고 있는 까닭에, '입지'와 '청렴'을 선택한 것이다.

6) 대한민국 교육과정의 전면 및 수시 개정의 역사는 'NCIC 국가교육과정 정보센터' 사이트(http://ncic.go.kr/ mobile.index2.do)에서 한눈에 확인할 수 있다.

7) 교육부 외, 『문·이과 통합형 교육과정 개정을 위한 교과 교육과정 개발 정책연구진 합동 워크숍 자료집』, 교육부 외, 2014, 3쪽. 진로선택 과목에는 도덕과의 「고전과 윤리」 이외에도 사회과의 「사회문제 탐구」와 「여행지리」가 있다.

8) 위의 책, 8~14쪽.

9) 교육부, 앞의 책, 2015b, 67쪽.

10) 김민재 외, 「신설 『고전과 윤리』 교육과정의 개발 방향 및 제언」, 『학습자중심교과교육연구』, 제15권 제7호, 학습자중심교과교육학회, 2015, 160~161쪽.

11) 교육부, 앞의 책, 2015b, 67~69쪽.

12) 오기성 외, 『2011 도덕과 교육과정 개정 시안 연구 개발』, 교육과학기술부, 2011, 84~85쪽.

13) 박병기, 『우리는 어떤 삶을 선택할 수 있을까』, 인간사랑, 2018, 11~26쪽.

14) 교육부, 앞의 책, 2015b, 65쪽.

15) 김민재 외, 앞의 글, 2015, 163쪽.

16) 고재석, 「2015 개정 고등학교 도덕과 교육과정의 동양윤리에 대한 고찰」, 『교육 과정평가연구』, 제19집 제1호, 한국교육과정평가원, 2016, 13~14쪽.

17) 정연수, 「한국사상에 관한 '고등학교 교육과정'의 혁신방안 모색」, 『유학연구』제 44집, 충남대학교 유학연구소, 2018, 155~156쪽.

18) 교육부, 앞의 책, 2015b, 69쪽.

19) 박병기 외, 『고전과 윤리』, 전라북도교육청, 2018, 10~25쪽.

20) 이천일, 「입지의 의미와 교육적 해석」, 『동방학』제18집, 한서대학교 동양고전연 구소, 2010, 184쪽.

21) 『北溪字義』「志」: 志者心之所之, 之猶向也. 謂心之正面全向那裏去. 如志於道, 是心全向於道, 志於學, 是心全向御學. 一直去求討, 要必得這箇物事, 便是志. 若 中間有作輟或退轉的意, 便不得謂之志. 志有趣向期必之意. 心趣向那裏去, 期料 要恁地, 決然必欲得之, 便是志. 人若不立志, 只泛泛地同乎流俗, 合乎汚世, 便做 成甚. 人須是立志以聖賢自期. 便能卓然挺出于流俗之中, 不至隨波逐浪, 爲碌碌 庸庸之輩. 若甘心於自暴自棄, 便是不能立志. 立志, 須是高明正大. 人多有好資, 質純粹静淡甚近道. 却甘心爲卑陋之歸, 不肯志於道, 只是不能立志. … 爲學緊要 處最是立志之初, 所當謹審決定. 此正是分路頭處. 纔志於義, 便入君子路, 纔志 於利, 便入小人路. … 自今觀之, 學之門戶煞多. 若此處, 所志者一差, 不能純乎聖 途之適, 則後面所謂立, 所謂不惑, 所謂知命, 耳順, 從心, 節節都從而差, 無復有 見效處. 惟起頭, 所志者, 果能專心一意於聖人之學, 則後面許多節目, 皆可以次第 循序而進果有. 不倦工夫以终之, 則雖從心地位至高, 亦可得而造到矣.

22) 이우진, 「'성인됨'의 왕양명 입지공부론」, 『인격교육』제6권 제1호, 한국인격교 육학회, 2012, 112쪽.

23) 박병기 외, 앞의 책, 2018, 13쪽.

24) 『栗谷全書』卷15 『學校模範』: 學者先須立志, 以道自任. 道非高遠, 人自不行. 萬善備我, 不待他求. 莫更遲疑等待, 莫更畏難趑趄. 直以爲天地立心, 爲生民立 極, 爲往聖繼絶學, 爲萬世開太平爲標的.

25) 김진근, 「율곡의 '입지'론 소고」, 『철학연구』, 제122집, 철학연구회, 2018, 151~154쪽.

26) 『張載集』「近思錄拾遺」: 爲天地立心, 爲生民立道, 爲去聖繼絶學, 爲萬世開太平.

27) 김경용, 『조선의 교육헌장』, 원미사, 2012, 12쪽.

28) 『栗谷全書』卷20 『聖學輯要 二』「第二 修己」: 此言人君之立志, 而亦切於學者. 右言立志之目.

29) 박병기 외, 앞의 책, 2018, 17쪽.

30) 陳來, 안재호 역,『송명성리학』, 예문서원, 2011, 258~262쪽; 陳來, 이종란 외 역,『주희의 철학』, 예문서원, 2013, 383~393쪽.

31)『朱子語類』卷9: 學者工夫, 唯在居敬窮理二事. 此二事互相發. 能窮理, 則居敬工夫日益進, 能居敬, 則窮理工夫日益密. 譬如人之兩足, 左足行, 則右足止, 右足行, 則左足止. 又如一物懸空中, 右抑則左昂, 左抑則右昂, 其實只是一事.

32) 박병기 외, 앞의 책, 2018, 25쪽.

33)『退溪先生文集』卷17 '答洪胖': 分而言之, 人心固生於形氣, 道心固原於性命.

34)『栗谷全書』卷10 '答成浩原': 若如退溪之說, 則本然之性在東, 氣質之性在西, 自東而出者, 謂之道心, 自西而出者, 謂之人心, 此豈理耶.;『茶山詩文集』卷12「理發氣發辨 一」: 蓋退溪專就人心上八字打開, 其云理者是本然之性, 是道心, 是天理之公, 其云氣者是氣質之性, 是人心, 是人欲之私. 故謂四端七情之發, 有公私之分, 而四爲理發, 七爲氣發也.

35)『退溪先生文集』卷17 '答洪胖': 合而言之, 道心雜出於人心之間, 實相資相發, 而不可謂判然爲二物也.

36)『退溪先生文集』卷17 '答李平叔': 人心爲七情, 道心爲四端, 以中庸序朱子說及許東陽說之類觀之, 二者之爲七情四端, 固無不可. … 但若各就其名實而細論之, 則人心之名, 已與道心相對而立, 乃屬自家體段上私有底. 蓋旣曰私有, 則已落在一邊了, 但可聽命於道心而爲一, 不得與道心, 渾淪爲一而稱之. 至如七情, 則雖云發於氣, 然實是公然平立之名, 非落在一邊底. 故如樂記, 中庸好學論中, 皆包四端在其中, 渾淪而說. … 若夫道心之與四端, 雖與人心七情之說不同, 然道心, 以心言, 貫始終而通有無, 四端, 以端言, 就發見而指端緖, 亦不能無少異.

37) 이러한 까닭에, 이황의 인심/도심을 해설한 서적들에서도 칠정/사단과의 관계는 다소 불명확하게 기술하고 있다. 예를 들어 윤사순(『퇴계 이황의 철학』, 예문서원, 2013, 168~171쪽)은 인심/도심이 분명 칠정/사단의 해석과 관계있는 이론일 것이라고 추측하는 한편으로, 인심과 인욕(人欲)의 관계까지 언급한 후 심성을 설명하는 이황의 명칭이 번거로워지고 다단(多端)해짐을 지적하였다. 금장태(『퇴계의 삶과 철학』, 서울대학교 출판문화원, 2013, 82~85쪽)도 인심/도심과 칠정/사단의 상응 관계에 주목함과 동시에 그 차이점을 같이 밝히고 있다.

38) 교육부, 앞의 책, 2015b, 73쪽.

39) 그렇다고 할지라도, 고등학교 도덕과 과목 전체를 고려한다면 청렴을 다루는 분량 자체는 입지와 유사하다고 할 수 있다. 왜냐하면 입지는 「고전과 윤리」 과목에서만 집중적으로 소개하지만, 청렴은 고등학교 도덕과에 속하는 또 다른 과목인 「생활과 윤리」에서도 다루고 있기 때문이다. 후술하겠지만, 「생활과 윤리」 교육과정에서는 청렴에 대해 "직업의 의의를 행복의 관점에서 이해하고, 다양한 직업군에 따른 직업윤리를 제시할 수 있으며 공동체 발전을 위한 청렴한 삶의 필요성을 설명할 수 있다."(교육부, 앞의 책, 2015b, 41쪽)라고 기술하고 있다.

40) 박병기 외, 앞의 책, 2018, 120~135쪽.

41) 李塈, 신익철 외 역,『간옹우묵』, 한국학중앙연구원 출판부, 2010, 20쪽.

42)『牧民心書』「律己」'飭躬': 未明而起, 明燭盥洗, 整衣束帶, 默然危坐, 涵養神氣. 少頃, 乃繹思慮, 取今日當行之務, 先定先後次第. 首治某牒, 次發某令, 皆歷然在心. 乃取第一件, 思其善處, 次取第二件, 思其善處, 務絶私欲, 一循天理.

43)『明齋遺稿』卷28 '與子行教 戊寅上元': 衙罷則當退處靜室, 淸心省事, 潛玩書冊, 以自開益, 所謂仕學相資, 動靜交養, 此之謂也. … 況便爾放倒, 與雜客下流, 狎昵戲謔, 評論女色, 此是何等坑塹, 何等羞辱, 而忍自棄身於其間耶. 如此而自謂淸潔而不汚, 人誰信之. 人必自侮, 而後人侮之. 汝若截然嚴整, 粹然明白, 人誰敢戲汝, 人誰敢疑汝. 使人戲汝而疑汝, 則汝之自取也. 汝若自今惕然自訟, 奮然自拔, 痛改前習, 卓然樹立, 日用云爲, 一如上文所云, 則吾猶有望. 不然則敗衊身名, 覆墜門戶, 必自此始, 汝其知之.

44) 작자 미상, 백승철 역,『신편 목민고』, 혜안, 2014, 31~32쪽.

45) '청렴 개념지도 만들기'와 '사진 뜨개질을 활용한 청렴 수업'은 본래 행복과 통일 등의 주제를 수업하기 위해 개발된 교수·학습기법이다(전국도덕교사모임(울산),『교실을 바꾸는 48가지 수업 디자인』, 해냄에듀, 2019, 59~62쪽, 116~118쪽). 그러나 필자는 이 기법들이 청렴을 수업할 때에도 충분히 활용될 수 있다고 판단해 변용하였음을 밝혀둔다.

46) 박병기 외, 앞의 책, 2018, 124~125쪽.

47)『고전과 윤리』교과서가 1종의 '인정 교과서'에 불과한 반면『생활과 윤리』교과서는 총 5종에 달하는 '검정 교과서'인데, 그중 2종의『생활과 윤리』교과서만 선택하여 청렴과 관련된 서술의 일부를 인용하자면, A종에서는 "오늘날에는 공직자뿐만 아니라 직업 생활의 전반에서 청렴의 윤리를 지니는 것이 중요하다."(정창우 외,『생활과 윤리』, 미래엔, 2018, 86쪽)라고 하였으며, B종에서는 "청렴한 사회를 만들기 위한 제도적 노력도 필요하다. 무엇보다 투명성이 담보되는 절차가 만들어져야 하며, 이를 이행하겠다는 사회적 공감대도 형성되어야 한다. … 청렴한 사회에서는 사회 구성원이 상호 간에 신뢰와 소통을 바탕으로 각자 맡은 일을 능률적으로 처리하며 공정한 태도를 보인다."(변순용 외,『생활과 윤리』, 천재교과서, 2018, 91쪽)라고 하였다. 이를 통해「생활과 윤리」과목에서는 청렴의 적용을 보다 폭넓게 시도하고 있음을 확인할 수 있다.

참고문헌

■ 원전류

『大學』, 『論語』, 『孟子』, 『尙書』.

『張載集』, 『朱子語類』.

『大學章句』, 『大學或問』, 『論語集注』, 『論語或問』, 『孟子集注』.

『北溪字義』, 『書集傳』, 『心經附註』, 『傳習錄』.

『道德經』, 『莊子』, 『墨子』.

『渼湖集』.

『氣學』, 『氣測體義』, 『人政』.

『茶山詩文集』, 『牧民心書』, 『與猶堂全書』.

『東經大全』, 『용담유사』, 『海月神師法說』.

『明齋遺稿』.

『文峯先生文集』.

『雪月堂先生文集』.

『順菴集』, 『臨官政要』, 『下學指南』.

『月川集』.

『栗谷全書』.

『李子粹語』.

『退溪先生文集』, 『退溪先生續集』, 『退溪集言行錄』, 『古鏡重磨方』.

『霞谷集』.

『鶴峯先生文集續集』.

『寒岡集別集』, 『寒岡集續集』.

金玉均 외, 이민수 외 譯, 『한국의 근대사상』, 삼성출판사, 1990.

老子, 최진석 譯, 『노자의 목소리로 듣는 도덕경』, 소나무, 2001.

朴殷植, 『백암 박은식 전집 제1권』, 동방미디어, 2002.

朴殷植, 『백암 박은식 전집 제3권』, 동방미디어, 2002.

朴殷植, 「論說」, 『西友』 제1호, 西友學會, 1906.

朴殷植, 「告我學生諸君」, 『西北學會月報』 제10호, 西北學會, 1909.

朴殷植, 「儒敎求新論」, 『西北學會月報』 제10호, 西北學會, 1909.

朴殷植, '學의 眞相은 疑로 쫏차 求하라', 『東亞日報』, 1925.04.06.

朴殷植, 이종란 역, 『왕양명실기』, 한길사, 2010.

朴殷植, 최재목·김용구 역, 『한글 주해 왕양명선생실기』, 선인, 2011.

朴殷植, 조준희 역, 『대통령이 들려주는 우리 역사』, 박문사, 2011.

安鼎福, 김동주 역, 『임관정요』, 을유문화사, 1974.

安鼎福, 송갑준 역, 『임관정요』, 경남대학교 출판부, 2003.

安鼎福, 원재린 역, 『임관정요』, 혜안, 2012.

尹拯, 김낙철 외 역, 『국역 명재유고 3』, 한국고전번역원, 2009.

尹拯, 최채기·홍기은 역, 『국역 명재유고 4』, 한국고전번역원, 2009.

尹拯, 홍기은 역, 『국역 명재유고 5』, 한국고전번역원, 2009.

尹拯, 홍기은 역, 『국역 명재유고 6』, 한국고전번역원, 2008.

尹拯, 이기찬 역, 『국역 명재유고 7』, 한국고전번역원, 2009.

尹拯, 공근식·서정문 역, 『국역 명재유고 11』, 한국고전번역원, 2011.

李塈, 신익철 외 역, 『간옹우묵』, 한국학중앙연구원 출판부, 2010.

李瀷·安鼎福, 이광호 역, 『이자수어』, 예문서원, 2010.

李滉, 박상주 역, 『고경중마방』, 예문서원, 2009.

李滉, 성균관유도회 경상북도본부, 『고경중마방』, 한빛, 2014.

李滉, 이광호 외 역, 『퇴계 선생이 엮은 옛 사람들의 마음 닦기』, 학자원, 2019.

李滉, 윤사순 역, 『퇴계선집』, 현암사, 1993.

李滉, 이광호 역, 『성학십도』, 홍익출판사, 2012.

李滉, 이윤희 역, 『활인심방』, 예문서원, 2008.

鄭寅普, 『담원 정인보전집 2』, 연세대학교 출판부, 1983.

鄭寅普, 정양완 역, 『담원문록 하』, 태학사, 2006.

鄭寅普, 홍원식·이상호 역, 『위당 정인보의 양명학연론』, 한국국학진흥원, 2005.

崔濟愚, 윤석산 역, 『동경대전』, 모시는 사람들, 2014.

崔濟愚, 양윤석 역, 『용담유사』, 모시는 사람들, 2013.

崔漢綺, 손병욱 역, 『19세기 한 조선인의 우주론, 기학』, 통나무, 2004.

洪翰周, 김윤조·진재교 역, 『19세기 견문지식의 축적과 지식의 탄생 지수염필(하)』, 소명출판, 2013.

윤석산 역, 『도원기서』, 모시는 사람들, 2012.

백승철 역, 『신편 목민고』, 혜안, 2014.

伊藤仁齋, 장원철 역, 『논어고의 하』, 소명출판, 2013.

荻生徂徠, 이기동 외 역, 『논어징 3』, 소명출판, 2010.

■ 단행본류(교과서)

學部編輯局, 『小學讀本』, 學部, 1895a.

學部編輯局, 『夙惠記略』, 學部, 1895b.

學部編輯局, 『西禮須知』, 學部, 1896.

學部編輯局, 『셔례슈지』, 學部, 1902.

學部編輯局, 『普通學校 學徒用 修身書』, 三省堂, 1907, 1908.

國民教育會, 『初等小學』, 國民教育會, 1906.

吳尙, 安鐘和 譯述, 『初等倫理學教科書』, 廣學書舖, 1907.

柳瑾, 『初等小學修身書』, 廣學書舖, 1908.

徽文義塾編輯部, 『中等修身教科書』, 徽文館, 1906.

徽文義塾編輯部, 『高等小學修身書』, 徽文館, 1907.

申海永 編述, 『倫理學教科書』, 普成舘, 1906, 1908.

張志淵, 『녀ᄌ독본』, 廣學書舖, 1908.

李源兢, 『初等女學讀本』, 普文社, 1908.

盧炳喜, 『녀ᄌ소학슈신셔』, 博文書館, 1909.

문교부, 『국민 윤리』, 문교부, 1975.

한국교육개발원, 『국민 윤리』, 문교부, 1986

서울대학교 국민 윤리 1종도서 연구개발 위원회, 『국민 윤리』, 교육부, 1993.

서울대학교 사범 대학 1종도서 『도덕·윤리』 연구개발 위원회, 『윤리』, 교육부, 1996.

서울대학교 사범 대학 국정도서 편찬 위원회, 『전통 윤리』, 교육과학기술부, 2009.

서울대학교 사범 대학 국정도서 편찬 위원회, 『윤리와 사상』, 교육과학기술부, 2011.

박찬구 외, 『윤리와 사상』, 천재교육, 2012.

박효종 외, 『윤리와 사상』, 교학사, 2012.

김선욱 외, 『윤리와 사상』, 금성출판사, 2014.

박병기 외, 『윤리와 사상』, 지학사, 2014.

박찬구 외, 『윤리와 사상』, 천재교육, 2014.

박효종 외, 『윤리와 사상』, 교학사, 2014.

정창우 외, 『윤리와 사상』, 미래엔, 2014.

김국현 외, 『생활과 윤리』, 비상교육, 2018.

변순용 외, 『생활과 윤리』, 천재교과서, 2018.

정창우 외, 『생활과 윤리』, 미래엔, 2018.

정탁준 외, 『생활과 윤리』, 지학사, 2018.

차우규 외, 『생활과 윤리』, 금성출판사, 2018.

박병기 외, 『고전과 윤리』, 전라북도교육청, 2018.

류지한 외, 『윤리와 사상』, 비상교육, 2019.

박찬구 외, 『윤리와 사상』, 씨마스, 2019.

변순용 외, 『윤리와 사상』, 천재교과서, 2019.

정창우 외, 『윤리와 사상』, 미래엔, 2019.

황인표 외, 『윤리와 사상』, 교학사, 2019.

■ 단행본류(학술서/교육과정/보고서)

강두호, 『도덕 교과교육의 논점들』, 교육과학사, 2017.

강세구, 『순암 안정복의 사상과 학문세계』, 성균관대학교 출판부, 2012.

강준만, 『한국 근대사 산책』, 인물과 사상사, 2007.

고려대학교 민족문화연구원 한국사상연구소 편, 『자료와 해설 한국의 철학사상』, 예문서원, 2010.

고병헌, 『평화교육사상』, 학지사, 2009.

교육과학기술부, 『고등학교 교육과정 해설 1 총론, 재량 활동, 특별 활동』, 교육과학 기술부, 2008.

교육과학기술부, 『중학교 교육과정 해설 II 국어, 도덕, 사회』, 교육과학기술부, 2009.

교육과학기술부, 『고등학교 교육과정 해설 3 도덕』, 교육과학기술부, 2009.

교육과학기술부, 『교육과학기술부 고시 제2012-14호[별책 1] 도덕과 교육과정』, 교육과학기술부, 2012.

교육부, 『교육부 고시 제2015-74호[별책 1] 초·중등학교 교육과정 총론』, 교육부, 2015a.

교육부, 『교육부 고시 제2015-74호[별책 6] 도덕과 교육과정』, 교육부, 2015b.

교육부, 『2015 개정 교육과정 총론 해설(초등학교)』, 교육부, 2016.

교육부, 『2015 개정 교육과정 총론 해설(중학교)』, 교육부, 2017a.

교육부, 『2015 개정 교육과정 총론 해설(고등학교)』, 교육부, 2017b.

교육부, 『2015 개정 교육과정 범교과 학습 주제 교수학습자료-교과 교육과정과 연계한 민주시민 교육(고등학교)』, 교육부·경상북도교육청 외 16개 시도교육청, 2019.

교육부 외, 『문·이과 통합형 교육과정 개정을 위한 교과 교육과정 개발 정책연구진 합동 워크숍 자료집』, 교육부 외, 2014.

교육부 외, 『2015 개정 교육과정을 위한 교과 교육과정 개발 정책연구진 2차 합동 워크숍』, 교육부 외, 2015.

국사편찬원위원회, 『한국사 28 조선 중기 사림세력의 등장과 활동』, 국사편찬위원회, 1996.

권오영, 『최한기의 학문과 사상 연구』, 집문당, 1999.

금장태, 『한국양명학의 쟁점』, 서울대학교 출판부, 2008.

금장태, 『퇴계평전』, 지식과 교양, 2012.

금장태, 『퇴계의 삶과 철학』, 서울대학교 출판문화원, 2013.

길병휘, 『도덕교육의 비판적 성찰』, 교육과학사, 2013.

김경미, 『한국 근대교육의 형성』, 혜안, 2009.

김경용, 『조선의 교육헌장』, 원미사, 2012.

김민재, 『학교 도덕교육의 탄생』, 케포이북스, 2014.

김병제·이돈화 외, 『천도교의 정치이념』, 모시는 사람들, 2015.

김순석, 『박은식-불멸의 민족혼 되살려 낸 역사가』, 역사공간, 2013.

김용휘, 『우리 학문으로서의 동학』, 책세상, 2012a.

김용휘, 『최제우의 철학』, 이화여자대학교 출판부, 2012b.

김종성, 『의사가 만난 퇴계』, 궁미디어, 2015.

김지하, 『생명학 1』, 화남, 2008.

문교부, 『고등학교 국민 윤리과 교육과정 해설』, 문교부, 1989.

문교부, 『국민교육헌장독본』, 문교부, 1968.

류방란 외, 『제4차 산업혁명 시대의 교육』, 한국교육개발원, 2018.

박남기, 『최고의 교수법』, 쌤앤파커스, 2017.

박병기, 『동양도덕교육론의 현대적 해석』, 인간사랑, 2009.

박병기, 『우리는 어떤 삶을 선택할 수 있을까』, 인간사랑, 2018.

박병기·김민재 역, 『근대 학부 편찬 수신서』, 소명출판, 2012.

박병기·추병완, 『윤리학과 도덕교육 1』, 인간사랑, 2007.

박연수, 『하곡 정제두의 사상』, 한국학술정보, 2007.

박태원, 『원효의 십문화쟁론』, 세창출판사, 2013.

박희병, 『운화와 근대』, 돌베개, 2003.

불교와 사상의학 연구회 편, 『명상 어떻게 연구되었나? 2000년부터 2012년까지
　　　연구경향 분석』, 올리브그린, 2013.

서욱수, 『혜강 최한기의 세계인식』, 소강, 2005.

성해영, 『수운 최제우의 종교 체험과 신비주의』, 서울대학교 출판문화원, 2018.

신용하, 『한국근대민족주의의 형성과 전개』, 서울대학교 출판부, 1989.

신진욱, 『시민』, 책세상, 2008.

신창호, 『수기, 유가 교육철학의 핵심』, 원미사, 2005.

신창호, 『유교 사서의 배움론』, 온고지신, 2011.

안종배 외, 『2019년 대한민국 청소년 및 성인(직장인) 정직지수 조사 결과보고서』,
　　　흥사단 투명사회운동본부, 2019.

엄기호, 『교사도 학교가 두렵다』, 따비, 2014.

연세대학교 사회발전연구소, 『한국 어린이·청소년 행복지수』, 한국방정환재단,
　　　2016.

오기성 외, 『2011 도덕과 교육과정 개정 시안 연구 개발』, 교육과학기술부, 2011.

오문환, 『다시개벽의 심학』, 모시는 사람들, 2006.

우리사상연구소, 『우리말 철학사전 2』, 지식산업사, 2006.

유정동, 『퇴계의 삶과 성리학』, 성균관대학교 출판부, 2014.

윤사순, 『한국유학사 하』, 지식산업사, 2012.

윤사순, 『퇴계 이황의 철학』, 예문서원, 2013.

윤석산, 『용담유사 연구』, 모시는 사람들, 2006.

윤석산, 『동학교조 수운 최제우』, 모시는 사람들, 2019.

윤석산·홍성엽, 『경전으로 본 세계종교 천도교』, 전통문화연구회, 2016.

윤현진 외, 『도덕과 교육 내용 개선 방안 연구』, 한국교육과정평가원, 2009.

이강수, 『중국 고대철학의 이해』, 지식산업사, 2017.

이기동, 『맹자강설』, 성균관대학교 출판부, 2016.

이만규, 『다시 읽는 조선 교육사』, 살림터, 2010.

이상호, 『양명우파와 정제두의 양명학』, 혜안, 2008.

이승원, 『학교의 탄생』, 휴머니스트, 2009.

이영경, 『한국 사상과 마음의 윤리학』, 경북대학교 출판부, 2020.

이종란, 『최한기의 운화와 윤리』, 문사철, 2008.

이현구, 『최한기의 기철학과 서양 과학』, 성균관대학교 출판부, 2000.

임형택, 『문명의식과 실학』, 돌베개, 2009.

장승희, 『다산 윤리사상 연구』, 경인문화사, 2006.

장승희, 『전환기의 미래세대를 위한 동양윤리와 도덕교육』, 제주대학교 출판부, 2017.

전국도덕교사모임(울산), 『교실을 바꾸는 48가지 수업 디자인』, 해냄에듀, 2019.

정석태, 『퇴계선생연표월일조목 2』, 사단법인 퇴계학연구원, 2005.

정순우, 『서원의 사회사』, 태학사, 2013.

정인재, 『양명학의 정신』, 세창출판사, 2014.

정창우, 『도덕과 교육의 이론과 쟁점』, 울력, 2013.

조난심 외, 『도덕과 교육과정 개선 방안 연구』, 한국교육과정평가원, 2005.

조무남 외, 『교육사 교육철학 강의』, 동문사, 2001.

조정아 외, 『평화교육의 실태와 쟁점』, 통일연구원, 2019.

진의남 외, 『교과 교육과정의 쟁점 및 개선 방향』, 한국교육과정평가원, 2014.

차우규 외, 『도덕과 교육과정 내용체계와 지도방법 개선』, 한국교육과정평가원, 2005.

최광만, 『조선후기 교육사탐구』, 충남대학교 출판문화원, 2017.

최병태, 『덕과 규범』, 교육과학사, 1996.

최영진 외, 『한국철학사』, 새문사, 2009.

최재목, 『양명학과 공생·동심·교육의 이념』, 영남대학교 출판부, 1999.

최재목, 이우진 역, 『동아시아 양명학의 전개』, 정병규 에디션, 2016.

추병완, 『도덕교육의 이해』, 인간사랑, 2011.

표영삼, 『수운의 삶과 생각 동학 1』, 통나무, 2004.

한국교육과정평가원, 『2015 문·이과 통합형 도덕과 교육과정 개정 시안(부분) 검토를 위한 공개 토론회 자료집』, 한국교육과정평가원, 2015.

한국교육과정평가원, 『「PISA 2018」 결과 발표 별첨 자료』, 한국교육과정평가원, 2019.

한국국학진흥원 연구부, 『국역 조선시대 서원일기』, 한국국학진흥원, 2007.

한국보건사회연구원, 『사회통합 실태 진단 및 대응 방안 연구(V)』, 한국보건사회연구원, 2018.

한국철학사연구회, 『한국철학사상사』, 심산, 2005.

한국철학사연구회, 『한국실학사상사』, 심산, 2008.

한국철학사상연구회, 『처음 읽는 한국 현대철학』, 동녘, 2016.

한국행정연구원, 『2019년 사회통합실태조사』, 한국행정연구원, 2020.

한병철, 김태환 역, 『피로사회』, 문학과 지성사, 2012.

한자경, 『명상의 철학적 기초』, 이화여자대학교 출판부, 2008.

한혜정 외, 『2015 개정 교육과정에 따른 초·중등학교 교육과정 편성·운영 방안』, 한국교육과정평가원, 2016.

허숙 외, 『교사의 재발견』, 학지사, 2016.

황갑연, 『제자백가 사상』, 전북대학교 출판문화원, 2018.

황의동, 『이율곡 읽기』, 세창미디어, 2013.

蒙培元, 홍원식 외 역, 『성리학의 개념들』, 예문서원, 2008.

方朝暉, 박찬철 역, 『나를 지켜낸다는 것』, 위즈덤하우스, 2014.

陳來, 안재호 역, 『송명성리학』, 예문서원, 2011.

陳來, 이종란 외 역, 『주희의 철학』, 예문서원, 2013.

楠本正繼, 김병화·이혜경 역, 『송명유학사상사』, 예문서원, 2005.

西田幾多郎·高橋進, 최박광 역, 『선의 연구/퇴계 경철학』, 동서문화사, 2009,

小倉紀藏, 『朝鮮思想全史』, 筑摩書房, 2017.

阿部吉雄, 김석근 역, 『퇴계와 일본 유학』, 전통과 현대, 2001.

Appiah. K. A., 실천철학연구회 역, 『세계시민주의』, 바이북스, 2008.

Banner Jr. J. M. & Cannon. H. C., 이창신 역, 『훌륭한 교사는 이렇게 가르친다』, 풀빛, 2013.

Begue. L., 이세진 역, 『도덕적 인간은 왜 나쁜 사회를 만드는가』, 부키, 2013.

Forke, A., 양재혁·최해숙 역, 『중국고대철학사』, 소명출판, 2004.

Harris. I. M. & Morrison. M. L., 박정원 역, 『평화교육』, 오름, 2011.

Kabat-Zinn. J., 안희영 역, 『존 카밧진의 처음 만나는 마음챙김 명상』, 불광출판사, 2012.

Lickona. T., 박장호·추병완 역, 『인격교육론』, 백의, 2002.

Noddings. N., 심성보 역, 『21세기 교육과 민주주의』, 살림터, 2016.

Palmer. P. J., 이종인·이은정 역, 『가르칠 수 있는 용기』, 한문화, 2013.

Sandel. M. J., 안기순 역, 『돈으로 살 수 없는 것들』, 와이즈베리, 2012.

■ 논문류(소논문/보도자료)

강봉수, 「퇴계의 『성학십도』에 함의된 도덕교육론」, 『도덕윤리과교육』 제19호, 한국도덕윤리과교육학회, 2004.

강진호, 「전통 교육과 '국어' 교과서의 형성」, 『상허학보』 제41집, 상허학회, 2014.

고재석, 「2015 개정 고등학교 도덕과 교육과정의 동양윤리에 대한 고찰」, 『교육과정평가연구』, 제19집 제1호, 한국교육과정평가원, 2016.

고재석, 「퇴계의 도덕 감정과 의지에 대한 고찰」, 『동양철학』 제52집, 한국동양철학회, 2019.

교육부 보도자료, 「OECD 교육지표 2019 결과 발표」, 2019a.

교육부 보도자료, 「OECD 국제 학업성취도 비교 연구 결과 발표」, 교육부, 2019b.

곽영근, 「초등학교 도덕과 '자연·초월과의 관계' 영역의 가치·덕목에 대한 이해」, 『초등도덕교육』 제58집, 한국초등도덕교육학회, 2017.

권상우, 「유학과 사회생물학의 대화」, 『동양철학연구』 제59집, 동양철학연구회, 2009.

권상우, 「퇴계의 마음치료와 도덕교육」, 『퇴계학과 유교문화』 제51호, 경북대학교 퇴계연구소, 2012.

권오민, 「원효 교학과 아비달마」, 권오민 외, 『원효, 불교사상의 벼리』, 운주사, 2017.

권오영, 「19세기 영남유림의 강회와 학술활동」, 김현영 외, 『조선시대 사회의 모습』, 집문당, 2003.

금장태, 「신기의 마음과 추측의 인식」, 철학사상연구소 편, 『마음과 철학(유학편)』, 서울대학교 출판문화원, 2013.

김경수, 「최한기의 대동사상 연구」, 『범한철학』 제92집, 범한철학회, 2019.

김경호, 「誠·敬: 성리학적 수양론과 군자의 이상」, 『동양철학』 제30집, 한국동양철학회, 2008.

김교빈, 「하곡철학사상에 관한 연구」, 성균관대학교 대학원 박사학위논문, 1992.

김교빈, 「조선 후기 주자학과 양명학의 논쟁: 정제두와 박세채·윤증·민이승·박심·최석정의 논쟁을 중심으로」, 『시대와 철학』 제10권 제2호, 1999.

김남이 외 역, 『근대수신교과서 2』, 소명출판, 2011.

김대식, 「조선 서원 강학 활동의 성격」, 『교육사학연구』 제11집, 교육사학회, 2001.

김대훈, 「동학에 나타난 고유사상 연구」, 『윤리교육연구』 제37집, 한국윤리교육학회, 2015.

김문준 외, 「동양철학과 심리학 융합 연구의 동향과 과제」, 『한국사상과 문화』 제67
    집, 한국사상문화학회, 2013.

김미령, 「하곡 정제두의 실천적 마음공부론 연구」, 이화여자대학교 대학원 박사학
    위논문, 2015.

김민재, 「혜강 최한기의 '심기' 개념의 도덕교육적 의의」, 한국교원대학교 대학원
    석사학위논문, 2008.

김민재, 「하곡 정제두의 양지 개념에 대한 도덕교육론적 해석」, 한국교원대학교
    대학원 박사학위논문, 2013a.

김민재, 「도덕과 교육 내 '한국양명학'의 실제와 강화 방안 연구」, 『윤리교육연구』
    제30집, 한국윤리교육학회, 2013b.

김민재, 「정제두의 양지가 지니는 직관적 성격에 대한 일고」, 『철학논총』 제74집,
    새한철학회, 2013c.

김민재, 「남명 사상의 '도덕과 내용 요소' 탐색을 통한 수용 방안 연구」, 『남명학보』
    제12권, 남명학회, 2013d.

김민재, 「다산 정약용의 청렴관에 대한 일고찰」, 『철학논집』 제36집, 서강대학교
    철학연구소, 2014a.

김민재, 「명상의 관점에서 본 퇴계 '경(敬)' 사상의 교육적 시사점」, 『철학논집』
    제37집, 서강대학교 철학연구소, 2014b.

김민재, 「사도·존사의 유가적 전통이 지니는 초등도덕교육적 함의」, 『초등도덕교육』
    제45집, 한국초등도덕교육학회, 2014c.

김민재, 「정제두의 양지가 지니는 특징과 구현 과정에 대한 일고」, 『철학논총』 제78
    집 제4권, 새한철학회, 2014d.

김민재, 「한국양명학의 '도덕과 내용 요소' 탐색과 수용 방안 연구」, 『윤리교육연구』
    제34집, 한국윤리교육학회, 2014e.

김민재, 「하곡 정제두의 인성론과 교육론에 대한 일고찰」, 『양명학』 제40호, 한국양
    명학회, 2015.

김민재, 「공감 능력의 향상을 위한 '웹툰' 활용의 도덕과 수업방법 연구」, 『학습자중
    심교과교육연구』 제16권 제3호, 학습자중심교과교육학회, 2016a.

김민재, 「신독 중심의 교수학습이론 정립을 위한 시론적 고찰」, 『철학논총』 제85집
    제3권, 새한철학회, 2016b.

김민재, 「위당 정인보 사상의 양명학적 특징과 도덕교육적 함의」, 『유학연구』 제37
    집, 충남대학교 유학연구소, 2016c.

김민재, 「전통도덕교육론 연구의 분석 및 방향 탐색」, 『학습자중심교과교육연구』 제16권 제11호, 학습자중심교과교육학회, 2016d.

김민재, 「퇴계 사상의 도덕교육적 활용을 위한 시론」, 『퇴계학논집』 제19호, 영남퇴계학연구원, 2016e.

김민재, 「양명학의 윤리상담에 대한 시사점 고찰」, 『한국윤리교육학회』 제44집, 한국윤리교육학회, 2017a.

김민재, 「왕수인이 제시한 마음공부의 도덕교육적 해석」, 『철학논총』 제90집 제4권, 새한철학회, 2017b.

김민재, 「고등학교 도덕과 교육과정에 나타난 전통 가치의 수용 양상」, 『학습자중심교과교육연구』 제18권 제5호, 학습자중심교과교육학회, 2018.

김민재, 「서원 교육의 이념과 실제가 지니는 현대적 시사점 연구」, 『퇴계학논집』 제25호, 영남퇴계학연구원, 2019.

김민재, 「교과서에 기술된 양명학의 실태 분석 및 개선을 위한 제언」, 『양명학』 제56호, 한국양명학회, 2020.

김민재 외, 「신설『고전과 윤리』 교육과정의 개발 방향 및 제언」, 『학습자중심교과교육연구』 제15권 제7호, 학습자중심교과교육학회, 2015.

김민재 외, 「양명학의 전래 초기, 조선 성리학자들의 비판적 인식 검토」, 『양명학』 제52호, 한국양명학회, 2019.

김병환, 「생명공학시대의 유가 인성론」, 『중국학보』 제53집, 한국중국학회, 2006.

김상돈, 「2015 개정 도덕과 교육과정에 나타난 '도덕함'에 대한 몇 가지 의문」, 『초등도덕교육』 제58집, 한국초등도덕교육학회, 2017.

김선경, 「조선후기 목민학의 계보와『목민심서』」, 『조선시대사학보』 제52집, 조선시대사학회, 2010.

김성훈, 「『고경중마방』과 수양론」, 『숭실어문』 제23집, 숭실어문학회, 2009.

김세정, 「명재 윤증과 서계 박세당의 학문과 교유 관계」, 『동서철학연구』 제42호, 한국동서철학회, 2006.

김세정, 「하곡 정제두의 생태의식」, 『유학연구』 제31집, 충남대학교 유학연구소, 2014.

김세정, 「실심과 감통의 한국양명학」, 『유학연구』 제36집, 충남대학교 유학연구소, 2016.

김순석, 「근대 유교계의 지각변동」, 『종교문화비평』 제22호, 종교문화비평학회, 2012.

김영, 「위당 정인보론」, 『민족문학사연구』 제38집, 민족문학사학회, 2008.

김용재, 「하곡 정제두의 사서 경설 연구」, 성균관대학교 대학원 박사학위논문, 2002.

김용헌, 「율곡 이이의 동북아 인식과 21세기 동북아의 평화와 공동 번영」, 『율곡사상연구』 제27집, 율곡학회, 2013.

김용흠, 「숙종대 전반 회니시비와 탕평론」, 『한국사연구』 제148집, 2010.

김용흠, 「조선 후기 사상사에서 명재 윤증의 위상」, 『민족문화』 제37집, 한국고전번역원, 2011.

김용흠, 「'당론서'를 통해서 본 회니시비」, 『역사와 현실』 제85호, 한국역사연구회, 2012.

김우형, 「하곡 정제두의 지각론과 윤리학」, 『양명학』 제20호, 한국양명학회, 2008.

김유곤, 「2015 개정 교육과정의 『윤리와 사상』 교과서 내용 분석」, 『동양철학연구』 제103집, 동양철학연구회, 2020.

김윤경, 「담원 정인보의 주체적 실심론」, 『유교사상문화연구』 제48호, 한국유교학회, 2012.

김윤경, 「정인보의 교육사상과 민족교육」, 『교육철학연구』 제42권 제1호, 한국교육철학학회, 2020.

김윤조, 「잠명류 산문의 전통과 『고경중마방』」, 『대동한문학』 제59집, 대동한문학회, 2019.

김원열, 「동북아시아 삼국의 근대성에 대한 비판적 고찰」, 『시대와 철학』 제16권 제3호, 한국철학사상연구회, 2005.

김자운, 「퇴계의 서원관과 조선후기 소수서원 강학의 변화」, 『퇴계학논집』 제18호, 영남퇴계학연구원, 2016.

김자운, 「18세기 조선을 새롭게 디자인한 석실의 학풍과 교육」, 조준호 외, 『석실서원』, 한국학중앙연구원 출판부, 2018.

김지수, 「선진 시대 청렴 정신의 발현과 그 귀감」, 『법학논총』 제40집, 숭실대학교 법학연구소, 2018.

김진근, 「율곡의 '입지'론 소고」, 『철학연구』, 제122집, 철학연구회, 2018.

김철호, 「유학의 감정교육과 그 현대적 의미」, 『윤리교육연구』 제28집, 한국윤리교육학회, 2012.

김철호, 「도덕적 명상으로서의 경」, 『동양철학연구』 제81집, 동양철학연구회, 2015.

김철호, 「도덕교과에서의 감정조절 단원의 구성 방안」, 『학습자중심교과교육연구』 제16권 제2호, 학습자중심교과교육학회, 2016.

김태오, 「혜강의 대동론과 소통론」, 『교육철학』 제41집, 한국교육철학회, 2010.

김택·이홍기, 「공직윤리와 청렴사상 연구」, 『한국행정사학지』 제36호, 한국행정사학회, 2015.

김택·이홍기, 「조선 시대 다산 정약용의 청렴사상 연구」, 『한국행정사학지』 제42호, 한국행정사학회, 2018.

김현우, 「박은식의 사상 전환 속에 나타난 양명학의 성립 배경과 전개 양상」, 『국학연구』 제24집, 한국국학진흥원, 2014a.

김현우, 「『학규신론』에 나타난 박은식의 경학관 연구」, 『민족문화』 제43집, 한국고전번역원, 2014b.

김현우, 「박은식과 『학규신론』」, 『인문학연구』 제24집, 인천대학교 인문학연구소, 2015a.

김현우, 「박은식의 기독교 수용과 양지론」, 『양명학』 제42호, 한국양명학회, 2015b.

리기용, 「퇴계학파의 율곡 인심도심론 비판」, 『동서철학연구』 제37호, 한국동서철학회, 2005.

리기용, 「율곡학과 윤증의 유학」, 충남대학교 유학연구소 편, 『명재 윤증의 학문 연원과 가학』, 예문서원, 2006.

리홍군, 「명재 윤증의 유학사상과 그 현대적 의미」, 『유학연구』 제26집, 충남대학교 유학연구소, 2012.

박균섭, 「퇴계의 인격교육론」, 『한국교육』 제30권 제1호, 한국교육개발원, 2003.

박민정, 「역량기반 교육과정의 특징과 비판적 쟁점 분석」, 『교육과정연구』 제27권 제4호, 한국교육과정학회, 2009.

박병기, 「도덕과 교육과정에서 '윤리학적 접근'의 의미」, 『통일·다문화교육연구』 제10권, 한국교원대학교 부설 통일·다문화교육연구소, 2011.

박석, 「맹자 '호연지기(浩然之氣)'와 '야기(夜氣)'의 명상적 의미」, 『중국문학』 제74집, 한국중국어문학회, 2013.

박연규, 「『성학십도』를 통한 청소년 인성교육 프로그램」, 『인문학연구』 제23호, 경희대학교 인문학연구원, 2013.

박연수, 「하곡 정제두의 도덕철학」, 『양명학』 제13호, 한국양명학회, 2005.

박영민·이성흠, 「대학 교양교육에서 『고경중마방』을 활용한 인성역량 함양 방안 탐색, 『퇴계학논집』제27호, 영남퇴계학연구원, 2020.

박영주, 「2015 개정 도덕과 교육과정에서 '도덕함'에 대한 소고」, 『초등도덕교육』제58집, 한국초등도덕교육학회, 2017.

박영주, 「2015 개정 도덕과 교육과정 '도덕함'의 초등학교 도덕과 교육 적용 방안」, 『윤리교육연구』제48집, 한국윤리교육학회, 2018.

박정심, 「박은식 격물치지설의 근대적 함의」, 『양명학』제21호, 한국양명학회, 2008.

박종배, 「조선시대의 학령 및 학규」, 『한국교육사학』제28권 제2호, 한국교육사학회, 2006.

박종배, 「학규에 나타난 조선시대 서원교육의 이념과 실제」, 『한국학논총』제33호, 국민대학교 한국학연구소, 2010.

박태원, 「원효 화쟁 사상의 보편 원리」, 『철학논총』제38집 제4권, 새한철학회, 2004.

박현진, 「'도덕함'의 의미에 대한 일 고찰」, 『도덕교육연구』제28권 제3호, 한국도덕교육학회, 2016.

박흥식, 「서양 고중세시대의 평화 이념과 실제」, 『동국사학』제55집, 동국대학교 동국역사문화연구소, 2013.

배문규, 「고등학교 윤리 교과서와 대학수학능력시험에 서술된 동학윤리사상 검토」, 『윤리교육연구』제31집, 한국윤리교육학회, 2013.

백종석, 「맹자 철학에서 권도의 철학적 해석」, 『철학논집』제16집, 서강대학교 철학연구소, 2008.

서근식, 「朱子의 中和說 변천과정과 '敬' 工夫論」, 『동양고전연구』제48집, 동양고전학회, 2012.

서동일, 「1920년대 신지식인층의 유교 비판과 유교계의 지도기관 설립」, 『동방학지』제189집, 국학연구원, 2019.

석길암, 「원효의 화쟁을 둘러싼 현대적 논의에 대한 시론적 고찰」, 『불교연구』제27집, 한국불교연구원, 2008.

송명진, 「구성된 민족 개념과 역사·전기소설의 전개」, 『현대문학의 연구』제46호, 한국문학연구학회, 2012.

송석준, 「정인보의 양명학」, 『양명학』제36호, 한국양명학회, 2013.

송수진, 「조선시대 자녀교육의 한 사례」, 『한국교육사학』제36권 제3호, 한국교육사학회, 2014.

송수진, 「명재 윤증의 교육사상 검토」, 『인격교육』 제12권 제1호, 한국인격교육학회, 2018.

송치욱, 「유학의 하학전통과 남명의 하학론」, 『남명학연구』 제49집, 경상국립대학교 경남문화연구원, 2016.

신귀현, 「『고경중마방』과 수양론」, 『퇴계 이황-예 잇고 뒤를 열어 고금을 꿰뚫으셨소』, 예문서원, 2001.

신주백, 「국민교육헌장 이념의 구현과 국사 및 도덕과 교육과정의 개편(1968~1994)」, 『역사문제연구』 제15호, 역사문제연구소, 2005.

신창호, 「개화기 교육에서 유학은 어떤 위상을 지니는가」, 『동양고전연구』 제26집, 동양고전학회, 2007.

신창호, 「퇴계교육철학과 전통교육」, 『교육철학』 제50집, 한국교육철학회, 2013.

신현승, 「담헌과 혜강의 유교 대동론과 공동체 정신」, 『유학연구』 제32집, 충남대학교 유학연구소, 2015.

심수진·이희길, 「우리는 얼마나 행복할까?」, 『KOSTAT 통계플러스』 가을호, 통계청 통계개발원, 2018.

안재순, 「율곡의 경세 사상에 나타난 실학의 의미」, 『동양철학연구』 제19집, 동양철학연구회, 1999.

양일모·홍영두, 「근대계몽기의 윤리관과 전통적 지식인」, 『철학연구』 제106집, 대한철학회, 2008.

엄연석, 「성리학의 수양론에서 敬과 靜의 상관적 의미」, 『한국문화』 제43집, 규장각 한국학연구원, 2008.

엄연석, 「퇴계의 중층적 천관(千觀)으로 보는 경(敬)의 주재성」, 『퇴계학논집』 제19호, 영남퇴계학연구원, 2016.

오문환, 「'시천주' 주문을 통해서 본 수운의 인간관」, 예문동양사상연구원·오문환 편, 『수운 최제우』, 예문서원, 2005.

오종일, 「유학사상의 '경'과 '권'」, 『동양철학연구』 제24집, 동양철학연구회, 2001.

柳生眞, 「최한기의 대동사상」, 『한국인물사연구』 제9집, 한국인물사연구회, 2008.

유지웅, 「한말 기호학파의 전개와 특징」, 『공자학』 제30호, 한국공자학회, 2016.

윤영돈, 「도덕교육에서 도덕신학의 정초와 종교 관련 내용의 집필 방향」, 『도덕윤리과교육학회』, 제25호, 한국도덕윤리과교육학회, 2007.

원재린, 「순암 안정복의 '목민'관」, 『한국사상사학』 제26집, 한국사상사학회, 2006.

원재린, 「「정적」편에 반영된 안정복의 '수령'상」, 『역사와 실학』 제34호, 역사실학회, 2007.

원재린, 「순암 안정복(1712~1791)의 향정방략」, 『대동문화연구』 제64집, 성균관 대학교 대동문화연구원, 2008.

원재린, 「근기남인계 목민학 전통과 『목민심서』」, 『다산과 현대』 제7집, 연세대학 교 강진다산실학연구원, 2014.

윤용남, 「퇴계 이황의 사도관」, 『퇴계학보』 제95집, 퇴계학연구원, 1997.

윤용남, 「朱子 經說의 體系的 理解」, 『윤리교육연구』 제35집, 한국윤리교육학회, 2014.

이광호, 「체용적 전일성으로서의 마음」, 서울대학교 철학사상연구소 편, 『마음과 철학(유학편)』, 서울대학교 출판문화원, 2013.

이동건, 「퇴계 『성학십도』의 성학(聖學)과 자기혁신의 방법」, 『동북아문화연구』 제 20집, 동북아시아문화학회, 2009.

이동기, 「퇴계의 인성교육론 (1)」, 『퇴계학논집』 제14집, 영남퇴계학연구원, 2014.

이동엽 외, 「미래 교과서 위상 및 역할 연구」, 『교육학연구』 제53권 제3호, 한국교육 학회, 2015.

이문영, 「폭력 개념에 대한 고찰」, 『역사비평』 제106호, 역사문제연구소, 2014.

이범학, 「오징(1249~1333) 사상연구서설」, 『한국학논총』 제30호, 국민대학교 한 국학연구소, 2008.

이상근, 「월남 이상재의 사회사상」, 『경희사학』 제14집, 경희사학회, 1987.

이상호, 「일제강점기 정인보 실심론의 주체성과 창조적 정신」, 『유학연구』 제14집, 충남대학교 유학연구소, 2006.

이상호, 「한국 근대 양명학의 철학적 특징」, 『양명학』 제20호, 한국양명학회, 2008.

이상호, 「복설될 연경서원의 현대적 활용 방안」, 『퇴계학논집』 제16집, 영남퇴계학 연구원, 2015.

이상호·박균열, 「한국 전통의 청백리를 통한 현대 공직 청렴교육 시사점」, 『한국콘 텐츠학회 논문지』 제19권 제2호, 한국콘텐츠학회, 2019.

이연도, 「유가 공부론과 명상」, 『한국철학논집』 제28집, 한국철학사연구회, 2010.

이영경, 「고등학교 윤리교육에서 퇴계사상의 내용 구성 방향과 수업 방략 탐색」, 『윤리교육연구』 제22집, 한국윤리교육학회, 2010.

이완재, 「퇴계의 인간관」, 예문동양사상연구원·윤사순 편, 『퇴계 이황』, 예문서원, 2008.

이우진, 「'성인됨'의 왕양명 입지공부론」, 『인격교육』 제6권 제1호, 한국인격교육학회, 2012.

이우진·이권재, 「조선시대 사림의 스승담론 연구」, 『한국교육사학』 제36권 제1호, 한국교육사학회, 2014.

이유미, 「프레임(Frame)을 활용한 교차토론 방법 연구」, 『화법연구』 제19호, 한국화법학회, 2011.

이원진·이현진, 「퇴계의 '심병'과 그 치유법으로서의 경」, 『종교연구』 제79집 제3호, 한국종교학회, 2019.

이은순, 「명재 윤증의 생애」, 김길락 외, 『명재 윤증의 생애와 사상』, 충남대학교 유학연구소, 2001.

이인화, 「최한기의 기학 체계에서 인간·인민·천하인」, 『양명학』 제48호, 한국양명학회, 2017.

이장우, 「『고경중마방』 잠명의 어문학적 검토」, 『대동한문학』 제54집, 대동한문학회, 2018.

이재일, 「박은식의 종교관과 교육관」, 『인격교육』 제6권 제2호, 한국인격교육학회, 2012.

이재호, 「'도덕함'의 의미와 가치에 대한 고찰」, 『학습자중심교과교육연구』 제16권 제1호, 학습자중심교과교육학회, 2016.

이종수, 「오리 이원익 청렴행정의 관료병 치유 사례 분석」, 『국학연구』 제29집, 한국국학진흥원, 2016.

이채구, 「안정복의 『하학지남』」, 금장태·정순우 외, 『순암 안정복의 서학인식과 교육사상』, 성균관대학교 출판부, 2012.

이천일, 「입지의 의미와 교육적 해석」, 『동방학』 제18집, 한서대학교 동양고전연구소, 2010.

이철주, 「초등도덕교육에서 도덕원칙의 적용에 관한 연구」, 『초등도덕교육』 제51집, 한국초등도덕교육학회, 2016.

이철찬, 「대한제국시대 학부의 도서편찬 및 간행에 관한 연구」, 『한국비블리아학회지』 제27권 제3호, 한국비블리아학회, 2016.

이태준, 「조선의 박수량과 명나라 해서의 반부패 행적 및 청렴성 비교 연구」, 『아시아문화연구』 제36집, 가천대학교 아시아문화연구소, 2014.

이한영, 「불연기연과 이천식천의 신학적 이해」, 『신학사상』 제186집, 한신대학교 신학사상연구소, 2019.

이해명, 「개화기 교육목표와 교과서 내용과의 차이점 연구」, 『단국대학교 논문집』

제22집, 단국대학교, 1988.

이형성, 「명재 윤증에 대한 후대 평가와 추숭」, 『유학연구』 제20집, 충남대학교 유학연구소, 2009.

이혜경, 「박은식의 사상전변」, 『철학사상』 제58호, 서울대학교 철학사상연구소, 2015a.

이혜경, 「박은식의 양명학 해석」, 『철학사상』 제55호, 서울대학교 철학사상연구소, 2015b.

임기영, 「『고경중마방』의 간행과 판본」, 『서지학연구』 제56집, 한국서지학회, 2013.

임상석, 「소학독본(1895), 한문전통과 계몽의 과도기」, 『우리어문연구』 제56집, 우리어문학회, 2016.

장동익, 「'도덕함'의 허구성」, 『도덕윤리과교육』 제57집, 한국도덕윤리과교육학회, 2017.

장승희, 「도덕과 내용체계에서 제4영역 '자연·초월적 존재와의 관계' 분석」, 『윤리연구』 제80호, 한국윤리학회, 2011.

장승희, 「명상과 도덕교육의 만남」, 『윤리교육연구』 제29집, 한국윤리교육학회, 2012.

장열이, 「동학 시천주 사상의 교육적 함의」, 『교육사상연구』 제21권 제1호, 한국교육사상학회, 2007a.

장열이, 「동학 '동귀일체' 통합사상의 교육적 함의」, 『교육철학』 제32집, 한국교육철학회, 2007b.

전광수, 「도덕교육과 동학의 윤리관」, 『동학학보』 제47호, 동학학회, 2018.

전현희, 「퇴계와 율곡의 인심도심설」, 『한국철학논집』 제41집, 한국철학사연구회, 2014.

정낙찬, 「하곡 정제두의 지행합일론」, 『교육철학』 제36집, 한국교육철학회, 2008.

정낙찬, 「순암 안정복의 초등교육사상」, 금장태·정순우 외, 『순암 안정복의 서학인식과 교육사상』, 성균관대학교 출판부, 2012.

정만조, 「한국 서원의 연구현황과 전망」, 경기대학교 소성학술연구원 편, 『한국의 서원과 학맥 연구』, 국학자료원, 2002.

정순우, 「한국 초기 서원의 교육사적 의의」, 『한국학논총』 제29호, 국민대학교 한국학연구소, 2007.

정연수, 「율곡의 사상과 인성교육에 관한 반성적 고찰」, 『유학연구』 제41집, 충남대학교 유학연구소, 2017.

정연수, 「한국사상에 관한 '고등학교 교육과정'의 혁신방안 모색」, 『유학연구』, 제44집, 충남대학교 유학연구소, 2018.

정용환, 「맹자 권도론의 덕 윤리학적 함축」, 『동양철학연구』 제72집, 동양철학연구회, 2012.

정출헌, 「『소학』을 통해 읽는 유교문명의 완성과 해체」, 『율곡학연구』 제33집, 율곡학회, 2016.

정탁준, 「2015 개정 도덕과 교육과정에 나타난 '도덕함'에 대한 비판적 고찰」, 『윤리연구』 제115집, 한국윤리학회, 2017.

정태준, 「일제강점기하 수신교과의 정책연구」, 『일본어교육』 제27집, 한국일본어교육학회, 2004.

정해연, 「개념도를 활용한 독서교육 연구」, 『퇴계학논총』 제18집, 2011.

정혜정, 「동학의 종교경험과 '마음 살핌'의 자기교육」, 『교육철학연구』 제34집, 한국교육철학학회, 2005.

정혜정, 「민주 사회를 위한 시민교육과 한국적 인문학」, 『Oughtopia』 제32권 제1호, 인류사회재건연구원, 2017a.

정혜정, 「뇌과학과 동학의 마음교육」, 『종교교육학연구』 제55권, 한국종교교육학회, 2017b.

정환희, 「조선 후기 사대부의 일일지침서 연구」, 『동방학』 제36집, 한서대학교 동양고전연구소, 2017.

조극훈, 「동학의 불연기연과 변증법」, 『동학연구』 제29집, 한국동학학회, 2010.

조성애, 「순암 안정복의 하학론」, 『한국교육사학』 제32권 제1호, 한국교육사학회, 2010.

조지선, 「하곡 정제두 철학의 인성교육적 연구의 필요성과 의의」, 『유학연구』 제41집, 충남대학교 유학연구소, 2017.

진성수, 「전통교육을 통해 본 현대 청소년 인성교육 학습모형 개발 방안」, 『한국철학논집』 제30집, 한국철학사연구회, 2010.

진성수, 「양명학으로 본 가정교육」, 『양명학』 제39호, 한국양명학회, 2014.

진성수, 「전북지역 서원의 현대적 활용 방안」, 『원불교사상과 종교문화』 제70호, 원광대학교 원불교사상연구원, 2016.

진성수, 「하곡 정제두의 자녀교육」, 『양명학』 제50호, 한국양명학회, 2018.

최광만, 「19세기 서원 강학활동 사례 연구」, 『교육사학연구』 제22집 제1호, 교육사학회, 2012.

최민자, 「수운과 원효의 존재론적 통일사상」, 예문동양사상연구원·오문환 편, 『수운 최제우』, 예문서원, 2005.

최연식, 「원효의 화쟁 사상의 논의방식과 사상사적 의미」, 『보조사상』 제26집, 보조사상연구원, 2006.

최일범, 「하곡 정제두의 공부론에 관한 연구」, 『동양철학연구』 제30집, 동양철학연구회, 2002.

최재목, 「정인보 '양명학' 형성의 지형도」, 『동방학지』 제143집, 연세대학교 국학연구원, 2008.

최재목, 「퇴계사상과 '거울'의 은유」, 『양명학』 제24호, 한국양명학회, 2009.

최천식, 「최제우가 제시하는 유학 극복의 논리」, 『태동고전연구』 제38집, 한림대학교 태동고전연구소, 2017.

한자경, 「각자위심에서 일원일심으로」, 『원불교사상과 종교문화』 제68집, 원광대학교 원불교사상연구원, 2016.

한재훈, 「조선시대 서원향사례 비교연구」, 『퇴계학논집』 제20호, 영남퇴계학연구원, 2017.

한정길, 「정인보의 양명학관에 대한 연구」, 『동방학지』 제141집, 연세대학교 국학연구원, 2008.

한지희, 「노서 윤선거의 책선지도」, 『조선시대사학보』 제75호, 조선시대사학회, 2015.

한지희, 「명재 윤증의 책선지도와 붕당 인식」, 『국학연구』 제34호, 한국국학진흥원, 2017.

한형조, 「혜강의 기학: 선험에서 경험으로」, 권오영 외, 『혜강 최한기』, 청계, 2004.

한형조, 「『심경』의 구성과 내용, 그리고 조선 유학의 논점」, 한형조 외, 『심경-주자학의 마음 훈련 매뉴얼』, 한국학중앙연구원 출판부, 2010.

허남진, 「혜강 과학사상의 철학적 기초」, 예문동양사상연구원·김용헌 편, 『혜강 최한기』, 예문서원, 2005.

홍원식, 「총론: 『심경부주』와 조선유학」, 홍원식 외, 『심경부주와 조선유학』, 예문서원, 2008.

황수영, 「명재 윤증의 수양론을 통해 본 선비정신」, 『동서철학연구』 제84호, 한국동서철학회, 2017.

황의동, 「송시열과 윤증의 갈등과 학문적 차이」, 『동서철학연구』 제40호, 한국동서철학회, 2006a.

황의동, 「율곡의 리기론」, 예문동양사상연구원·황의동 편, 『율곡 이이』, 예문서원, 2006b.

황의동, 「율곡 인성론의 리기지묘적 구조」, 예문동양사상연구원·황의동 편, 『율곡 이이』, 예문서원, 2006c.

황인표, 「포트폴리오를 이용한 도덕과 평가 개선 방안 연구」, 『윤리연구』 제60호, 한국윤리학회, 2005.

황인표, 「2015년 도덕과 교육과정의 체계와 내용에 대한 성찰」, 『도덕윤리과교육』 제48호, 한국도덕윤리과교육학회, 2015.

황종원, 「최제우와 박은식의 유교개혁 방향, 평등관, 서구 근대문명에 대한 태도」, 『영남학』 제49호, 경북대학교 퇴계연구소, 2011.

■ 기타(인터넷 자료)

국가법령정보센터, http://www.law.go.kr/

국립국어원 표준국어대사전, https://stdict.korean.go.kr/main/main.do

국사편찬위원회 조선왕조실록, http://sillok.history.go.kr/main/main.do

국사편찬위원회 한국사데이터베이스, http://db.history.go.kr/

뉴스1, '[NFF 2020]한국 사회갈등을 숫자로 나타낸다면?', 2020.07.16.자 기사, https://www.news1.kr/articles/?3996792

세계일보, '한국 어린이 10명 중 1명 "나는 불행해요"', 2015.8.19.자 기사, https://www.segye.com/newsView/20150819004404?OutUrl=naver

한국고전종합DB, http://db.itkc.or.kr/

GODpia, http://www.godpia.com/

NCIC 국가교육과정 정보센터 사이트, http://ncic.go.kr/ mobile.index2.do

각 장의 출처

■ 1부

제1장 「서원 교육의 이념과 실제가 지니는 현대적 시사점 연구-'원규(院規)'와 '강회(講會)'를 중심으로」라는 제목으로 『퇴계학논집』 제25호, 영남퇴계학연구원, 2019에 게재한 글을 수정, 보완한 것이다.

제2장 「교과서에 기술된 율곡 사상의 변천에 대한 고찰-근대계몽기 '수신과'에서 현대 '도덕과'에 이르기까지」라는 제목으로 『율곡학연구』 제43집, (사)율곡학회, 2020에 게재한 글을 수정, 보완한 것이다.

제3장 「명재 윤증의 교육사상에 대한 일고찰」이라는 제목으로 『유학연구』 제46집, 충남대학교 유학연구소, 2019에 게재한 글을 수정, 보완한 것이다.

제4장 「순암 안정복의 청렴관과 교육적 활용에 대한 일고찰-『임관정요(臨官政要)』를 중심으로」라는 제목으로 『대동철학』 제91집, 대동철학회, 2020에 게재한 글을 수정, 보완한 것이다.

제5장 「혜강 최한기의 기학(氣學)에 내포된 평화교육적 가치에 대한 일고찰」이라는 제목으로 『범한철학』 제98집, 범한철학회, 2020에 게재한 글을 수정, 보완한 것이다.

■ 2부

제6장 「퇴계 사상의 도덕교육적 활용을 위한 시론-『성학십도』의 '도(圖)'와 '설(說)' 재배치 문제를 중심으로」라는 제목으로 『퇴계학논집』 제19호, 영남퇴계학연구원, 2016에 게재한 글을 수정, 보완한 것이다.

제7장 「퇴계의 경의 관점에서 바라본 '2015 도덕과 교육과정'의 '도덕함'-『성학십도(聖學十圖)』를 중심으로」라는 제목으로 『퇴계학논집』 제20호, 영남퇴계학연구원, 2017에 게재한 글을 수정, 보완한 것이다.

제8장 「『고경중마방(古鏡重磨方)』의 내용 구성 특징에 대한 일고」라는 제목으로 『퇴계학논집』 제28호, 영남퇴계학연구원, 2021에 게재한 글을 수정, 보완한 것이다.

■ 3부

제9장 「하곡 정제두의 인성론과 교육론에 대한 일고찰」이라는 제목으로『양명학』
제40호, 한국양명학회, 2015에 게재한 글을 수정, 보완한 것이다.

제10장 「백암 박은식 사상의 양명학적 특징과 도덕교육적 함의-『왕양명선생실기
(王陽明先生實記)』를 중심으로」라는 제목으로『퇴계학논집』제22호, 영남
퇴계학연구원, 2018에 게재한 글을 수정, 보완한 것이다.

제11장 「위당 정인보 사상의 양명학적 특징과 도덕교육적 함의」라는 제목으로『유
학연구』제37집, 충남대학교 유학연구소, 2016에 게재한 글을 수정, 보완
한 것이다.

■ 보론

보론 1 「'시천주'와 '불연기연'의 도덕교육적 시사점 연구-'도덕과(道德科) 교육과
정'의 목표와 원리를 중심으로」라는 제목으로『탈경계인문학』제14권 제1
호, 이화여자대학교 이화인문과학원, 2021에 게재한 글을 수정, 보완한
것이다.

보론 2 「유교적 가치의 올바른 교수·학습을 위한 제언-「고전과 윤리」과목의 '입
지'와 '청렴'을 중심으로」라는 제목으로『범한철학』제96집, 범한철학회,
2020에 게재한 글을 수정, 보완한 것이다.